전쟁과 평화 학술총서 I-2

태평양전쟁사 2

광기와 망상의 폭주

전쟁과 평화 학술총서 I-2

광기와 망상의 폭주

태평양전쟁사 2

일본역사학연구회 지음
아르고(ARGO)인문사회연구소 편역

채륜

2017년 말 태평양전쟁사 제1권의 편역본을 출간하면서 아르고 인문사회연구소의 편역자 3명은 독자들의 반응이 어떠할지 자못 궁금했다. 종이책을 외면하는 현 세태에서 무려 60년도 더 전에 나온 이 두꺼운 책을 찾는 이가 과연 있을까, 있다면 어떤 사람들일까. 또 독자들은 이 책을 어떻게 읽어 내려갔고 무엇을 느꼈을까. 질문은 끝없이 이어졌다.

이 책이 출간되자 여기저기서 제법 입소문이 난 모양이다. 제일 기억에 남는 것은 이 책의 출간을 흔쾌히 수락한 출판사 대표님의 전화였다. 우리 편역자들은 출판시장이 엄혹한 현실을 잘 알기에, "책은 잘 팔리나요?"라고 차마 묻지 못했다. 그런데 예상 외로 당시 비슷한 시기에 출간한 책들 가운데 제법 잘 팔린다는 것이 아닌가. 게다가 독자들의 서평이 매우 알차고 행간 곳곳에서 이 저작에 대한 애정이 짙게 묻어나는 느낌이 들어 더욱 보람을 느낀다며 감사의 뜻을 전해왔다. 뿐만 아니라 이렇다 할 마케팅이나 홍보를 부탁하지도 않았는데 한겨레신문사의 최원형 기자는 꼼꼼하게 책을 읽고 정성스런 분석기사를 게재해 주었다.

그로부터 벌써 2년이 지났다. 그 사이 우리 편역자들은 개인 연구 일정과 소속 대학의 학사 일정을 소화하느라 분주했다. 하지만 아르고인문사회연구소의 집필과 번역 활동을 게을리 할 수 없었다. 그도 그럴 것이 잊을 만하면 다른 동료 연구자들로부터 살가운 격려가 끊이지 않았기 때문이다. 타는 속도 모르고 "아르고 선생들은 대체 돈이 얼마나 많기에 그런 책들을 출간하느냐" 하는 놀라움 섞인 농담을 비롯해 "제대로 된 태평양전쟁사 책을 구하기 어려웠는데 대학원 강의 때 마침 요긴했다"며 엄지를 치켜세워 준 동료 연구자들에게 진심으로 고마운 마음을 전하고 싶다.

총 5편의 원서 가운데 만주사변과 중일전쟁을 다룬 1, 2편을 한데 묶어 편역본 제1권을 발간한 뒤로 '진짜' 태평양전쟁은 언제 낼 것이냐 하는 문의가 많았다. 독자분들과 동료 연구자들의 '채근과 성화' 덕분에 드디어 제2권을 출간하게 되었다. 1권은 1931년 만주사변에서부터 1937년 중일전쟁과 유럽에서의 제2차세계대전 발발까지, 서유럽과 아시아, 그리고 일본의 전전戰前 배경과 전쟁으로 향해 가는 과정을 담고 있다. 여기에 "패망의 잿더미에서 토해 낸 일본 지성의 참회록"이라는 부제를 달았는데 책을 찬찬히 읽은 독자들은 하나같이 '참 적절한 표현'이라며 격려해 주었다. 그런 소소하다면 소소한 부분까지 읽어내는 분들이 있다는 것을 생각하면 편역은 그야말로 지식과 정보의 재창조 작업임을 새삼 절감하게 된다. 원서 행간에 담긴 속뜻까지 전달해야 비로소 소임을 다했다고 말할 수 있을 듯하다.

아직도 여러모로 부족하지만 이러한 독자들의 애정 어린 조언과 격려 덕분에 이번에 발간하게 된 제2권은 원서의 3편과 4편을 한데 묶은 것으로서 2차세계대전의 개전, 확전, 종전의 전 과정을 담고 있다. 이 책은 문자 그대로 '2차세계대전' 전반을 다룰 뿐만 아니라 내용적으로도 유럽의 전황과 미소일 3국을 축으로 한 아시아 태평양 지역의 전황을 균형 있게 조망한다. 국내에 출간된 기존의 2차세계대전 관련 저작들은 유럽 혹은 구 일본제국 중 어느 한쪽의 비중이 지나치게 많거나, 아니면 유럽과 아시아 가운데 어느 한쪽의 관점에서 2차세계대전을 다루었다. 그런데 패전 직후에 이

책을 집필한 일본의 연구자들은 유럽과 아시아의 전황이 동시기에 어떻게 전개되고 있었는지를 입체적으로 기술하였다. 덕분에 독자들은 유럽인이 쓴 2차세계대전에 관한 저작과 아시아 관점에서 집필한 별개의 저작을 대조해가며 읽지 않아도 될 것이다. 일본 패전 후 10년도 지나지 않은 시기에 이 정도 수준의 2차세계대전사를 엮어낸 당시 일본의 진보적 연구자들의 노고에 진심으로 경의를 표하고 싶다.

제2권의 또 다른 미덕은 전쟁사와 관련해 독자들의 다양한 기호를 만족시켜 줄 수 있다는 점이다. 밀리터리 마니아나 전쟁사 연구자라면 한번쯤 대한민국 국방부나 일본 방위연구소에서 출간한 한국전쟁 관련 통사라든가 『전사총서』를 접해본 기억이 있을 것이다. 이러한 저작들에 대한 독자의 반응은 호불호가 명확히 갈린다. 즉 '전방 몇 미터 지점의 어느 고지를 어느 부대가 어떻게 점령했고 어떤 작전을 구사했으며 무슨 무기가 새로 도입되었다'는 식의 기술에 쉬이 피로감을 호소하는 독자가 있는가 하면, 오히려 그러한 역사 기술을 바탕으로 자신이 만든 신무기 프라모델까지 동원해 가며 당시의 전황을 재구성해보는 개성 강한 독자들도 있다. 그러나 이러한 류의 전쟁사 저작들을 통해 전쟁이 초래한 사회사적 변화라든가, 과학기술의 발달로 인한 전쟁 양상의 거시적 변화, 전후방의 역할 변화 등을 두루 살피기는 어렵다. 하지만 이 책은 명확히 반제국주의와 계급투쟁 노선, 그리고 과학적 유물사관을 표방하고는 있지만 전쟁을 도발한 주요 제국 내부의 정치변동, 기층 사회와 일상의 변화, 산업구조의 재편과 군산복합체의 급속한 성장, 전쟁 전후 열강 간의 외교교섭과 막후의 복잡한 계산들, 그리고 전쟁이 잉태한 새로운 문화양상들을 골고루 담아내고 있다. 덕분에 독자들은 전쟁을 둘러싼 다양한 요소들이 전황과 연동하면서 어떻게 조합되고 시시각각으로 변해 갔는지를 두루 살필 수 있을 것이다.

특히 한일 간의 갈등이 증폭되는 시국에서, 몇 군데 눈여겨 볼 부분이 있다. 제2장에서 필자들은 조선에서의 수탈뿐만 아니라 이를 타이완과 만주, 중국 등으로 확대하는 과정을 상세히 설명하면서 이 과정에서 동양척식, 만주척식 등의 기존 식민지회사와 조선미곡시장, 만주양곡, 군량성정곡 등 새로운 특수회사, 그리고 만주·화베이·화중의 합작사, 미쓰이물산, 미쓰비시상사 등 독점자본의 지사들이 비인간적인 수탈을 자행했다고 분석했다. 나아가 이러한 독점자본의 수탈이야말로 '곧 일본제국주의의 성격을 여지없이 보여주는 것'이라고 통렬히 비판했다.

특히 제2권의 마지막 장 만큼은 한국과 일본의 독자들이 찬찬히 행간을 곱씹으며 그 내용을 살펴 볼 필요가 있다. 즉 전쟁이 끝난 뒤 집단패닉 상태에 있던 일본사회를 상대로 당시 일본의 진보적 지성들은 그것이 근대 이래 일본이라는 나라와 일본인들에게 어떤 전쟁이었는가, 그리고 그 과정에서 이웃나라에 끼친 해악은 어떠했는지를 냉정히 되돌아봐야 한다고 호소하기도 했다. 아베정권이 거리낌 없이 과거 식민지배의 역사를 부정하고 사죄와 반성은커녕 '보통국가'라는 프레임으로 전후 일본의 재무장을 공언하는가 하면, 경제제재를 통해 구 식민지 국가들의 정당한 과거사 문제제기를 원천봉쇄하면서까지 역사의 수레바퀴를 거꾸로 돌리고자 하는 이 때, 당시 일본의 지성인들은 과연 어떠한 이야기를 하고 있었는지 한일 양국의 독자들이 함께 귀담아 듣기를 거듭 바란다. 아베정권이 촉발한 최근의 한일 간 갈등이 장기화될 조짐을 보인다. 한국에서 일본제품 불매운동이라든가 일본여행 보이코트 등을 통해 대응하자 양국의 시민들 가운데는 SNS를 통해 즉각적으로 불만을 투사하는 감정적인 대응을 보이기도 한다. 이럴 때일수록 한일 양국의 국민은 차분해질 필요가 있다. 반지성주의적 집단행동은 서로 더 큰 상처만을 남길 따름이다. 일본의 군국주의와 침략주의 행태는 바로 그러한 정서를 자양분으로 삼아 성장하고 권력을 장악한 후 무모한 전쟁을 일으킨 뒤 결국에는 패망으로 폭주했음을 제2권은 가감 없이 보여주고 있다. 그러한 정치세력의 선동이 집단이성을 마비시켰고 때마침 서전의 엄청난 승전보가 시민 개개인의 소박한 욕구를 국가의 욕망과 동일시하게 만듦으로써 결국 총체적 파국을 맞이하게 되었다고 이 책은 질타하고 있다.

이 책의 뒷부분에서 설명하고 있듯이 망상의 깃발을 뒤흔들고 민중의 삶의 기반까지 '몽땅' 동원해가며 질질 끌었던 태평양전쟁의 가장 큰 희생자는 결국 '제국'의 영역 안에서 살아가야 했던 식민지와 일본의 민중 자신이었다. 동시에 삶 전체가 동원되었던 그 민중들의 끈질기고 다양한 저항이 연합군의 대응이나 히로시마와 나가사키 상공에 치솟은 죽음의 먹구름과 같은 신무기의 영향 못지않게 일제파시즘의 파국을 이끈 힘이었다는 사실도 이 책은 설득력 있게 보여준다.

제2권의 부제는 편역자 회의를 통해 '광기와 망상의 폭주'로 달았다. 집단의 광기는 어느새 세계제패의 망상을 낳았고 그 망상의 폭주는 자국민을 파멸시키고 제국의 지배 아래 있던 이웃나라 사람들을 지옥의 고통으로 밀어 넣었다. 반지성주의는 곧 전쟁세력들이 바라는 바이고 그로 인한 광기와 망상의 결과는 항상 공멸로 이어졌다. 돌도끼가 핵무기로 바뀌고 육박전이 최첨단 로봇의 대리전이 된다고 해도 전쟁의 본질은 바뀌지 않았다. 이 책은 21세기의 현재 상황을 그대로 투영하고 있다.

끝으로 1950년 초에 발간된 원서의 내용과 체제를 완전히 해체하여 과장과 오류를 걷어내고 그동안 학계에서 입증된 새로운 사실들을 보완하는 등 우리 실정에 맞게 편역하는 것을 흔쾌히 허락해 준 일본역사학연구회, 그리고 어떤 불황이라도 좋은 책은 독자들이 찾기 마련이라며 힘을 보태신 출판사 채륜의 대표님을 비롯해 이 책을 정성껏 다듬어주신 에디터와 디자이너 선생님께도 감사의 뜻을 전하고 싶다. 중독성 강한 반지성주의와 말초를 자극하는 콘텐츠가 횡행하는 오늘날, 이 세상에서 여전히 활자를 다루는 장인들은 그 자체로 존경받을 자격이 있다고 생각한다. 그리고 좋은 책을 찾아 읽고 진솔한 비판과 조언, 그리고 격려를 아끼지 않는 독자들이 있는 한 우리 아르고인문사회연구소의 연구, 집필, 번역을 통한 출간사업은 계속될 것이다.

2019년 8월
한일관계가 악화일로로 치닫는 이때에 한일 양국의 시민들이 패전 직후
토해낸 일본 지성들의 목소리에 귀 기울이기를 바라며

아르고인문사회연구소 편역자 일동

□ 일러두기

○ 이 책은 일본역사학연구회 편, 『태평양전쟁사』 전5권(1953~1954) 중에서, 제3편 '태
　평양전쟁 전기前期', 제4편 '태평양전쟁 후기後期'를 번역하여 한 권으로 엮은 것이다.
－ 제1편 '만주사변'과 제2편 '중일전쟁'은 2017년 『태평양전쟁사 1』(채륜)로 출간하였다.

○ 번역원칙
－ 국문번역은 『국립국어원 표기법』 권고안을 준용하되, 일부 인명, 지명, 사건 명칭은 예
　외를 적용했다.
－ 기본적으로 종전 직후의 용어와 문체를 사용하되, 동서양에 걸쳐 다양한 역사적 사건
　과 전문용어 중 부득이 의역하거나 풀어서 번역해야 할 경우에는 가독성에 중점을 두
　고 원활한 어의 전달에 유의하였다. 또한 30여 명의 필자가 집필한 결과 다양한 문투
　가 혼재되어 있어 번역 후 최대한 일관된 한국어 문체로 윤문하였다.

○ 연호
－ 연호는 일괄 양력으로 통일하였고, 역사적 사건의 시간은 원문에 따라 일본 현지를 기
　준으로 하였다.
　예) 소화 17년→1942년

○ 인명·지명·사건명
－ 일본과 중국의 인명과 지명의 경우 본문에 처음 등장할 때 그 사람 혹은 지명의 독음
　을 확인한 후 각기 일본어 발음 혹은 중국어 발음을 한글로 적고, 뒤에는 한자를 병기
　하였다. 이후에 등장하는 때는 기본적으로 원문을 생략하였는데, 장章이 다르고 문맥
　상 정확한 이해를 돕기 위해 간혹 원문을 다시 병기한 경우도 있다.
－ 드물게 인명과 지명의 원문이 확인되지 않는 경우, 특정 인물과 지명을 판단할 수 없을
　때에는 원문의 독음을 그대로 표기하였다.
－ 서양인명의 경우 한글 독음 뒤에 로마자로 병기하였다.
－ 사건명의 경우 원문에 따라 일본식 용어를 그대로 사용하거나 편의상 현대용어로 혼
　용하였다. 다만, 일본식 용어로만 표기하였을 때 어떤 사건인지 알 수 없는 경우에 한
　하여 ( )안에 한국식 용어 혹은 세계적으로 통용되는 보편적 용어를 병기하였다.
　예) 9·18사변→9.18사변(만주사변), 지나支那→중국, 북지北支→화북, 日支→일중

예) 지나사변→중일전쟁
- 단, 고유명사의 경우는 원문 그대로 표기하였으며 구 지명의 경우는 최대한 현재의 지명 혹은 해당 국가를 병기하고자 했다.
    예) 支那派遣軍→지나파견군支那派遣軍
    예) 레닌그라드→레닌그라드(상트페테르부르크)

○ 도표와 숫자
- 본문 안의 숫자는 읽기 편하도록 4자리를 기준으로 잘랐으며, 표 안의 숫자는 그대로 아라비아숫자로 적었다.
    예) 123,456,789엔(본문에서는 1억 2,345만 6,789엔, 도표 안에서는 그대로 표기)

○ 그림과 사진
- 원문의 그림과 사진 중 해상도가 좋지 않은 경우 삭제하거나 비슷한 사진으로 대체하였다.
- 원문에는 없지만 독자의 이해를 위해 추가로 사진과 그림을 추가하였다.
- 지도에 표시된 지명, 삽화의 지문, 캡션 등은 이해를 돕기 위해 약간의 수정을 가했다.

○ 부록과 연표
- 부록과 연표는 본서에서 생략하였다. 대신 추후 제3권에서 일괄 게재할 예정이다.

●차례●

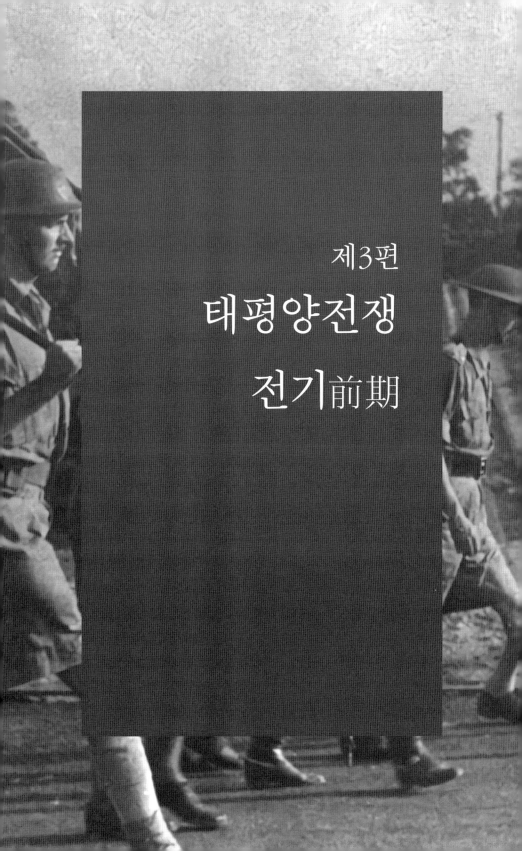

제3편

태평양전쟁

전기前期

제1장

유럽에서의 전쟁

제1절 프랑스의 항복

독일의 폴란드 침입

제2차 세계대전은 독일 대 영국·프랑스 간의 제국주의 전쟁에서 비롯되었다. 이것은 전 세계적 규모의 독점자본주의 모순이 폭발한 것이며, 식민지와 시장을 두고 힘겨루기를 하던 제국주의 국가들 사이에 대립과 분열이 발생하면서 벌어진 재앙이었다. 지구상의 유일한 사회주의 국가인 소련을 희생양삼아 나치 독일이 침략하게 만듦으로써 자본주의의 누적된 모순을 해결하고자 한 제국주의자들의 공통된 바람에도 불구하고, 이러한 노력은 실패로 돌아갔다. 그 결과 전쟁은 뜻하지 않게 영국·프랑스와 독일의 충돌이라는 형태로 발발하였다. 이것은 현대 자본주의의 전반적인 위기가 얼마나 심각했는지를 잘 보여주었다. 또한 자본주의 내부의 모순이 폭발한 것은 각국 정치 지도자의 의지와 능력을 넘어서는 필연적이면서도 불가피한 현상이었으며, 그로 인해 세계전쟁은 발발할 수밖에 없었다.

1939년 9월 1일 독일군은 국경을 넘어 폴란드를 침공하였다. 이것은 이미 그 해 4월 히틀러가 결정한 사항인데 공격 날짜까지 정확하게 지시할 정도였다. 그러므로 독일군은 5개월 동안이나 계획을 다듬어가며 면밀한 작전 검토를 마친 후 군사행동에 나설 수 있었다. 독일군은 우선 1,500기 이상의 전투기를 동원해 폴란드

폴란드로 진격하는 독일군(1939년 9월)

항공기지를 철저히 파괴하였다. 하늘에서 폴란드 비행기가 모습을 감추기까지 채 이틀도 걸리지 않았다. 지상병력 역시 폴란드의 2배에 달하는 56개 사단을 동원해 폴란드 영토로 쳐들어갔다. 이처럼 독일군이 그토록 신속하게 진격한 데에는 충분한 이유가 있었다. 전쟁이 시작되고 정확히 1주일이 되는 9월 8일 독일군은 수도 바르샤바에 입성했고 20일까지 폴란드의 전력을 거의 궤멸시켰다.

　독일군의 폴란드 공격은 유럽대전의 신호탄이 되었다. 9월 3일 영국과 프랑스는 독일에 선전포고를 하였다. 그러나 양국은 폴란드에 대해 실질적인 원조를 제공하지 않았다. 영국 정부의 각료는 "각의 테이블 주위에서, 히틀러의 방법과 장기계획에 따라 일개 약소국이 급속하게 기계적으로 파괴되는 것을 그저 바라보고만 있었다."(처칠, 『제2차대전회고록第二次大戰回顧録』) 프랑스의 경우에도,

총사령관 가믈랭Maurice G. Gamelin은 서부전선에 남아 있던 독일군의 병력이 비교적 소수인 21개 사단에 불과했음에도 불구하고 이를 공격하지 않았다. 그저 프랑스는 자르Saar 지역에 출병해 소규모 작전을 수행한 것이 전부였고 그마저도 10월에 철수했다.

이러한 사태를 당시에는 '기묘한 전쟁(가짜전쟁)'이라고 불렸다. 사실상 기묘하게도, 개전 후 영국과 프랑스, 특히 영국은 히틀러와 재빨리 타협해 전쟁을 종결하고자 하는 의도가 강했다. 미국에서 유럽의 사태를 관망하고 있던 섬너 웰즈Benjamin Sumner Welles는 개전 후에도 영국의 "금융·산업계 유력 인사들은 여전히 히틀러의 유럽 지배와 자유 영연방의 생존이 반드시 모순되지 않는다고 믿었다."고 했다.(S. Wellws, *The Time of Decision*) 독일에 대한 유화적 태도는 개전 후에도 영국과 프랑스에서 완전히 없어지지 않았다.

그런데 독일에서도 기묘한 일이 벌어졌다. 영국과 프랑스의 대독선전포고가 발표된 9월 3일 독일 해군 최고사령관인 레더Erich J. A. Raeder는, "지금까지 총통이 명언한 바에 따르면, '1944년 이전에는 (전쟁을) 예상할 필요가 없다.'고 했는데", 이렇게나 빨리 전쟁을 벌인 것에 대해 불만을 토로했다. 그는 만일 개전 시점이 1944년까지 미루어졌더라면 독일 해군력이 완성되어 "영국 문제를 결정적으로 처리"하는 데 좋은 조건을 마련할 수 있었을 것이라고 말했다. 사실 개전 당시 독일의 해군력은 도저히 영국과 프랑스를 상대할 만한 상황이 아니었다. 구형전함 2척, 전투순양함 2척, 포켓전함袖珍戦艦(Deutschland class cruiser) 3척, 순양함 8척, 구축함 22척이 독일 해군전력의 전부였다. 영국과 전쟁을 할 경우 가장 믿을 만한 잠수함도 실제 대서양작전에 사용 가능한 것은 26척 밖에 없었다. 이러한 독일의 해군력은 잠수함대사령관 되니츠Karl Dönitz의 말을 빌리자면, 그야말로 영국 무역에 '간지러울 정도의 고통'을 안겨줄 수 있는 정도였다. 그럼에도, 개전 후 이러한 결함을 신속하게 극복하기 위해 건함계획의 구체화를 여러 차례 주장하는 해군 당국의 요구를 히틀러는 한동안 반대했다고 한다. 해군당국이 주장하는 영국봉쇄안에 대해서도 히틀러는 항상 신중했다. 개전 후 얼마 되지 않아 독일이 제안한 평화안을 영국과 프랑스가 거부하고 나서야 비로소 히틀러는 영국 무역선에 대해 경고 없이 격침할 것을 허가했을 뿐이었다. 이러한 히틀러의 태도는 영국과 타협을 통해 전쟁을 조기에 종결하고자 하는 일말의 기대가 있었기 때문이다. 1933년 정권을 장악한 이래 히틀러의 태도는 거의 일관되었다.

정권 획득 후 얼마 되지 않아 히틀러는 "독일의 장래 해군정책의 기초로써 이탈리아, 일본, 영국과 평화적으로 공존하겠다는 강한 결의"(레더)를 밝힌 바 있고, 1938년 가을 시점에도 여전히 독일의 해외영토, 해상권에 대한 요구를 포기하고 그 대가로서 유럽에 대한 독일의 지배권을 영국이 인정하도록 하는 영독동맹 구상을 유지했다.(리벤트로프, 『뉘른베르크 재판기록ニュールンベルク裁判記録』) 레더 제독이 나중에 밝힌 바에 따르면, "총통은 최후의 순간까지도 영국과의 전쟁을 1944년까지 연기할 수 있다고 믿었다."고 하며, 폴란드 침략 후에도 프랑스·영국과의 전쟁이 반드시 불가피하다고 생각하지는 않았다고 한다. 10월 7일 히틀러는 영국과 프랑스 측에 화평을 제안하면서 어느 정도 기대를 걸었으나, 이것이 거부되자 비로소 양국에 대한 작전을 어느 정도 본격화했다. 이러한 히틀러의 희망은 앞에서도 본 바와 같이 영국에서조차 "히틀러의 유럽 지배와 자유 영연방의 존립은 양립불가하지 않다."고 믿는 유력한 세력이 있었기 때문에, 현실적인 근거가 전혀 없었던 것은 아니었다.

소련의 대응

이렇게 개전 직후에도 영국과 프랑스의 유화적인 태도가 사라지지 않았고, 이로 인해 서방에서 전쟁이 종결될 가능성이 완전히 사라지지 않았다는 사실은 소련이 가장 우려하던 상황이었다. 이미 소련은 독일과 전쟁할 경우에도 영국과 프랑스의 원조를 신뢰하지 않았기 때문에 독일과의 전쟁을 일시적으로 회피하고자 독·소불가침조약을 맺었다. 그 후로 소련은 자국 국경의 안전보장을 위해 모든 외교정책에 집중했다.

독일이 폴란드 침략을 통해 우선 서부에서 전쟁을 개시했다고 해도 당면한 목적인 유럽의 지배를 완성하기 위해서는 서부에서 안전이 확보되는 대로 곧바로 동부로 진출하리라는 것이 불 보듯 뻔했다. 독일에게 서부에서의 전쟁은 동부로 진출할 때 후방의 위협을 제거하는 것이었다. 10월 6일 히틀러가 전군에 배포한 명령은 이러한 서부작전의 의미를 명확히 지적하고 있다. 당시 히틀러는 "독일의 전쟁 목적은 서부를 최종적, 군사적으로 처리하는 것이어야만 한다. 즉, 서부 열강이 유럽에서 독일 인민의 통일과 그 이상의 발전에 대해 다시는 반대할 수 없도록 그 힘과 능력을 완전히 파괴해야만 한다."고 했다.

이리하여 소련으로서는 잠시나마 전쟁이 연기된 기간을 이용해 국경의 안전을 강화하고 유리한 태세를 갖추는 것이 중요해졌다. 이미 노몬한 사건을 종결함으로써 일본으로부터의 위협을 다소나마 완화시킨 상황이지만 이제 폴란드전 발발로 인해 가장 침략적인 나치 독일과 직접 국경을 맞대게 된 이상 새로운 위협에 대처하는 것이 당면한 초미의 관심사가 되었다.

9월 17일 소련군은 폴란드 국경을 넘어 우크라이나 서쪽을 점령했다. 소련군이 점령한 지역은 베르사유회의에서 정한 소련과 폴란드 사이의 '최소한의 국경'인데, '주로 민족적 고려에 의해' 결정된, 이른바 커즌 선CURZON LINE의 동쪽 지역으로서 주민의 80%가 러시아계였다. 10월 1일 영국 해군부장관 처칠은 라디오방송을 통해 소련의 폴란드 점령이 지닌 의미를 다음과 같이 평가했다. "그곳에 러시아군이 진주한 것은 나치 위협에 대한 러시아의 안전상 필요 때문이다. … 나치 독일이 일부러 공격을 하지 않는 동부전선이 형성된 것이다."(하시엘 메이어, 『제2차대전의 역사적 분석第二次大戰の史的分析』) 소련의 폴란드 점령으로 독일과 소련 사이에 새롭게 형성된 국경선은 바로 '동부전선'이었다. 그러나 이 동부전선은 다시 동쪽으로 지역을 넓혀 완성해야만 했다.

소련은 9월부터 10월에 걸쳐 다시 에스토니아, 라트비아, 리투아니아 발트3국과 각각 상호원조조약을 맺고 군대 주둔권과 해·공군기지 설치에 대한 동의를 얻었다. 그러나 이 선이 완성되려면 핀란드만 북쪽 해안을 반드시 확보해야만 했다. 사실 제정러시아가 발트해 동쪽 해안과 핀란드만을 장악했을 무렵이나 영국과 프랑스의 우세한 함대를 상대했던 크림전쟁의 시기에도, 독일 함대를 상대했던 제1차 세계대전 시기에도 러시아는 열세였던 발틱 함대만으로 핀란드만에서 리가만에 걸쳐 적함의 침입을 저지한 적이 있기에 서쪽 해안의 안전을 확보할 수 있었다. 게다가 핀란드 국경은 소련의 제2도시인 레닌그라드(상트페테르부르크)에서 35㎞ 밖에 떨어져 있지 않아 장거리포 사정거리에 들어가 있었다. 일찍이 베르사유회의 석상에서 러시아 반혁명 정부의 대표조차 레닌그라드 방위를 위해 발트국가들과 핀란드 기지가 필요하다고 주장하기도 했다. 소련이 핀란드와 조속히 교섭을 서둘러야만 했던 이유는 바로 이것 때문이었다.

소련 서부국경 부근의 지도

소련·핀란드 전쟁

핀란드와 소련의 교섭은 10월 초부터 시작되었다. 당시 소련 측의 제안은 레닌그라드 부근의 핀란드령을 전략적 요충지로 할양하고 핀란드만 입구 확보를 위해 몇몇 지점을 조차하겠다는 것이었다. 핀란드에 대한 소련의 태도는 신중했다. 소련은 국경을 개정하는 대가로 핀란드가 포기할 토지의 약 2배 면적에 달하는 카렐리야 Karelia 지방을 제공하겠다고 했다.

그러나 교섭은 난항을 거듭했다. 핀란드 정부는 소련에 협력할 의사가 없었다. 소련과의 국경에, 일찍이 대소간섭 전쟁에 참가하였고 나치와 친분을 유지하고 있는 참모총장의 이름을 딴 강고한 만네르하임Mannerheim 요새선이 막 완성된 시기였다. 핀란드가 소련의 제안에 강경한 태도를 취한 것은 서구 열강의 지지와 원조를 기대했기 때문이다. 그 가운데 핀란드와 영국은 밀접한 관계를 유지했다. 개전 이전(1938년) 핀란드 수출의 44.7%가 영국을 상대로 했고 영국으로부터의 수입도 전 수입액의 21.7%를 차지했다. 그런데 핀란드가 소련에 강경한 태도를 취하는 데에 관심을 보인 것은 영국뿐만이 아니었다. 프랑스도 영국과 함께 소련에 대한 저항을 권고했고 미국도 교섭 개시 후 곧바로 소련 측에 항의하였다. 이렇게 교섭은 교착상태에 빠졌고 11월 3일 소련은 최후통첩을 보냈다. 동시에 핀란드 내각이 교체되었는데, 새 수상인 리티Risto H. Ryti는 핀란드은행 총재로서 영국자본과 긴밀한 관계를 유지해왔고, 새 외무장관인 탄네르Tanner Väinö도 친영파 인물로 유명했다.

소련과 핀란드의 전쟁은 12월 1일 시작되었다. 영국과 프랑스 정부는 소련을 '침략자'로 비난하고 14일 국제연맹에서 제명하였다. 연맹이 제명처분을 한 것은 이 기구가 만들어진 이래 처음 있는 일이었다. 이것은 일본의 만주국 침략에 대한 태도와 매우 대조적이었다. 실제로 국제연맹의 중심국인 영국과 프랑스는 나치 즉 파시즘과의 전쟁보다도 소련과의 전쟁에 열의를 보였다. 독일과 교전 중인 영국·프랑스는 '없는 무기를 쪼개어' 핀란드에게 제공했다. "이미 선전포고한 대전쟁이 눈앞에 있었지만 항공기와 기타 고가의 전쟁물자로, 또 영국과 미국의 의용군, 그리고 더 많은 프랑스 의용군을 통해 핀란드를 원조하고자 하는 강한 열망이 나타났다."(처칠, 『제2차대전회고록』) 1940년 공표된 바에 따르면 영국과 프랑스는 핀란드에 비행기 296기, 대포 70문 이상, 기관총 5,000정 이상, 포탄

약 2,000만 발, 기타 무기를 원조했다.

미국의 민간 분야에서는 후버와 같은 보수정치가와 포드, 크라이슬러 등의 대자본가들이 핀란드 원조동맹을 결성하여 활발히 활동했을 뿐만 아니라, 정부도 수천만 달러의 차관을 공여했고, 중립법은 핀란드·소련 전쟁에 적용되지 않도록 함으로써 핀란드에 전쟁물자 수출의 길을 열어주었다. 그리고 미국인의 핀란드군 참가가 이루어져 1940년 1월 미국의 비행조종사 약 1,000명이 헬싱키에 도착했다. 루즈벨트 대통령도 핀란드 군대에 미국 시민이 참가하는 것은 중립법 위반이 아니라고 언명했다. 이탈리아도 핀란드 원조에 매우 적극적이었다. 1939년 이탈리아가 핀란드에 보낸 비행기만 100대에 가까웠다. 1월 12일 이탈리아 항공부 장관 발보Italo Balbo 가 언명한 바에 따르면, 이탈리아가 핀란드에 보낸 무기 대부분은 일찍이 스페인 내전 때 인민전선군과 인민전선 지원에 나선 영국인, 미국인, 프랑스인을 포함한 국제 의용군을 상대로 사용하던 무기였다.

소련-핀란드 전쟁, 핀란드의 스키부대

대소전 계획의 부활

실제로 핀란드 문제를 계기로 열강들이 공동으로 대소전쟁을 치를 수 있는 정세가 형성되었다. 각국의 보수세력은 소련과의 단교를 요구했다. 미국 상원의원 반덴버그는 12월 8일 헐 국무장관에게 "미국은 서반구 나라들과 보조를 맞추어 대소 외교관계 단절에 나서야 한다."고 요구했다. 영국에서도 처칠은 1월 20일 모든 중립국을 상대로 나치즘이나 볼셰비즘의 침략에 맞서 함께 일어나야 한다고 호소했다. 그 가운데 프랑스와 이탈리아가 반소십자군계획에 열심이었다. 그것은 무엇 때문이었을까.

독일과의 개전 이래 프랑스 지배계급이 취한 태도는 매우 반동적이었다. 말하자면 프랑스 정부도 군부도 독일과의 개전으로 전쟁을 시작한 것이 아니라 실상은 국내에서의 벌어진 전쟁 때문에 개전했다고 할 수 있다. 개전을 전후해 프랑스 정부가 더욱 열의를 보인 것은 국내 탄압이었고 정치체제의 파쇼화였다. 개전 직전인 8월 26일 프랑스공산당 중앙기관지 휴머니티 *L'Humanité*의 발행이 금지되었고 이어서 수십 개의 지방 기관지가 발간금지 처분을 받았다. 그리고 9월 26일에는 공산당을 비롯해 반파시즘부인동맹, 소비에트친구들의 모임, 공산청년동맹, 희생자구제회 등이 해산되었다. 그리고 얼마 후 72명에 달하는 공산당 의원 대부분이 투옥되었다. 이것이 바로 자유 압살의 시작이다. 9월 초에는 "타국의 반프랑스적 행동을 옹호하는 듯한 성격을 지닌 보도, 군과 국민의 정신에 유해한 영향을 미치는 성격을 지닌 보도"의 발표를 금지하는 법안이 만들어져 정부가 언론에 대해 만능에 가까운 권력을 휘두르게 되었다. 사실 이 법률로 정부는 '국방에 해'를 끼친다며 일체의 반정부적 언론을 단속하였고 영화·출판물까지 검열을 강화했다. 가령 개전 이후 수인 *LA BETE HUMAINE*, 밑바닥 *LES BAS-FONDS*, 북쪽호

텔 *HOTEL DU NORD* 등의 영화까지 '군과 국민의 정신에 유해'하다며 상영을 금지하였다.

그리고 프랑스의 파쇼화는 나치와 다를 바 없는 강제수용소를 탄생시켰다. 11월 19일 '위험인물강제수용소법'이 만들어져 '위험인물'로 지목된 사람은 경찰의 신고로 강제수용소에 감금되어 일체의 활동이 금지되었다. 당시 프랑스 장교가 즐겨 읽었던 『콘크리트 토치카コンクリートのトーチカ』는 절대 침략이 불가능하다고 했지만, 프랑스 군인도 정부도 독일의 침략에 대해서는 콘크리트 요새, 즉 마지노선에만 의존한 채 그 뒤에 웅크리고 앉아서 민중의 지지를 얻어야 할 필요성을 이해하지 못했고, 오히려 전쟁에 편승해 파쇼적 지배체제의 수립에만 힘을 쏟고 있었다. 따라서 이러한 프랑스 반동세력이 독일과의 전쟁보다 오히려 소련과의 전쟁에 열의를 보인 것은 당연한 결과였다. 개전 이래 르 탕 *Le Temps*, 쥬르날 드 데바 *Journal des Débats*, 르 마탕 *Le Matin de Paris* 등의 유력지는 종종 대소 단교론을 주장했고, 『르 탕』의 경우는 우크라이나와 코카서스 점령의 군사적 의의를 논하며 노골적으로 대소전의 필요성과 유익성을 역설했다. 플랑댕Pierre-Étienne Flandin 전 수상을 비롯해 위원 대부분이 소련과의 단교를 주장했고, 달라디에Édouard Daladier 내각도 종종 이 문제를 거론했다. 플랑댕은 일찍이 뮌헨회의가 성공하자 독일에 축전을 보내 문제를 일으킨 바 있는데, 바로 이러한 인물들이 더욱 열심히 대소단교론을 주장함으로써 독일과의 연관성 여부 때문에 오히려 주목을 받았다.

이런 점에서, 이탈리아의 무솔리니가 1월 3일 히틀러에게 보낸 편지에는 주목할 내용이 담겨 있다. 무솔리니는 히틀러에게 "정책, 특히 혁명적인 정책에는 전술적인 요건이 있어야 한다."는 점에서 자신도 동의한다고 강조한 후 다음과 같이 말했다. "모스크바와 더 이상 깊은 관계를 맺는다면, 이탈리아는 전국적으로 반공정서가 워낙 강경해서 이들을 제압할 수 없으므로 결국 파국적인 사태를 야기할 것이다. 이러한 사태가 일어나지 않도록 해야 하니 양해해 주기 바란다. … 귀하의 생활권 해결책은 결국 소련 안에 있을 뿐 다른 곳 어디에도 없다. … 우리는 볼셰비즘을 박살낼 때 비로소 우리의 혁명에 충실할 수 있다. 그 때야말로 우리 몸을 잠식하고 있는 암과 같은 민주주의民主主義를 대체할 수 있다."(처칠, 앞의 책) 무솔리니가 기대하고 있는 바는 독일이 '혁명에 충실'하려면 서방과의 전쟁을 포기하고 소련과 전쟁을 개시하는 것이다. 이 때 무솔리니는 단순히 핀란드만 원조한 것이 아니라 열강들과 함께 전면적인 대소전쟁을 벌일 것을 염두에 두고 있었다. 분명 당시 각국에서 주장하는 대소강경론은 핀란드 문제가 발단이었지만, 그 범위를 훨씬 뛰어넘어 본격적인 대소전쟁을 겨냥하고 있었다. 이렇게 반소 열기가 고조되는 가운데 서유럽과 독일 간의 전쟁을 종결시키고자 하는 시도가 이루어진 것은 우연이 아니었다. 이 과정에서 주도권을 잡은 것은 지금까지 전쟁에 관여하지 않았던 미국이었고, 미국은 당시 로마교황청의 역할에 기대를 걸고 있었다.

12월 말 미국 정부는 유에스스틸U.S Steel 사장 테일러Myron C. Taylor를 교황청 비공식 대표로 임명하고, 교황 비오 12세Pius PP. XII에게 세계평화와 질서 유지를 위해 협력해 줄 것을 요청했다. 교황은 유럽 정치가들에게 평화를 제안하기에는 지금이 적기라고 판단해 구체적인 평화의 조건을 제시하고 평화의 조정자로 나설 뜻을 밝혔다. 미국의 요청을 받고 1주일 후 교황이 파시스트정권 성립 이래로 관계가 원만하지 않았던 이탈리아 국왕을 최초로 방문했는데, 며칠 뒤 앞서 말했던 무솔리니의 편지가 히틀러에게 발송된 것은 흥미로운 사실이다. 교황의 중재는 미국과 이탈리아의 접근이라는 결과도 초래했다. 3월 초 미국 대통령 특사로 섬너 웰즈가 유럽으로 건너가 소련을 제외하고 이탈리아, 프랑스, 독일, 영국을 차례로 방문했는데, 이탈리아는 두 번이나 방문해 전쟁종결의 조건을 타진했다. 이 때 무솔리니는 웰즈에게 "우리 모두가 러시아와 싸우는 것 외에 어떤 해결책이 있는가"라고 말했다는데, 이것은 서유럽 열강과의 화의를 지향한다는 뜻이었다.

화의공작과 핀란드에 대한 원조가 본격적인 궤도에 오를 때 쯤 소련과 핀란드 사이에 전쟁이 시작되었다. 그런데 프랑스 수상 달라디에가 핀란드에 5만 명의 의용군과 100대의 전투기를 보내기로 결정한지 10일 후, 즉 영국이 핀란드 원조를 위해 스칸디나비아반도에 상륙하기로 결정한 날, 핀란드는 영국과 프랑스의 반대를 무릅쓰고 소련과 휴전협정을 체결했다. 이 휴전의 의의를 나중에 웰즈는 다음과 같이 말했다. "1940년 3월 이 공화국(핀란드)과 맺은 휴전협정으로 소비에트 정부는 나중에 독일의 레닌그라드 점령을 저지할 수 있는 전략 지역에 대한 군사적 지배를 획득했다."(웰즈, 앞의 책) 그런데 소련이 얻은 것은 전략 지역만이 아니었다. 핀란드와 전쟁을 종결함으로써 대독전을 대소전으로 전화시키고자 했던 제국주의 세력의 마지막 희망도 처절하게 좌절시킨 것이다.

독일의 유럽작전 기도

소련-핀란드 전쟁의 종결로 영국과 프랑스는 다시 독일과의 전쟁에 직면하게 되었다. 이러한 정세 속에 영국과 프랑스가 핀란드 문제에만 지나치게 매달렸다는 것이 만천하에 드러났다. 가장 중요한 16일 동안 영국과 프랑스 정부의 내각과 양국 간 전쟁최고지도회의는 시종 핀란드 원조문제만 논의했을 뿐 독일과의 전쟁에 관해서는 힘을 쏟지 않았다. 그런데 소련-핀란드 전쟁 말기부터 독일이 다시 서유럽으로 전쟁을 확대하려는 징후를 보였다. 3월 18일 히틀러와 무솔리니는 브렌네르고개Brennerpass에서 회담을 가졌는데, 이것은 독일의 의도를 최종적으로 확인할 수 있는 사건이었다. 소련-핀란드 전쟁이 끝남과 동시에 영국과 프랑스 당국자에게 여론의 비난이 집중된 것은 당연한 일이었다. 브렌네르 회담 다음 날 프랑스 수상 달라디에는 의회에서 하루 종일 핀란드 관련 정책 실패에 대한 책임추궁에 시달리다가 사직하였다. 그리고 독일과의 전쟁에 적극적인 열의를 보였던 레노Paul Reynaud가 뒤를 이어 조각에 들어갔다. 같은 날 영국의회에서도 체임벌린 수상은 엄청난 비난의 화살을 감내하며 사태를 해명하느라 진땀을 빼야만 했다.

그러나 핀란드 문제로 이미 낭비된 시간과 물자의 대가는 너무나도 컸다. 그 사이 독일은 거의 서부작전 준비를 마쳤다. 처음 히틀러는 프랑스, 네덜란드, 벨기에에 대한 공격을 1월 20일에 시작할 예정이었다. 폴란드전 이후 영국과 프랑스가 히틀러의 화의 제의를 거부함으로써 전쟁이 어느 정도 장기화될 것이 확실해지자, 히틀러는 서부작전을 서두르게 되었다. 전쟁의 장기화로 인해 독일 국경, 특히 독일 전시경제의 핵심지역인 루르 공업지대를 전선으로부터 훨씬 후방에 둘 필요가 있었다. 게다가 영국과 프랑스가 선수를 쳐 벨기에와 네덜란드를 점령한다면 독일은 전략적으로 매우 불리한 상황에 내몰릴 수 있었다. 비록 "지난 6~7년 이래 우리(독일)는 양면전쟁을 포기했다는 것을 비로소 인정해야만 했다."고 할지라도, "그 누구도 이것이 언제까지 계속될 것인지 알 수는 없다. 조약은 그 목적에 따를 때에만 유지될 뿐이다. 그 사이 러시아는 발트해에서 지위를 강화하겠다는 원대한 목적을 이루고 있다. 우리들은 서방에서 평화를 확보할 수 있을 때에만 러시아에 반대할 수 있다."(F. H. Finsley, *Hitler's Strategy*)

32

하지만 새로운 전쟁을 서두르는 히틀러에 대해 국내에서 반대의 목소리가 불거졌다. 특히 국방군의 일부 세력은 서유럽 국가와의 전쟁은 불필요하며 조금만 기다리면 충분히 승전을 거두며 전쟁을 종결할 수 있다고 주장했다. 그러자 히틀러는 반대파에 대해 "계산된 현명함이란 어떤 도움도 되지 않는다. 싸울 힘이 없는 사람들은 은퇴하라."는 격한 말로 반박하며 곧바로 작전 개시를 명령했다. 당시 독일에서 반反히틀러 음모가 발각되었는데, 자신의 지위에 대한 불안도 전쟁을 서두른 이유 가운데 하나였다. 이미 폴란드 침략 직전에서 히틀러는 "아마도 현재의 자신처럼 다시 전 독일인의 신뢰를 얻을 수 있는 사람은 없을 것이다. 그러나 자신이 언젠가는 범죄자 내지 어리석은 자에 의해 제거될 수도 있다."고 말했다. 이탈리아의 무솔리니에 대해서도 "만일 어떤 일이 그에게 일어난다면 이탈리아의 충성은 확실히 보장할 수 없다."고 말했다. 마찬가지로 스페인의 프랑코에게도 한시라도 빨리 전쟁을 개시해야한다고 설득했는데 이때에도 같은 이유를 들어 작전이 지체되는 것을 경계했다. 이렇듯 히틀러는 독재자로서의 지위에 대한 불안과 군비 면에서 독일이 일시적으로 서구 열강보다 우위를 점하고 있지만 언젠가는 역전될 수도 있다는 불안 때문에 항상 전쟁을 서둘렀다. 바꿔 말하면, 이러한 나치 독일의 취약함 때문에 히틀러는 항상 조급하게 전쟁을 확대시켰고, 조기 강화의 희망이 사라져 감에 따라 독일이 더욱 더 무모한 전쟁으로 끌려들어갔던 것이다.

독일의 북유럽 진격

서부작전은 당초 예정한 1월 20일에 시작되지 못했고, 더구나 새로운 침략방향은 우선 북유럽을 향했다. 일찍이 독일 해군 수뇌부는 군수공업에서 결정적 역할을 수행할 스웨덴의 철광석 수출항

독일군의 나르비크 점령(1940년 4월 10일)

인 나르비크Narvik을 확보하고, 영국에 대해 중요한 전략적 의의를 지닌 노르웨이를 점령할 필요성이 있다고 주장해왔다. 그러나 당시 히틀러는 서부작전에 전력을 집중할 필요가 있다면서, 이 작전에 그다지 관심을 기울이지 않았다. 그랬던 그가 북유럽으로의 진격을 결심한 것은 노르웨이의 파시스트정당 지도자인 전 육군장관 크비슬링Vidkun Abraham Lauritz Jonssøn Quisling이 독일과 긴밀한 연락을 취하며 노르웨이에서 내부 공격을 약속했기 때문이다. 동시에 영국이 핀란드에 관심을 보인다는 점도 히틀러로서는 무시할 수 없었을 것이다.

북유럽작전 준비 명령을 내린 1939년 12월 14일 히틀러와 만난 크비슬링은, "핀란드에 대한 관심을 보건대 머지않아 영국은 … 노르웨이로 치고 들어올 가능성이 있다. 노르웨이가 영국의 수중에 들어가는 것을 막아야만 한다. 이것은 전쟁의 결과에 결정적인 역할을 할 것이다."(뉘른베르크재판, 크비슬링 진술서) 영국이 노르웨이 점령을 시도하는 것이 아닐까 하는 위구심이 잘못된 판단이 아니었다는 것은 앞에서 살펴 본 바와 같이 영국이 핀란드 원조를 위해 북유럽 군사 상륙을 결의한 것에서 알 수 있다.

북유럽과 서부전선 지도

이렇게 폴란드전 이래 서부전선의 양상은 1940년 4월 9일 독일군의 덴마크 공격과 노르웨이 상륙으로 변화를 맞이하게 되었다. 독일은 급파된 영국 해군과 영국·프랑스 상륙군을 격파하고 거의 1개월 후에는 완전히 노르웨이를 확보하였다.

크비슬링을 중심으로 임시정부가 꾸려졌고 독일은 나르비크항을 비롯해 많은 기지를 손에 넣었다. 노르웨이전의 패배로 인해 영국에서는 체임벌린 수상이 퇴진하고 대독 강경론자인 처칠이 뒤를 이어 거국일치 내각을 만들었다.

서부전선의 붕괴와 프랑스의 항복

이미 북유럽에서 승리가 확실해진 5월 10일 독일군은 갑자기 벨기에, 네덜란드, 룩셈부르크의 중립을 무시하고 진격을 개시해 프랑스 북부로 향하기 시작했다. 프랑스 군부는 제1차 세계대전 당시의 경험에 집착하면서 독일군이 동부 마지노선을 거쳐 쳐들어올 것이라고 생각했다. 이 때문에 북쪽에서 시작된 독일군의 공격은 프랑스의 의표를 찔렀고 군사적으로 큰 효과를 거두었다. 더욱이 상대적인 전력은 어디까지나 독일에 유리했다. 잠재적 능력 면에서 영국과 프랑스는 독일 전력을 훨씬 능가하는 병력과 군비를 지녔지만, 영국과 프랑스는 개전 후에도 당면한 전쟁에 별다른 노력을 기울이지 않았고 더디게 대응했다. 이 때문에 독일은 질적으로나 양적으로나 우수한 비행기와 전차 등 현대식 무기를 구사하면서 우세한 병력을 바탕으로 적을 압도할 수 있었다. 게다가 서구열강은 전의 면에서도 극히 저조했다. 우선 14일 네덜란드군이 독일군에 대한 저항을 포기하고 왕실과 정부는 재빨리 영국으로 망명했다. 같은 날 세단Sedan 부근에서 독일군은 급강하 폭격기와 전차를 결합한 독특한 공격으로 마지노선을 돌파했고, 18일 선두부대는 파리에서 100㎞ 떨어진 지점에 도착했다. 한편 벨기에 원조에 나선 프랑스군과 영국 원정군은 플랜더스flanders 평원에서 독일군에게 포위되었다. 5월 28일 벨기에 국왕 레오폴드 3세Léopold Ⅲ가 독일에 항복을 선언했을 무렵, 32만 명의 영국 원정군은 해안지역으로 퇴각하다 프랑스 북단 도버해협의 됭케르크Bataille de Dunkerque에서

됭케르크에서 철수하는 영국군

겨우 목숨만 건져서 영국으로 돌아왔다. 플랜더스 전투는 6월 4일 독일군의 승리로 끝났고 프랑스군은 30개 사단을 상실했다. 5일 독일군은 마지노선 전역에 걸쳐 공격을 개시했고 9일에는 거의 프랑스군의 패전이 결정되었다. 이탈리아가 미국 대통령 루즈벨트의 권고를 무시하고 참전한 것은 그 다음날이었다. 14일 독일군은 파리에 무혈입성하였고 6월 17일 수상 필립 페탱Henri Philippe Benoni Omer Joseph Pétain이 독일에 휴전을 제안함으로써 더 이상 독일군과 싸울 기력이 없음을 드러냈다.

프랑스는 독일이 침략한 지 약 6주 만에 군사적으로 붕괴하였다. 그런데 독일군의 공세에 앞서, 프랑스 지배층 사이에 전쟁의 전망과 관련해 의혹과 동요가 나타난 것은 더 일찍 시작되었다. 독일군이 세단 지역을 돌파하던 날 이미 프랑스 수상 레노Paul Reynaud는 항복하기로 결심했다. 그로부터 3일 후 레노는 과거 '베르됭전투Verdun battle의 영웅' 페탱을 부수상, 막심 베강Maxime Weygand을 최고사령관에 임명했다. 그의 인사 특히 페탱의 기용은 앞으로 벌어질 일들을 예견하게 하였다. 당시 프랑스 외무성의 비서관장의 증언에 따르면, 레노는 페탱이 제1선에 나서서 노력하면 독일과 휴전도 원만하게 진행될 것으로 내다보았기 때문에 그에게 부수상 자리를 내준 것이다. 사실 페탱은 독일의 괴링이나 스페인의 프랑코 등과 전쟁 이전부터 친분이 있었고 프랑스의 많은 파쇼 단체로부터도 미래의 지도자로서 추앙받던 인물이었다.

그러나 동요하는 프랑스 정부 내부에서 가장 강경하게 항복을 주장한 것도 바로 페탱이었다. 프랑스 정부는 독일군이 파리로 진격하던 6월 5일 싸우지 않고 수도를 포기한 채 정부를 루르 지방으로, 그리고 그 후에는 다시 보르도 지방으로 옮겼다. 파리를 포기한 후 각료들 사이의 쟁점은 이제 항복 여부를 결정하는 것밖에 남지 않았다. 레노 수상은 북아프리카로 정부를 옮기고 항전을 계속하자고 주장하며 항복론자와 대립했다. 그러나 레노의 이러한 태도가 진심이었는지 여부는 여러 가지 의심스런 측면이 있다. 레노는 이미 항복을 예상하고 페탱을 내각에 끌어들였을 뿐만 아니라 결국 항복론을 인정한 채 사직했으며 다른 사람이 아닌 바로 페탱에게 자리를 내주었기 때문이었다.

독불휴전협정 조인 후 콩피에뉴 숲(Forêt de Compiègne)에서, 히틀러 총통(오른쪽에서 세 번째, 1940년 6월 22일)

페탱은 6월 17일 조각에 들어갔는데 그날 밤 곧바로 독일군을 상대로 휴전을 요청했다. 이에 대해 6월 21일 히틀러가 직접 파리에서 북쪽으로 약 80㎞ 떨어진 콩피에뉴에 나타나 프랑스 측에 휴전조건을 밝혔다. 이 조건에 따라 다음날 22일에 휴전이 성립되었고, 24일에는 프랑스와 이탈리아 사이에도 휴전협정이 체결되었다. 이 휴전협정으로 프랑스 본국의 2/3는 독일과 이탈리아군의 직접 점령 아래에 놓이게 되었고, 남은 군사력도 거의 해체되었다. 그리고 점령군 유지를 위한 1일 평균 100만 프랑의 비용을 프랑스가 부담해야만 했다.

프랑스 지배층이 이렇다 할 전투도 하지 않고 불명예스런 항복의 길을 택한 것은 항전을 계속하면 지배체제가 위협을 받을 수도 있다는 두려움을 품고 있었기 때문이다. 페탱을 필두로 한 항복론자들이 강조한 것은 "정치·산업의 주인공에 대한 민중의 대규모 반란" 가능성이었다. 또 "가장 좋은 조건으로 강화를 시도함과 동시에 전국적 혁명을 저지"하기 위해서는 지금 이 시기를 놓쳐서는 안 된다는 것이 바로 레노가 항복론에 굴복한 주된 이유였다.

민중에 대한 탄압이라는 반동적인 방식으로 전쟁을 시작한 프랑스 지배층은 국민을 결속해 항전을 계속하기보다는 조국을 적에게 팔아넘기면서까지 혁명을 회피하고자 했다. 그 결과 항복 후 프랑스 지배층은 민중을 파시즘을 통해 지배하는 데에만 온힘을 쏟았다. 이미 페탱이 조각을 요청받았을 때 너무 빨리 내각 명단을 제출했기 때문에 혹시 프랑스의 파시스트들이 정권을 장악할 기회로서 삼고자 항복을 계획적으로 이용한 것이 아닌가 하는 의심을 받았다. 이 페탱 정권 아래서 프랑스의 정치체제는 완전히 파쇼화되었다.

항복 후 얼마 되지 않아 비시Vichy 지방으로 소재를 옮긴 페탱 정권은 '국민혁명'을 외치며 제3공화제를 폐지했다. 독재권력의 강화, 계급협조, '토지로 돌아가라'는 강령과 나치에 못지않은 인종주의까지 외쳤던 '국민혁명'이 과연 프랑스 국민에게 무엇을 의미하는지 그 실체는 얼마 가지 않아 밝혀졌다. 제3공화제 폐지 후 새 헌법으로 페탱은 '프랑스 국가의 수장'이라는 지위와 더불어 행정과 입법에 걸친 절대권력을 손에 넣었고, 의회도 페탱의 자문기구로 전락하였다. 모든 국가기구와 사회생활이 페탱 개인에 의해 좌지우지되었고 운영되었다. 각료도 관리도 페탱에게만 인격적으로 책임을 지게 되었다. 파쇼적 대중조직인 '의남봉공단義男奉公團'도 페탱 개인에 대한 충성을 매개로 조직되었다. 그러나 프랑스의 파시즘이 조직적 권위로서 고작 페탱과 같은 86세의 노인밖에 내세울 수 없었다는 것은 그것이 지닌 허약함을 그대로 보여주는 것이었다. 분명 독일과 이탈리아의 파시즘과 비교할 때 비시에서 형성된 이 프랑스의 파시즘은 강고한 기둥이 없었다. 비시 정부로 모여든 반동세력의 중심은 프랑스행동동맹Action Française 등의 파쇼단체였는데 전혀 대중의 지지를 얻지 못하고 있었다. 또한 비시 정부는 오래된 기성 정치인들 안에서만 인재를 발탁했다. 페탱과 함께 실질적으로 비시 정부를 이끈 것은 라발Pierre Laval이라든가 마르케Marquet 등이었는데 모두 노골적인 반동정치가였고 거의 2류 내지 3류로 간주되었던 인물들이다. 그 결과 비시 정권은 항복 후에도 지배를 유지하기 위해서는 자발적으로 혹은 적극적으로 친독행위를 함으로써 독일의 보호를 받고자 했다. 특히 라발 같은 인물은 의회에서 "독일·이탈리아에 협력하는 방법밖에는 없다. 나는 평화시기에도 이러한 협력에 나섰던 아군이었다는 점을 밝힌다. 여기에는 조금의 과장도 없다."고 연설하였다. 이 같은 친나치 정책이 전쟁 이전부터 일관된 것이었다고 자랑까지 하고 있다. 전쟁 이전부터 프랑스의 지배층이 취해온 대독 유화정책과 비시 정부의 매국적 태도는 결코 무관한 것이 아니었다. 이러한 지배층의 태도야말로 프랑스를 패전으로 몰고 간 주된 원인이었다. 독일에 공격을 당했을 때 프랑스의 군사력이 현저히 뒤쳐져 있던 이유도 독일과 유화정책을 취하며, 독일이 소련을 공격하게 할 수 있다는 기대감에 매몰되어 독일과의 전쟁에 전혀 대비하지 않은 지배층의 태도 때문이다.

영·미의 동향

프랑스의 항복과 이탈리아의 참전으로 영국은 단독으로 독일·이탈리아와 싸워야만 했다. 그런데 영국 군대는 유럽대륙에서 거의 쫓겨나다시피 했고 영국 본토는 북유럽과 서유럽에 걸쳐 포진한 독일군에 의해 마치 반달 모양으로 포위되었다. 영국이 그나마 믿을 수 있는 구석은 해군 전력의 우월성 밖에 없었다. 따라서 프랑스 항복을 전후하여 영국은 프랑스 자체의 운명보다도 프랑스 함대의 운명에 가장 큰 관심을 보였다. 실제로 영국 다음 가는 해군력을 보유한 프랑스 함대가 그대로 독일 수중에 들어간다면 이미 참전하기 시작한 이탈리아 함대와 더불어 영국 해상권에 심각한 위협을 가하기에 충분했다. 영국의 처칠 수상은 6월 16일 프랑스의 레노 수상에게 프랑스 함대를 영국 항구로 보내 준다면 프랑스가 독일과 휴전하는 데 동의하겠다고 말했을 정도였다. 이처럼 프랑스 함대에 대한 영국의 관심은 히틀러의 태도에도 반영될 수밖에 없었다. 히틀러는 휴전조건에서 일부러 프랑스 함대의 인도를 요구하지 않았고 다만 프랑스에게 함대를 본국에 집결시킨 뒤 무장해제만 하라고 요구했다. 이러한 히틀러의 요구는 해군력이 열세였던 독일 입장에서 볼 때 매우 관대한 요구였고 정치적 의미를 내포한 것이었지만, 결코 영국을 만족시키지 못했다. 독일이 언제까지 약속을 지킬 수 있을 것인가는 그 누구도 보증할 수 없었다. 독일과 프랑스가 휴전하던 날, 처칠은 연설을 통해 "잉글랜드와 대영제국의 안전은 결정적이지는 않지만 프랑스 함대가 어떻게 되는가에 따라 큰 영향을 받을 것"이라고 말했다. 특히 영국-프랑스 협정에 의해 지중해 서부와 지브롤터에서 몰타Malta 섬에 이르는 수역은 프랑스 해군에게 위임했으므로 이 지역에서 프랑스 군함이 활동을 중단하기만 해도 영국으로서는 지중해의 안전을 상실할 위험이 있었다. 알렉산드리아에서는 현지 해군들끼리 교섭을 통해 평화적으로 사태를 마무리하고, 프랑스 군함은 무장해제하였다. 그러나 알제리의 오랑항과 세네갈의 다카르항의 프랑스 함대는 영국과의 협력은 물론이고 무장해제도 거부했다. 7월 3일과 7일 오랑항과 다카르항에서 영국 함대는 각각 프랑스 군함에 포격을 가해 대부분의 선박을 나포했다. 그 결과 영국과 프랑스 사이의 관계는 급속히 악화되었고, 항복 후 프랑스 정부는 영국에 대해 국교단절을 통고하게 되었다.

이러한 사태가 지중해에서의 영국의 지위를 심각하게 위협한 것은 당연한 결과였다. 독일의 승리에 힘을 얻은 이탈리아와 스페인은 적극적으로 진출했다. 이탈리아는 북아프리카와 발칸에서 작전을 개시하고 스페인도 북아프리카 모로코의 탕헤르를 점령했다. 태평양에서도 단독으로 독일과 싸워야 했던 영국은 중국에 대한 정책을 후퇴시켜야 했고, 프랑스의 패전으로 동남아시아의 프랑스령이 무주공산과 같은 상태에 빠지자 일본은 좋은 기회를 얻게 되었다. 태평양과 지중해의 역학관계는 크게 변했고 전쟁은 유럽을 넘어서 세계적인 규모로 광범위하게 확산되었다. 1940년 9월 일본-독일-이탈리아 3국 군사동맹은 그야말로 세계적 규모로 번진 전쟁에 대응하고 독일과 이탈리아, 그리고 일본 간의 세력 범위를 획정한 것이었다. 따라서 당연히 영국과의 전쟁을 고려했을 뿐만 아니라 미국도 그 대상으로 삼을 수밖에 없었다.

이러한 사태 전개는 미국 입장에서 보자면, "미국이 전쟁을 피하려고 해도 전쟁이 미국을 찾아 온" 것 같았다. 고립에 처한 영국은 미국 측에 거듭 지원을 요청했다. 당시 미국 내에서는 참전은 고사하고 영국에 원조를 공여하는 것조차 반대하는 분위기가 강했다.(제3장 제1절 참조) 그럼에도 불구하고 이러한 전쟁 국면에서 미국은 적극적인 정책을 취할 수밖에 없었다. 8월 미국은 우선 독일

과 교전 중인 캐나다와 공동방위협정을 맺고, 9월에는 영국의 서인
도제도 식민지를 인수하는 조건으로 오래된 구축함 50척을 공여함
으로써 대영 원조를 강화함과 동시에 대서양과 태평양 함대 건설을
목표로 하는 대규모 건함계획을 추진했다. 또 항공용 연료와 고철
의 수출을 금지해 추축국과의 관계가 경색되었다. 당시 미국이 참
전을 코앞에 닥친 문제로 인식하지는 않았다 하더라도 이러한 일련
의 행동이 결국에는 참전으로 이어질 것이라는 점은 분명했다.

제2절 독·소獨蘇전쟁의 개시

영국 본토 상륙작전의 포기

히틀러는 프랑스와 휴전한 직후인 7월 14일 "영국의 세계제국
을 타도하거나 혹은 타격을 가하는 것은 나의 본심이 아니다."라고
말하며 다시 화의를 제안했다. 이 화의 제안이 결코 단순한 수사가
아니었다는 것은 프랑스 함대에 대한 영국의 관심을 알고 있으면서
도 관대한 조건으로 프랑스와 휴전하고, 결정적으로 영국을 적으
로 만들지 않으려는 히틀러의 배려에서도 입증된다.(1절 참조) 그러
나 이미 영국은 본격적으로 독일과 전쟁을 하기로 결의했기에 이
제안을 거부했다. 그러자 이제 독일도 영국 본토 공습이라는 과제
에 직면하게 되었다.

8월 11일 독일 공군의 대규모 영국 본토 공격이 시작되었다. 영
국 상공에서는 매일같이 양국 공군의 사투가 벌어졌다. 처음에 독
일 공군의 공격은 비행장과 군항 등 군사시설에 집중되었으나, 28
일에는 런던을 대규모로 공습하였다. 이것은 영국 본토 상륙이 다
가왔음을 암시하는 것이었다. 당시 독일군 최고지도부는 9월 21일

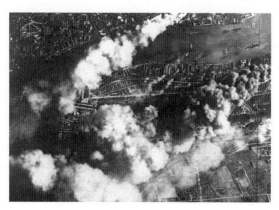
독일군의 런던 공습(1940년)

'바다사자 작전'이라고 이름 붙인 상륙작전을 개시하기로 결정했다. 이런 위기에 처칠 수상은 "그것이 어떠한 대가를 치를지라도 우리들은 이 섬을 지킬 것이다."라며 항전 준비에 임했지만, 당시 정세로는 영국의 앞날이 비관적이라는 관측이 우세했다. 가령 미국 참모본부의 대다수는 영국의 정세를 절망적으로 내다보았다.(David and Lindley, *How War Come*) 이 무렵 영국의 항전을 지원하려는 미국의 노력이 활발해진 것은 앞에서 언급했지만, 영국에 대한 비관적 전망 때문에 미국 지배층의 소수파인 고립주의·불간섭주의자들의 활동이 강화된 것도 사실이다. 본래 보스턴 출신의 사업가로서 월가와도 두터운 친분을 유지한 주영미국대사 케네디Joseph P. Kennedy(케네디 대통령의 아버지)는 독일이 진공하기도 전에 영국이 항복할 것이라는 보고를 몇 차례나 미국 정부로 보냈고, 주로 공화당 의원으로 조직된 '미국제1위원회'의 활동이 활발해지면서 국민들에게 고립주의를 퍼뜨렸다.

그러나 결국 독일의 영국 본토상륙작전은 실행되지 않았다. 독일에게 영국 본토상륙작전은 단순히 "또 하나의 강을 건너는 것이 아니라 이미 준비를 철저히 하고 전의를 다지고 있는 적에게 장악된 바다를 건너는 것"(괴링)이었다. 따라서 이 국면에서 독일 해군의 열세가 치명적인 결함으로 나타났다. 히틀러가 해군정책에서 영국에게 호의를 베푼 결과 본토상륙작전에 치명적인 결함을 드러낸 것이다. 그런데 본토상륙작전만 불가능했던 것이 아니라, 히틀러가 그렇게 바랐던 전쟁의 조기 종결도 멀어져만 갔다. 잠재적 군사력이 부족한 독일에게 장기전은 분명 불리한 선택이지만 이를 각오할 수밖에 없었다. 그런데 프랑스 항복 이후의 시태를 보면, 독일, 이탈리아, 일본이라는 주요 파시즘 국가들, 즉 자유를 탄압하고 외국 영토의 탈취를 정책으로 내건 나라들과 이에 대립하는 나라들, 즉 최소한의 민주주의와 자유를 지키고자 하는 민중의 여론을 기초로 한 자유애호국가들의 전쟁이 세계적 규모로 확대되었고 미국도 차츰 참전 쪽으로 방향을 틀고 있었다.

독일의 발칸 진출

이러한 정세 때문에 히틀러는 영국 본토상륙작전을 단념할 수밖에 없었다. 10월 12일 히틀러가 내린 지령에 따르면, 영국 본토상륙작전 문제는 이미 최우선 과제가 아니라 그저 영국에 정치적·군사적 위협만 가하고 작전은 보류하는 정도로 후퇴했다. 그 대신 독일이 선택한 방법은 동쪽으로 진출하는 것이었다. 구체적으로는 프랑스 항복 후 대륙에서 독일과 대항할 수 있는 유일한 강국인 소련을 타도하여 대륙 지배를 완성하는 것이었다. 이를 위해, 우선 발칸 국가들을 완전히 독일의 영향권으로 흡수하여 소련과의 전투에서 전진기지로 활용할 수 있도록 해야 했다. 따라서 이들 국가들에 대한 정치적·군사적 재편이 불가피했다.

개전 이래 발칸반도의 농산물과 광산물은 독일의 전쟁수행에 중요한 의미를 갖게 되었다. 영국의 봉쇄에도 불구하고 독일은 도나우강 연안의 풍부한 식량을 손에 넣을 수 있었기 때문에, 개전 후 1년이 지나도 식량위기는커녕 예비 식량까지 비축할 수 있었다. 루마니아의 석유자원은 독일의 입장에서 사활을 걸 정도로 중요해졌다. 개전하기 전부터 이미 독일은 발칸반도의 자원 획득에 힘을 쏟았다. 개전 직전 발칸 국가들의 무역액 가운데 40~50%는 독일이 차지할 정도였다. 이미 발칸 국가들은 무역을 통해 독일과 결정적인 관계를 맺고 있었다. 그러나 발칸지역의 여러 민족은 독일이 추진하는 전쟁에 결코 우호적이지 않았다. 따라서 발칸 국가들은 개전 이래 중립을 지키려고 했고, 이를 위해 블록을 형성하려는 움직임도 나타났다. 게다가 독일의 전시경제는 오로지 발칸의 자원을 흡수하는 데만 분주할 뿐 그 대가로 발칸지역의 국가들이 바라는 공업제품을 보낼 여유가 없었다. 그렇다고 독일과 이탈리아의 군사

발칸지도

력에 압도당한 영국과 프랑스에게 이를 바랄 수는 없는 노릇이었으므로 결국 발칸의 국가들은 소련과 밀접한 관계를 구축해 자국의 민족경제를 유지하려고 했다.

1940년 1월 소련은 불가리아와 통상조약을 맺고, 5월에는 유고슬라비아와 같은 조약을 맺었다. 그리고 6월에는 발트3국에 진주하여 반소기지화를 봉쇄하고 구 러시아령 가운데 루마니아에게 빼앗긴 베사라비야(현재 몰도바)와 부코비나 북부를 할양하도록 했다. 그 결과 소련 국경은 "서쪽으로 전진하여, 유럽에서 볼가강 다음으로 가장 큰 강이자 유럽 국가들의 중요한 교통로인 도나우강에 이르게 되었다."(몰로토프)

발칸에서 소련의 지위가 강화되자, 독일은 크게 자극을 받았다. 프랑스 항복 후 히틀러가 영국에게 화의를 제안하는 연설에서, "우리 외교정책의 근본방침은 이탈리아와 친교하고 영국과 협력하는 것"이라고 하면서도, 소련에 관해 호의적인 말을 한마디도 하지 않은 것은 아마도 당시 독일-소련 간의 대립 때문일 것이다. 따라서 독일이 영국 본토상륙작전을 준비할 경우에도 어느 정도는 발칸에 대한 외교적·군사적 조치를 강구해 배후를 확실히 해 두어야 했다. 특히 독일 입장에서 루마니아 확보 문제는 두 가지 차원에서 매우 중요한 의미를 지녔다. 그 가운데 하나는 말할 것도 없이 루마니아의 유전을 완전히 지배하는 것이었다. 다른 하나는 헝가리와 불가리아가 루마니아를 상대로 집요하게 실지회복을 주장하고 있으므로, 루마니아로 하여금 해당 지역을 각각 할양하도록 해서 발칸의 국제적 대립관계를 완화시키는 것이었다. 이 문제들은 대략 8월에 거의 해결되었다. 독일은 소련의 진출에 위협을 느낀 루마니아에게 압력을 가해 헝가리와 불가리아 땅을 돌려주도록 했고, '루마니아 유전의 방위를 보장'하기 위해 12개 사단을 동쪽으로 보냈다.

이러한 독일의 군사적·외교적 압력 아래 루마니아의 안토네스쿠Ion Victor Antonescu 수상은 파시스트 단체인 '철위단鉄衛団'과 협의하여 친영親英 성향의 국왕을 퇴위시키고 친독親獨 노선의 전체주의 체제를 수립했다. 이로써 루마니아는 완전히 독일의 지배 아래 놓이게 되었다.

그러나 독일이 본격적으로 발칸에 진출한 것은 영국 본토상륙작전을 단념한 이후인 10월에 들어서였다. 우선 독일은 유전지대의 방위와 루마니아 군대의 훈련을 명분으로 루마니아에 진주하였고, 독일의 중재로 영토를 할양 받은 헝가리를 포함시켜 3국동맹을 맺도록 했다. 진주에 앞서 군사사절단을 루마니아에 보냈는데 이때 히틀러는 대소작전에 따라 "독일군의 루마니아 기지 준비"를 명령했다. 이는 곧 소련을 목표로 한 것임을 분명히 한 것이다. 이러한 긴박한 정세에 대응해 소련이 11월 불가리아에 상호원조조약 체결을 요청했지만, 히틀러는 12월 18일 바르바로사 작전Unternehmen Barbarossa으로 명명한 대소작전을 개시했다. 이 작전의 목표는 루마니아와 핀란드의 적극적인 참가를 전제로, 유럽과 러시아를 확보하는 것이다.

독일의 대소전 준비

1941년 1월 초, 그해 봄 무렵 독일이 소련을 기습 공격할 예정이라는 '절대적으로 신뢰할 수 있는 정보'를 입수한 미국의 웰즈 국무차관은 루즈벨트 대통령의 재가를 얻어 이 소식을 주미소련대사에게 통보했다. 그 사이 독일의 대소 침략준비는 노골적으로 급속하게 전개되었다. 실제로 독일군이 대거 동쪽으로 이동하기 시작했고, 루마니아에서만 최신식 무기로 무장한 기갑부대를 주력으로 68만 명의 병사가 집결했다. 3월이 되자 독일군 비행부대는 조직적으로 국경을 침범해 소련영토 깊숙이 정찰비행을 했다. 이와 동시에 독일군은 불가리아에 진주해 불가리아를 3국동맹에 가입시켰다.

이렇게 독일의 발칸 진출은 1940년 가을부터 1941년에 걸쳐 급속도로 이루어졌는데, 그 과정이 결코 순조롭지만은 않았다. 1941년에는 독일과 이탈리아의 군사력이 여전히 우세했지만, 이 무렵부터 영국의 저항이 본격화했다. 독일이 영국 본토상륙작전을 단념하자, 영국 해군은 다른 나라를 원조할 만한 여유가 생겼다. 프랑스의 항복 후 지중해에서 우위를 차지한 이탈리아는 북아프리카와 그리스로 진출하고 있었기 때문에, 영국에게 수에즈운하 확보와 지중해의 제해권 유지는 긴급히 해결해야 할 중대 과제였다. 그렇지 않으면 대영제국의 유지가 어려웠다. 이에 영국은 지중해로 해군을 증파해 병력을 신속하게 강화하고, 2월에는 직접 이탈리아 군항을 습격할 정도로 제해권을 회복했다. 북아프리카와 그리스에서도 영국의 반격이 시작되자 이탈리아군은 고전을 면치 못했다. 영국군의 원조를 받은 그리스군은 국경을 넘어 알바니아로 진출했다. 아프리카에서도 영국군이 이탈리아령인 리비아로 진출하면서 에티오피아도 이탈리아의 점령상태에서 벗어나 에티오피아 황제가 5년만에 고국으로 돌아와 독립을 선언했다. 지중해의 전세가 영국군에 유리하게 전개되자, 대륙의 정세도 바뀌었다. 프랑스의 비시 정부는 가장 적극적인 친독인사였던 라발을 파면했고, 미국에 접근하는 등 동요하기 시작했다. 특히 그리스, 이탈리아와 국경을 맞대고 있는 유고슬라비아에 독일이 진출하자 대규모 저항이 발생했다. 3월에 히틀러가 유고슬라비아에 3국동맹 가맹을 요구하여 격론 끝에 유고 정부는 이를 수락했지만 국민들이 이를 인정하지 않아 수도 베오그라드를 비롯해 대도시에서는 반독 데모가 끊이지 않았다. 이러한 상황에서 시모비치Dušan Simović 장군을 수반으로 한 내각이 들어서 독일과의 동맹을 파기하였다. 새 내각은 친영적인 성격이었으나 조각 직후 소련과 불가침조약을 맺고 독일의 침략을 정면으로 거부하는 태도를 취했다.

사태가 이렇게 되자, 독일은 소련-유고슬라비아 불가침조약 체결 후 몇 시간도 지나지 않은 상황에서 곧바로 유고슬라비아를 침공해 주요 지역을 정복했다. 게다가 독일은 4월 말 핀란드에도 군대를 상륙시켰다. 이어서 5월에는 그리스를 점령하고 발칸에서 영국 세력을 몰아내고 여세를 몰아 동쪽 지중해의 요충지인 크레타 섬을 빼앗았다. 이미 아프리카에서도 독일이 급파한 기계화사단에 의한 반격이 시작되어 이집트 국경은 다시 추축국이 장악했다. 동지중해에서 독일과 이탈리아의 반격은 일단 성공했지만, 이러한 사태는 결국 독일이 전쟁을 수행하면서 더 큰 난관을 겪게 될 것이며 아울러 전쟁의 조기 종결은 더욱 더 멀어지게 되었음을 의미했다. 이제 막 추축국에 반격을 가하기 시작한 영국에게 군사적 압박을 가하기 위해 히틀러는 이 무렵 독일을 방문한 마쓰오카松岡 외무대신에게 싱가포르를 공격해 달라고 요청했다. 하지만 이를 위해서는 소련을 유럽전선으로 끌어들여야만 했다. 또 일본이 소련과 중립조약을 맺고 상호 극동 국경의 안정을 약속한 것도 묵인하지 않을 수 없었다. 더욱이 일본이 이렇게 남진을 강행한다면 결국 미국이 추축국과 싸우게 되는 상황을 초래할 수밖에 없었다. 이것은 독일에게 큰 딜레마였다. 분명히 당시 독일은 대소전을 개시하면 영국·미국과의 관계가 개선되리라 기대했다. 5월 헤스Rudolf Walter Richard Heß가 영국으로 날아간 것도 이 때문이었다. 지배자들의 반소·반혁명 움직임을 이용해 전쟁을 포기하게 만들려는 공작은 앞서 프랑스에서는 성공했지만, 영국과 미국에 대해서는 완전한 오산이었다. 유럽 민중들의 반파쇼투쟁과 소련이라는 강력한 존재 때문에 영미

정부가 공공연하게 히틀러와 손을 잡을 수 없었던 것이다.

독일의 소련 침략은 분명 히틀러가 치밀하게 준비한 계획에 따라 이루어졌다. 그러나 이것은 승산을 면밀하게 검토한 결과가 아니었다. 현실적으로 준비를 거듭하면 할수록 당초 계획에서 잘못된 부분이 발견되었고 곳곳에서 파탄이 생겼다. 결국 히틀러는 이해와 승산을 꼼꼼히 따져보기보다는 눈 딱 감고 '모 아니면 도' 격으로 광범위한 전쟁에 뛰어들었다.

소련 침략

1941년 6월 22일, 독일군은 갑자기 소비에트 영토를 침략하기 시작했다. 개전 직전 소련 주재 독일대사가 몰로토프 외상에게 통고한 내용을 보면 독일에 대한 코민테른의 파괴적 활동, 독일이 추구하는 '유럽 신질서'에 대한 방해, 볼셰비즘에 반대하는 국가들의 세력 약화를 겨냥한 소비에트의 지도원리 등 개전의 이유로 보기 힘든 추상적인 수준의 비난을 늘어놓았다. 그런데 독일은 소련 침공에 서유럽에서 사용한 병력과는 비교가 되지 않을 정도의 대규모 병력을 투입했다. 소련 국경을 처음 넘은 독일군만 121개 사단에 달했고 그 가운데 약 30개 사단은 기계화 부대였다. 게다가 독일은 이 전쟁에 거의 유럽 전체의 자원과 생산력을 총동원했을 뿐만 아니라 독일군 외에 이탈리아, 스페인, 헝가리, 루마니아, 핀란드 군대도 소련과의 전투에 참가했다.

소련군은 곳곳에서 추축국 군대와 맞서 싸웠고 발트해에서 흑해에 이르는 광대한 전선에서 전에 없는 격전을 치렀다. 초기 전황은 철저한 준비를 한 독일에게 유리하게 돌아갔다. 특히 남우크라이나 평원에서 독일군의 진격은 매우 빨랐다. 한여름 동안 벨라루스, 발트3국, 우크라이나 대부분과 오데사, 키예프 등 중요 도시가 점령되었고, 북쪽의 레닌그라드도 독일군에 의해 겹겹이 포위당했다. 가을로 접어들어 독일군이 수도 모스크바 근교까지 쳐들어가자, 주요 관청과 외국 공관은 쿠이비셰프Куйбышев(노보시비르스크의 도시)로 옮겨야만 했다.

독소전쟁의 전선 변화(1942년 말)

히틀러는 6주 안에 소련을 정복할 수 있다고 호언장담했다. 실제로 초기 전황만 보자면 그것도 가능할 듯했다. 하지만 전선은 교착되기 시작했다. 우선 독일군은 폴란드와 프랑스에서 그랬던 것처럼 소련 국민 내부에서 협조자를 발견하고자 했으나 이것은 불가능했다. 그뿐만이 아니었다. 서유럽에서는 독일의 공격을 받자마자 도망가려는 민중들이 공포와 혼란에 빠져 도로로 쏟아져 나오는 바람에 군대 작전에 지장을 주고 사기를 떨어뜨렸지만, 소련에서는 그러한 일이 벌어지지 않았다. 적군이 다가올 때 콜호즈(집단농장)와 도시의 여러 조직은 유감없이 큰 힘을 발휘했다. 특히 서부지역의 콜호즈는 평소부터 침략에 대비해 주도면밀한 계획을 세우고 있었다. 콜호즈에서 생산을 위해 조직된 분업조직은 그대로 저항조직으로 전환하였다. 가령 1반이 노인과 어린이들을 피난시키면 2반은 생산물과 기계가 독일군 손에 들어가지 않도록 이것들을 전선에서 멀리 떨어진 후방으로 옮겼다. 그리고 3반은 점령군에게 아무것도 주지 않기 위해 '초토화전술'을 실행하였고, 주로 젊은이들로 이루어진 반은 숲속이나 늪지대에 숨어서 게릴라전을 벌이며 독일군에 대항하였다. 특히 생산물과 생산자재의 후방 이송은 면밀한 계획에 따라 신속하게 이루어졌다. 때에 따라서는 공장 전체가 동쪽으로 이동하는 경우도 적지 않다. 당시 모스크바에 있던 외국인 대부분은 기계와 물자를 실은 트럭과 기차가 줄을 이어 동쪽으로 이동하고 있는 상황을 목격하고 놀라운 광경이라고 기록했다. 모스크바의 동쪽 우랄과 시베리아에는 공장을 신설했다. 소비에트의 최신식 공업시설의 75%가 이 지역에 있었다. 1941년 크리스마스에 독일의 선전부 장관 괴벨스Paul J. Goebbels는 소련 중공업의 1/2을 포함한 지역이 독일 손에 들어왔다고 호언장담했다. 그러나 실제로 소비에트가 상실한 지역은 소비에트 생산액의 1/3 이상을 차지했음에도 불구하고, 전체 공업생산은 오히려 상승했으며 동부의 산업시설은 소련군이 필요로 하는 전쟁물자의 90% 이상을 공급할 수 있었다. 나중에는 주로 미국이 무기를 대여했지만, 그것은 소비에트가 필요로 하는 양의 4%에도 미치지 못했으며, 소비에트의 공업은 거의 독자적인 역량으로 독일과의 전쟁을 버티고 있었다.

그러나 1941년 첫 전투에서 소련은 막대한 손실을 입고, 독

몰로토프, 카가노비치, 스탈린

일이 엄청난 전과를 올린 것은 엄연한 사실이다. 개전 직전에 수상 자리에 오른 스탈린은 몰로토프, 카가노비치Лазарь Моисеевич Каганович와 함께 모스크바에 머무르며 전쟁지도에 힘썼으나 일시적으로 레닌그라드의 비운을 맛보아야 했고 모스크바의 운명도 낙관할 수 없었다. 그러나 겨울이 가까워옴에 따라 점차 소련군의 상황은 개선되었다. 소련군은 모스크바 근처까지 쳐들어온 독일군을 격퇴시켰고, 남쪽에서도 로스토프Ростов를 다시 탈환했다. 몇 겹으로 포위되었던 레닌그라드도 여전히 항전을 계속하고 있었고 소련군의 사기는 떨어지지 않았다.

영·미의 대소 제휴

독·소 개전 당시 구미 각국의 군사전문가들은 대부분 소련의 조기 패전을 예상했다. 극단적인 경우 소련이 전력을 다해 저항해도 3주 안에 두 손을 들 것이라는 의견도 있었다. 그 결과 개전 당일 영국의 처칠 수상은 곧바로 "러시아의 위험은 곧 우리의 위험"이라고 말하고, 소련을 공통의 적인 히틀러와 맞서 싸우는 동맹자로 생각하며 러시아 인민의 힘과 용기를 믿는다고 연설했을 때 뜨거운

54

반향이 있었다. 이어서 미국에서도 23일 웰즈 국무차관이 기자회견에서 "히틀러 군대는 오늘날 미국에게 중대한 위험 요소가 되었다."고 말하고 미국의 방위와 안전은 어떠한 세력이든지 히틀러에 반대하는 세력을 결집하여 파시즘을 붕괴시킴으로써 확보할 수 있다고 말하며 소련을 지지하는 태도를 명확히 하였다. 당시 미국의 상원의원인 트루먼(나중에 대통령)은 뉴욕타임즈를 통해, "만일 독일이 이길 것 같으면 우리는 러시아를 도와야만 한다. 또 러시아가 이길 것 같으면 그때는 독일을 도와야 한다. 이를 통해 양국이 가능한 한 서로 많이 죽이도록 유도해야 한다."고 말했다. 영국 항공부 장관이 "독일과 소련이 서로 전력을 소모하도록 하는 것"에 관심이 있다고 말한 것은 유명하다. 그러나 전황은 이미 영국과 미국 자체의 문제로서 독일을 타도해야 할 상황으로 발전하였고, 이를 위해 모든 반추축국 세력을 결집시키는 것이 우선적인 과제로 떠올랐다. 지중해에서 아프리카·근동에 걸친 '대영제국의 생명선'과 아시아의 광범위한 권익이 추축국에 의해 직접적으로 위협을 당하고 있고 본토의 존립조차 심각한 위험에 처한 영국 입장이나, 그리고 파시즘의 침략이 세계적인 규모로 확산되면서 위협을 느끼게 된 미국 입장이나 모두 결국 일본-독일-이탈리아 파시즘 국가와의 전쟁에서 이길 때만이 자국의 제국주의적 이익을 지킬 수 있었다. 이러한 정세 때문에 반추축국 진영 내부의 상호 대립은 상존할지라도 일단 그것이 표면화될 여지는 없었다. 전쟁은 차츰 파시즘 국가들과 반파시즘 국가들의 진영 간 싸움으로 바뀌어 갔다. 그리고 여전히 미국은 참전하지 않았지만 이 시기에 이르러 영미의 전쟁목적은 명확하게 반파쇼적 경향을 띠게 되었다. 이러한 정세 변화의 배경에는 영미 양국 노동자 계급의 움직임이 있었다. 영국공산당은 영독전쟁을 제국주의 전쟁으로 규정하고 이에 반대하는 태도를 취했으나, 독일의 소련 침공을 계기로 반파쇼 세력을 강화하기 위해 입장을 바꿔 적극적으로 전쟁에 협력하기로 했다. 그리고 영소 양국 노동조합위원회 결성 등을 통해 양국 노동자 계급의 연대를 강화했다. 미국공산당과 노동조합 역시 대통령의 국제주의 노선을 지지하였고 나치와 타협을 획책하는 공화당 반동세력과 싸웠다. 그리고 나치의 공격을 혼자서 감당하고 있는 소련을 원조하자고 주장했다. 이것은 각국의 노동자계급과 사회민주주의 영향 아래 있던 노동자들의 총의가 결집한 것이다.

대서양헌장과 3국회담

1941년 7월 영국은 소련과 상호원조동맹을 체결하고 단독으로 강화하지 않겠다고 약속했다. 8월에는 미국이 중립법을 소련에 적용하지 않을 것이며 소련에 전면적 원조를 공여하겠다고 발표했다. 8월 14일 미국의 루즈벨트 대통령과 영국의 처칠 수상은 대서양에서 만나 독일타도라는 목표와 전후 평화구상에 관한 공동선언을 발표했다.

이것이 바로 '대서양헌장'인데, 영미가 침략 내지 영토 확대를 목표로 하지 않는다는 것을 명확히 한 뒤, "자유롭게 표명된 인민의 의지와 무관한 영토변경"을 인정하지 않고, 정치 체제의 자유로운 선택권을 존중하며, '강제로 빼앗긴 주권과 자유권의 부활'을 도모해야 한다고 규정했다. 요컨대 추축국 국가들의 침략을 용인하지 않겠다는 내용이다. 특히 제5항에서 노동조건 개선, 경제 향상, 사회적 안전 확보를 위한 국제협력을 호소한 것은 파시즘에 대한 민주주의 방위전쟁이라는 성격을 반영한 것으로 풀이할 수 있다.

흔히 대서양헌장 작성 과정에서 영미 간의 의견대립은 없었던 것처럼 보이지만, 세계 무역과 원료에 대한 각국의 평등권을 규정

대서양회담(1941년 8월 14일 프린스 어브 웨일즈 호 갑판, 루즈벨트 대통령과 처칠 수상)

하고 있는 제4항 심의과정에서 영국이 영연방 각국과 맺은 오타와 협정을 거론하며 '현재의 제한'을 존중하겠다는 표현을 넣어야 한다고 주장함으로써 미국과 대립한 것은 세계시장을 둘러싼 영미 간의 대립을 보여주는 흥미로운 사실이다. 어쨌든 이 대서양회담은 곧바로 소련을 포함한 3국회담으로 발전시켜야 했다. 5월에 3국회담이 모스크바에서 개최되었다. 그 결과 미국은 소련이 필요로 하는 물자를 전면적으로 제공하기로 약속하고 10월에는 10억 루블의 차관을 제공했다. 이듬해 1월 영국은 소련과 함께 이란협정을 체결하고 소련으로 갈 원조물자의 이란영토 통과를 보장했다. 그후로 이란은 소련으로 가는 원조물자의 주요 통로가 되었다. 또 하나의 루트는 북해를 통한 것이었는데 이란루트보다 훨씬 더 위험한 길이었다. 아무튼 이 2개의 통로를 통해 1944년까지 전차 9,214대, 비행기 14,698대, 대포 5,595문을 포함해 총 1억 100만 톤의 군수물자가 연합국에서 소련으로 수송되었다.

일·미의 전쟁 참가와 연합국선언

모스크바를 향해 정면으로 진격하던 독일군이 저지당하고 소련의 모스크바 방위선이 전진하기 시작할 무렵, 일본은 태평양에서 전면전을 개시했다. 그러나 일본의 참전은 값비싼 대가를 치러야 했다. 미국이 진주만 공격 후 곧바로 독일과 이탈리아를 상대로 선전포고를 하고 결정적으로 반파시즘 국가연합 진영에 가담한 것이다.

1942년 1월 1일 영국, 미국, 소련, 중국 4개국은 대서양헌장을 기초로 하여 파시즘 타도를 위한 상호 협력, 단독 강화 금지를 약속한 공동선언을 발표했다. 그리고 다음날에는 22개국이 이 선언에 서명했는데 전쟁이 끝날 때까지 이에 동참한 국가는 52개국으로 늘었다. 이것이 곧 연합국선언으로서 반파시즘 연합국의 공동강령이 되었으며 전후평화를 위한 공통의 기반을 제공했다.

연합국이 유럽에서 시급히 해결해야 할 문제는 소련에 대한 원조 강화였다. 독·소전은 유럽에서 독일의 침략을 저지할 수 있는 유일한 강대국이 바로 소련이라는 점을 보여주었다. 1942년 1월부터 몇 차례의 외교교섭을 거쳐 5월 소련 외무장관은 영국과 미국을 방문하고 군사적·경제적 협력에 관해 논의했다. 그리고 영국과는 군사조약을, 미국과는 경제협정을 맺었다. 그 결과 소련은 미국으로부터 원조액을 30억 달러로 증액하고 1942년 중에 유럽에 제2전선을 전개하겠다는 약속을 받아냈다. 이렇게 1942년은 연합국 사이의 단결이 급속도로 강화되는 한편 추축국들의 위협도 한층 강도 높게 전개되었다.

1941~1942년 겨울은 영국 입장에서는 특별히 암울한 시기였다. 영국인이 그렇게 자랑스럽게 여기고 불리한 전쟁에서도 우월함을 뽐냈던 영국 해군이 그 해 겨울에 중대한 타격을 입어 엄청난 전력 손실을 당했다. 1941년 12월에만 전함 4척을 잃었다. 말레이 앞

바다에서 Repulse와 Prince of Wales호 군함 두 척이 격침되었고, 그로부터 10일도 지나지 않아 Valiant와 Queen Elizabeth호가 이집트 알렉산드리아항에서 침몰했다. 그로 인해 영국 함대는 지중해에서 몇 척의 순양함과 약간의 구축함 정도로 간신히 명맥을 유지할 뿐이었고, 2월에는 영국본토 코앞의 영국-프랑스 해협을 독일 함대가 보란 듯이 나란히 통과하는 것을 지켜봐야만 했다. 지중해의 요충지인 몰타 섬도 거의 이렇다 할 저항 없이 연일 독일과 이탈리아 공군의 폭격에 시달려야 했다. 한 때는 하루에 300대의 비행기가 그 작은 섬을 폭격했다고 한다. 주민들은 모두 땅 속에서 생활해야만 할 지경이었다. 지중해에서 영국의 해상권이 최악의 상황에 처했을 뿐만 아니라 아시아에서도 일본군은 말레이, 버마를 점령하면서 벵골만에 모습을 드러냄으로써 대영제국의 보고라고 불리던 인도마저 직접적인 침략의 위험에 놓이게 되었다.

이렇게 영국이 최악의 시기를 맞이하고 있을 때 『타임』지는 런던에서 다음과 같이 보도했다.(1942년 4월 13일) "지금 이 순간 다른 어떤 것보다도 단 하나의 사실이 영국인의 심정을 지배하고 있다. 그것은 바로 소비에트 러시아가 우리를 구해주고 있다는 것이다. 만일 러시아가 영국인들을 패전으로부터 구해주지 않는다고 하더라도 적어도 러시아는 자신의 머리와 아이들 침대로부터 무시무시한 공습의 포화를 물리치고 있다. 게다가 러시아는 … 위대한 군사적 능력을 충분히 보여주고 있다. 그 가운데 특히 … 그 의지의 강인함을 보여주고 있다. 말하자면 러시아는 상당히 인기가 있다. 그에 비해 미국은 거의 눈길도 주지 않는다. 아주 좋게 말하자면 미국은 당연한 일을 하고 있을 뿐이라고 생각하고 있다. 나쁘게 말하자면 영국인은 미국인을 자신보다 높이 평가하지 않는다. 그런데 문제는 영국인들이 스스로를 결코 높이 평가하지 않는다는 것이

다."(G. Caroll, edited, *History in the Writing*)

실제로 유럽의 전쟁은 추축국들과 소련 사이의 전쟁인 듯했고 소련이 히틀러를 무찌를 수 있는가 여부에 따라 유럽 전체의 운명이 달린 상황이었다. 그런데 소련군은 그해 겨울 동안 전력을 정비해 수세에서 반격으로 돌아섰다. 독일군은 모든 전선에서 소련군으로부터 공격을 받았다. 소련군은 기병을 이용했고 부대와 대포에 스키를 매달았으며 말과 개가 이끄는 썰매를 타고 독일군에게 진격했다. 그리고 유격대는 곳곳에서 독일군의 통신과 보급선을 급습했다. 이미 모스크바는 어느 정도 회복하였고 독일군에게 포위된 북쪽의 레닌그라드도 라도가호수Ладожское озеро가 얼자 그 위에 선로를 깔아 보급을 시작했다. 그 해 겨울 동안 남북에 걸쳐 소비에트 적군이 탈환한 도시는 10개 이상에 달했다. 이때부터 전선의 중앙에서 북쪽으로는 더 이상 전선을 앞으로 전진시키지 못했다. 히틀러는 1941년 가을 소련군이 궤멸하고 독일이 승리를 거둘 것이 확실하므로 이제는 소탕작전만 남았다고 호언장담했으나 겨울로 접어들자 전선을 뒤로 물릴 수밖에 없었고 곳곳에서 소련군의 강고한 반격에 직면해야만 했다.

독일군의 재공격

그러나 1942년 봄이 돌아오고 눈이 녹자 독일군의 기동작전에 유리한 환경이 조성되었다. 이에 히틀러는 다시 대공세를 취했다. 그런데 이번 공세에서 모스크바는 독일의 공격 목표가 아니었다. 북쪽 레닌그라드에서 포위를 강화했지만 독일 공세의 주요 방향은 남쪽에 집중되었다. 세바스토폴에 있던 소련군과 민중들의 영웅적 저항에도 불구하고 크림반도는 독일군 손에 들어갔다. 독일군은 북 코카서스 일부 지역으로 진격함으로써 유이코프와 바쿠 유전을 목표로 전선을 확대하였다. 독일 남방작전의 최대 목표는 스탈린그라드(지금의 볼고그라드Волгоград)였다. 볼가강 하류에 있는 도시들을 집중 공격한 이유는, 볼가강이라는 대동맥을 끊어버림으로써 코카서스에서 북쪽과 동쪽의 공업지대로 이송되는 석유를 비롯한 곡물·육류·면화·구리·망간 등 주요 원자재의 공급을 불가능하게 하여 소련의 전시경제 숨통을 조이려는 의도였다.

이렇게 스탈린그라드를 점령하고 독일군이 볼가강변에서 확고한 입지를 구축하게 되면 독일군은 확실히 군사적으로 모스크바에 대해서도, 또 바쿠에 대해서도 유리한 입장에 설 수 있었다. 7월 독일의 보크Fedor von Boc 장군이 이끄는 군대가 돈바스 탄광지대를 공격하였다. 이어서 북코카서스의 관문으로 불리는 로스토프를 점령하고 8월 25일에는 스탈린그라드 교외로 진격했다. 이로써 독·소전의 향배를 결정했다고 할 만큼 중요한 전투가 시작된 것이다.

실제로 1942년 여름이 되자 전쟁은 절정에 달했다. 본국에서 새로 증파한 북아프리카의 독일군도 그 해 6월 이집트에 대해 전면적인 공격을 개시하였다. 6월 25일에는 이집트 국경을 넘었고, 4일 후에는 북아프리카에서 가장 큰 연합군 군사 요새인 알렉산드리아 전초기지, 말사 마트루흐를 점령하였고, 7월 1일에는 엘 아라메인을 공략해 알렉산드리아에서 약 100㎞ 떨어진 지점까지 진격했다. 연합국은 알렉산드리아를 잃게 될 뿐만 아니라 수에즈운하마저 독일군에게 장악될 위험성을 심각하게 고려해야 하는 상황이었다.

제2장

일본파시즘의 확립

제1절 고노에近衛 신체제운동

신당운동의 구상

유럽 전란의 발발과 전쟁 초기 히틀러의 '전격작전電擊作戰' 성공은 중일전쟁의 장기화와 교착상태로 인해 난처한 입장이었던 일본의 지배층에게 '천우신조'로 여겨졌다. 이들은 군수물자의 새로운 보급원인 남방지역에 깊은 관심을 갖고 있었다. 나치 독일이 프랑스령과 네덜란드령 식민지를 석권하고 영국이 고전하자 일본은 남방지역에 대한 야망을 실현할 수 있는 기회라고 판단했다. 이에 독일과의 관계를 더욱 강화하고 독일의 '유럽신질서'에 호응해 남방지역을 포함한 '대동아신질서'를 구축하자는 목소리가 지배계급 전체로 확산되어 갔다. '버스를 놓치지 말라!' 이것이 그들의 구호였다.

지금까지 요나이米內 내각을 지탱해 온 여러 파벌 사이의 불안한 균형이 무너지면서 편중된 인사로 구성된 내각의 존재 이유가 사라졌다. 고노에 후미마로近衛文麿와 군부가 이른바 패거리(나카마仲間) 내각을 청산하자고 목소리를 높이자 사태가 급변해 강력한 '행동내각'을 꾸리기 위한 '신체제운동'이 전개되었다. 이 운동은 명백하게 당시 독일에 대한 일본의 무조건적인 동경을 강하게 반영한 것으로서, 신체제운동은 무엇보다도 나치와 같은 신당 결성운동으로 구체화되었다. 지금까지 신당운동은 고노에 주변에서 종종 흘러나왔던 화제였는데 드디어 신당 결성을 위한 조건이 무르익은 것이다.

1940년 2월 중의원에서 사이토 다카오斎藤隆夫 의원이 고노에가 주장하는 동아신질서를 정면으로 반박하고 전쟁과 총동원체제에 반대하는 발언을 한 사건을 계기로 기성정당은 분열과 싸움을 거듭하며 자멸의 길로 접어들었다. 군부와 연락을 취하며 이러한 움직임에 주역을 담당한 구하라 후사노스케久原房之助, 나가이 류타로永井柳太郎, 마에다 요네조前田米蔵, 야마자키 다쓰노스케山崎達之輔 등은 5월로 접어들자 고노에의 측근인 가자미 아키라風見章, 아리마 요리야스有馬頼寧와 손을 잡고 신당결성의 기치를 올렸다. 그리고 5월 하순에 '신당강령안'을 거의 완성하였는데, 1) 국방국가의 완성, 2) 외교의 확장, 3) 정치신체제 확립 등 3개 항목을 내걸고, 별도의 '양해사항'으로 민정당 주류와 구하라파 일부는 신당에서 제외할 것 등을 부기하였다.(야베 데이지矢部貞治, 『고노에 후미마로近衛文麿』 下) 민정당 주류와 기타 세력을 제외한 것과 관련해 가자미 아키라는 그의 저서 『고노에 내각近衛内閣』에서 "필요한 것은 유력한 반대당의 존재이다."라고 스스로 주장하며 고노에의 동의를 얻었다고 적고 있다. 그러나 당시 신문과 라디오는 히틀러가 군과 국민을 일원적으로 장악한 것이 독일 승리의 원천이라고 대대적으로 보도했고, 또 가자미 등의 동료인 아리마는 자신들의 운동목적이 "독일 나치와 같이 국민을 정치조직화하는 것"(『도쿄아사히東京朝日』 6월 11일)이라며 저널리즘을 상대로 선전활동을 하였다. 이러한 분위기 속에서 신당에서 제외된다는 것은 곧 정치생명이 끝나는 것을 의미했다. 양해사항 가운데 "기성 진영 가운데 참가하지 않는 자는 상대하지 않는다."는 문구는 당시 시류에서 가장 비켜 서 있던 민정당과 정우회 하토야마파를 위협하려는 의도였다.

6월로 접어들자 신체제운동은 유럽에서 독일의 진격과 보조를 맞추듯 진행되었다. 기성 정당 내에서 친군·친당론자를 폭넓게 아우른 성전관철聖戰貫徹의원연맹(3월 25일 결성)은 6월 3일 총회에서 '정치체제 정비에 관한 방책'을 가결하고, "일체의 국민 불안을 해소하고 국민이 나아가야 할 바를 알려주어 거국일체, 국책 완수에 만전"을 기하기 위해서는 '강력한 신당'의 실현이 반드시 필요하다고 강조하였다. 4일 아리마는 고노에의 출마가 거의 확실하다고 발표하였고, 그날 밤 고노에 자신은 신체제와 관련한 첫 기자회견에서 신체제가 필요하며 자신은 신체제에 관심이 있다고 확실히 밝혔다. 신당론자는 일제히 고노에를 당 총재로 추대하였다. 고노에가 나선다는 소식은 정당의 자기 붕괴와 신당 합류를 가속화했다.

6월 6일 신당파의 거두 구하라는 요나이 수상과 회견하고 1) 영미 추종방침의 청산, 2) 장제스蔣介石를 원조하는 제3국에 대한 단호한 조치, 3) 고도국방국가체제의 확립이 필요하다고 밝혔다. 다음날 7일 요나이가 회답을 거부하자 구하라는 곧바로 내각참의직을 내놓았다. 말하자면 이것은 신당파의 내각불신임 의사 표현이었고 각 정당은 민정당을 포함해 모두 구하라의 행동을 지지했다. 그러한 가운데 프랑스가 독일에 항복하자 각 정당은 앞 다투어 정부를 향해 외교방침의 전환을 강하게 요청하였다. 그 모습은 마치 경매장을 방불케 하였다. 즉 각 정당은 타 정당보다 더 큰 목소리를 내고자 했는데 이는 곧 도래할 신당체제 안에서 자파의 입지를 확보하기 위한 필사적인 몸부림이었다.

한편 정부는 '혁신' 우익의 강경론에도 대처해야만 했다. 대일본청년당, 동방회, 국민동맹 등 대표적인 혁신우익단체를 산하에 아우르고 있는 동아건설국민연맹에서는 신체제운동에 대해 그것이 단순한 기성정당의 구제로 끝나는 것을 경계하면서도 수년 동안 자신들이 주장해 온 것을 실현할 수 있는 최적의 기회라고 보고 이

운동 속에서 주도권을 확립하고자 했다. 나카노 세이고中野政剛가 고노에에게 보내는 편지 속에서 신당운동과 관련해 "아다치安達, 스에쓰구末次, 소생, 하시모토橋本를 초청한다면 나머지는 저절로 따라올 것"이라고 적은 것도 신당을 둘러싼 주도권에 대한 이들의 유치한 자부심을 잘 말해준다. 이들은 6월 23일 성전관철의원연맹과 함께 국민시국간담회 발기인회를 열고, "1) 불개입 방침을 버리고 신세계 건설에 협력할 것. 2) 현상유지 국가들의 잔존세력을 전 아시아에서 몰아낼 것. 3) 아시아의 자원은 아시아 민족의 손으로 확보할 것"(『동맹순보同盟旬報』 7월 10일호)이라는 침략주의 야망을 실현하도록 요구하기로 결의했다. 그리고 정책 실행의 전제로서 '시대착오적 정치세력의 총사퇴'를 강하게 요구했다.

신체제를 실현할 기회가 다가왔다. 이에 고노에는 6월 24일 추밀원 의장직을 내려놓고 "신체제 확립을 위해 미력하나마 헌신하겠다."는 성명을 발표했다. 성전관철의원연맹에서는 고노에 성명 후 곧바로 정당 해체를 요구하기로 결의하고 다음날 25일 위원들이 각 정당을 방문했다. 정우회의 구하라파와 나카지마파는 곧바로 이 요구에 응했다. 정우회 중립파도 이들 두 파벌과 협조하기로 결의하고 사회대중당에서는 이미 24일 당의 해체를 결의하였다. 그리고 민정당도 성전관철의원연맹위원의 방문을 받고 자신들은 신당에 대항할 의사가 없다는 뜻을 확실히 밝혔다. 기성 정당의 자기붕괴는 이제 시간문제였다.

내각 타도 운동과 고노에의 심정

원래 지배계급 내 각 정파의 불안정한 힘의 균형과 궁중세력의 지원으로 겨우 하루하루를 버티고 있던 요나이 내각이었지만, 이 내각을 뒷받침하던 양대 축이 고노에의 신체제운동에 편승함으로

전후 도쿄전범재판에서의 기도 고이치

서 결국 무너지고 말았다. 6월 1일 이제까지 고노에와 신당에 대해 의견을 나누었던 기도 고이치木戸幸一가 유아사 쿠라헤이湯浅倉平의 뒤를 이어 내대신內大臣(궁중에서 천황을 보필하는 대신)이 되었다. 그러자 신문은 '혁신기운의 대두'라는 큰 제목으로 그의 취임사실을 알렸다. 그리고 고노에의 사직으로 공석이 된 추밀원의장의 후임을 놓고 정부는 히라누마 기이치로平沼騏一郎가 확정적이라는 일반의 예상을 뒤집고 부의장인 하라 요시미치原嘉道를 발탁했다. 『도쿄아사히신문東京朝日新聞』 6월 24일 석간은 이를 두고 '수상은 고노에의 추대를 용인하지 않았다.'고 큼지막한 제목을 달고 정부와 신新중신층重臣層의 틈이 벌어졌다고 보도했다. 결국 이러한 상황은 7월 5일 요나이, 오카다, 하라다, 유아사, 이케다 등을 테러로 제거하려 한 신병대神兵隊의 잔당인 마에다 도라오前田虎雄 일파의 음모를 미리 보고 받은 기도 내대신의 언동에서도 확실히 나타났다. 기도는 이들이 미수범으로 검거된 사건을 천황에게 보고할 때, "그의 언동은 나쁘지만 그의 심정을 헤아려 보면 우리 위정자도 크게 반성해야만 합니다."(『기도일기木戸日記』 7월 5일, 『극동국제군사재판기록極東国際軍事裁判記録』 59호)라며, 암묵적으로 정부를 비난했다. 그리고 천황에게 보고를 마친 뒤 고노에와 함께 내각을 경질할 것에 대비해 대책을 논의했다.

그 사이 고노에는 이미 신체제의 중심인물로 자타가 공인하고 있었으므로 그의 언동이 미치는 영향은 광범위하고도 강력했다. 신체제운동이 내각과 대립각을 세울 수밖에 없었기 때문에, 모두들 고노에가 내각의 존속을 바라지 않는다고 생각했다. 특히 추밀원 의장직의 사임은 그러한 추측을 뒷받침하는 행동으로 여겨졌다. 신당파는 이를 기해 고노에가 드디어 신체제를 내세워 다음 내각을 준비하기 시작했다며 환영했다. 정부가 신체제에 협력하려고 해도 고노에가 절대로 만날 필요 없다고 말했다는 소문이 돌자, 요나이가 '정변은 고노에의 양해 아래 이루어졌다.'며 분노했다고 『사이온지 공公과 정국西園寺公と政局』에 적힌 바와 같이, 고노에의 움직임은 분명히 정부의 퇴진을 요구하고 있었다.

그렇다면 고노에는 어떤 생각을 품고 있었을까. 이와 관련해서는 약간의 검토가 필요하다. 왜냐하면 전후 발표된 고노에 수기나 기타 고노에에 관한 저작들은 하나같이 신체제운동이 군부의 내각타도운동에 합류한 것은 고노에의 뜻이 아니며 오히려 그는 정반대의 입장이었다고 적고 있기 때문이다. 즉 고노에가 신체제운동에 바란 것은 강력한 국민조직을 배경으로 군부를 억제하는 것이었다고 강조하며, 강력한 군부 앞에서 자신의 이상을 실현할 수 없었던 '비극의 정치가'로 고노에를 묘사하고 있다.

그런데 『기도일기』에는 고노에, 아리마, 기도 3인의 회담과 관련해 다음과 같은 사실이 적혀 있다.(이것은 고노에가 적극적으로 신체제에 대한 의지를 표명하기 직전인 5월 26일, 비밀리에 3인이 만나 의견을 나눈 신당구상에 관한 것으로서 나중에 약간은 다른 형태로 변형되었지만 기본적으로 고노에가 조각할 때 그대로 실행에 옮겨진 내용이다.)

- 대명을 받들기 전까지 신당 수립은 적극적으로 하지 않을 것. 다만 정당 측의 자발적 행동으로 신당 수립 기운이 일어날 때에는 고려해 볼 것.
- 대명이 내려질 경우 고려할 사항들
    1) 육해군 양 참모총장, 내각총리대신, 육해군대신으로 최고국방회의를 설치할것.
    2) 육해군의 국방, 외교, 재정에 관한 요구를 청취할 것.
    3) 신당 수립 결의를 표명하고 각 정당에 해산을 요구할 것.
- 총리와 육군대신만 조각하고 나머지는 겸임으로 처리할 것. 다만 정세에 따라 2~3명의 각료(가령 외무대신 등)를 선임할 것.
- 신당 성립 초기 당원 가운데 인재를 발탁해 각료를 임명할 것. 신당 결성 전에 선임된 각료는 반드시 신당에 가입할 것.

일견 이들은 군부에 대해 어느 정도 통제를 가하고자 했지만 이것은 결코 군부의 요구를 억제하고자 한 것이 아니라 오히려 이 문서는 그들이 군의 요구를 전면적으로 구현한 나치와 같은 신당을 만들고 군부도 포섭함으로써 정략을 군략과 결합해 이끌어가고자 한 것에 불과했음을 보여준다.

6월 4일 기자회견에서 고노에가 신체제와 군부의 관계에 대해 "협조는 물론 필요하지만 군의 입김에 굴복해 맹종만 해서는 안 될 일이다. 때로는 고언도 하고 군도 이것을 관대하게 받아들일 필요가 있다고 생각한다. … 결국 군과 하나가 되어 일을 처리해 나가야만 한다."(『도쿄아사히』 6월 5일)라고 말한 것도 역시 그러한 의도를 내포한 것이라고 생각된다.

그렇다면 고노에는 신체제운동과 내각 타도에 관해 어떻게 생각하고 있었을까. 당시 고노에와 요나이 내각 사이에는 메울 수 없는 격차가 있었다. 하라다가 고노에에게 직접 들은 바로는 신당파의 선전도, 요나이의 분개도 모두 근거 없는 것으로서 고노에는 하라다의 질문에 확실히 답하기를, "나는 내각 타도를 원하지 않는다. 또 신체제에 관해 정부가 협력한다면 흔쾌히 대화에 나서겠다."라고 했다.(『사이온지 공公과 정국』) 아울러 7월 7일 가루이자와軽井沢 기자회견에서 고노에는 신체제 확립에 행정상의 권력이 필요하다는 설도 있는데 자신은 그렇게 생각하지 않으며, "다소 불편은 있겠지만 행정력의 결여를 참아볼 생각이다."라고 확실히 밝혔다. 게다가 그러한 불편을 보완하기 위해 정부가 협력해 주기를 바란다는 의향을 비쳤다. 앞서 본 5월 26일 시점의 신당 구상에서는 신당결성에 행정상의 권력이 필요하다고 인정하였고 그 때문에 조각 방식을 다각도로 협의했던 고노에였다. 그런데 왜 7월 7일에는 다소간의 불편을 감수하겠다고 말했을까. 우선적으로 생각해 볼 수 있는 가능성은 고노에가 내각 타도에 관해 공공연히 의사표시를 함으로써 내각 타도의 책임을 지게 되는 상황만큼은 어떻게든 피하고자 했을 테지만, 이것만으로는 아직 고노에의 모호한 태도를 충분히 설명할 수 없다. 아마도 이와 더불어 고노에의 신체제 반대세력에 대한 고려라는 점을 생각해 보아야 한다. 5월 26일 국방국가체제의 일원적 총괄 방안으로서의 신당 구상은 당연히 관료세력에 대한 일정한 제한과 통제를 전제로 할 수밖에 없었는데 운동이 진전됨에 따라 차츰 이러한 문제들에 봉착하게 되었다. 신체제 반대세력은 '국체'를 거론하며 공격하기 시작했고 그 선봉에는 '관념적 우익'이 나섰다. 이들은 일단 기성 정당의 말살에는 동의하지만 일국일당을 겨냥한 신체제운동은 '막부정치의 재현'을 꾀하는 것이라며 강력히 비난했다. 이것은 고노에의 황실의식과 두루두루 챙기는 팔방미인적인 성격을 감안한다면 상당한 타격이었다. 고노에는 국체라는 암벽과 신당을 향한 지향이라는 두 가지 가치 사이에서 딜레마에 빠졌다. 고노에가 7월 7일 담화에서 "헌법에 따르면 일본의 정치는 권력균형 위에서 안정을 꾀하고자 하는 것인데, 신체제는 국책이란 관점에서 모든 것을 일원적하여 종합적으로 조직하는 것이므로 그 부분에서 문제가 있을 수도 있지만 신체제는 당연히 헌법을 준수하면서 어디까지나 운용이란 측면에서 이끌어 가야 한다고 생각한다."라고 말한 것도 그 무렵 고노에가 이러한 딜레마에서 어떻게든 벗어나고자 발버둥치고 있었다는 점을 뒷받침하는 것으로 보인다. 그래서 결국 고노에는 이러한 딜레마로 인해 과감히 내각 타도를 표명하지 못한 것이 아닐까 추측된다. 결국 고노에는 조각을 목전에 두고 약간 주저하는 모습을 보였는데, 이것은 고노에 수기에도 나오지만 신체제운동이 그의 '이상'에 반하여 군부의 내각타도운동에 합류하였기 때문이 아니었다. 그는 자신을 독재자로 만드는 신체제 구상을 가로막고 있던 '국체'라는 거대한 장벽으로 인해 주춤한 것이었다.

요나이 내각의 붕괴

어찌되었든 요나이 내각으로는 '기회를 놓칠' 우려가 있다고 판단했기 때문에 고노에가 어떤 생각을 지니고 있었는가와 무관하게 사태는 흘러갔다. 이제 통수권 독립을 외치는 군부의 매서운 공격을 막아설 장애물은 그 어디에도 없었다.

고노에의 추밀원의장 사임성명이 발표된 다음날인 6월 25일 하타 슌로쿠畑俊六육군대신은 차관 이하 부처 내 전 장교를 상대로 연설을 하였는데, 신체제운동의 진전을 축복함과 동시에 "공연히 부유腐儒의 언의言議에 빠져 천재일우의 기회를 상실했다는 비난을 받아서는 안 된다."라며 군의 대동아신질서 건설에 대한 강경한 요망을 표명했다.(『동맹순보』 7월 10일) 불과 6개월 전만 해도 직접적인 군사 책임자로서 어떻게 하면 체면을 손상시키지 않고 전쟁의 늪에서 발을 뺄 수 있을까 초조해하기만 했던 군부였다. 그러나 이제 사변의 해결은 물론이고 남방의 방대한 자원을 그대로 송두리째 손에 넣을 수 있는 '천재일우의 기회'를 놓친다는 것은 도저히 참을 수 없는 일이 되어 버렸다.

한편 요나이 내각은 이미 네덜란드령 인도네시아, 프랑스령 인도네시아 등 개개의 문제에 관해서는 매번 '제국의 깊은 관심'을 표명해왔다. 그런데 이제는 남방지역 전반에 관한 정부의 종합적 방침을 발표할 시기라고 판단했다. 이 무렵 신문은 정부가 '동아자주확립선언'을 준비하고 있다고 보도했는데, 이 선언은 6월 29일 아리타 하치로有田八郎 외무대신이 '국제정세와 제국의 입장'이라는 제목으로 라디오방송을 통해 발표하였다. 이 방송에서 동아시아와 남방지역의 관계를 정의하기를 "서로 의지하고 서로 도와 공종공영의 결실을 거둠으로써 평화와 번영을 증진해야하는 자연의 운명을 띠고 있다."라며 '동아신질서'의 범위를 남방까지 확장하고자 했다. 신문에서 전하는 해외 국가들의 반향을 보면 아리타의 방송은 곧 일본의 새로운 외교원리를 천명한 것으로 보는 게 당연했다. 그런데 이 아리타의 방송이 정부의 의도와 달리 군부의 불만을 샀다. 표면적인 이유는 일단 육군, 해군, 외무 3성 당국의 사전 협의 내용을 바탕으로 한 그 방송에서 군부의 의향을 왜곡해 전달했다는 것이었다. 그로 인해 30일에는 외무성 수마須磨 정보국장이 헌병대에서 조사를 받았고, 이어서 아리타와 요나이도 군부로부터 강한 항의를 받았다. 또 외무대신은 절차상의 문제로 진정서를 접수해야만 했다.(7월 3일) 이 사건을 두고 당시 정계에서는 군부가 주장하려고 한 것을 아리타가 선수를 쳤기 때문에 반감을 사 군부가 정부를 공격하였다는 관측이 유력했다.(하라 다카시, 앞의 책) 이 사건은 요나이 내각의 성격이라든가 독일에 대한 종래의 태도가 독일과 밀접한 관계를 구축하기에 적합하지 않다고 생각하는 군부의 불만이 정부의 태도를 빌미로 폭발한 것이었다. 그리고 군부가 단지 절차상의 문제를 이유로 정부를 공격했다는 것은 군부가 공공연하게 내각 타도에 나설 것을 암시한 전조였다.

이 무렵 참모본부 안에서는 "최근 세계정세에 대처하기 위해서는 현 정부의 진용으로는 도저히 불가능하다."라는 의견을 중견 장교들이 수뇌부에 상신하였고(『기도일기』 7월 8일), 참모총장 간인노미야閑院宮는 적극적으로 이 의견에 동조했다. 극동군사재판 법정에서 당시 참모차장 쓰카다 오사무塚田攻가 확실히 밝힌 바에 따르면, 그가 참모총장의 강령론을 전달하고자 육군차관 아나미 고레치카阿南惟幾를 방문했을 때 육군성에서도 차관 이하는 내각 경질에 찬성했는데 이러한 이야기를 전해들은 참모총장은 그렇다면 육군대신을 그만두도록 해야 한다는 결론에 이르렀다고 한다. 앞서 본 것처럼 군부의 의견을 적극적으로 피력해 온 하타 육군대신이었지만 그가 요나이 내각에 들어갈 때 천황으로부터 내각에 적극 협조하라는 지시를 받았기 때문에 공공연하게 내각을 타도하려는 태도를 보일 수 없었다. 육군대신이 이러한 입장에 있었으므로 우선 육군대신을 참모총장의 손으로 내보내고 이를 바탕으로 내각을 타도하고자 한 것이다. 7월 8일 아나미는 기도를 방문해 이러한 분위기를 전달함과 동시에 "요나이 내각의 성격상 독일 및 이탈리아와 대화하기에 매우 불편하므로 자칫하면 시기를 놓칠 우려가 있다. 이 중대한 시기에 대처하기 위해서는 내각 경질도 불사해야" 한다는 군부의 결의를 밝혔다.(『기도일기』 7월 8일) 그리고 11일에는 군무국장 무토 아키라武藤章가 이시와타石渡 서기관장에게 면회를 요청하고 육군대신의 괴로운 입장을 생각해 정부는 원만하게 사퇴하기를 바라며, 이시와타가 이를 거부한다면 "그러면 결국 하타 육군대신은 사직하게 될 것"이라는 여운을 남기고 돌아갔다. 무토의 요구를 알고 있던 요나이는 다음날 12일 하타를 불러 사실 여부를 묻자, 하타는 "그들의 의견은 사적인 의견으로 받아들이시오."라고 말하고 이어서 이것 또한 그의 사적인 의견이라고 전제하면서 "결국 내각이 총사퇴하는 것이 좋겠다."라고 답했다.(하라 다카시, 앞의 책) 내각 타도를 바라면서도 의식적으로 속내를 밝히지 않았던 하타의 입장을 이 에피소드를 통해 확인할 수 있다. 결국 하타는 참모총장으로부터 사직 요구서한을 받게 되었고 7월 16일 "최근의 정세는 자신의 신념과 맞지 않는 바가 있고, 나아가 군을 통솔할 수 없다."라고 적은 사표를 요나이에게 제출하게 되었다.

제2차 고노에 내각과 기본국책요강

신체제운동은 '행동내각'을 위한 선도적 역할을 충분히 달성하고 막을 내렸다. 그러자 고노에는 신체제 확립과 대동아 신질서 건설이라는 간판을 크게 내걸고 다시 정치무대에 등장하였다. 그 과정에서 이미 고노에의 지명도가 결정적이었으므로 후임 총리를 협의하는 중신회의는 고작 30분 만에 끝났다. 다만 고노에의 장차 행보에 대해 일말의 불안을 느낀 사이온지 긴모치西園寺公望는 원로로서의 특권을 포기하고 고노에를 애써 추천하지 않았지만, 이러한 사이온지의 태도는 기도 고이치 내대신에 의해 간단히 묵살되고 말았다. 고노에는 7월 17일 총리에 임명되어 조각의 대명을 받들게 되었다.

고노에는 곧바로 조각에 착수했는데, 그 내용은 전례를 완전히 뒤집는 파격이었다. 고노에는 먼저 육군, 해군, 외무 3성의 대신을 선정하였고, 19일에는 고노에의 사저인 테키가이소荻外莊에 이들 3인을 불러 이른바 오기쿠보荻窪(사저가 위치한 지명) 회담을 열었다. 이 회담에서 내각의 기본방침을 검토한 뒤 고노에는 여타 대신의 선정에 들어갔다. 오기쿠보회담에서 확인된 기본방침은 나중에 『기본국책요강』과 『세계정세의 추이에 따른 시국처리요강』으로 구체화되었다.

따라서 이러한 원칙에 따라 만들어진 내각에서는 군부의 압도적 발언권이 보장되었다. 7월 22일 정식으로 발족한 제2차 고노에 내각의 각료는 다음과 같았다.

내각 총리대신 - 고노에 후미마로近衛文麿

외무 겸 척무대신 - 마쓰오카 요스케松岡洋右

내무 겸 후생대신- 야스이 에이지安井英二

대장대신 - 가와타 이사오河田烈

육군대신 - 도조 히데키東條英機

해군대신 - 요시다 젠고吉田善吾

사법대신 - 가자미 아키라風見章

문부대신 - 하시다 구니히코橋田邦彦

농림대신 - 이시구로 다다아쓰石黒忠篤

상공대신 - 고바야시 이치조小林一三

체신 겸 철도대신 - 무라타 쇼조村田省蔵

무임소대신 겸 기획원총재 - 호시노 나오키星野直樹

내각서기관장 - 도미타 겐지富田健治

오기쿠보(荻窪)회담(왼쪽부터 고노에, 마쓰오카, 요시다, 도조, 1940년 7월 19일)

신내각은 7월 26일 각의에서 『기본국책요강』을 결정하고, 이어서 27일 제1차 고노에 내각 이래 중지되었던 대본영정부연락회의를 부활시켰으며, 『세계정세의 추이에 따른 시국처리요강』을 결정하였다.

이러한 일련의 조치로 구체화된 제2차 고노에 내각의 기본방침은 다음과 같다.

첫째, 외교와 관련해 보자면, 장제스를 원조하는 행위를 봉쇄함으로써 중일전쟁을 해결하더라도, 역시 남방지역을 확보해 '대동아공영권'(8월 1일 마쓰오카 담화에서 처음으로 이 용어가 공개적으로 사용되었다.)을 건설할 경우에도 결국 미국과 영국의 방해가 예상되었다. 따라서 독일·이탈리아와 손을 잡고 일본·독일·이탈리아 방공협정을 군사적인 수준으로 격상해 그 위력을 바탕으로 방해물을 배제해 나가자는 것이었다. 여기서 남방이란 '대체로 인도의 동쪽, 호주와 뉴질랜드 이북' 지역을 포함하는 것으로서 이를 확보하기 위해 중일전쟁이 완전히 처리될 경우에는 '기회를 보아 무력을 행사함.'(『시국처리요강』)은 물론이고, 만일 중일전쟁 처리가 지연될 경우에도 원칙적으로는 "제3국과 개전에 이르지 않는 범위 안에서 대책을 강구하되 내외의 정세가 특별히 유리하게 진전된다면 …무력을 행사할 수도 있다."(『시국처리요강』)는 것이었다. 무력행사의 경우는 상대를 영국만으로 한정하도록 노력하되, "이 경우에도 미국을 상대로 한 개전을 피하지 못할 수 있으므로 만일에 대비해 준비에 유감이 없도록 한다."(『시국처리요강』)는 것이었다. 또 소련에 대해서는 양면작전을 피하기 위해 '대소 국교의 비약적 조정을 꾀한다.'(『시국처리요강』)고 정했다.

제2차 고노에 내각 각료

둘째, 내정과 관련한 기본방침은 이상의 외교방침 전환에 대응할 수 있는 국방국가체제를 완성하는 것이었다. 이를 위해 우선 국민들에게 "국가봉사를 최우선으로 하는 국민도덕을 확립"(『기본정책요강』)할 필요가 있다고 규정했다. 아울러 "강력한 신정치체제를 확립하고 국정의 종합적 통일을 꾀한다."(『기본정책요강』)고 했다. 이 것은 말할 것도 없이 신체제운동을 내각이 직접 주도하고, 신체제 가 지닌 정치력을 배경으로 정부의 파쇼권력을 강화한다는 것이다.

그리고 세 번째로는 1939년 가을 이래 정체되기 시작한 군수생 산을 비약적으로 증강하고 예상보다 길어질 전쟁에 대비할 수 있 도록 각종 시책을 도입하였다. 그 중심에는 '일원적 통제기구의 정 비'(『기본정책요강』)가 자리 잡고 있었다. 국정의 일원화에 발맞추어 경제통제의 일원화가 필요했던 것이다.

신체제新體制의 발족

이 무렵 기성정당은 이미 스스로 해체의 길로 들어섰다. 7월 6 일 사회대중당의 당 해산을 시작으로 7월 16일에는 정우회 구하라 파와 중립파가 해당대회를 열었다. 26일에는 국민동맹, 30일에는 정우회 나카지마파가 당을 해산하였다. 이렇게 정당해산이 줄을 잇는 가운데 마지막까지 버티던 민정당도 8월 15일 당을 해산하였 다. 스스로 당을 해산한 사람들은 신체제촉진동지회를 결성한 뒤 오로지 고노에의 신당 결성만을 기다리며 8월 17일 동지회 명의로 재차 신당의 필요성을 강조한 『신체제요강』을 발표했다. 이 요강은 당시 신당론자가 신당을 어떻게 인식했는지를 확실히 보여주는 것 인데 자못 흥미롭다. 이에 따르면 새로운 체제란 곧 "정치, 경제, 문 화 전반에 걸쳐 구래의 개인주의체제를 완전히 청산하고 모든 것 을 천황에게 귀일하여 받드는 만민보익萬民輔翼의 국체관념을 기 조로" 하면서, 아울러 '지도자 원리를 기조'로 하여 '경제지상주의 적 이념을 배제'한 체제라고 하였다. 정치면에서 신체제='신정치체 제'이며, '정부와 군부가 유기적으로 하나가 되는 국민지도력'이 바로 신당이었다. 이 신당은 "의원 중심의 선거정당이라는 오래된 이념을 부정하고 … 혁신적 지도자의 동지적 조직"이라는 성격을 지니며 "정부와 합체, 협력하여 국민의 정치적 지도를 담당한다."고 상정하였다. 즉 신당은 "정부의 국책 결정 때에는 의회를 통하거나 기타 적절한 방법으로 대책을 조언하고, 또는 정부의 국책수행 과정에서 국민에게 이를 충분히 이해시키며, 나아가 국책에 적극 협력한다."는 것이었다. 요컨대 '상의하달, 하의상달의 유기적 매개체'라는 임무'를 수행하는 것이며, 이를 위해 "국민의 기본조직으로서 인보단체隣保団体를 조직하고 이를 지도하는 일"을 맡는다. 아울러 기타 청년운동이나 부인운동을 비롯해 경제단체나 문화단체까지 포함해 이것을 지도하는 것이 곧 신당의 역할이었다. 이들은 신체제운동이 정신동원운동처럼 단지 관료기구만 보강하는 결과로 끝나는 것을 가장 경계하였다. 만일 그렇게 된다면 신체제를 추진한 취지가 상실될 뿐만 아니라 그들 자신의 입지도 크게 좁아질 수밖에 없었다.

한편 정부도 『기본국책요강』에 기초해 신체제 실현을 위한 준비에 착수하여, 마침내 8월 23일 신체제준비위원회 위원 26명과 상임간사 6명의 명단을 발표하였다.

○ 준비위원
(귀족원)
後藤文夫, 有馬頼寧, 大河内正敏, 井田磐楠, 堀切善次郎, 太田耕造
(중의원)
永井柳太郎, 小川郷太郎, 前田米蔵, 岡田忠彦, 金光庸夫, 麻生久, 秋田淸

(학계)

平賀讓

(재계)

井坂孝, 八田嘉明

(외교계)

白鳥敏夫

(우익단체)

末次信正, 橋本欣五郎, 中野正剛, 葛生能久

(지방자치단체)

岡崎勉

(언론계)

古野伊之助, 高石真五郎, 正力松太郎, 緒方竹虎

○ 상임간사

내각서기관장 富田健治

내각법제국장관 村瀨直養

기획원차장 小畑忠良

육군군무국장 武藤章

해군군무국장 阿部勝雄

소화연구회 상임위원 後藤隆之助

(나중에 내무차관 挾間茂, 동맹통신사 편집국장 松本重治)

제1회 신체제준비위원회(1940년 8월 25일)

　　이로써 최초의 신체제준비회가 8월 28일에 열렸다. 이 신체제
운동의 총결산을 위한 제1회 총회가 운동의 방향전환을 시사한 고
노에 성명 발표로 막을 연 것은 매우 흥미롭다. 앞서 기술한 바와

같이 썩을 대로 썩어 유연성을 상실한 '국체' 앞에서 주춤했던 고노에는 이 성명을 통해 그의 '이상'인 '국민조직'의 정치력을 스스로 '국체'라는 망 속에 가두고 말았다. 성명의 내용은 다음과 같다.

"이렇듯 이 운동은 고도의 정치성을 띤 것으로서 이것은 결코 흔히 말하는 정당운동이 아니다. … 오히려 정당도 정파도 경제단체도 문화단체도 널리 아우르고 공익우선의 정신으로 돌아가고자 하는 초정당적 국민운동이어야만 한다. … 적어도 사직 앞에서 보필의 책임을 맡은 자는 어디까지나 전체의 입장에 서야만 한다. 태생적으로 부분적·대립적 항쟁의 성격을 안게 되는 정당운동에 종사하는 것은 용납할 수 없다. … 그렇다고 해서 이른바 일국일당의 형태를 취하는 것도 용납할 수 없다. … 이러한 형태가 타국에서 아무리 훌륭한 실적을 올렸다고 해도 그러한 방식을 곧바로 일본에 도입하는 것은 일군만민一君萬民이라는 우리 국체를 문란하게 하는 것이다. 우리나라에서는 만민이 함께 익찬翼贊의 책임을 지니며 한 사람 혹은 어느 한 당이 권력으로 익찬을 독점하는 것을 절대로 용납할 수 없다."

대정익찬회 발족식에서 칙어를 낭독하는 고노에 총재(1940년 10월 12일)

이렇게 고노에가 주장한 '고도의 정치성'도 결국 말장난에 지나지 않으며, 국민조직의 정치력을 배경으로 국정을 운용하고자 한 신체제구상도 결국 공허할 수밖에 없었다. 발표 예정인 고노에 성명의 내용을 마지막으로 검토한 8월 26일 상임이사회에서 군무국장 다케후지 아키라가 일국일당의 원칙을 부정한 '고노에 총리의 변명' 부분을 삭제하려고 한 것은 당연한 일이었다.(『극동군사재판기록』, 315호)

원래 준비위원회 구성 자체가 '익찬의 독점'을 피하고자 한 고노에의 의향을 구체화한 것이었으므로 그 가운데에는 천황제의 여러 파벌을 각기 대표하는 대변자가 총망라되어 있었다. 따라서 위원회는 당연히 신체제운동 당초의 목적을 추구하는 자들과, 이와 달리 이것을 정신운동으로 바꾸어보려는 자들 사이의 격렬한 논쟁의 장으로 변했다. 이러한 갈등은 초기 여섯 차례의 준비회와 간간히 열린 소위원회에서 문제가 되었는데 주된 논점은 국민조직의 중핵이 정치력을 지녀야 하는가 여부였다. 즉 중핵을 '당' 혹은 '모임'으로 불러야 하는지, 아니면 단순한 '운동본부'로 갈 것인지에 관한 논쟁이었다. 국민조직이 단순한 관료의 보조기관인가 하는 문제는 총재를 수상이 겸임하도록 할 것인지, 아니면 별도의 인물을 원칙적으로 내세워야 하는지에 관한 논쟁으로 번졌다. 또한 지방지부장을 현縣의 지사知事가 겸임하도록 할 것인지 민간인이 맡을 것인지도 결국 국민조직의 성격을 좌우하는 문제로서 커다란 논쟁을 불러일으켰다. 결국 이러한 격렬한 논쟁을 거쳐 신체제운동의 중핵체로서 '대정익찬회'가 발족하였으나 10월 12일 익찬회 발족식 석상에서 고노에의 인사말이 또 다시 신당론자들을 아연실색하게 만들었다. 고노에는 운동의 강령과 선언을 "대정익찬이라는 신하의 도리를 실천하는 데 최선을 다한다."는 차원에서 애써 발표하지 않았고,

"천황을 받들고 밤낮으로 각자 자신의 입장에서 봉공의 도리를 다한다."면 그것으로 만사가 해결된다고 단언했다. 그러자 그의 인사말에 박수를 보낸 것은 '관념우익' 관련자들 밖에 없었다.

고노에의 '방향전환'에는 궁정세력의 견제가 작용하였다. 천황은 고노에를 상대로 재삼 "헌법정신에 위배되지 않는가!" 하고 주의를 주었고, 현실의 장에서 기도木戸는 이 무렵 신당운동구상을 폐기했다. '신新경제체제'를 둘러싸고 재벌 부르주아들은 이들 궁정세력에 접근해 손을 잡았다.

알맹이 없는 신체제 조직

『기본국책요강』에서 외친 '일원적 통제기구의 정비'는 이미 요나이 내각 무렵부터 재벌들이 요구하던 것이기도 했다. 이를 통해 재벌은 중일전쟁 이래로 특히 늘어난 여러 통제 관련 법규와 기관을 각 산업분야에 걸쳐 지배권을 휘두르는 재벌 콘체른 및 산하의 카르텔 조직에 상응하는 형태로 정리 통합하고, 아울러 당시 경제공황으로 인한 타격의 압박을 최소화하고자 했다. 이들은 요나이 내각이 쓰러지자마자, 7월 19일 "새로운 경제체제가 완비되지 않으면 새로운 정치체제의 구현도 어렵다."며 다시금 이 문제의 중요성을 강조하였다.(중앙물가협력회의 상임위원회 결의, 『동맹순보』 7월 30일) 그런데 이들은 정부의 '선처'를 기다리지 않고, 직접 나서서 각 산업분야의 카르텔을 횡으로 연계하는 기관 설립에 착수하였다. 즉 통제는 재벌에게 맡기고 정부는 그러한 통제망을 유지하면 된다는 생각이었다. 이러한 방식을 재벌 측에서는 '자치통제'라고 불렀다. 8월 29일 철강, 석탄, 전기 등 6개 산업부문의 카르텔 조직 연락기관으로서 탄생한 '중요산업통제단체간담회'는 자치통제의 대표적인 사례였다.

이 무렵 정부 측에서도 기획원을 중심으로 '신경제체제' 구상을 다듬고 있었다. 11월 12일에 '신경제체제확립요강'이라는 기획원 원안이 경제각료간담회에 제출되었다. 이것은 기업의 공공성을 강조하고 통제기관의 지도자는 정부가 임명할 수 있도록 했다. 그러자 재벌들은 이 안에 대해 자신들의 '자치통제'를 손상시킬 우려가 있다면서, 자신들의 왕국에 손가락 하나라도 건드리지 못하게 하려는 듯 원안에 격렬히 반대하였다. 정부 안에서도 고바야시小林一三 상공대신이 선두에 서서 반대하였다. 고바야시의 입각은 "통제를 강화할 경우 무슨 일이 있어도 관료가 아니라 실업계 인사가 맡아야 한다. 즉 '저 사람이 밀어붙인다면 어쩔 수 없다'고 납득할 만한 사람이어야 한다."는 기시 노부스케岸信介 차관의 주장에 따라 이루어진 것이었다.(야베, 앞의 책) 그러나 기시의 계획은 여지없이 빗나갔다. 고바야시는 나중에 제76회 의회에서 '기밀누설 문제'가 거론될 정도로 제멋대로였고 강경한 태도를 보였다. 고바야시는 그러한 원안이 제출된 배경에 공산주의가 있다는 중상모략도 마다하지 않았다. 고바야시를 중심으로 한 정부 내 반대세력의 목소리를 뒷받침하려는 듯 각종 경제단체도 일제히 반대를 외쳤다. 그러자 정부도 반대의견을 무릅쓰고 원안을 통과시킬 수 없다고 판단했다. 만일 무리하게 원안을 강행한다면 중요한 국방국가의 경제적 기초가 무너진다고 보았다. 심지어 군부조차도 이러한 사실을 인정할 수밖에 없었다. 11월 29일 오이카와及川 해군대신(9월 5일 임명)이 육해군을 대표해 각의에서 "제반 경제 시책에 관해서는 현재 당면한 시국 처리 완수에 중점을 둔다. 개혁을 위해서는 잠시라도 생산력의 저하를 초래하거나 인심의 불안을 조장하는 일을 경계해야 한다."라고 한 것도 이러한 사정이 작용했기 때문이다.(『동맹순보』 12월 10일) 이러한 의견은 기획원 원안의 수정을 의미하는 것으로서, 기획원 원안에 대한 재벌의 반대는 당연히 익찬회에 대한 불신으로 이어졌다. 당시 익찬회는 활동자금을 스미토모은행, 미쓰비시 등에서 마련하고 있었는데, '신경제체제' 논쟁을 전후해 '익찬회는 빨갱이'라는 이유로 융자가 거부되었다.(야베·가자미, 앞의 책) 그로 인해 익찬회는 먼저 재정 파탄에 직면했다. 그리고 재정적 기반을 상실한 익찬회로부터 정치력마저 빼앗는 역할은 천황제관료가 맡게 되었다.

관료들 중에 내무와 사법계 관료는 신체제로 인해 자신들의 권력이 제한되는 것을 가장 우려했다. 한편 신체제운동이라는 명목 아래 이루어진 관료에 대한 공격도 매우 격렬했다. 일례를 들자면, 10월 1일 하라다는 고노에를 상대로 다음과 같이 말했다. "뭐 신체제도 좋지만 지금 지방장관과 행정관들은 신체제가 만들어지면 자신들이 어떻게 될 것인지를 두고 걱정이 이만저만이 아니다. … 현재 시미즈 부근에 있는 하시모토 긴고로橋本欣五郎의 부하들인 과거 대일본청년당 관계자들은 그렇잖아도 가뜩이나 시끄러운 인간들인데, 신체제가 도입되면 지사든 경찰이든 완전히 무시하고 청중들을 모아 강연 등을 열어 그야말로 정부를 바보 취급할 것이다. 이렇게 되면 정말 곤란하다."(하라 다카시, 앞의 책) 이것은 극단적인 예로서 하라다의 과장도 약간 포함되어 있기는 하지만 당시 관료들의 불안한 마음과 반감을 엿보기에 충분하다. 신체제준비회에서 이들이 국민조직의 지방 지부장을 지사가 겸임할 수 있도록 하자고 끝까지 주장한 것도 이러한 사정이 있었기 때문이다. 그런데 신체제준비회가 이 문제를 두고 미적거리자 내무성에서는 이를 기정사실화하려고, 9월 11일 신체제 하부조직으로서 부락회, 정내회町內会, 도나리구미隣組의 정비강화안을 발표했다. 국민조직의 지도 육성은 내무성 소관사항이라는 점을 피력한 것이다. 그 밖에 귀족원, 추밀원 등에서도 신체제에 대한 반감을 피력했다.

바로 이러한 때에 '신경제체제'를 둘러싸고 정부와 재벌의 기싸움이 벌어진 것이다. 재벌은 기획원 원안에 반대하는 이유로서, 원안이 생산의 확충을 저해하고 민간의 창의와 책임을 무시할 뿐만 아니라 그 밖에 "국제관념이 결여되어 있고 가족제도를 파괴한다."는 논리를 구사했다. 이것은 12월 4일 재계 대표자들 앞에서 일본경제연맹회 회장 고 세이노스케郷誠之助가 행한 연설로서(『남작 고 세이노스케 전기男爵 郷誠之助君伝』), 부르주아가 사적 이윤을 조금이라도 침해받는다면 그것은 곧 '국체=가족제도의 파괴'라고 말했다. 이에 호응해 국체를 지키자고 외친 것이 바로 내무와 사법계 관료들이었다. 통제경제의 영향으로 관료 중에서 상공계와 농림계 관료들의 권한이 강화되자, 이에 대항해 예전의 특권적 지위를 되찾고자 한 내무와 사법계 관료들이 이를 계기로 재벌들 편을 들고 나선 것이었다.

익찬회의 변모

이미 익찬회를 둘러싼 분쟁의 귀결은 명확했다. 앞서 본 바와 같이 11월 29일 군부가 내각에서 의견을 피력할 때 다소 고압적인 태도로 "일체의 불순한 정치적 책동과 민심을 어지럽히는 유언비어는 단호히 일소해야 한다."고 함으로써 당시 일각에서 고개를 들고 있던 내각 타도운동에 반발하는 듯한 태도를 취했다. 하지만 이것이 "신속히 관민 상하 일체로 신도 실천의 길에 나설 수 있는 태도를 정비해야만 한다."는 내용으로 바뀌었을 때, "개혁을 위해 잠시라도 생산력의 저하를 초래"할 수 없었던 군부는 정치적 개편을 위해 지배체제가 더 이상 동요하는 일 만큼은 피해야만 했다. 12월 6일 내무와 사법 관료들의 대부인 히라누마가 국무대신에 취임했는데, 그는 익찬회가 "정책문제 등에 대해 정부에 대항하는 태도를 취하는 것은 신하의 도리에 어긋난다."는 견해를 표방하며 익찬회의 정치력 박탈을 위해 입각하였다.(『도쿄아사히』 12월 7일) 이로써 제2차 고노에 내각은 히라누마의 입각으로 '균형=히라누마 연립내각'으로 변모하였다. 또한 히라누마가 입각한 다음날인 12월 7일에 재벌의 요구를 크게 반영한 『신경제체제확립요강』이 각의에서 결정되었던 것은 결코 우연이 아니다.

내각의 변모에 따라 단지 신당론자라는 이유만으로 내무대신과 사법대신이 되었던 야스이와 가자미는 자리를 내놓을 수밖에 없었고, 12월 21일 히라누마와 히라누마파에 속한 야나가와 헤이스케柳川平助가 뒤를 잇게 되었다. 또한 기획원과 손잡고 '신경제체제'를 주도해온 기시는 차관 자리에서 물러나야 했고, 기획원 원안을 작성하는 데 참여한 기획원 조사관 이나바 히데조稲葉秀三, 마사키 지후유正木千冬, 사타 다다타카佐多忠隆 등은 공산주의자와 연루되었다는 이유로 12월 말에 검거되었다.

여기서 새삼 언급할 것이 하나 있다. '신경제체제' 논쟁은 결코 부르주아의 본질적 이해관계를 다룬 것이 아니라 기획원 차장이었던 오바타 다다요시小畑忠良도 말한 적이 있듯이, "어떻게 하면 고도국방국가 건설을 위한 능력을 최대한으로 발휘할 수 있을까"(익찬회 중앙협력회의 발표, 『동맹순보』 12월 30일) 하는 방법론을 둘러싼 것에 불과했다. 기획원안도 때가 때였던 만큼 나치당의 강령처럼 부르주아지가 받아들일 여지가 분명히 있었다.

내각의 성격 변화는 그 내각이 육성한 익찬회의 성격에도 결정적인 영향을 미쳤다. 또한 애초 품고 있던 신당에 관한 구상이 틀어져버린 정당인들은 익찬회의 의회국議會局에 갇혀버린 상황에 대해 불만을 품고 그곳을 떠났다. 이들은 의회국이 "대정익찬회의 한 날개로서 제국의회와 정부 사이에서 연락과 통합의 사명을 실현한다."(의회국 간부 첫 대면식에서 마에다 요네조前田米藏 국장의 인사말)는 것에 반대했다. 이들은 '헌법이 보장하는 의회의 보조날개補翼라는 익찬회의 기능에 개입하는 것'이라고 비난하며 익찬회를 떠났다. 그리고 이들은 제76회 의회에 대비해 12월 20일 의원구락부를 결성했다. 이렇듯 익찬회는 처음 예정되었던 기능을 하나씩 상실하게 되었고, 1941년 2월 22일 중의원 예산위원회에서 히라누마의 발언(익찬회는 정치결사가 아니며 공사결사公私結社라는 성명)을 통해 결국 정치적 입지가 제한되었다. 그리고 제76회 의회에서 익찬회가 헌법을 위반했다는 비난이 쏟아지자, 2월 26일 아리마 요리야스有馬賴寧 이하 모든 간부가 사표를 제출했다. 그 결과 부총재 제도를 도입해 야나기가와 헤이스케柳川平助가 취임하고, 4월 2일 익찬회 사무기관은 총무국, 조직국, 동아국, 중앙훈련소로 축소되었다. 익찬회는 조직 개편 후 결정적으로 관료보조기관으로 전락해 정부로부터 연 800만 엔의 예산을 받았고, 내무관료인 하자마 시게루挾間茂(조직국장)와 구마가이 겐이치熊谷憲一(총무국장)의 전적인 지도 아래 운영되었다.

한편 재벌은 그 후로도 자치통제에 관한 정부의 승인을 계속하여 요구했다. 이에 고노에는 '신경제체제' 논쟁의 폐해를 시정하고 재벌의 의향을 존중하고자 4월 초 다시 내각 개조에 착수했다. 스미토모住友 재벌의 오구라 마사쓰네小倉正恒는 "종래의 전시혁신정책은 관념의 비약으로 치달아 현재의 실정을 반영하지 못하고 유리된 결과 기업정신을 위축시키고 침체시켰다."(기자단 회견 담화, 『도쿄아사히』 4월 5일)고 말했는데, 그는 '기업정신'의 입장에서 정책을 수정하기 위해 국무대신에 취임하여 경제문제와 관련해 총리대신의 최고 브레인으로 활약했다. 그 결과 논쟁의 당사자였던 고바야시와 호시노가 자리에서 물러나고 토요다 테이지로豊田貞次郎와 스즈키 데이이치鈴木貞一가 후임으로 취임하였다.

산업보국운동으로의 이행

중일전쟁의 진전에 따라 노동운동에 대한 간섭은 점차 강화되어 갔고 노동자 계급의 저항은 조직성을 잃어갔다.(제1권 참조) 그런데 이러한 사소한 저항마저도 더 큰 전쟁을 준비해야만 했던 지배층의 입장에서는 매우 유감스러운 일이었다. 심지어 결근과 이직의 증가라는 소극적 저항마저도 생산력을 떨어뜨리는 '크나큰 위협이요 장애'라며 큰일이나 난 듯 호들갑이었다. 지배층은 이에 대처하기 위해 한편으로는 취업시간통제령, 임금통제령, 공장사업장관리령 등의 법제 정비를 서두르고 또 다른 한편으로는 산업보국회운동을 강력히 추진하였다.

산업보국회 결성 현황(1938년 12월 말 현재)

업종	사업장 수(A)	결성 수(B)	B/A (%)
공업	7,875	1,027	13.0
광업	661	80	12.0
운수통신	625	17	2.5
토건업	765	15	2.0
그 외 합계	10,437	1,158	11.0

1938년 2월 2일 협조회는 시국대책위원회를 설치하고 위원장 마쓰오카 긴페이松岡均平의 지도 아래 전시와 전후 사회정책에 관해 연구하도록 했다. 산하의 제2전문위원회가 '노자勞資관계조정

방책요강'을 작성했는데, 이것을 구체화한 것이 산업보국운동이었고 정부는 이를 적극적으로 지원했다. 이 운동의 방침은 각 사업장에 산업보국회를 설치하고 이것들의 전국조직으로서 산업보국연맹을 조직하며 산업보국의 정신으로 노동과 자본이 하나가 되어 국가에 봉사하도록 하는 것이었다.

협조회는 이 안을 실천하고자 전국 주요 산업도시의 사업주와 노동자에게 지시하여 이 운동의 취지를 알리고 산업보국연맹 창립에 착수하도록 하였다. 7월 15일 창립준비위원으로 가와라다 가키치河原田稼吉, 나리타 이치로成田一郎, 나가오카 야스타로長岡保太郎, 마쓰모토 유헤이松本勇平, 마치다 다쓰타로町田辰太郎, 젠 게이노스케膳桂之助, 미와 주소三輪寿壮 등을 선출하고 7월 30일 연맹 결성식을 거행하였다. 이 운동은 시국에 편승해 전국적으로 급속히 확산되어 같은 해 말에는 1,158개 사업장(50인 이상)에 산업보국회가 조직되었다.

이 산업운동은 '노동일체', '사업일가', '산업보국'이라는 이상을 내걸고 계급투쟁 사상을 배격하며 사업자로 하여금 종업원을 자식처럼 여기고 경제적·문화적 생활을 보호·지도하도록 유도했다. 조직을 보면 사장·공장장·사업주를 회장으로 삼고 사업주-직원-노동자를 일체의 조직으로 만들게 했으며, 운동의 주안점을 오로지 산업보국정신 함양에 두고, 아울러 능률증진, 기술연마, 기타 복리와 공제 등의 문제에 힘쓸 것을 요구했다.

그런데 이 산업보국운동은 결과적으로 단순한 정신운동으로 그치고 말았다. 노동자와 자본가 모두 소극적 태도로 임한 반면, 극히 일부의 천황제관료라든가 새로운 지위 획득에 야망을 불태우던 종래의 노동단체 간부가 이 운동을 이용하고자 동분서주할 뿐이었다. 가령 사회대중당은 산업보국 운동 지지를 표명하고 "이 운동이 산업부문에서 국민적 협력조직을 발전시킬 수 있다는 점을 중시하고 이를 지지하는 노조와 협력해 운동에 적극 참가하면서 우리의 노력으로 이 운동을 더욱 좋은 방향으로 이끌고 국민적 조직 확립에 만전을 기한다."는 방침을 정했다. 그리고 노동조합회의는 1938년 7월 10일 확대집행위원회에서 "산업보국회의 조직과 운용과 관련해 설령 두세 가지 결함이 있다고 해도 우리들은 이 운동에 참여해 협력할 것이며, 가능한 한 이러한 결함들을 시정함으로써 산업보국회 본래의 목적인 진정한 산업보국, 노자융합을 구현하고 달성하도록 노력할 것이다."라는 성명을 발표했다.

다만 시국의 압박으로 노동조합회의 진영은 동요하였다. 즉 선원들의 유일한 조직으로서 조합원 11만 명(1937년)을 아우르며, 일본선주협회와 단체협약을 맺고 선원들에게 막대한 영향력을 행사하던 일본해원조합은 산업보국운동이 고조되자 재빨리 해운협회와 일본선주협회를 하나로 묶은 해사협동회를 황국해상동맹으로 개칭하였다. 그리고 해상노동단체라는 특수성을 강조하며 조합회의를 탈퇴한 뒤 1938년 10월 황국해원동맹을 결성했다. 그리고 일본제철종업원조합도 야하타八幡제철소의 특수성을 강조하며 11월 6일 조합회의를 탈퇴하고 이어서 동경전기종업원조합도 12월 25일 조합회의를 탈퇴하였다.

노동조합회의는 해원조합이나 기타 유력조합이 탈퇴하였기 때문에 무력화되었을 뿐만 아니라 이 회의를 중심으로 한 전일본노동총동맹은 산업보국문제를 둘러싸고 내부 이견대립으로 혼란에 빠졌다. 마쓰오카 고마키치松岡駒吉 니시오 스에히로西尾末広 등 구 총동맹 계열은 노동자의 '자주적 조직'을 견지하여 산업보국운동에 협력한다는 양대 방침을 주장하였다. 이에 반하여 고노 미츠河野密 등의 구 전일본노동조합회의全労 계열은 노동조합을 해산하고 산업보국회로 통합해 전면적으로 정부의 국책에 순응해야 한다고 주장했다. 양 파벌은 서로 양보하지 않고 강경하게 맞섰다. 그로 인해 1939년 10월 전일본노동총동맹은 분열되었다. 구 전노 계열은 "우리는 다년 간의 경험을 살려 애국하는 마음 하나로 정부와 협력함으로써 중대한 시국에 놓인 국가의 지상명령에 따르고자 한다."면서 총동맹 탈퇴성명을 발표했다. 그리고 곧바로 산업보국클럽을 결성하고 산업보국운동 안에서 영향력을 확보하고자 힘썼다. 한편 구 총동맹 계열은 단체명을 다시 일본노동총동맹이라는 예전의 이름으로 바꾸고 조합간부로서 산업보국운동이 자신의 지위를 위협하지 않도록 하는 데 노력을 집중했다.

대일본산업보국회 결성

새로운 단계로 접어든 전쟁의 양상과 세계정세에 따라 적극적인 생산력 확충이 요구되었다. 이에 유명무실한 다수의 연합체에 불과했던 산업보국회를 '새로운 산업노동체제를 수립하고 전 산업인이 총력을 발휘'(가네미츠 후생대신)할 수 있는 조직으로 만들기 위해

대일본산업보국회 창립대회(1940년)

1939년 4월부터 정부는 기존의 협조회를 활용하는 대신 직접 나서서 이 운동을 주도해 나갔다. 이렇게 정부가 직접 나서자 산업보국회 운동은 놀라운 속도로 확산되어 갔다.

1940년 7월 출범한 제2차 고노에 내각은 천황제 파시즘 기구의 정비에 온 힘을 기울였다. 정부는 고도국방국가 건설을 목표로 '고노에 신체제' 확립을 강력히 추진하고, 파시즘 지배체제를 강화하기 위해 정치·경제·문화 각 분야의 재편을 적극 시도했다. 산업보국운동은 점차 강화되어 전국으로 확산되었고 1940년 9월 현재 산업보국회 수가 약 7만 개에 달했고, 사업장 수는 24만 6,000개, 회원 수는 418만 명을 넘어섰다. 오로지 산업보국회라는 단일조직만을 원했던 정부는 노동조합을 없애려고 했다. 그 결과 1940년 2월 16일 의회에서 정부는 "노동조합의 발전적 해체를 바라며 산업보국운동을 발전시키고 보급함으로써 노동조합운동의 필요성을 해소할 방침"이라고 밝혔다. 이처럼 지배층의 압박과 정국의 영향을 받아 산업보국운동은 '경찰 관계자들의 눈물겨운 노력' 덕분에 급속히 조직을 확대해 나갔다. 한편 노동조합은 줄줄이 해체의 길로 접어들었다.

일본 노동운동에서 주도적 지위를 점했던 노동총동맹 내부에서는 구 전노파가 탈퇴한 후 조합해소론이 등장했다. 여기에 외부로부터 파시즘의 압박이 강화되자 1940년 7월 8일 중앙위원회를 열어 자발적 해산을 결정함으로써 이 단체는 역사 속으로 사라졌다. 한편 일본해운조합은 재빨리 산업보국운동 기운에 편승해 해사협동회를 결성하였다. 그리고 해상노동신체제를 확립하려는 움직임이 일어나 전해운산업을 단일조직으로 하고 체신대신을 총장으로 하는 정부·노조·자본이 하나가 된 일본해운보국단을 설립하기로 했다. 이러한 분위기 속에서 해원조합은 9월 30일 임시대회를 열어 해산을 결정하고 다른 해원협회·황국해원동맹·해사협동회를 각각 해산하고 해상근로의 신체제로서 '일본해운보국단'이 1940년 11월 22일 새로이 발족했다. 오랜 기간 '합법좌익조합'으로 활약해 온 도쿄교통노동조합(동교東交)도 시류를 거스르지 못하고 7월 7일 산업보국회로 발전적 해소를 결정하고, 오사카시전기종업원조합, 오사카자동차노동조합도 해산하였다. 그 밖에도 체신종업원회동맹(2월 22일), 체신종업원회연합회(4월 30일), 도쿄가스공조합(9월 18일) 등도 차례로 해산하고 일본노동조합회의는 7월 19일 해산을 결정했다.

한편 1940년 2월 2일 제75회 의회(요나이 내각 시기)에서 민정당 소속인 사이토 다카오斎藤隆夫 의원이 중일전쟁을 비판하는 연설을 했는데, 그의 제명 문제를 둘러싸고 사회대중당 내 구 일노 계열과 구 사민 계열 사이에 갈등이 극에 달했다. 결국 사이토의 제명 반대를 외친 아베 이소오安部磯雄, 가타야마 데쓰片山哲, 미즈타니 조사부로水谷長三郎, 니시오 스에히로西尾末広 등 8명의 의원이 제명되었다. 제명된 사람들은 곧바로 신당 결성을 추진했으나 정부 당국이 이를 금지하였다. 잔류 그룹인 구 일노 계열의 사회대중당은 정치신체제를 지지하며 정부와 군이 바라는 대로 당을 해체하였다.(7월 6일)

산업보국회 설립현황

연차(년)	결성사업장	회원 수	조직률(%)
1939	26,963	2,989,976	43
1940	102,799	4,815,478	66
1941	164,377	5,465,558	70
1942	163,740	5,514,320	69

농민운동도 중일전쟁 이래로 방침을 전환하였다. 전국농민조합은 대일본농민조합으로 재출발했으나(1938년) 시국의 압박으로 인해 1940년 9월 해산하였다. 또 마지막 농민운동으로서 1939년 11월 29일 농지제도개혁동맹이 결성되었으나(유타니 요시하루由谷義治, 히라노 리키조平野力三, 미야케 쇼이치三宅正一, 노미조 마사루野溝勝, 스나가 고須永好), 이것 역시 1942년 정부의 명령으로 해산되었다.

그러나 이러한 산업보국운동의 조직적 진행은 정신운동의 영역을 벗어나지 못했다. 실제로 당초 의도와 달리 조직은 제대로 기능하지 않았고, 지배계급의 기대에 미치지 못했다. 이러한 모순을 해결하기 위해 끊임없이 조직을 개편해야만 했다. 제2차 고노에 내각은 전력 증강을 위해 강제노동과 침략정신의 일원적 교화체제를 구축하기 위해 결국 1940년 11월 "고도국방국가체제의 완성, 국가생산력 증강은 국민근로의 충실을 기조로 하여, 전 노동자의 창의성과 능력을 최고로 발휘할 수 있도록 하고, 동시에 근로의 육성 및 배양, 적절한 배치를 꾀함으로써 근로동원을 완수하기 위한 새로운 근로체제를 확립하고자 한다. 이를 위해 근로정신 확립과 자본·경영·노무의 유기적 일체로서 기업경영체 안에 노동조직과의 연합체제를 확립하고 아울러 행정기구의 정비를 꾀한다."는 내용의 '근로신체제확립요강'을 결정했다. 이에 기초해 이른바 국내 신체제의 일환으로서 재조직화 작업이 추진되었고, 산업보국운동은 이를 통해 '대일본산업보국회'라는 '상명하달'식의 일관된 권력조직을 통해 개편되었다. 이에 전국 8만 4,000개의 공장에 조직망이 확립되고, 450만 명 노동자를 아우르는 거대한 기구가 만들어졌다. 그 지도권은 내무성과 후생성이 행사하였는데 중앙지도부를 비롯해 주요 자리는 관료들이 차지했다. 이로써 노동자를 억압하기 위한 방대한 관료조직이 만들어졌다. 산업보국회 결성과 관련해 중앙에서는 내무성 경보국과 후생성 노정국勞政局이, 지방에서는 경찰과 현 단위의 노정부勞政部가 관여하였다. 이것이 관료들의 통제기관이었다는 것은 임명된 인사들의 면면을 통해서도 알 수 있다. 가령 중앙 산업보국회의 임원을 보면 회장 히라오 하치사부로平生釟三郎, 이사장 유자와 미치오湯沢三千男(전 내무대신), 기타 부장급 가운데 총무와 상무가 도지사 출신이었다. 조직부장도 처음에는 경찰 출신자로 예정했지만 적임자를 뽑지 못해 총무국장 기미지마 세이키치君島清吉가 겸임을 했고, 조직부차장은 특별고등경찰과장이 맡았다. 후생국장은 미와 주소三輪寿壯, 문화부장은 사카모토 마모루坂本勝(희극『자본론資本論』의 저자), 문화부차장은 기쿠카와 다다오菊川忠雄(총동맹), 기능부차장은 다카야마 규조高山久蔵(총동맹)로서 이들은 노동운동 관계자였다. 재벌 측에서는 연성부장 후카가와 마사오深川正男(미쓰이)를 비롯해, 미쓰비시, 스미토모, 가와사키, 나카지마, 아이치시계 등의 기업의 노무담당자가 임원으로 들어왔다. 이 조직은 경찰과 밀접한 관계를 유지했다. 도쿄산업보국회가 경시청 안에 설치된 것을 시작으로, 지방 단위에서도 통상 경찰 관할구역에 따라 산업보국회가 만들어졌다. 따라서 산업보국운동 중앙과 각 현장 조직 사이에는 반드시 경찰이 있다는 점에 주목할 필요가 있다.

이렇게 모든 노동자 조직(설령 우익사회민주주의자가 독점하고 있더라도)은 1940년을 기점으로 급속히 소멸해 갔다. 같은 해 6월에는 428개 조합, 18만 4,000명이던 것이 12월에는 49개 조합, 9,455명으로 줄어들어 거의 궤멸상태에 빠졌다. 바로 이러한 상태에서 1941년 12월 무모한 대모험을 시도하게 되었다.

3국 군사동맹

신체제조직을 구축함으로써 천황제 파시즘체제를 확립한 고노에 내각은 외교면에서도 3국 군사동맹을 체결함으로써 미국을 상대로 한 전쟁의 길로 들어섰다.

독일주재 무관이었던 오시마 히로시大島浩가 일본·독일·이탈리아 3국 사이에 광범위한 군사동맹을 체결하자는 제안을 정부에 전달한 것은 1938년 여름이었다. 그 해 2월 히틀러는 직접 군부를 장악하고 3월에는 오스트리아를 병합하면서 적극적으로 동유럽을 상대로 침략을 개시했다. 3국동맹 교섭은 이렇듯 전시체제 강화의 일환으로 시작되었다.

독일 외교당국에 대한 일본 측의 의사 타진은 군부를 중심으로 오시마 무관을 통해 이루어졌다. 리벤트로프 외무장관이 제시한 독일 측 제안도 참모본부의 독일주재원을 통해 도쿄에 전달되었다. 당시 독일 측 제안은 제1차 고노에 내각의 5대신 회의에서 논의되었고 정부 당국도 교섭의 개시를 허락했다. 제1차 고노에 내각 붕괴 후 교섭은 히라누마 기이치 내각으로 넘겨졌으나 난항을 거듭했다. 제1차 고노에 내각 이래 일본 정부의 동아신질서 제창, 9개조조약 불인정 성명은 중일전쟁을 끝도 없이 확대시켰으며 아시아에서 일본과 영국·미국 사이의 대립을 격화시켰다. 한편 국내에서는 혁신과 비혁신으로 대표되는 양대 세력이 친미·친영과 친독 양 파벌로 나뉘어져 심각하게 대립하였다. 그로 인해 히라누마 내각도 70여 차례에 걸쳐 5대신 회의를 거듭했지만 결국 결론도 없이 시간만 끈 탁상공론에 그치고 말았다. 그런데 이러한 의견 차이는 결국 군사력에 대한 평가의 차이에서 기인한 것인데, 일본이 과연 언제까지 영국·미국과의 노골적 대립을 피해야 하는지에 관한 대립이었다. 요컨대 양자 모두 독일·이탈리아와 침략적 군사동맹을 체결하자는 데에 관해서는 본질적으로 반대하지 않았다. 의견 대립이 계속되는 가운데, 1939년 8월 '독·소불가침조약'으로 불거진 이른바 독일의

'배신' 때문에, 일본 육군이 구축해 온 '방공추축防共樞軸'이란 가치가 뿌리째 흔들리자 영국·미국 접근파는 다시 기세를 올리기 시작했다. '복잡기괴'한 방식으로 총사직한 히라누마 내각의 뒤를 이어서 온건파인 아베 노부유키阿部信行 내각이 탄생하자 노무라野村吉三郎 외무대신은 도쿄에서 노무라-그루野村·Grew회담을 개시하여 일·미 간의 국교조정에 나섰다.

그런데 1939년 9월 1일 나치 군대가 폴란드를 침공함으로써 제2차 세계대전이 발발하였다. 그리고 이듬해 봄에는 독일이 파죽지세로 세력을 확대해 서유럽을 석권하더니 5월 말에는 영국·프랑스군이 곳곳에서 패퇴하였으며 결국 프랑스는 독일에게 무조건항복을 하였다. 이렇게 유럽에서 승승장구하자 독일은 동아시아에서 일본의 세력 확대를 허용함으로써 일본을 통해 영국과 미국을 견제하겠다는 구상을 하였다. 따라서 전년도에 제시한 3국동맹안이 주로 소련을 대상으로 한 것이었다면, 이 무렵의 3국동맹은 영국과 미국을 대상으로 한 것이다.

제2차 고노에 내각은 일본·독일·이탈리아 추축국의 동맹 강화를 대외정책의 최대 과제로 상정하였다. 앞서 본 방공협정을 이끌었고 추축국 동맹강화론자였던 오시마 전 독일주재 일본대사라든가 시라토리 토시오白鳥敏夫 외무성 고문은 도쿄에서 조속한 동맹 체결을 요망하는 육군의 뜻을 조직화했고, 외무대신 마쓰오카 요스케松岡洋右도 열렬한 추축국 동맹강화론자로서 내각 안에서 즉각적인 동맹 체결에 나설 것을 주장하였다.

3국동맹을 체결하고자 한 복안은 조각을 위해 고노에 저택에 모인 이른바 오기쿠보회담荻窪会談에서 이미 합의에 이르렀다. 이 회담에는 고노에, 마쓰오카, 도조(육군대신), 요시다(해군대신) 4명이 출석하였다. 해군 측에서는 히로누마 내각 당시 요나이 해군대신이 3국동맹에 매우 강하게 반대한 바 있으므로 쉽게 찬성할 것으로 예상하지는 않았다. 제2차 고노에 내각 초기인 9월 초 요시다 젠고吉田善吾 해군대신이 결국 고심 끝에 건강이 좋지 않다며 사직하였다. 후임 해군대신에는 오이카와 고시로及川古志郎가 취임하였는데, 이 때에는 이미 일본과 독일 사이에 동맹체결의 기운이 크게 고조된 상황이었으므로 고노에는 해군의 거취를 크게 우려하고 있었으나 오이카와는 3국동맹 체결에 곧바로 찬성을 표명했다. 그런데 해군은 "동맹 체결에 찬성한 것은 단지 정치적 이유 때문이지, 군사적 견지에서 보자면 아직도 미국을 상대로 싸울 수 있을지 확신할 수 없다."며 미적지근한 태도를 보였다.

독일은 당시 전 유럽을 석권한 가운데 영국 본토상륙 준비를 하며 해를 넘긴 상황이었기 때문에 외교적 공세가 필요한 국면이었다. 미국의 영국 원조가 점점 강화되어 가자 이를 견제하기 위해서도 태평양에서 일본과 제휴하는 것은 독일 입장에서 큰 도움이 될 수 있었다. 마쓰오카 외무대신은 취임 초 베를린에 주재하고 있던 구루스 사부로来栖三郎 대사에게 타전해 3국동맹 체결에 관한 독일 측의 의견을 리벤트로프 외무장관에게 확인하도록 지시하였다. 당시 리벤트로프 외무장관은 곧바로 교섭에 응하였는데 동맹 체결에 적극적인 일본 정부의 움직임을 간파하고 특사로 슈타머Stahmer를 도쿄에 보냈다. 슈타머는 9월 9~10일 양일에 걸쳐 마쓰오카 외무대신과 회담하고 동맹의 구체적 목표를 명확히 하였다. 당시 슈타머-마쓰오카 회담의 내용은 다음과 같다.

- 독일은 영국·미국을 상대로 한 전쟁과 관련해 군사적 원조를 요망한다.
- 독일이 일본에 요구한 것은 일본이 모든 방법을 동원해

미국을 견제해 참전을 방지하는 역할을 하는 데 있다.

- 독일은 일본과 독일 사이에 양해나 협정을 체결해 언제
라도 위기가 도래한다면 완전하고 효과적으로 대비할 수
있도록 하는 것이 양국에 모두 유리할 것이라고 믿는다.
그래야만 미국이 현재 전쟁에 참가하거나 또는 장차 일
본과 전쟁에 나서는 것을 방지할 수 있다.

- 일본·독일·이탈리아 3국의 결연한 태도—명쾌하고 오인
할 수 없는 명백한 태도를 견지하고 있다는 사실을 미국
을 비롯해 세계에 알릴 때 비로소 강력하고 효과적인 방
식으로 미국을 억제할 수 있다. 반대로 유약하고 미온적
태도를 취한다면 도리어 모욕과 위험을 초래할 것이다.

- 우선 일본·독일·이탈리아 3국 간의 협정을 체결하되, 곧
바로 소련과 접근을 시도한다. 일·소 간 친선에 관해 독일
은 '정직한 중개인'이 될 준비가 되어 있다.

- 추축국(일본 포함)은 최악의 위험에 대비하기 위해 철저히
준비해야 한다. 그러나 한편으로 독일은 일·미 간의 충돌
을 회피하기 위해 모든 노력을 아끼지 않을 것이며, 만일
인력으로 가능한 일이라면 적극적으로 나서서 양국의 국
교 개선에 노력할 것이다.

- 특사 슈타머의 이야기는 곧 리벤트로프 외무장관의 말로
받아들여도 좋다.

이렇듯 일본·독일·이탈리아의 3국동맹은 마쓰오카 외무대신과
오토 대사, 그리고 슈타머 특사 사이의 사전교섭을 거쳐 9월 27일
베를린 히틀러 총통관저에서 구루스 사부로 일본 대사, 리벤트로
프 독일 외무장관, 치아노 이탈리아 외무장관 사이에 조약으로서

총통관저에서 이루어진 3국 군사동맹 체결 조인식(왼쪽부터 구루스 사부로 독일주재 일본대사, 치아노 이탈리아 외무장관, 히틀러 총통, 1940년 9월 27일)

조인되었다.

3국동맹은 6개 조항으로 이루어졌다. 제1조와 제6조에서는 각각 유럽과 아시아에서 '지도적 지위'를 인정하였고, 제3조에서는 중일전쟁과 유럽전쟁에 참가하지 않은 나라로부터 공격을 받을 경우 상호원조를 약속했다. 제5조에서는 동맹 대상에서 소련을 제외한다는 규정을 두었으므로 이 동맹의 대상이 미국인 것은 분명하다.

이제 3국동맹의 수립으로 일본은 미국, 영국, 프랑스와 결정적으로 대립하게 되었다.

제2절 전시경제와 식민지 수탈

전시인플레이션의 고공행진

1937년 7월 이래 계속된 중일전쟁은 천황제 파시즘을 강화하면서 한편으로는 독점자본에게 방대한 이윤과 군수생산을 중심으로 한 막대한 자본축적의 기회를 주었다. 전시경제는 국내와 식민지·점령지의 노동자와 소상공인을 약탈적으로 착취함으로써 군수생산을 발전시켰다. 이를 통해 독점자본에게 '최대의 이윤'을 확보하도록 해주었다. 그런데 이러한 전시경제는 1939년 봄을 지나며 많은 난관에 봉착했다.

중일전쟁의 장기화는 군사적 지출을 매년 증가시켰다. 또 경제의 전시 편성과 동원을 위한 재정 편성으로 '생산력 확충'과 '경제통제'도 심화되어 그로 인한 국가재정의 팽창은 심각한 양상을 띠었다. 한편 군수생산을 증대하기 위한 산업자금의 방출도 늘었다. 매년 금융기관의 신용 공여 누적증가액은 1937년 15억 9,600만 엔에서 1939년 55억 600만 엔, 1940년 52억 9,000만 엔으로 늘었다. 또한 만주와 중국의 군수생산력 증강을 위한 자본투자도 현저히 늘었다. 그 결과 엔블록(만주와 중국 등 '엔' 통화 지역)에 대한 수출초과액은 1937년 3억 5,200만 엔에서 1939년 12억 6,000만 엔, 1940년 1~8월 사이 9억 1,300만 엔에 달했다.

이처럼 군사지출의 증대와 그로 인한 경제의 군사동원 확대는 독점자본가에게 거액의 전시이윤을 안겨다 주었지만, 반면에 국민경제의 재생산에는 그 만큼의 외부불경제(생산품이 생활이나 생산을 위해 사용되지 않고 헛되이 소비되는 현상)가 발생하였다. 이는 자본축적이 적은, 특히 중공업적 기초와 자원이 적은 일본자본주의 생산력을 뿌리째 흔들었다. 본래 경공업을 중심으로 하는 경제구조를 지닌 일본자본주의가 군사적 동원을 하기 위해서는 경공업을 중공업으로 전환해야 했다. 그 결과 팽창하는 군사적 소모를 감내하는 한편 부족한 자금과 중요한 자원 모두를 군수생산 재편성에 쏟아 부어야만 했다. 이렇듯 일본경제의 허약한 기초 위에서 추진된 전시경제의 모순은 제2차 세계대전의 확전 위험성이 고조되자 더욱 빠르게 심화되었다. 제2차 세계대전의 확대, 특히 서유럽전선의 전황이 긴박해지자 본래 소비재와 사치품 중심이었던 일본의 수출은 각국의 수입제한으로 인해 눈에 띄게 줄어들었다. 한편 중공업 원료와 기계류 등의 수입 역시 유럽 각국의 수출제한, 수송선박의 제한으로 감소하고 있었다. 또한 미국의 국방자재수출단속법 실시, 일·미통상조약 폐기, 공작기계와 기타 군수자재의 대일수출 금지를 결의한 셰퍼드 메이법의 통과 등으로 종래 미국으로부터 군수품을 조달하는 루트가 차단되었다. 중요자재의 부족은 일본의 전시경제에 막대한 제약과 타격을 안겨주었고, 그로 인한 모순을 급속히 심화시켰다.

이러한 모순은 우선 상당한 수준의 전시인플레이션으로 표출되었다. 군사재정의 급속한 팽창은 주로 국채 발행과 불환지폐의 증발을 통해 이루어졌다. 민간에 대한 정부자금의 지불초과액은 1936년 15억 엔에서 1939년 53억 엔, 1940년 70억 엔, 1941년 78억 엔으로 5년 사이에 5배 이상 늘었다. 공채는 1937년 초부터 1941년 말까지 104억 엔에서 372억 엔으로 약 270억이나 증가하면서 이것이 직간접적으로 인플레이션의 요인이 되었다. 한편 시중 금융기관은 군수산업자금의 급증으로 인해 신용규모를 늘려나갔는데 그 순 증가액은 1936년 15억 5,100만 엔에서 1940년 59억 6,200만 엔, 1941년 52억 9,000만 엔으로 늘었다. 이것 역시 재정 자금의 초과와 더불어 인플레이션의 한 요인이 되었다. 그 결과 일본은행권의 월 평균 발행증가액은 1937년 15억 3,400만 엔에서 1939년 23억 7,400만 엔(전년도 대비 22.2% 증가), 1940년 33억 4,500만 엔(전년도 대비 40.2%)으로 늘었다. 한편 중요 기초물자와 소비재는 극심한 수급 불균형에 빠졌다. 이에 9·18물가정지령을 발포해 강력한 가격통제에 나섰으나 물가는 계속 올랐다. 일본은행 조사 판매물가지수는 1937년 238.2에서 1939년 277.5, 1940년 311.5로 상승했다.

이러한 인플레이션의 고공행진은 직접 군수품을 비롯해 중요 기초물자 가격의 폭등을 초래했다. 그 결과 군사비 지출과 군수생산 확충자금을 더욱 팽창시켜 인플레이션의 악순환에 빠졌다. 그러자 전시경제의 파탄을 의미하는 인플레이션의 악순환을 저지하기 위해 인플레이션 억제책을 도입해야만 했다. 이 때문에 독점자본에 자본이 집중되고 있음에도 불구하고 산업자금의 경색과 물가통제 강화로 인한 이윤율 저하는 피할 수 없었다. 특히 군수품의 원활한 조달을 위해 강력한 물가통제가 취해졌다. 즉 9·18정지령에 기초해 저물가정책으로 4만 7,000건에 달하는 품목에(1941년 4월 현재) 공정가격이 설정되었다.

그리고 육군의 '적정이윤율산정요강'이라든가 총동원법에 의한 '회사경리통제령', '광공업원가계산요강' 등 적어도 형식적으로는 원가통제, 이윤통제가 이루어졌다. 이것들은 최대한의 이윤을 바라는 독점 자본가들로부터 격렬한 비난을 받았지만, 이것은 어디까지 지배계층 내부의 갈등에 불과했다. 이러한 일련의 통제는 모두 이윤생산을 부정하고자 한 것이 아니라 오히려 독점자본에 막대한 이윤을 가져다주는 전시경제의 파탄을 저지하기 위한 것이었다. 즉 독점자본의 입장에서 안정된 이윤추구를 보장하기 위한 인플레이션 대응책이었다고 볼 수 있다.

임시군사비 민간 지불내역(단위: 천 엔)

	1940년		1941년	
운수회사	84,877	5 (%)	276,386	10 (%)
상사회사	308,120	16	388,825	14
기계공업회사	1,150,604	61	1,626,981	60

	1940년		1941년	
방직염색공업회사	77,624	4	85,260	3
화학공업회사	19,740	1	28,234	1
석유 및 광업회사	46,101	3	61,460	2
피혁고무회사	38,535	2	43,197	2
식료품회사	28,41	2	23,635	1
토목건축청부	36,012	2	46,802	2
각지 농회 및 조합 외	-	-	-	-
개인상점 외	-	-	-	-
그 외	78,994	4	126,050	5
계	1,868,661	100	2,706,830	100

일본은행조사, 이노우에 하루마루(井上晴丸)·우사미 세이지로(宇佐美誠次郎), 『위기에 처한 일본 자본주의의 구조(危機における日本資本主義)』참조

전시 기간의 자본 축적과 전시 이윤의 팽창(제조공업)(단위: 백만 엔)

연차(년)	회사 수	자본 또는 출자금	적립금	순익금
1936	87,511	23,959	3,987	1,683
1937	85,042	26,912	4,305	2,009
1938	83,042	30,250	4,823	2,415
1939	85,122	34,026	5,477	2,889
1940	85,836	36,164	6,370	3,364
1941	90,775	39,353	7,279	3,763
1942	92,948	42,801	7,689	3,905

상공성 조사 '회사통계' 참조

군사지출, 인본은행발행고, 생산지수의 팽창대비도

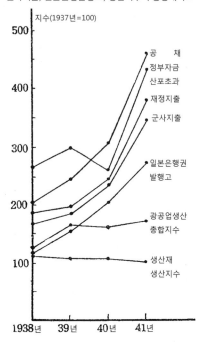

재정지출은 일반회계와 임시군사비 순합계, 군사지
출은 일반회계와 육해군비·징병비·임시군사비 합
계, 생산지수는 국민경제연구협회 조사 참조

　　이로써 독점자본의 전쟁이윤은 증가추세였지만 인플레이션의
심화와 인플레이션 억제책 사이의 마찰은 이윤의 증가세를 둔화시
켰고 이윤율의 정체 내지 감소를 초래하였다. 원료가격의 인상과
제품가격의 억제로 나타난 모순은 이윤 추구를 목적으로 하는 사
적 생산으로서의 전시경제를 저해하였다.

　　이에, 독점자본은 '생산을 위한 가격인상론'을 강하게 제기하며
재정보조금 교부를 요구하였다. 그 결과 석탄, 전력, 석유 등 기초물
자에 대한 각종 보조금은 1937년도 3억 1,000만 엔에서 1940년

도 6억 7,000만 엔, 1941년도 7억 6,000만 엔으로 증액되었다. 이역시 재정 팽창의 한 원인이 되었는데, 이 보조금 정책은 국가의 재정으로 독점자본의 이윤을 늘려주는 주된 수단으로 이용되었다.

공·광업회사 업적 추이(단위: 백만 엔)

연차 (년)	상반기			하반기		
	불입 자금	이익금	이익률 (%)	불입 자금	이익금	이익률 (%)
1937	1,535	189	26.0	1,693	207	25.4
1938	1,785	216	24.6	1,897	255	24.3
1939	2,005	255	24.3	2,207	259	24.2
1940	2,364	259	22.4	2,581	281	22.4

아사히신문사 조사, 주요 공업 및 광업회사 53사, 이익금은 감가상각 이전 수치

기타 물가통제와 병행하여, 고정자산 감가상각의 특례, 획일적원가통제 폐지, 차별적 이윤을 인정하는 개별통제의 채용 등 인플레이션의 고공행진에 대응하여 독점자본의 이윤을 증대시키기 위한 각종 조치들이 강력히 시행되었다. 이것들은 모두 인플레이션을자극하는 원인이 되었다. 그런데 이러한 이윤 증대 조치에도 불구하고 이윤율 저하, 산업자금 부족, 주식상장 하락 등을 피할 수 없었다. 이처럼, 군사비 지출과 군수생산 증강으로 인한 인플레이션과 그 결과 발생한 모순에 대처하고 최대이윤을 추구하기 위해 이들은 수탈체제를 더욱 강화하고 재편했다.

전시경제가 초래한 모순은 전시생산력의 직접적인 정체나 감소로 나타났다. 일본경제를 급속하게 군사중공업 구조로 편성하자

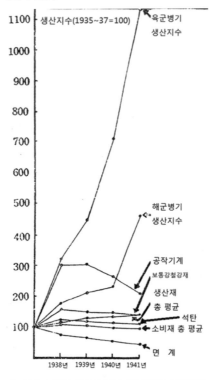

생산의 불균형

각 지수는 국민경제연구소협회, 「실질국민소득의 통계」
참조

직접적인 군수생산 부문을 비롯해 중공업 독점자본에 가파른 자본축적을 초래했다. 자본축적과 자원이 빈약한 일본자본주의로서는 평화산업과 소비재산업의 파괴와 희생이 불가피했다.

이것은 동시에 선진자본주의 국가들로부터 기초 자재와 공작기계를 비롯한 기계설비 수입을 전제로 했다. 따라서 직접적인 군수생산에도 불구하고 중공업의 기초인 철강, 석탄, 전력, 경금속, 공작기계 등 여러 산업 부문의 발전은 완만하기만 했고, 해외로부터 물자 수입이 줄거나 두절되자 일본 전시경제의 중공업 기반은 곧

파탄에 이르렀다. 그 결과 인플레이션의 고공행진과 이를 억제하려
는 정책이 서로 모순을 빚게 되었고, 군수에 대한 수요 증대와 빈약
한 중공업 기반 사이의 모순은 옆의 그림과 같이 나타났다. 중공업
기초산업의 생산이 정체되었기 때문에 독점자본에 최대한의 이윤
을 보장하기 위한 전시경제도 중공업 기초부문부터 무너지기 시작
했다.

전시경제의 모순

일본자본주의는 곧바로 재생산 위기에 봉착했다. 그러자 전시
경제를 이용해 최고의 이윤을 얻으려는 독점자본은 전시경제의 모
순을 극복하기 위해 새로운 방식을 모색했다. 그것은 국내수탈체제
를 더욱 강력하게 구축하고 식민지에 대한 제국주의적 지배를 강
화·확대하는 것이었다. 요나이 내각의 총사직에 의해 성립된 제2차
고노에 내각은 천황제 파시즘을 한층 더 강화함으로써, 이를 기초
로 극동의 여러 지역에서 독점적 식민지배를 확대·강화하고 독점자
본의 전시수탈 지배체제인 '신新경제체제'를 확립하고자 했다. 고노
에 내각의 정책기조를 보여주는 『기본국책요강』은 전시경제 수행
의 기초를 "일본-만주-중국을 하나로 묶어 대동아를 포함하는 협
동경제권 확립", 즉 '만주국', 중국, 그리고 남방 여러 지역의 독점
적 식민지배를 기초로 한 자급자족체제(아우타르키Autarkie)의 구축
에서 찾고자 했다. 이것이 이른바 '대동아공영권'이다. 만주와 중국
을 비롯해 남방의 여러 지역은 일본 지배계급이 지난 몇 년 동안 갈
망해오던 지역이었다. 그러던 차에 3국동맹 체결과 그로 인한 각국
의 대일 긴급조치는 이러한 욕망에 결정적으로 불을 지폈다. 그러
나 이러한 일본 지배계급의 움직임은 극동지역의 기성 지배세력인
영국, 미국을 비롯한 각 제국주의 국가들의 이익과 충돌할 수밖에

없었다. 그 결과 태평양지역을 무대로 한 양대 제국주의의 대립은 극도로 첨예화되었고, 일본 지배계급이 중국 전쟁수행을 위한 경제적 기반으로서 선호하는 '대동아공영권' 확립은 그 자체가 곧 태평양전쟁으로 나아가는 것을 의미했다. 결국 경제 '공영권' 확립을 위한 노력은 곧 미국·영국과의 전쟁을 위한 준비일 수밖에 없었다.

이러한 식민지배의 강화와 더불어, 국내에서는 전시 수탈체제로서 전시경제를 강화하기 위한 독점자본의 지배체제인 '신경제체제' 확립이 추진되었다. 전시경제가 추진됨에 따라 인플레이션이 극심해지고 군수중공업을 위한 기초물자가 부족해지자 오히려 독점자본에게 최대한의 이윤을 보장할 수단으로 여겨졌던 전시경제가 위태롭게 되었다는 점은 앞에서 언급한 바 있다. 그런데 이러한 전시경제의 모순에 대처하면서 군수생산의 유지와 확대를 꾀하고 나아가 막대한 이윤을 추구하기 위해서 독점자본은 더욱 강력한 '계획' 경제와 '통제'가 필요했다. 우선 늘어만 가는 방대한 전쟁비용과 군수산업자금을 확보하기 위해 국민 대중을 직간접적으로 수탈해야만 했다. 이를 위해 직접적으로 국민경제 전반에 걸쳐 재정금융의 계획화와 금융통제를 더욱 강화할 필요가 있었다. 또한 기초물자의 가격 폭등에 대처하고 독점자본에게 이윤을 보장해 주는 가격통제, 기초물자 수급 불균형에 대처하고 독점자본에게 중요 원료를 확보해 주는 물자배급통제와 '계획화', 그리고 노동력과 식량에 대한 '통제'와 '계획화' 등 경제의 모든 부문에서 '통제'와 '계획화'가 추진되었다. 그런데 이러한 조치들은 전시경제의 모순을 확대시켰지만, 독점자본은 더욱 강력한 조치를 요구했다. 그 결과 1939년 3/4분기 이후 전력과 석탄 부족을 비롯한 전시경제의 모순이 표면화되었다. 그러자 관료들에 의해 추진되는 통제경제에 대한 독점자본의 불만과 비난이 급격히 늘었다. 결국 독점자본은 여러 국가 기관의 종속화를 보다 강력히 추진하고 이를 기초로 한 강력한 통제경제에 직접 참가할 것을 요구하였는데, 이는 독점자본에 의한 전시카르텔 강화와 권한 확대라는 방식으로 실현되었다.

먼저 독점자본가 단체인 일본경제연맹은 1940년 4월 총회에서 조직개편을 단행해 이사회의 권한과 기동성을 강화시켰다. 그리고 카르텔(시장통제를 직접적인 목적으로 하는 기업연합 형태)의 수뇌들을 망라하여 이사로 선임함으로써, 이 연맹을 카르텔의 실질적인 대표기관으로 만들었다. 게다가 연맹의 임무를 경제정책의 단순한 건의에서 실질적인 '자율통제'로 바꾸고, 철, 석탄, 전력, 섬유 및 기타 중요물자에 대해서는 물자별로 조직적인 통제를 활발히 전개하기로 결정함으로써, 독점자본 스스로 통제를 시작했다. 같은 해 5월에는 "관료적 통제의 결함을 없애기 위해서는 주요 산업부분이 강력한 카르텔로 전화할 수 있도록 현재의 민간경제단체를 통합해야 한다. 이를 통해 민간기업이 더욱 창의성을 발휘하도록 장려하고, 자신의 책임 하에 자율통제를 실현할 수 있도록 카르텔에 광범위한 통제권을 주어야 한다."고 주장했다. 즉 독점자본에 의한 자율통제와 강제권 부여를 정부에 건의한 것이다. 이러한 독점자본을 주체로 한 통제경제 강화 움직임을 배경으로 성립된 제2차 고노에 내각은 이케다 시게아키池田成彬, 고바야시 이치조小林一三, 고 세이노스케鄕誠之助 등의 재벌대표와 마치다 주지町田忠治(민정당), 마에다 요네조前田米藏(정우회) 등의 재벌 대변자를 내각에 참여시켰다. 정부가 제시한 '신경제체제제안'은 호시노 나오키星野直樹 기획원총재가 입안한 '호시노안'으로 불렸다. 이것도 독점자본의 전시통제 카르텔화를 기초로 한 통제강화였다는 점에 변함은 없었으나, 기업경영자의 공공성 주장이라든가 카르텔 이사의 정부 임명 등 관료적 통제를 의미하는 정부간섭을 중시했다는 점에서 많은 독점자본가로부터 강력한 반대에 부딪혀 결국 자본의 자주성을 강조한 시장의 요구에 따라 1940년 12월 7일 경제통제의 대강으로서 『신경제체제확립요강』이 결정되어 공표되었다. 이 요강은 사적 경영과 적정이윤의 보장, 감가상각의 강화를 통한 중요산업의 증강을 우선적으로 강조함으로써 전시경제 하에서 독점자본의 최대이윤 추구를 보장한다는 대원칙을 확인했다. 한편 기업의 설립과 정리에 대한 제한조치, 즉 전시경제 강화를 위한 통제강화와 기업정비, 특히 중소기업의 기업정비 권한을 원칙으로 삼았다. 이어서 카르텔의 전시 강제카르텔화, 그리고 이에 대한 실질적 통제기관으로서 성격과 역할을 규정하고 있다. 이것들은 모두 전시경제에 대처하고 독점자본의 지위 강화를 꾀한 것이며, 또 여러 정부 기관을 종속시켜 지배력을 강화하고자 한 것으로서 독점자본에 의한 경제통제 강화를 겨냥한 것이었다. 이에 따라 여러 독점자본가 단체로부터 시안이 제출되고, 독점자본의 주도로 전시통제기관의 강화가 이루어졌다.

통제회의 역할

전시경제의 진전에 따른 독점자본의 지배체제 강화는 1940년 12월 7일 결정된 『신경제체제확립요강』에 기초해 추진되었다. 이것은 우선 독점자본의 지배기구인 카르텔을 '전시형태', 즉 '통제기구'로 재편함으로써 여기에 막대한 권한을 부여하고 지배력을 강화하는 내용이다. 독점자본 카르텔의 연합회인 일본경제연맹이 제시한 안에 따라 1941년 8월 30일 '중요산업단체령'이 공포되었다. 그 결과 중요산업 부문 별로 카르텔과 구 '공업조합'을 통합하여 일원적인 통제기구인 '통제회'를 설치하였다. 통제회는 생산 할당, 자금 및 자재 배분, 노동자 동원, 기업의 해산과 합병, 그리고 가격과 이윤의 결정에 이르기까지 막대한 권한을 지녔다. 결국 이 단계에 이르러 독점자본이 전시경제의 모순에 의한 '경제통제'를 완전히 파악하고, 최대한의 이윤추구를 위한 수단으로서 전시경제를 자신에게 가장 유리한 방식으로 전개되도록 한 것이다.

먼저 '중요산업단체령' 공포에 앞서 통제회의 초기 형태인 '철강통제회'가 4월 26일 설립되고, 단체령 공포와 동시에 석탄, 금속, 석유, 기계공업, 화학공업, 시멘트, 양모 등 각종 중요산업 부문에 걸쳐 각 통제회가 설립 준비를 마쳤다. 12월 28일에 정부는 철강, 석탄, 광산, 시멘트, 전기기계, 산업기계, 정밀기계, 자동차, 차량, 금속공업, 무역, 조선 등 12개 부분에 대해 1차로 통제회 설립을 지시했다. 이들 통제회의 실질적인 설립은 앞에 설명한 철강통제회, 11월 26일의 석탄통제회, 12월 18일의 광산통제회와 시멘트통제회 설립을 제외하고는 1942년 이후에 이루어졌으나 모두 거대 '재벌'의 주도로 설치되었다. 철강통제회 회장에는 미쓰비시콘체른(콘체른은 기업이 주식 참여로 결합하는 형태)의 중공업 부문 대표자이자 당시 절반은 국영 트러스트(기업합동체)의 성격을 띤 일본제철의 히라오 하치사부로平生釟三郎 사장이 임명되었다. 또 석탄통제회 회장에는 미쓰이콘체른의 대표이자 석탄신디게이트(석탄회사의 공동판매조직)인 일본석탄회사의 마쓰모토 겐지로松本健次郎 사장이 취임하는 등 운영은 모두 독점자본의 대표자가 직접 관장했다. 이들은 생산 할당을 비롯해 자금, 자재, 노동력 배분을 통해 독점자본으로 생산을 집중시키고 중소기업에 압박을 가했다. 이 통제회 아래서 전시 신디게이트 조직으로서 '통제회사'와 '통제조합'이 정리되거나 신설되었다. 이러한 독점자본의 전시지배체제는 사적 자본인 독점자본이 권력을 배경으로 콘체른과 중소자본이나 노동자에 대해 적극적으로 간섭하는 것을 합법화해주었다. 이로써 독점자본은 전시이윤의 확보와 증대를 추구하고 여러 산업시설에 대한 지배를 강화했다.

'신경제체제'는 독점자본의 전시 지배형태인 '통제회'를 중심으로 구현되었다. 그리고 이것은 독점자본이 스스로 통제를 행함으로써 국가기관을 효과적으로 이용하고 이를 통해 수탈을 더욱 강화하는 데 이용되었다. 결국 '신경제체제'는 쇼와昭和공황 이래 추진돼 온 국가독점자본주의가 강화되고 완성된 것으로써 경제기구의 파쇼적 지배체제가 확립되었음을 의미했다. 이러한 지배기구를 바탕으로 독점자본의 전시정책인 '중점주의 증산정책', 즉 자금, 자재의 독점자본 집중, 평화산업에서 군수산업으로의 전환, 중소자본에 대한 '기업정비'와 노동력 강제동원 및 착취가 이루어졌다. 특히 생산과 자본의 집중을 통해 독점자본에게 막대한 전시이윤과 자본축적을 가져다주었는데 바로 이것이 통제회의 주된 역할이었다.

금융통제

팽창하는 전쟁비용과 군수공업자금 조달을 위해 자금 측면에서도 전시통제가 이루어졌다. 즉 재정과 금융 방면에서도 '신체제'가 도입된 것이다. 전시경제의 지속과 제2차 세계대전의 확대라는 '새로운 사태'는 인플레이션의 심화로 나타났다. 이를 억제하면서 전쟁비용과 군수산업자금을 확보하기 위해서는 재정과 금융부문에서 보다 강력한 '통제'가 필요했다. 1940년에 들어서자 통화는 매일 팽창하여 그해 12월에는 40억 엔을 넘었고, 최고 발행고는 49억 3,000만 엔에 달했다. 또한 공채의 소화消化는 더욱 악화되어 전년도의 89.2%와 비교할 때 78.5%까지 하락했다. 그리고 예금 증가율의 저하에도 불구하고 군수생산자금 대부 누적액이 증가하자 그 직전에 금융통제를 한층 강화하였다. 그리하여 '공채소화 제일주의'의 강화와 산업자금에 대한 정부의 통제가 요구되었다. 금융은 전시경제 수행의 중요한 기초이기 때문에 1940년 10월 20일 '국가총동원법'에 기초해 '은행 등 자금운용령'이 공표되었다. 이에 따라 자금운용의 계획화, 즉 독점자본의 집중화와 공채소화의 활성화가 추진되었다. 또한 3국동맹 체결을 계기로 금융기관의 전시 조직화가 급속히 추진되었다. 이에 앞서 같은 해 9월 21일 일본은행을 비롯해 전국어음교환소연합회, 전국지방은행협회, 전국저축은행협회, 생명보험협회, 신탁협회 등 모든 금융기관을 동원해 '전국금융협의회'가 설립되었다. 전국금융협의회는 창립총회 당일 결의에 따라 국채소화, 각종 금융기관의 정비통합과 관련해 특별위원회를 두고 전시경제의 기초인 금융 동원에 전력을 기울였다. 이것은 국민경제의 모든 자금을 전쟁비용으로 조달하고 이를 공채 소화와 독점자본의 군수산업자금으로 집중시키기 위한 지배기구의 정비과정이었다.

이어서 1941년 7월 11일에는 정부가 『재정금융기본방책요강』을 발표했다. 이것은 자금의 중점주의 달성을 위해 모든 금융기관의 조직화와 정리 통합을 한층 강화하는 조치였다. 이것은 금융 분야의 '신경제체제'를 구현한 것으로서 주로 '국민자금동원계획의 설정', '재정정책의 개혁', '금융정책의 개혁'에 중점을 두었다. 이 가운데 '국민자금동원계획의 설정'은 인민대중의 소비 삭감을 통해 전쟁비용과 군수산업자금 조달을 달성하기 위한 '국민경제의 자금 동원 계획'이었다. '재정정책의 개혁'은 팽창하는 전쟁비용 조달을 위해 조세와 공채소화정책의 강화를 비롯한 재정의 군사화를 뜻했다. 그리고 '금융정책의 개혁'은 전시금융의 중핵인 일본은행을 공채발행과 인수기관으로, 또 군수산업자금의 인플레이션을 동반한 조달기관으로서의 기능을 정비하는 것이다. 아울러 금융기관의 '기업정비'와 '조직화'를 꾀하고 이를 기초로 자금중점정책을 강화하고자 했다. 이것은 모두 대중의 부담을 전제로 전시경제의 기초인 자금을 조달하는 조치였다. 그로 인해 금융자본의 지배체제는 더욱 강화되었다. 이러한 기구의 정비는 전쟁이 태평양으로 확대되는 과정에서 차례로 구체화되었다. 그에 앞서 1941년 8월 4일 군수자금의 중점적 배분을 위해 흥업은행을 비롯한 주요 10개 은행을 묶은 '시국공동융자단'이 발족하였다. 즉 국채의 소화와 군수산업자금 조달에 이들을 동원한 것이다. 이 단체는 나중에 전국금융통제회로 바뀌었는데, 이 금융신디게이트(은행 등의 금융자본이 공동으로 융자 등을 행하는 조직)는 전쟁자금의 팽창에 대응하고 원활한 조달을 꾀하기 위한 기관으로서 '신新금융체제'의 핵심으로 자리 잡았다.

노동통제

'신경제체제'의 세 번째 요소는 노동력의 강제동원과 착취 강화를 위한 '노동통제'였다. '노동통제'는 병력동원과 병행하였는데 군수생산에 노동력을 강제로 동원하고 이들 노동자에게 노동시간의 연장과 실질임금 하락을 통해 착취를 강화함으로써 독점자본의 이윤 확보와 증대를 꾀하도록 한 조치였다. 현저한 병력동원 증대와 군수공업의 급속한 팽창으로 초래된 노동력 부족은 매우 심각한 상황이었다. 1940년 11월 '대일본산업보국회'를 설치하고 이를 '대정익찬회' 하부조직으로 전환한 것은 바로 '노동통제'를 위한 사전 조치였다. '대일본산업보국회'와 '통제회', '후생회' 활동을 기초로 노동력의 강제동원이 한층 강화되었다. 1940년 11월 8일 정부는 '신新근로체제확립요강'을 결정했는데, 이는 '노동력 통제' 강화를 위한 조직을 확립하려는 것이다. 한편 같은 해 3월 '종업원고용제한령'의 개정, 같은 해 11월 '종업원이동방지령'의 공포, 같은 해 11월 '국민징용령'의 개정을 통한 적용범위 확대와 '청년국민등록'의 실시, 그리고 이듬해인 1941년 3월 '국민노무수첩법'의 실시 등을 통해 노동력의 전시통제와 강제동원체제가 정비되었다. 기존의 국민직업능력신고령을 개정·확대한 '청장년국민등록'은 남자 만16세 이상 40세 미만, 여자 만16세 이상 25세 미만의 미혼자를 모두 등록하도록 규정했다. 그 결과 등록자는 1940년 10월 말 현재 전국적으로 1,300만 명에 달했고, 이로써 '국민노무수첩제' 실시와 맞물려 노동력 동원의 기초가 마련되었다. 이러한 '노동통제'를 통해 동원된 노동자, 특히 '징용자'는 '기숙사제도' 아래서 상시 관리체제에 놓였다. 그리고 법률에 따라 벌금형, 체형을 부과함으로써 독점자본 공장에서 장시간 노동에 시달리며 저임금을 감내해야 했다. 또 1941년 11월에는 '국민노무보국협력회'가 설치되어 학생과 중소상공업자의 '근로동원'을 법적으로 뒷받침했다. 이러한 일련의 '노동통제'는 모두 독점군수산업자본의 증대하는 노동력 수요에 따라 매우 값싼 노동력을 제공할 수 있게 하였다.

실질임금의 추이

연차(년)	명목임금(엔)	명목임금지수	물가지수	실질임금지수
1937	1.96	100.0	100	100
1938	2.04	104.1	106	95
1939	2.03	103.6	122	84
1940	2.28	116.3	143	81
1941	2.56	130.6	155	84

각 항목의 임금은 공장노동자의 1일 평균임금, 총리부통계국 조사, 가격지수는 오키나카 쓰네유키(沖中恒幸)의 계산에 따른 공정가·암가·종합가의 실제물가지수

또한 임금에 대한 통제는 1940년 10월 총동원법에 기초한 '임금통제령'의 공포로 한층 강화되었다. 이것은 임금의 최고액과 최저액을 정했을 뿐만 아니라 기업마다 시간 당 최고 임금율을 설정해 숙련 노동력 부족으로 인한 임금 인상 경향에 맞서 오히려 임금을 삭감하려는 조치였다. 임금율은 성별, 연령별, 직업별, 실무종사 기간별, 지역별, 기업의 중요성에 따라 후생대신이나 지방장관이 결정하였다. 그리고 개별 기업에 대한 시간 당 최고 임금율을 기초로 하여 월별 노동임금기금이 설정되었다. 이들 기업의 소유주는 이 규정액을 초과할 수 없었다. 따라서 임금 지불총액을 낮게 억제함으로써 잉여가치율(자본 대비 노동의 착취 정도)을 높일 수 있었다. 자본가들은 기금 범위 내에서 '생산증강'과 '노동강화'를 위해 자신들에게 유리한 방식으로 맘대로 노동임금을 지불할 수 있게 되었다. 이러한 '노동통제' 강화는 노동력의 수급 불균형에 의한 임금 인상 경향을 억제하였다. 인플레이션과 생활물자 부족으로 인한 가격급등에도 불구하고 명목임금의 인상은 미약했고 그로 인해 실질임금은 하락했다. 한편 이러한 물가급등과 임금통제로 인한 모순은 결국 임금의 불균형을 증대시켰는데 특히 미숙련 노동자와 징용공의 실질임금 하락이 현저했다.

'신경제체제'란 결국 위에서 살펴 본 바와 같이 재정·금융·생산·노동 등 등 모든 경제부문에 걸쳐 독점자본의 종합적인 전시 지배체제를 의미했다. 이것은 독점자본이 최대한의 이윤을 추구하기 위해 권력을 배경으로 대중을 착취하고 이를 기초로 전시경제를 수행하는 형태였다.

전시식량정책

산업을 전시체제에 맞춰 재편성하고 농업 노동력이 군대와 도회지로 급격히 유출되자 반봉건적 토지소유와 영세영농에 기반을 둔 일본농업은 극심한 모순을 드러냈다. 그 결과 1939년 가을에 발생한 '식량문제'는 그 해 봄부터 시작된 전시식량정책을 질적으로 전환하는 계기가 되어, 1940년부터 각종 통제법이 급하게 도입되었다. 특히 식량문제의 본질적 원인(노동력 부족, 반봉건적 토지소유, 영세영농 등)과 이러한 문제의 근본적 해결을 거부하는 지배자들의 태도는 언제나 농업생산력의 발전을 저해했다. 그 결과 노동력의 낭비가 심각해지고 한층 더 가혹한 유통과 소비 통제가 이루어져 일본 특유의 전시식량정책이 나타나게 되었다. 이러한 '식량문제'의 최대 시책이란 것도 결국 쌀값의 고정(1석에 43엔)과 미곡의 강제수매였다. 1939년 10월부터 이듬해 4월 말까지 강행된 1,050만 석의 강제수매는 미곡배급통제법과 미곡통제법에 따른 농림성령(1939년 11월 6일 공포 시행)과 그 외 '미곡응급조치법'의 제1차 개정(1940년 3월 23일 공포 시행)과 '공미강제조치'(1940년 5월) 등이 시행된 결과였다. 그리고 1940년 8월에는 '임시미곡배급통제규칙'에 따라 미곡의 수매기구가 '시정촌농회-판매조합-정부'로 일원화되었다. 아울러 '미곡관리규칙'(1940년 10월 24일 공포, 11월 1일 시행)에 따라 미곡의 국가관리가 비로소 완성되었다. 일정한 기준에 따라 정해진 자가 보유한 분량을 제외한 나머지는 모두 관리미로 분류되어 대부분 정부가 강제 매수하도록 하였다.

미곡에 대한 국가의 통제가 강화되는 가운데, 1940년 봄 이후 보리를 비롯한 주요 농산물에 대한 통제도 강화되었다. 그 해 미곡이 대폭 감소하자, 이듬해인 1941년 3월에는 '미곡응급조치법'의 제2차 개정이 이루어졌다. 정부의 매수 범위가 '미곡 및 미곡 이외의 곡물과 곡분'에서 '미곡 및 미곡 이외의 식량 농산물 및 그 가공품'으로 확대되었다. 6월에는 보리의 국가관리체계가 완성되었다.

이렇게 태평양전쟁을 앞두고, 모든 농산물의 국가관리가 급속히 정비되어 갔다.

한편 중일전쟁 발발 이후 근로봉사, 공동작업, 집단이주노동 등을 중심으로 한 식량증산운동은 가장 근본적인 문제인 토지문제의 해결을 의도적으로 외면함으로써 농업 생산성 향상에 실패하였다. 게다가 농업용 자재의 구입난, 농산물과 공산품의 가격차 확대 등이 맞물려 1940년을 기점으로 농업생산력은 정체에서 하락세로 돌아섰다. 1937년 가을 '열광적'으로 전개한 강제 '노동봉사' 운동도 본래의 영세경영과 상관없는 분야에 노동력이 무계획적으로 동원되어 허비되고 말았다. 그 후 노동력의 급격한 유출 때문에, 농촌에서는 1939년 이후 광공업 노동자나 귀휴 병사의 '농업지원' 혹은 학생과 아동의 미숙련 노동력으로 대체되었다. 그러나 그 후로도 본질적인 비합리성을 극복하지 못함으로써 만성적인 노동력의 낭비를 벗어날 수 없었다. 또한 1938년 봄부터 매년 강화된 '공동작업' 운동도 항상 지주적 토지소유와 영세경영 사이의 모순 때문에 생산력 향상에 실패하였다. 이러한 상황에서 파종, 경운, 모내기, 수확 등 기본적인 생산과정에서 공동작업은 계속해서 지장을 받았고 심지어 후퇴하는 모습마저 보여주었다.

1933년을 100으로 잡았을 때 1938년의 공동작업조합 수는 다음과 같았다.(괄호 안은 실제 수) 즉 탈곡·조정·병충해방제의 실제 수·증가율이 모두 파종·모내기 등 기본적 생산과정에 비해서 전자 쪽이 압도적으로 높았다.

공동파종	71.1	(39,119)
공동묘대	155.9	(12,473)

공동모내기	125.4	(32,739)
공동경기정지	285.9	(14,981)
공동수용제초	321.73	(22,905)
공동수확		
공동탈곡	951.7	(67,051)
공동조제		
공동병충해방제	329.3	(57,300)

야마시타 슈쿠로(山下肅郎), 『전시하의 농업노동력 대책(戰時下に於ける農業労働力対策)』101쪽에서 작성

니가타현의 공동작업 변천

	1933년	1938년
공동묘대	520	345
공동경운	475	160
공동모내기	404	271
공동제초	376	336
공동수확	517	201
공동병충해방제	1,631	2,711
누에공동사육	167	521
공동채종	2,117	2,728
공동제분	12	107

야마시타 슈쿠로(山下肅郎), 『전시하의 농업노동력 대책』102쪽에서 작성

그런데 봉건적 관행을 이용해 조직한 '공동작업'은 거의 노임을 계산해 주지 않았고, 노동력이 상대적으로 풍부한 빈농의 부담을 과중하게 만듦으로써 이농을 촉진시켰다. 아울러 일반적으로 노동의 긴장도를 고조시켰고, 자가自家노동 시간을 침해하면서까지 노동시간을 연장함으로써 노동력의 도회지 유출을 조장했으며 남아 있던 노동력마저 조기에 소진시켰다. 원래 부녀자의 노동을 경감시킬 목적으로 한 공동취사, 공동탁아소도 1939년부터 차츰 부녀자의 노동력을 농업생산에 집중시키기 위한 도구로 이용됨으로써 도리어 부녀자의 노동을 강화하는 결과를 초래했다.

1937년 4월부터 1940년 4월까지 가나가와현, 야마나시현, 사이타마현, 후쿠시마현, 니가타현, 이와테현, 아오모리현 등 7개 현에 걸쳐 농촌 노동력의 이동상황을 조사한 노지리 시게오野尻重雄의 보고에 따르면 토지소유와 경영규모로 본 노동력 이동율은 다음과 같다.

경영규모별 이촌율

	현재가족원 A	직업이촌자 B	직업이촌율 $\dfrac{B}{A+B}$
5반(班) 미만	2,363	337	12.5
5반~1정(町)	7,191	779	9.5
1정~2정	14,549	1,018	6.5
2정~3정	5,527	329	5.5
3정 이상	2,147	87	3.9
계	31,777	2.550	7.4

1939.4~1940.4, 사이타마 니가타 후쿠시마 이와테 4개 현의 조사, 전업농가 4,881호 평균
노지리 시게오(野尻重雄), 『농민 이촌의 실증적 연구(農民離村の実証的研究)』, 138쪽

토지소유 계층별 이촌율

	현재가족원 A	직업이촌자 B	직업이촌율 $\dfrac{B}{A+B}$
토지	876	46	5.0
자작	10,379	597	5.4
자소작	10,760	808	7.0
소작	10,638	1,145	9.7
일용직	577	134	18.8
계	33,230	2,730	7.6

기간은 위와 같음, 4개 현의 5,157호 평균
노지리 시게오(野尻重雄), 『농민 이촌의 실증적 연구』, 156쪽

　　노동력의 도시 유출은 1939년 하반기 이후 급증했는데, 1937
년 7월~1939년 8월 약 86만 명이던 것이 1939년 8월~1941년 2월
약 115만 명으로 증가했다. 이 가운데 남자가 약 75만 명, 35세 이
하의 청장년은 실로 약 95만 명에 달했다. 이러한 현상은 말할 것
도 없이 잔존 노동력의 질을 크게 떨어뜨렸다.
　　농촌의 질병, 상해, 사망률은 다음과 같이 증가하였다.
　　(아이치현 헤키카이군碧海郡 8개 정촌町村의 중등 농가 744호, 인구
4,303명에 대한 조사 『의료조합医療組合』 제4권 제3호, 야마시타 슈쿠로
『전시하의 농업노동력 대책』에서 인용)

1세대 평균 상해 회수 누년상황

종별 연차	10일 이상	20일 이내	19개월 이내	19개월 이상	합계
1936	2.625	0.387	0.228	0.232	3.473
1937	2.947	0.463	0.251	0.226	3.888
1938	3.218	0.434	0.253	0.320	4.125

1세대 평균 질병 회수 누년상황

종별 연차	10일 이상	20일 이내	19개월 이내	19개월 이상	합계
1936	0.264	0.036	0.017	0.017	0.337
1937	0.293	0.036	0.029	0.023	0.382
1938	0.332	0.052	0.040	0.032	0.457

출생자 및 사망자 상쇄를 통한 인구증가 상황

종별 연차	조사세대 출생인원	조사세대 사망인원	조사세대 제외한 증가인원	조사세대 인구증가율	조사세대 총인구대비 증가율
1936	137	51	86	11.50	2.00
1937	124	66	58	7.80	1.35
1938	127	89	38	5.12	0.88

농산물 농가구입품 등귀율

연차	농림생산물	농업용품	가계용품
1937	100.0	100.0	100.0
1938	108.9	116.8	120.0
1939	137.5	138.5	145.8
1940	164.2	186.4	190.2
1941	162.0	180.8	200.7
1942	173.8	189.4	217.2
1943	184.5	194.4	244.0
1944	212.8	201.4	295.7
1945	408.5	241.1	420.9

전국농민회, 『농촌물가조사개요(農村物価調査概要)』

　　이처럼 농촌의 노동력이 양적으로, 질적으로 저하되는 가운데 농업용 자재의 결핍과 자재 가격의 급등이 추가로 영향을 미쳤다. 농업용 강재와 철의 할당량은 1940년에 이미 평년도의 42% 수준으로 저하되었다.(권업은행勸業銀行, 『전시·전후 시기를 통한 농촌경제의 변모戰時戰後を通ずる農村経済の変貌』) 또한 화학비료 역시 유럽에서의 전쟁 발발과 함께 수입이 중단되었다. 칼륨염을 비롯해 유안과 석회질소는 전력·석탄 공급의 감소로 1939년부터, 그리고 원료 수입이 비교적 순조로웠던 과인산석회도 1941년부터 현저히 감소하기 시작했다. 이러한 현상은 부분적으로는 1940년부터, 일반적으로는 1941년부터 약탈생산(비료와 같은 생산자재를 사용하지 않

고 농업생산을 강행하는 것)을 초래하였고, 이는 동시에 앞서 본 농업구조의 근본적 모순과 결합해 농업생산력의 전면적 하락세를 부추겼다. 생산력의 저하는 1940년 산미 수확량을 통해 나타나기 시작했다. 실제 수확량인 6,087만 4천 석과 목표량(7,100만 석)을 비교하면 1천만 석 이상이 미달이었고, 이전 5년 동안의 평균 수확량과 비교해도 431만 5천 석이 감소했다. 특히 당시의 흉작은 도열병, 벼멸구, 풍수해 등의 피해가 극심했던 홋카이도, 큐슈, 시코쿠 등의 일부 지역뿐만 아니라 전국적으로 폭넓게 나타난 현상이었다.

이렇게 낡은 농업구조를 전제로 한 모순을 오로지 농업노동에만 전가하며 강행한 식량증산운동이 조금이나마 증산을 달성하기 위해서는 어떤 방식으로든 수정이 불가피했다. 1940년 하반기 무렵부터 고조된 '일본농업재편성론'은 이러한 사정을 반영한 것이었다. 이것은 기생적 지주제에 일부 비판을 가하면서도 결국 나치 독일의 '전국세습농장법'과 같이 '일본민족의 순혈'을 유지하고자 하는 새로운 '적정규모론'에 압도되고 말았다. 더욱이 농장생산력 증진과 저미가정책의 유지라는 전시경제의 지상명령은 토지문제를 건드리지 않고서는 전시 식량정책이 수행될 수 없다는 것을 깨닫게 하였다. 비료를 비롯한 농업자재의 공출부족과 가격 급등(특히 암시장 가격) 속에서 쌀값을 1석에 43엔으로 못 박은 저미가정책은 이미 1940년 초 쌀을 차라리 말에게 먹이고 마는 현상마저 일으켰고, 1940년 가을에는 미곡관리법 시행에 역행하여 자연경제화를 조장하는 등 증산정책에 중압감을 더하게 되었다. 이러한 모순을 해결할 유일한 방책으로 내놓은 것이 1석 당 5엔의 생산장려금(1941년 8월)을 제공하는 것이다. 이것은 소작가격에서 생산자 공출가격을 사실상 분리시켜 소작료를 인하함으로써 객관적으로는 지주적 토지소유의 일부를 제한하는 결과를 초래했다.

시노미야 교지四宮恭二의 『전쟁·식량·농업戰争·食糧·農業』에 의하면 당시 (1940년 초) 『오사카 아사히大崎朝日』 신문지면에는 다음과 같은 투서가 실렸다.

쌀 증산과 미곡절약을 외치고 있는데 한심하기 이를 데 없다. 농가에서는 쌀이 어처구니없이 낭비되고 있다. 무슨 말인가 하면 일반 농가에서는 노역용 우마 사료로 기존에는 콩깻묵을 먹였다. 그런데 작년부터 9·18물가조정령으로 콩깻묵 1되에 4엔 30전으로 가격을 고정한 것이 연일 값이 올라 작년 11월 무렵에는 5엔 35전이 되었다. 작금에는 한 되 5엔 80전, 그리고 한 번에 1되밖에 살 수 없다. … 그런데 그마저도 손에 넣기 어렵다. 보리가 있으면 조금 낫겠지만 지금은 보리도 없다. 그래서 쌀을 먹이고 있다. 쌀을 먹여도 6엔이나 하는 콩깻묵에 비해 싸게 먹힌다. 이렇게 작금의 농가에서 우마 사료로 낭비되고 있는 쌀의 양은 막대하다.

우리 마을의 경우 1월부터 7월까지 전지 1단보 당 준 비료는 유안 700가마니, 과인산 600가마니, 석회질소 300가마니 정도이다. 자급비료를 쓴다고 해도 유안이나 석회질소를 사용해 속성퇴비를 만드는 오늘날 당국은 여전히 쌀의 증산을 강요하고 있는 것일까. 유기비료 가격은 암시장에서 완전히 두 배에 달한다. 그런데 그마저도 구할 수 없다. 쌀 1표 18관 대금 70엔 정도, 대두박 분말 10관 짜리가 암시장에서 10엔 이상이나 하는 오늘날 우마용 사료를 구하기 어려워 손수 지은 쌀을 끓여 먹이는 것이 훨씬 경제적이다. 쌀값은 절대로 올리지 않겠다고 정부가 단언한 이상, 우선 농가에 대해 비료를 충분히 제공할 책임이 있다고 생각한다.

한편 농업노동에 대한 통제도 한층 강화되었다. 이미 1940년 봄에는 농회법 개정에 따라 부락농업단체의 재편과 공동작업의 강화, 즉 농업노동 통제를 강화하기 시작했다. 마침내 1941년 9월 개정 농회법이 발동되어 부락농업단체를 통한 공동작업과 집단이동 노동의 강화, 작물 심기의 엄격한 통제, 농기구와 역축의 공동이용을 강제하였다. 이어서 10월에는 식량농산물의 재배 면적 확보와 재배제한작물(뽕나무, 차, 박하, 연초, 과일, 꽃)의 재배 전환을 규정한 '농지재배통제규칙'이 공포, 시행되었다. 이처럼 정부의 직접생산과정에 대한 직접적인 통제는 마침내 태평양전쟁 개시 전날에 열린 국가총동원심의회 제20회 총회에서 『농업생산의 통제에 관한 칙령안 요강』으로 집대성되었다. 이는 연말에 '농업생산통제령'으로 공포되었고 이듬해 1월부터 시행에 들어갔다. 그리고 앞서 본 1940년 미곡 계획량의 부족과, 외지 수입의 감소 전망으로 인해 1940년 가을부터 본격적인 증산계획과 식량자급체제 확립에 박차를 가했다. 그 결과 그해 말 농림당국은 '쌀·보리 증산 10개년계획'을 세우고 향후 10년 동안 50만 정보의 개간을 계획하였다. 또 이듬해 2월에는 '농지개발법'을 제정하고, 5월에는 이 법에 기초한 '농지개발영단'을 설치하였다.

이러한 정세 속에서 전개된 1941년의 증산운동은 10개년계획의 첫해로서 주요 농산물의 생산목표를 다음과 같이 설정했다. 그리고 공동작업운동의 비약적 강화를 위해 지방장관을 비롯한 도도부현의 경제부장이 직접 나서서 학생과 아동의 집단적 '근로봉사'를 감독했다. 특히 '농업보국추진대'라는 정신운동을 강요하며 농업노동에 미증유의 압력을 가했다.

1941년도 주요 농산물 생산목표(단위: 쌀·보리는 천 석, 감자류는 천 관)

	생산기준	증산계획	생산목표
쌀	63,465	7,980	71,445
소맥	9,500	1,978	11,478
보리·쌀보리	12,915	2,871	15,783
고구마	980,000	455,500	1,435,500
감자	490,000	178,000	688,000

종류별 부락 농업단체 수

종류	1938년도	1940년도	1941년도
공동묘판	12,473	25,043	33,189
공동모내기	32,739	77,609	80,630
공동제초	22,905	34,465	37,978
공동수확	19,036	32,082	71,132
공동탈곡조정	33,515	85,271	175,943
공동보리파종	불상(不詳)	19,800	67,946
공동보리수확	불상(不詳)	31,814	35,146
공동취사	310	3,508	18,364
탁아소	3,045	21,398	30,949
계		330,990	551,277

제국농회(帝国農会), 『농업연감(農業年鑑)』, 1943년도, 244쪽

그러나 이러한 노력에도 불구하고 그 해 생산계획은 완전히 실패하였다. 즉 같은 해 쌀 생산량은 5,508만 8천 석이었다. 이것은 전년도에 비해 5,786천 석이 적었고, 목표량에 비해 1,633만 3천 석이 모자란 결과였다. 보리도 전년도에 비해 약 300만 석, 목표량에 480만 석이나 부족한 참담한 상황이다.

그러자 9월 15일 모든 관리미의 정부 매수를 지시하는 『미곡국가관리실시요강』이 발표되었고 제1회 예상수확량이 발표된 직후(9월 26일)에 「긴급식량대책」이 각의에서 결정되었다. 이는 전쟁에 대비해 제한작물의 재배 전환과 보리류와 감자류의 증산, 비상용 식량 저장에 이르기까지 광범위한 긴급대책을 지시하는 내용이었다.

1941년도 학생·아동의 '근로봉사' 실적

	봄		가을	
	실제 인원	연인원	실제 인원	연인원
국민학교	2990,006	21,957,861	2,868,073	14,418,652
남자중학교	616,258	2,453,838	665,871	2,632,674
여자중학교	345,430	1,539,860	369,074	1,725,589
대학·고등학교	15,908	53,916	25,613	89,329

미국전략폭격조사단의 보고에 따르면, "1941년 일본의 모든 식량공급은 최저 생활에 필요한 칼로리에서 불과 6.4% 상회할 뿐이었다."(마사모토 지후유正本千冬 역, 『일본 전시경제의 붕괴日本戦争経済の崩壊』) 이 시기 정부의 농지개발 정책과 반대로, 생산력의 중심인 자·소작 중농층의 분화가 서서히 진행되어 한계경지(채산성을 기대할 수 있는 경계선에 놓인 경지)의 경작 포기가 확산되었다. 이렇게 일

본의 농업은 구조적 모순이 점점 더 심화되는 가운데 취약한 생산력과 긴박한 식량문제를 끌어안은 채 국가의 강력한 통제 때문에 태평양전쟁이라는 공전의 소모전에 끌려들어갔다.

경지 확장 및 폐지 면적(제22차 농림통계)

연차	확장 면적(町)	폐지 면적(町)	계(町)
1937	38,130.3	23,874.5	14,255.8
1938	32,345.9	46,977.6	-14,631.7
1939	31,721.2	30,951.8	769.4
1940	30.666.6	34,468.3	-3,801.7
1941	26.730.4	45,742.1	-19,011.7
1942	28,834.4	57,808.4	-28,973.5
1943	21.747.9	66,781.2	-45,033.3
1944	16,014.6	94,572.2	-78,577.6
1945	28,164.7	101,457.2	-73,292.5

경작지 누계(제22차 농림통계)

연차	총 수		논		밭	
	실제 수(町)	지수	실제 수(町)	지수	실제 수(町)	지수
1937	6,098,453.3	100.0	3,217,928.6	100.0	2,880,506.7	100.0
1938	6,078,282.5	99.67	3,208,254.3	99.70	2,870,028.2	99.64
1939	6,079,246.6	99.69	3,209,298.0	99.73	2,869,948.6	99.63
1940	9,077,502.5	99.66	3,206,575.6	99.65	2,870,926.9	99.67
1941	5,860,679.0	96.10	3,172,184.5	98.58	2,688,494.5	93.33

연차	총 수		논		밭	
	실제 수(町)	지수	실제 수(町)	지수	실제 수(町)	지수
1942	5,812,392.8	95.31	3,163,863.8	98.32	1,648,529.0	91.95
1943	5,717,856.4	93.76	3,121,659.8	97.01	2,596,196.6	90.13
1944	5,513,897.2	90.41	3,059,963.5	95.09	2,453,933.7	85.19
1945	5,287,874.0	86.71	2,964,487.7	92.12	2,323,386.3	80.66

'대동아공영권'의 실체

전시경제의 모순은 식민지에 대한 수탈을 확대 강화하였다. 만주
와 중국을 중핵으로 하고 남방의 여러 지역을 포함해 이른바 '자급
자족 체제의 확립'을 요구하게 된 사정은 앞서 기술한 바 있다. 그리
고 봉건적 구조를 지닌 일본자본주의는 기초가 약했기 때문에 전시
경제를 지탱하기 위해서는 식민지 지배에 강하게 의존할 수밖에 없
었다. 결국 식민지에 대한 수탈과 횡령이 한층 더 노골화된 것이다.
조선과 타이완의 쌀, 조선의 전력·경금속·철합금, 만주의 철광석·석
탄·대두, 화베이의 원료탄·점토·면화·소금, 남양의 인광과 인산염,
네덜란드령 인도네시아의 석유와 보크사이트, 말레이의 고무, 그리
고 이들 지역의 풍부한 노동력 없이 전시경제의 수행은 불가능했다.

1940년 11월 5일 『일본·만주·중국 경제건설요강日滿支經濟建設
要綱』이 결정되어 산업, 노무, 금융, 무역, 교통의 각 부문에 걸쳐 전
쟁동원 방침을 명시하였다. 이에 기초해 식민지와 점령지에서도 '전
시통제'를 위한 지배기구가 정비되었고 중요자원의 '개발', 군수공
업의 발전이 시행되었다. 이 군수동원 실태는 이미 많은 장애와 한
계를 안고 있었다. 다시 말해 이들 식민지 '개발'을 위한 자금과 자
재는 일본제국주의가 스스로 조달해야만 했는데, 전시경제의 진전

으로 '파탄'에 이르기 시작한 일본의 국내경제는 이를 감당할 여력이 없었다. 그 결과 일본으로부터의 자금과 자재 공급계획이 압축적으로 시행되어야만 하는데, 일본군이 지배하는 지역 밖으로부터의 자재수입이 금수조치로 인해 두절되자 식민지의 군사동원은 곧 어려움에 처했다.

만주에서는 일본 금융시장의 악화로 인해 1940년도의 사업계획을 급속히 축소해야만 했다. 연초에 총액 26억 5,000만 엔으로 세운 105개 회사의 사업자금계획은 인플레이션의 악화에도 불구하고 15억 엔으로 축소되었다. 같은 해 일본이 만주에 투자한 금액이 10억 1,000만여 엔에 불과했는데, 이는 전년도보다 9,300만 엔이나 줄어든 것이었다. 화베이와 화중에서도 상황은 마찬가지였다. 같은 해 일본의 '중국공채'와 주식에 대한 대對중국 투자액은 9,541만 6,000엔이었다. 이것은 전년도의 1억 1,133만 엔에도 미치지 못하는 금액이었고 개발사업의 자금난은 사업계획의 축소를 초래했다. 이처럼 일본제국주의의 취약성 때문에 발생한 모순과 그것의 확대는 식민지와 점령지의 인플레이션으로 나타났다. 현지에 축적된 자본이 부족한 만주에서는 방대한 군사비 부담과 중공업 개발을 위해 일본의 자본 수출에 의존해야만 했다. 그러나 이것이 곤란해지자 인플레이션을 감수하는 방식으로 자본을 조달해야만 했다. 날로 늘어가는 군사비 지출과 산업투자를 위해 급속히 팽창한 만주국 정부의 재정을 보면 1940년도 일반회계와 특별회계 세출총액은 16억 4,000만 엔으로서 1938년도의 약 2배로 늘었다. 이 세출은 곧 증세와 적자공채로 이루어졌다. 그로 인해 정부자금의 지출 초과액은 1939년 말 2억 2,200만 엔에서 1940년 말에는 6억 2,400만 엔으로 늘었다. 한편 산업자금의 조달도 인플레이션을 동반한 수단을 동원했다. 만주중앙은행의 민간 수신초과(시중 은행에 대한 대출 팽창)도

1939년 말 2억 200만 엔에서 4억 6,300만 엔으로 늘었다. 이 민간 신용(민간에 대한 대출)의 팽창은 만주흥업은행에 대한 대출 증가에 따른 것이다. 그 결과 만주중앙은행의 지폐발행액은 1940년 말 9억 4,700만 엔에 달했는데, 이는 1938년에 비해 110%가 늘어난 것이다. 불과 2년 사이에 나타난 놀라운 인플레이션은 분명히 만주 식민지의 군사적·군수공업적 동원이 인플레이션을 수반하는 수단을 통해 이루어졌다는 것을 보여준다. 그리고 이것은 중요물자와 생필품을 '일본본토'로 수탈해 감으로써 배가되었다. 다시 중요물자의 일본 반출은 생필품의 가격 인상을 초래하고, 이는 현지 중국인의 수탈로 이어졌다. 그러자 중국인 노동자의 도망과 이동이 격심해졌다. 1940년 하반기 중국인 노동자의 '만주 이탈'은 상반기의 8만 6,000명 증가에서 37만 명 증가로 급격히 늘었다. 그러자 헌병과 경관 등 무장한 사람들이 관리하는, 마치 징역살이 같은 노동체제가 확산되어 갔다. 1941년 9월 『신新 노무체제 확립요강』이 만주국 정부에 의해 결정되고, 10월 22일 만주판 '산업보국'이라고 할 수 있는 '노무흥국회'의 설립이 공포되었다. 이것은 사용자를 회원으로 하는 단체였는데 이들은 중국인 노동자의 '징역살이 같은 노동'과 인플레이션을 동반한 수탈을 기초로 자본을 축적했다. 또 만주의 중공업 특히 철강, 석탄, 경금속 등의 군수산업 동원이 이러한 체제 속에서 이루어졌다. 그 결과 식민지의 신흥재벌에게 부가 집중되었다.

만주경제의 군사동원은 경금속, 납, 아연, 철강 등의 일부 중요자재 생산을 증가시켜 1940년에는 전년 대비 200~300% 증가했다. 반면에 선철, 강괴, 강재, 석탄, 액체연료, 전력 등의 중요자재의 생산은 완전한 침체상태에 빠지면서 '동원계획' 달성이 요원했다. 자금과 자재 부족으로 식민지 군사동원은 이미 명확한 한계를 드러내고 있었다. 가령 1937년에 채택한 5개년계획에서 1940년 100

만 톤 생산을 목표로 했던 강괴의 생산은 실제 약 절반인 55만 톤에 그쳤다. 500만 톤을 예정하였던 선철도 실제 생산량은 140만 톤에 그쳤다.

화베이·화중 지역에서도 중요자원의 군수동원은 비슷한 양상을 보였다. 이들 점령지의 중요자원산업은 반액을 정부가 출자한 '국책회사'인 북지北支개발회사, 중지中支진흥회사, 그리고 현지자본과의 '합병'회사에 의해 운영되었다. '북지개발회사'에 대한 투자는 1940년 말 투자 총액 2억 3,934만 엔에 달했고, 그 해 투자된 것만 하여도 1억 3,463만여 엔의 증가를 보였다. 그리고 다통大同탄광, 화베이전업電業, 징싱井陘탄광, 화베이석탄판매, 화장華疆명산銘産판매 등 5개 회사가 신설되었다. 또 중싱中興, 다원커우大汶口, 치현磁縣, 자오쭤焦作, 산시의 각 탄광, 스징산과 산시의 양 제철소를 일본본토 측 협회와 함께 조합조직으로 경영하는 등 21개 회사와 8개 조합의 자회사를 통해 '자원개발'을 추진했다. 또 '중지진흥회사'의 1940년 투자액은 5,152만 6,000여 엔에 달했는데 관계공사 13개, 조합 2개의 자회사에 투자했다. 그러나 '북지개발'을 위한 자본도 73%가 운수, 통신, 항만사업에 치우쳤고, 광업은 9%, 전력사업은 3%에 불과했다. '중지진흥'도 투자액의 거의 대부분이 일본군이 파괴한 전쟁피해의 복구라든가 군사행동을 보조하는 통신과 운수시설 정비, 기존 자원과 사업 개발에 쓰였다. 아울러 중요자원의 적극적 '개발'에 모두 투자된 것이 아니라 오히려 전제적 조치로서 통신이나 운수 복구를 위한 투자가 많았다. 그로 인해 이들 지역의 '개발'은 타 지역으로부터 공급이 차단된 상황에서 벌어지는 막대한 소모전을 견딜 만큼 중요자원의 조속한 공급 확보를 기대할 수 없었다. 사실 일본 제철업의 원료탄이 된 화베이와 몽강蒙疆(내몽골)의 원료탄 생산액은 1938년 1,000만 톤에서 1941년

에는 2,400만 톤으로 늘었고, 일본으로의 공급량도 1941년에는
412만 톤으로 증가해 수입 석탄량의 63.8%를 차지했다. 또 화베이
철광석의 일본 공급도 수입 총액의 40%를 차지했다.

일본의 총생산 자본에서 식민지 기업의 비중

산업명		석탄	철광석	선철	보통강철강재	펄프	시멘트	유안	방직	수력발전
연차		1940	1940	1940	1940	1941	1940	1941	1940	1943
단위		천톤	천톤	천톤	천톤	천톤	천톤	천톤	천톤	천KW
[내지] 일본		57,309	1,042	3,512	4,522	754	5,980	1,240	12,190	5,605
식민지·반(半)식민지	조선	6,117	1,258	246	76	47	1,142	448	153	1,241
	타이완	2,827	-	1	-	48	226	-	-	267
	사할린	6,435	-	-	-	408	-	-	-	-
	만주	21,132	3,367	1,069	404	78	1,017	137	207	605
	중국	-	-	-	-	-	-	-	3,482	-
	계(A)	36,511	4,625	1,316	480	581	2,385	585	3,842	2,158
총수 (B)		93,820	5,667	4,828	5,002	1,335	8,365	1,825	15,672	7,763
(%) A/B		39.0	81.6	27.3	9.6	43.5	28.5	32.1	41.0	27.8

이노우에·우사미 저, 『위기에 처한 일본자본주의의 구조』에서 인용

그러나 이러한 중요 원료의 제공도 일본제국주의의 기초로서, 특히 전시경제가 지닌 방대한 군사적 소모란 측면에서 보자면 충분하지 않았다. 특히 이들 만주, 화베이, 화중 지역은 석유, 보크사이트, 주석, 고무, 니켈 등 전시경제에서 불가결한 자원이 결여되어 있었다. 그 결과 독점자본의 최대이윤 추구 수단이자, 전시경제 수행의 기초인 '대동아공영권'은 남방의 지역의 제국주의적 병합을 통해 비로소 성립될 수 있었다. "남방의 권익은 오늘날 우리나라 입장에서는 사활이 걸린 문제이다."(1941년 2월 17일 중의원 예산위원회에서 오하시大橋 외무차관 답변)라고 주장한 일본제국주의의 핵심 지배층의 의중은 다음 설명을 통해 확실히 알 수 있다.(야마다 후미오山田文雄, 『통제경제統制経済』, 1940년 10월호)

우리나라의 1936년 석유생산액은 총 수요의 10%에 불과하다. 우리 수요의 90%는 수입에 의존하고 있다. 그 가운데 66%는 미국에서 조달하고 있었다. 만일 정부가 직접 매입한 부분도 포함한다면 미국에서 수입하는 양은 80%에 달할지도 모른다. 미국이 제공하던 것을 권역 내 여러 국가에서 수입한다는 것을 상상할 수 있을까. 네덜란드령 인도네시아는 1937년과 1939년에 각각 석유를 7,262천 톤과 7,949천 톤 생산하였다. 그리고 생산의 90%를 모국인 네덜란드와 미국, 그리고 일본 등지에 수출하였다. 만일 적당한 접근 수단이 있다면 그 가운데 1/3 혹은 약 2,700천 톤 정도를 수입하는 것은 어렵지 않을 듯하다. 대동아공영권이 확립되는 날에는 네덜란드령 식민지의 모든 산유량을 확실히 일본으로 가져올 수 있을 것이다.

이 네덜란드령 인도네시아의 석유가 절실했던 것처럼 프랑스령 인도차이나(이하 베트남)의 주석, 말레이의 고무, 철광석, 니켈도 마찬가지였다. 이것들은 일본제국주의 전시경제의 기초였으므로 그 획득 여부가 그 후 전쟁의 향방을 결정한다는 것을 의미했다. 미국·영국과 전쟁을 불사하며 남방으로 진출한 것은 전시경제, 식민지 수탈, 이를 통한 독점자본의 최대 이윤 추구라는 운동법칙이 초래한 필연적 귀결이었다.

식민지농업의 수탈

누적되는 국내 농업생산의 열악한 조건, 수요량 증가, 식민지 '치안' 유지의 필요, 대미 전쟁의 전망 등 다양한 조건 때문에 결국 주요 농산물의 증산과 배급통제 등 '장기적' 정책이 조선과 타이완을 비롯해 만주, 화베이에 이르기까지 확대되었다.(만주점령 이후 군경리부 특수기관 등이 실시한 가장 노골적인 직접적 약탈에 대해서는 이노우에 하루마루井上晴丸·우사미 세이지로宇佐美誠次郎, 『위기에 처한 일본 자본주의의 구조』 참조)

1938년 8월 농림성 주최 하에 '내외지, 만주, 북지, 중지, 몽강 관계관'을 소집해 동아농림협의회가 열렸다. 이 자리에서는 미곡을 비롯한 14개 항목에 관한 협의를 진행하여, 주요 농산물의 통제와 일정한 증산을 지령했다. 그 후 1939년 식량위기가 발생하자 식민지농업의 동원대책은 급속히 강화되었다. 즉 일만농정연구회(1939년 9월 제1회, 신징新京), 일만지日滿支(일본·만주·중국)경제협의회(1939년 10월, 기획원), 일만지 식량수급에 관한 협의회(1939년 말, 기획원) 등이 연이어 개최되어 '일본, 만주, 중국'에 걸쳐 식량증산계획과 수급조정을 결정하였다.

기존의 식민지인 조선과 타이완에서는 이미 1939년부터 산미

증산계획이 실행되고 있었다. 조선 120만 석, 타이완 50만 석의 증산이 예정되어 있고, 동시에 '조선미곡시장회사령'(1939년 9월), '미곡배급조정령'(1939년 12월), '타이완미 이출관리법'(1939년 5월) 등에 의한 유통통제가 시작되었다. 또 만주에서는 '수정 5개년계획'에 따라 1939년 6월부터 '미곡관리법'이 시행되고 있었는데, 그해 10월 대두의 전매관리를 규정한 '중요특산물전관법'이, 11월에는 고량, 밤, 옥수수의 제3국 수출제한과 수매배급기구 정비를 겨냥한 '주요양곡통제법', 12월에는 '소맥분과 제분업 통제법'이 시행되었다. 1940년 봄부터는 '증산 10개년계획'이 새로 추가되었다. 화베이에서도 면화를 중심으로 한 증산계획이 1939년부터 시작되었다. 같은 해 4월에는 수매기관을 통합해 북지면화협회를 설립했다. 농산물 수매와 유통 통제 과정에서 중요한 지위를 차지한 것은 동양척식, 만주척식 등의 기존 식민지회사와 조선미곡시장, 만주양곡, 군량성정곡軍糧城精穀 등 새로운 특수회사, 그리고 만주·화베이·화중의 합작사, 미쓰이물산, 미쓰비시상사 등 독점자본의 지사들이었다. 이것들은 모두 비인간적인 수탈을 자행했다. 이들의 규모는 곧 일본제국주의의 성격을 여지없이 보여주는 것인데, 토착자본도 하지 않는 노골적인 수탈 때문에 종종 토착자본의 반발을 사기도 했다. 이것은 스스로 통제정책을 실패하도록 만드는 행위였다.

자작·소작 별 농가 호수(%)

	지주	자작	자·소작	소작
조선	3.7	17.8	23.8	52.3
타이완		33.0	31.0	36.0

		지주	자작	자·소작	소작
동북3성	북	14.7	52.3	8.9	24.1
	중	19.3	39.0	13.1	28.6
	남	11.8	58.7	19.8	9.7
중국	북		64.0	21.0	15.0
	중		31.0	26.0	43.0
	남		27.0	30.0	43.0

조선은 『조선경제연보(朝鮮経済年鑑)』 1941년, 1942년판, 조사연도는 1939년.
타이완은 『타이완경제연보(台湾経済年報)』 1941년도판, 조사연도는 1939년.
동북3성은 일만농정연구회, 『만주농업요람(満州農業要覧)』 1940년에서 작성, 조사연도는 북만 1934년, 중만 1935년, 남만 1936년.
중국은 W. WILMANNS, 『중국농업경제론(中国農業経済論)』, 와카바야시 도모야스(若林友康) 번역본에서 인용, 조사연도는 1934년.

토지소유상황(동북3성)

	남만		중만		북만		
	호수 (%)	소유면 적 (%)	호수 (%)	소유면 적 (%)	소유지 면적별	호수 (%)	소유면 적 (%)
대토지 소유자	4.2	40.4	0.2	3.0	100향 이상	2.9	50.0
중토지 소유자	14.7	35.8	16.7	65.8	50향 이상	3.1	16.6
소토지 소유자	15.4	13.7	17.5	22.6	20향 이상	8.1	21.3
영세토지 소유자	33.0	9.7	16.7	6.3	5향 이상	10.5	10.0
무소유자	32.5	-	48.7	2.3	5향 이상	12.5	2.1
					무소유자	63.2	-

긴도 야스오(近藤康男), 『만주농업경제론(満州農業経済論)』

경지소유상황(중국)

	소유호수(%)	소유경지면적(%)
5묘 이하	35.61	6.21
5~9.9	23.99	11.42
10~14.9	13.17	10.63
15~19.9	7.99	9.17
20~29.9	8.22	13.17
30~49.9	6.20	15.51
50~69.9	2.17	8.38
70~99.9	1.31	7.16
100~149.9	0.72	5.71
150~199.9	0.24	2.76
200~299.9	0.20	3.17
300~499.9	0.11	2.63
500~999.9	0.05	2.30
1,000묘 이상	0.02	1.75
합계	100.00	100.00

　　이러한 상태는 기존의 상업고리대금 자본이 토지를 소유하고 지방 산업에 깊이 뿌리를 내려 독자적 지방경제권을 형성하고 있던 만주에서 가장 전형적인 형태로 나타나, '일만지식량수급계획'에 커다란 위협이 되었다. 최초의 타격은 1939년 말 각종 통제법이 공포된 직후 대두, 고량, 밤, 옥수수 등 통제농산물의 격감이라는 형태로 나타났다. 만철을 통해 농산물을 파악하고자 한 정책도 생산지에서 직접 국내 소비지로, 혹은 경주마를 동원해 만리장성을 넘어

화베이로 운송함으로써 보기 좋게 실패하고 말았다.(요코야마 도시오橫山敏男, 『만주국의 농업정책満州国の農業政策』) 그리고 농사합작사에 의해 농산물 교역시장을 직접 파악해 양잔糧棧(지방도시에 점포와 창고를 갖추고 농촌의 곡물류를 집하하고 대도시로 출하하는 중개상)의 영향력을 배제하고자 한 정책이나 선전제先錢制로 농업자금의 교부 등을 통해 생산농민을 직접 파악하고자 한 정책도 이들의 강한 저항 때문에 결국 성공하지 못했다. 각종 통제법에 기초한 지령과 범위도 겨우 성省을 거쳐 현성県城 정도에 머물렀다. 이것은 식민지배의 당연한 결과였다.

농산물의 각종 통제계획도 처음부터 중대한 장애를 안고 있었다. 그것은 제국주의 침략자들이 그동안 의도적으로 온존시켜 온, 매우 봉건적인 토지소유와 이에 기초한 영세경영, 그리고 이들에 기생하는 토착 상업고리대금 자본의 존재였다.[타이완의 '토롱간土龍間', 동북3성의 '양잔糧棧' 등이 전형적인 예이다. 이들은 곡물 유통과 가공(정미, 제분, 착유, 양조 등)을 장악함으로써 농민을 착취하고 나아가 고리대부로 이들을 예속시켰다. 조선의 '마름(사음舍音)'도 원래 부재지주의 토지관리인이었는데 소작미 착취나 갈취를 통해 점차 이와 같은 성격을 띠게 되었다.]

동북3성 주요농산물 수출고(단위: 천 톤)

연차	대두	콩류 및 기타	수수	옥수수	조	잡곡 및 기타	두박	두유
1932	2,572.5	96.8	374.1	70.3	231.3	38.0	1,422.3	125.6
1933	2,365.4	92.5	155.1	71.3	169.5	35.2	1,075.8	78.7
1934	2,498.3	130.7	201.5	124.3	242.2	53.4	1,232.5	95.1
1935	1,766.2	160.1	71.7	33.2	105.3	28.8	1,023.6	89.4

연차	대두	콩류 및 기타	수수	옥수수	조	잡곡 및 기타	두박	두유
1936	1,968.0	143.2	186.0	118.7	160.9	30.4	848.3	67.1
1937	1,974.2	112.6	126.9	111.9	127.3	32.9	808.4	70.2
1938	2,164.8	139.3	216.1	222.3	163.3	27.3	869.2	57.2
1939	1,711.8	164.0	226.2	263.3	215.6	14.3	1,219.8	72.5
1940	451.2	73.3	37.6	44.1	43.9	-	400.3	18.3

일만농정연구회, 『만주농업요람』 강덕 7년 12월, 1940년은 3월까지

동북3성 주요농산물 생산고(단위: 천 톤)

연차	대두	콩류 및 기타	수수	조	옥수수	소맥	미	기타 잡곡
1932	4,267.8	277.6	3,729.3	2,615.3	1,541.8	1,133.0	247.1	1,550.3
1933	4,610.0	304.2	4,021.8	3,184.4	1,758.8	863.4	309.1	1,803.6
1934	3,398.3	277.4	3,469.5	2,123.4	1,502.5	643.1	325.9	1,046.0
1935	3,859.0	326.5	4,103.4	2,967.7	1,902.6	1,015.4	443.3	1,106.3
1936	4,147.2	430.7	4,240.7	3,187.3	2,072.0	959.0	597.6	1,093.1
1937	4,352.4	326.7	4,314.6	3,226.1	2,239.6	1,125.9	689.3	1,069.4
1938	4,624.9	365.3	4,803.0	3,726.5	2,602.5	904.1	723.0	1,410.9
1939	3,955.9	343.5	4,618.7	3,526.5	2,463.6	949.0	790.9	1,294.0
1940	3,799.2	377.5	4,739.3	3,897.5	3,070.7	870.6	647.6	1,370.0

동아경제간담회, 『동아경제요람(東亞経済要覽)』

　　이것들은 모두 농업기술과 생산력을 저급한 수준에 머무르게
하였고, 기상이변에 취약해 쉽게 흉년이 들어 자주 증산계획을 실
패하게 만든 요인이었다. '식량문제'를 직접적으로 발생시킨 계기를
제공한 조선의 대흉년(1939년)은 이러한 모순을 단적으로 보여주었

다. 미곡 생산의 증대보다도 지주 조직을 통한 수탈에 중점을 두어 온 종래의 정책은 생산농민의 궁핍(농민의 50%는 이른바 춘궁농민이었다.)과 맞물려 수리시설의 철저한 정비를 게을리 하였다. 그 결과 대가뭄으로 인한 피해가 심화되었다. 오로지 천연 강우에 의존하는 천답과 수리시설이 없는 전답 면적은 1935년 현재 전체 전답의 55%에 달했다.(『조선경제연보朝鮮経済年報』 1940년) 120만 석의 증산을 예정하고 있던 그 해의 증산계획은 그로 인해 1,000만 석의 감산이라는 황당한 '성과'를 내고 말았다.

조선·타이완미의 생산·수출량(단위: 천 톤)

5년평균(년)	조선미		타이완미	
	생산량	수출량	생산량	수출량
1912~16	12,302	1,389	4,643	808
1917~21	14,101	2,443	4,841	968
1922~26	14,501	4,376	5,809	1,700
1927~31	15,799	6,617	7,005	2,433
1932~36	17,003	8,735	9,016	4,378
1937	26,799		9,233	4,842
1938	24,138		9,816	4,877
1939	14,355	5,991	9,151	4,106
1940	21,527		7,901	2,956
1941	19,413		8,393	1,993
1942	24,886	5,775	8,198	1,927
1943	15,688	-	-	1,840

조선은 이노우에 하루마루(井晴丸), 『조선미 이출력의 기초적 검토(朝鮮米移出力の基礎的検討)』, 타이완은 마쓰노 다카시(松野孝), 『일태식량사(日台食糧史)』

신식민지 만주에서는 이와는 또 다른 사정이 작용했다. 그곳에서는 수확고의 40% 내지 60%에 달하는 현물 소작료와 식민지배라는 2중의 압박 때문에 지력地力이 끊임없이 저하되는 가운데, 대두, 고량, 밤의 3년 윤작 경영으로 겨우 버티고 있었다. 그런데 증산계획에 따른 작부의 강제와 가격 통제가 혼란을 초래하여 이러한 재생산 방식에 먼저 타격을 가했다. 여기에 이른바 '만주인플레이션'에 의한 협상가격차의 확대, 농업자재의 결핍이 맞물리면서 농업생산력의 파괴를 촉진시켰다. 또한 각종 통제법으로 상업자본의 활동을 제약했기 때문에 산업자본으로 전환될 수 있는 길목을 차단당한 토착자본은 토지 집중을 한층 강화함으로써 생산농민을 더욱 압박하였다. 이러한 필사적인 생산정책에도 불구하고 농업생산력 저하 경향과 자연경제화 경향은 막지 못했다.

기존의 식민지와 최신의 식민지를 관통하는 이러한 사정은 공업화의 진전에 따라 현지 수요량이 증대하자 필연적으로 일본으로 향하는 농산물 수출량의 감소로 이어졌다. 이처럼 태평양전쟁 직전에 이미 전쟁수행을 위한 물질적 기초는 붕괴되고 있었다.

제3절 중국지배의 교착

천황제 파시즘 지배체제의 모순과 일본 독점자본주의 전시경제의 모순이 필연적으로 태평양전쟁을 초래했다. 그리고 천황제 파시즘·독점자본의 위기를 구하기 위해 강화·확대된 식민지 침략에 따른 모순의 심화가 또한 태평양전쟁을 불가피하게 만들었다. 본 절에서는 태평양전쟁 직전의 중국 정세를 검토하고 일본제국주의가 처한 위기의 실체를 밝히고자 한다.

충칭重慶 정부의 동요

왕자오밍汪兆銘의 충칭 탈출(1938년 2월) 이후 일본은 그의 '평화운동'을 원조하면서 직접 국민당 내 투항파를 움직여 항일민족통일전선을 분열시키고 왕자오밍과 장제스 합작에 의한 친일정권을 만들어 항일세력, 특히 중국공산당을 절멸시키고 전 중국을 지배하고자 했다. 당시에는 이러한 일본제국주의자의 몽상이 실현될 가능성이 있다고 보았다.

국민정부의 공식발표에 의한 정규군의 손해(명)

연차	사망자	부상	계
1937	124,130	243,232	367,362
1938	249,613	485,804	735,417
1939	169,652	176,891	346,543
1940	339,530	333,838	673,368
계	882,925	1,239,765	2,122,690

7·7사변[루거우차오(盧溝橋) 사건]에서 우한 삼진 함락까지, 다만 포로와 행방불명자 제외

동일 기간 동안 일본군의 피해(명)

연차	사망자	부상	포로	계
1937	85,350	170,750	1,480	257,580
1938	148,134	296,756	2,859	447,749
1939	136,245	273,550	5,920	415,715
1940	114,426	229,191	3,070	346,687
계	484,155	970,247	13,329	1,467,731

China Hand Book 1937~1945, 300쪽

7·7사변(루거우차오盧溝橋 사건)에서 우한 삼진 함락에 이르는 기간 동안 국민당 군대의 주력은 대대적인 타격을 입었다. 중국의 방대한 인적 자원이 이러한 인원의 공백을 빠르게 보충할 가능성은 있었지만, 1940년까지 상황을 보자면 최초 전투부대의 100%에 해당하는 200만 명의 장병이 목숨을 잃었다. 또한 톈진, 베이징, 상하이, 한커우 등을 상실해 중국 공업의 90%를 잃었다.

국민당 정부는 충칭으로 이전한 후 항전능력을 회복하기 위해 경제통제를 강화했다. 그러나 결과는 관료독점자본의 집중·강화로 이어졌고, 이를 통해 국민당 지배집단인 4대 가문(장張, 쑹宋, 공孔, 천陳)의 배를 불렸을 뿐이었다. 오히려 중소기업과 농민이 느끼는 압박은 계속 늘어나 중국 공업의 대부분을 차지하는 중소기업의 발전을 저해해 저항능력을 저하시켰다. 1948년 3월 한커우에서 열린 국민당 임시전국대회는 "산업활동을 적절히 조절할 수 있도록 은행업무를 통제해야만 한다.", "간상배의 이익 독점과 투기를 금지하고 가격통제를 실시한다."는 내용을 결의했다. 그러나 항전기간 동안 충칭시의 은행(국영과 민영을 불문하고, 4대 가문과 기타 국민당 고위층이 지배하고 있었다.) 투자 상황을 보면 비생산적 상업투자가 농업, 광업, 공업 투자를 완전히 압도하고 있었다. 즉 상업과 농광공업의 투자비율은 1939년 89% 대 0.1%, 1940년 96% 대 3%, 1941년 89% 대 7%였다. 이는 오히려 국민당 지배층이 위에서 결정한 결의를 배반하고 투기와 독점에 집중했다는 것을 보여주고 있다. 또한 이 기간 '자유중국'(국민당지구)에서는 토지에 대한 투기가 고조되었다. 가령 정부의 근거지인 스촨성에서는 종종 "1개월 사이에 토지 주인이 8번이나 바뀌었다."(『신화일보新華日報』, 1942년 2월 2일)고 전한다. 그로 인해 지방에서는 농민의 토지 상실과 지주 특히 국민당 군 고관들의 토지 집중이 일반화하였다. 스촨성의 지주소유지는 1937~1941년 사이에 70%나 증가했고, 피점령지구에서는 피난민의 유입, 인구 급증 등이 맞물려 소작료가 인상되었다.(陳伯達, 『중국 4대가족中国四大家族』) 또한 정부의 주요 재원인 토지세를 보면 스촨성에서는 평균 수확의 59.5%까지 올라갔다. 이것은 장군들이 대일 '항전'을 명목으로 임의 징발한 결과 때문인데, 이러한 징세는 당연히 농민생활을 위협했다. 이처럼 전쟁의 피해로부터 완전히 자유로웠던 '자유중국'에서조차 농업생산량이 1941년 이래 전전 시기 이하로 떨어졌다.(China Hand Book 1937~1945) 그 결과 충칭 정부는 주로 농민의 희생을 담보로 외국의 원조를 얻어 항전의 기반으로 삼았다. 가령 정부 무역위원회는 '수출증진=외화획득=전력 증강'이라는 목표 아래 각종 수출물자의 공출을 강제하였다. 또 나중에는 식염, 설탕, 연료 등 기타 광범위한 물자에까지 전매제를 실시했다. 그 가운데 가을누에秋蠶의 유통가격과 정부의 구매가 간의 차액은 1938년 300위안, 1939년 1580위안, 1940년 2,050위안에 달했다. 찻잎과 면포 등도 생산원가 이하로 수매하였다. 이처럼 농민과 기타 생산자의 희생을 바탕으로, 공업부문은 외국 특히 미국의 경제적 기술원조에 힘입어 약간의 회복세를 보였다. 즉 1938년의 공업생산량을 100으로 볼 때 1939년의 공업생산량은 130, 1940년에는 186으로 상승했다.(China Hand Book) 그러나 민중 생활의 악화로 항전에 대한 적극적 의욕은 기대할 수 없었다. 이에 정부는 점점 더 외국에 의존하게 되었다.

그런데 국민당 지배자가 생명줄로 여겼던 외국의 원조도 낙관할 수 없었다. 영국은 독일의 급속한 진격에 고심하면서 아시아에서 대일유화정책을 유지했다. 1939년 7월 영국은 '아리타-크레이기 협정'(일본의 아리타有田 외무대신과 주일영국대사 크레이기Craigie 간에 체결된 협정, 일본의 중국침략을 영국이 묵인한다는 내용)에 따라 "중국의 사태를 확인한다"는 성명을 발표하고 "일본과 중국의 화해에 찬성한다"(Herbert P. Bix, 『태평양전쟁전사太平洋戦争前史』 상권)고 밝혔다. 이것은 일본의 유화공작을 영국이 측면에서 원조한 셈이다. 이듬해 7월 영국은 일본의 압력에 굴복해 미얀마 루트의 기한부 폐쇄에 동의했다. 이 루트는 당시 매월 평균 자동차로 1,000톤, 우마차로 9,000톤의 물자가 이동하던 길로서 1939년 금액으로 3,109만 2,338루블의 물동량에 달했다. 같은 해 9월에는 프랑스가 독일에 항복하자, 이에 편승한 일본군이 베트남을 침략한 뒤 베트남 루트를 폐쇄했다. 연해의 여러 항구를 상실한 후 중국의 군수와 공업필수품의 98%는 미얀마 루트, 베트남 루트, 인도=윈난 루트에 의존하고 있었으므로 상기 2개 루트의 폐쇄조치가 충칭 정부의 항전능력에 미친 영향은 결코 적지 않았다. 또한 장제스의 최대 지원자인 미국의 지배층은 일본의 침략 확대로 인해 중국에서 미국의 권익이 침해받지 않을까 걱정하며 일본과 대립하였다. 이에 1940년 7월 미국은 일·미통상조약 폐기를 통고하고 이어서 9월에는 일본에 대한 고철 금수조치를 발표하고 충칭에 대한 원조차관을 늘렸다. 그러나 다른 한편으로 미국은 일본을 여전히 '아시아에서 공산주의에 대한 효과적 장벽'(Herbert P. Bix, 앞의 책)으로 유지하려고 피했다. 결국 소련과 중국민족해방운동에 대한 일본의 공격을 어느 정도 기대하고 있었던 것이다. 이러한 미국의 기대는 1941년 봄 이루어진 '노무라野村-헐Hull 회담'에서 노골적으로 드러났다. 당시 미국은 만주국과 일본군의 중국 주둔을 승인하고 충칭 정부에 대해 대일협력을 종용하고자 했다. 따라서 미국은 일·미 간의 '위기를 부를지도 모를 대일 제재의 행사를 지양'(Herbert P. Bix, 앞의 책)하고, 조약 폐기 후에도 항공기 공격수단의 금수조치 적용범위 확대 제외, 실효 이전과 거의 마찬가지의 대일무역 허용 등을 용인했다. 1939~1940년 미국의 대일 석유, 고철 수출은 기록적으로 증가했다. 1940년 대일수출 물자는 2억 63만 8,000달러에 달했다. 이것은 1937~1941년 사이 미국이 제공한 중국차관 1억 7,000만 달러를 능가하는 금액이었다. 이러한 안팎의 불리한 정세로 인해 충칭 정부 안에서는 강화는 곧 투항이라는 주장이 고개를 들었다. 난징대사관 정보부 보고 역시 1940년 7월 미얀마 루트 폐쇄 당시 충칭의 강화 기운이 고조되어 같은 달 열린 국민당 제5차 중앙집행부 7차 전당대회에서 강화가 항전을 의미하는가를 둘러싸고 활발한 논의가 이루어졌다고 전한다. 이러한 동요는 결국 1939년 말부터 1940년 가을에 걸쳐 화베이, 화중 해방구에 대한 국민당군의 군사적 공격, 정부의 반공한공정책反共限共政策 강화, 항일민족통일전선의 위기 등으로 나타났다. 그러나 일본제국주의는 이러한 항일통일전선의 위기를 포착하는 데 실패했다. 장제스는 항일에 필요한 적극적 동원을 게을리 하고 반공한공정책을 강화하면서도 항전의지는 여전히 고집했다. 일본이 장제스를 끌어들이는 데 실패한 객관적 요인은 다음과 같다. 일본의 요구가 지나쳤고(『일화기본조약』 참조), 일본이 미국, 영국과 충분히 타협하지 않은 가운데 친미파가 좌지우지하던 국민당 전체를 움직이는 데 실패했다. 그리고 소련을 통한 원조가 강화되고, 10월부터 미얀마 루트가 재개된 것도 실패 요인 중 하나이다. 그러나 장제스를 항일진영에 머무르게 한 결정적 요인은 중공을 중심으로 한 항일세력의 강고한 발전 때문이었다. 우한 함락 이후 장제스는 직접 중앙군을 스촨, 윈난, 구이저우 등 오지로 후퇴시켜 일본군과의 교전을 피하고, 오로지 군대의 재편에만 힘썼다. 그리고 그는 "일본군과의 교전에서 공산군과 잡군(지방군벌)을 항상 선봉에 세움으로써 일본군을 괴롭히는 한편 그들의 힘을 약화시키고, 자신의 군대를 보존하는 정책"(『충칭근정』)을 취했다.

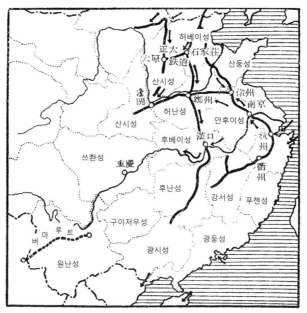

중일전쟁 중기의 중국지도[본문참조, 백단대전(百團大戰)의 전장은 허베이, 하서, 산시, 차하얼, 허난 등 화베이 5개 성에 걸쳤다.]

내란위기의 회피

이러한 상황에서 국민정부군 대신 8로군(화베이, 이하 팔로군), 신4군(화중)과 기타 중공계 부대가 항일전쟁의 주도권을 잡기 시작했다.

화베이에서는 1938년 말까지 일본군이 국부군의 정규군을 거의 소탕했다. 국부군 주력은 황하를 넘어 퇴각하든가 일본군 후방에 고립되었다. 그리고 나중에 이들 대부분은 괴뢰군에 흡수되고 말았다. 그 후 이 지방에서 저항은 주로 1937년 9월 주더朱德 총사령관의 지휘 아래 산시성 황토지대 서쪽에서 황하에 걸쳐 일본군 후방으로 들어온 115사단(산시, 차히얼, 허베이성 경계), 110사단(산시성 북부), 129사단(산시성 남부)에 속한 3만 명에 달하는 팔로군이 맡았다. 10만 일본군에 대항하기 위해 이들은 주력군과의 대규모 전투를 피하고 병력을 분산해 각지에서 발생한 노동자, 농민, 학생, 자유주의자들의 분산적 저항조직과 연계해 이들을 강력한 유격부대로 육성함으로써 광대한 영토에 분산된 일본주둔군과 길게 늘어진 보급선에 대한 습격에 주력했다. 처음에 일본의 육군은 이러한 게릴라전을 깔보았다. 적진의 후방에서 보급기지 없이 약소한 게릴라 부대가 대규모로 성장할 가능성은 일본군의 전술상식을 넘어서는 것이었다. 장제스와의 오랜 내전을 통해 단련된 팔로군은 이러한 일본군의 방심을 틈타 교묘한 전술과 인민과의 강고한 연대를 통해 각지에 근거지를 만드는 데 성공했고 이를 기초로 발전을 거듭했다.

백단대전(百團大戰)의 인민해방군(1940년 가을) 팔로군 지도부의 모습(1938년), 펑더화이(왼쪽에서 두 번째), 주더(가운데), 덩샤오핑(맨 오른쪽)

그리고 1939년 이후 야마시타 도모유키山下奉文 중장과 구와키桑木 사단장이 주장한 '봉쇄', '분할', '소탕' 3자 병용전술을 연쇄적으로 분쇄해 나가며 화베이와 화중에서 많은 해방구를 만들어냈다. 1940년 가을 팔로군은 정규군 54만 명, 신4군 10만 명, 민병

200만 명의 대규모 병력으로 발전했다.(주더, 『해방구의 전선에서解放区の戦線について』, 1945년 4월, 중공7전대회 군사보고) 팔로군 지배지구(변구 혹은 해방구)의 총인구는 4,000만 명에 달했고 괴뢰정권·화베이정무위원회 지배 아래 있던 339개 현에 필적하는 334개 현에서 인민의 보통선거를 통해 지금의 정부를 수립했다. 이렇게 해서 일본군은 화베이를 북에서 남으로 관통하는 3개의 철도와 동에서 서로 달리는 철도의 교차지역에 발이 묶이고 말았다. 그리고 1940년 8월 이른바 백단대전百團大戰에서 팔로군은 115단(연대), 40만 명의 병력을 동원해 약 50개 지역을 일제히 공격했다. 이 전투는 약 3개월 동안 지속되었다. 그 결과 일본군 약 2만 명과 괴뢰군 5,000명이 죽거나 부상을 당했고 각각 280명과 1만 8,000명의 포로가 발생했다. 또 장태庄太철도(스자좡石家庄~타이위안太原), 베이징=한커우철도 등 총 1,000리, 자동차 도로 3,000리가 파괴되었다. 팔로군 사상자도 2만 2,000명에 달했다. 이 전투는 중일전쟁이 시작된 이래 최대의 격전이었고 일본군에 막대한 충격을 가했다. 1941년 1월 도조 육군대신은 귀족원과 중의원 양원에서 다음과 같이 말했다. "1940년 충칭重慶 방면의 적들이 보인 항전은 작전이 매우 소극적이란 특징을 보인다. 지금까지 주력군에 대한 반격은 없었다. 다만 공산당 무리들이 작년 8월 화베이에서 대규모 공격을 가해왔다. 이것과 비교할 때 장제스의 직계 및 방계 부대는 항상 수세적 태도를 취하고 있다." 그 결과 종래 팔로군을 경시하던 일본군도 이 전투에서 "처음으로 공포를 느꼈다."(『북지중공군현세北支中共軍現勢』). 이듬해 화베이군 최고사령관인 다다 슌多田峻을 면직시키고 오카무라 야스지岡村寧次를 임명하여 주력을 팔로군과의 전투에 집중하도록 했다. 화중에서는 대장정 당시 장시, 푸젠에 머무르고 있던 국민당과 싸운 샹잉項英 휘하 5,000명의 중공군 장병을 중심으로, 일본에 점령당한 여러 지역에서 온 학생과 노동자들이 창과 도끼, 수류탄 등을 가지고 와 기존의 농민자위대원 등을 포함한 1만 5,000명의 신4군이 저항의 핵심이 되었다. 한커우 함락 후 국민당군은 이 지역에서 대부분 철수하였다. 일본군은 주요 도시, 철로, 철도를 점령하고 각지에 지주들의 친일지방정권을 수립해 점령지를 유지했다. 이 지방은 제국주의적 권익이 집중된 이른바 심장부였으며 동시에 국민당 4대 가문의 가장 중요한 기반이었다. 그로 인해 국공합작 성립 이후에도 장제스는 이 지방에 중공군 세력이 들어오는 것을 두려워해 이들에 대한 압박을 서슴지 않았다. 그러나 일본군의 급속한 진격과 국민정부군의 패배가 이어지자, 장제스는 1938년 4월 '독으로 독을 제압한다'는 견지에서 구 중공군의 신4군 재편과 양쯔강의 남북 강변에서 제한된 게릴라전의 수행을 인정했다. 그 후 이들은 소규모이지만 부단히 게릴라전을 통해 여러 지역에서 분산적으로 일본주둔군과 보급선을 위협했다. 에드가 스노우의 『아시아의 해방アジアの解放』에 따르면 신4군은 "어느 주나 어느 날이든 매일 평균 30명 이상의 일본군을 살상했다."고 전한다. 이렇게 신4군이 이 지역에 들어오기 전까지 일본군은 3개 연대로 이 지역 민중을 통치할 수 있었다. 그러나 1940년 주둔군의 3개 사단을 증강해야만 했다. 그리고 연말에 신4군은 장쑤, 안후이 양 지역에서 총 면적의 약 1/3에 달하는 인구 1,300만 명 지역을 회복하며 병력을 10만 명 수준으로 확대하였다. 따라서 일본군은 당시 난징 근교에서 엄중한 호위대 없이는 한 발짝도 움직일 수 없는 형편이었다. 난징만 해도 7,000명의 방위부대가 필요했다. 이렇게 일본군은 전쟁의 초기 단계에서 획득한 군사적 승리를 정치적·경제적으로 굳히지 못한 채 중국 오지로의 진격을 차단당하고 있었다.

이처럼 팔로군과 신4군을 중심으로 한 항일세력의 발전은 중국의 통일적 지배를 겨냥한 국민당 지배층의 위기감을 증폭시킴으로써, 대일항전에서 반공내전으로 전환하려는 친일파의 음모가 활발해졌다. 특히 신4군의 화중 진출은 장제스의 간담을 서늘케 하였다. 그는 신4군이 발전함에 따라 군사원조를 점차 삭감하거나 중지시켰다. 그리고 모병구역도 제한하고, 유격전에 반드시 필요한(인민의 지원을 얻기 위해) 정치·경제적 개혁 실시를 방해하였다. 신4군이 현성縣城(현정의 중심도시)을 회복하자 국민당은 곧바로 전쟁 이전의 당부행정黨部行政을 통한 일당독재를 부활시키고, 보통선거를 통한 인민위원회와 대의제정부의 창설을 방해하거나 소작료 감면운동을 방해했다. 이러한 장제스 일파의 압박에 대해 샹잉 등 신4군의 일부는 국공합작의 분열이 두려워 민중의 동원과 해방구 확대를 주저했다. 이 틈을 비집고 1940년 봄 이후 국민정부가 안후이성에서 리쭝런李宗仁 등의 지휘 아래 신4군을 상대로 종종 대규모 무력 공격을 가하기 시작했다. 그리고 1940년 10월 충칭군사위원회는 신4군과 팔로군이 명령을 무시하고 (당시 일본군이 점령 중이던) 난징, 상하이, 항저우 델타 지역에서 근거지를 마련하려고 했다는 이유를 들어, 황하 이남의 팔로군과 신4군을 모두 황하 이북으로 이동하도록 명령했다. 이에 안후이성 남부에 있던 신4군 부대 9,000여 명이 명령에 따라 북쪽으로 이동하자 국민정부의 허잉친何應欽은 이 부대가 '반란'을 일으키려 했다며 1941년 1월 대군을 동원해 습격했다. 이른바 '신4군사건'(환남사건皖南事件)으로 알려진 이 사건으로 인해 신4군 사령관 예팅葉挺이 체포되고, 부사령관인 샹잉을 포함해 부대 전체가 거의 전멸하다시피 했다. 이 사건으로 인해 반공투쟁이 반공내전으로 전환될 가능성이 높아졌다. 이렇게 설마 했던 부분적 내전이 전국적으로 확대된 결과야말로 일본이 추진해 온 유화공작의 궁극적 목표였다. 당시 일본군은 '안후이성 남부의 공산당 토벌 완성'이라는 슬로건을 내걸고 대거 이청宜城과 진탄金檀 부근의 신4군을 공격하였고, 왕자오밍은 난징에서 경축대회를 열어 장제스의 공산당 토벌을 칭찬하였다. 이 사건 이후 중공 측에서는 사건의 배후에 일본군 스파이의 술수가 있다고 지적했는데(『모택동 선집毛澤東選集』 제5권), 1941년 6월 28일 『기도일기木戶日記』에 다음과 같은 내용이 적혀 있는 것으로 보아 이러한 지적은 타당한 것 같다. "도조 육군대신이 폐하를 배알한 후 내실하여 다음 사건들에 대해 설명하였다. … 1. 옌시산閻錫山 공작, 리쭝런·바이충시白崇禧에 대한 공작 이후의 상황 …". 당시 옌시산은 화베이, 리쭝런과 바이충시는 화중 지역에서 해방구를 상대로 각각 반공적 공세를 취하고 있었다. 그러나 일본의 이러한 기도는 전면적인 성공으로 이어지지 못했고, 국공 양측은 내전 확대의 위기를 면했다. 왜냐하면 팔로군과 신4군의 영웅적 항전이야말로 초기 패전으로 인한 중국 국민의 자신감과 용기를 북돋아 주었고 마침내 인민들을 항일의 길로 결집시켰기 때문이다. 따라서 신4군 사건이 일어나자 전국적으로 국민정부에 대한 비난이 쏟아졌다. 국민당 내에서도 쑹칭링宋慶齡, 허샹닝何香凝, 펑저민彭澤民 등이 장제스에게 항의문을 보냈다. 자유주의 성향의 지식인, 실업가 등은 '중국민주정단政團동맹'(후에 중국민주동맹)을 조직하고 국민당 지도부를 격렬히 비판했다. 이렇게 반공적 공세를 지속하고 항일전을 포기한다면 장제스는 점점 더 고립을 피할 수 없었다. 이 사건 이후 장제스가 일시적으로 반공 공세를 완화함으로써 일본에 굴복하여 전국적 규모의 내전에 빠져 들 위험이 완전히 해소되었다.

점령지의 경제적 위기

이렇게 중일전쟁의 조기 해결 전망이 어두워지자 일본은 장기간에 걸쳐 방대한 물적, 인적 자원을 전쟁수행에 쏟아 부을 수밖에 없었다. 이에 새로운 전시체제를 확립해야만 했다. 유럽에서 독일군의 전격적인 공격과 영국과 프랑스의 패퇴가 새로운 정책 결정의 계기가 되었다. 제2차 고노에 내각의 『기본국책요강』, 『세계정세의 추이에 따른 시국처리요강』이 남진정책과 그에 상응하는 대중국정책의 기본방침을 결정했다는 것은 앞에서 설명하였다. 이후 남진에 필요한 군사적, 경제적 기지로서 중국을 확보하려는 일련의 노력이 이어졌다. 이를 위해 군사적으로는 항일세력의 중심으로 발전하고 있는 팔로군과 신4군에 대해 집중공격을 가하는 한편, 일본의 대륙침략에 반발하는 중국 민중의 강력한 반감을 완화시키고 영국과 미국의 제국주의에 맞서 함께 협력하여 남진을 추진해야 하는 정치적 조치를 취해야만 했다.

난징에서 일화(日華)기본조약에 조인하는 아난(阿南) 대사(오른쪽)와 왕자오밍 주석(1940년 11월 30일)

1940년 11월 난징 정부 승인과 '일만화 공동선언日滿華共同宣言'(11월 30일 조인)은 이러한 일본의 의도를 단적으로 보여준다. 이 공동선언은 "동아시아에서 도의에 기초해 새로운 질서를 건설하고자 하는 공동의 이상 아래 선린으로서 긴밀하게 상호 제휴하여 동아시아의 항구평화를 위한 추축을 형성"하는 것이 그 목적이라고 밝혔다. 그리고 "상호 주권과 영토의 존중, 호혜를 기조로 한 일반의 제휴, 중국에 대한 선린우호, 공동 방공防共, 경제적 제휴의 결실을 거둔다."는 점을 강조하였다. 이것은 '대동아공영권'의 이상으로서 선전되었는데 일본의 전쟁목적을 합리화시키려는 이 '선언'의 진정한 의도는 중국 및 남방의 여러 지역에 대한 일본제국주의의 침략 의도를 영미 제국주의를 비판하는 것으로 기만하면서, 이 침략전쟁에 아시아의 여러 민족을 동원하려는 것이었다. 난징 정부의 승인을 결의한 11월 13일 어전회의에서 고노에 수상은 "그들의 정치력을 강력하게 배양해 우리의 사변 수행에 협조하도록 함으로써 어디까지나 사변의 완수를 기할 수 있는 길을 열어 둘 필요가 있다고 생각한다."며 그 속내를 드러냈다. 그러므로 '일만화 공동선언'과 동시에 조인된 '일화日華기본조약'은 만주국의 승인, 몽강蒙彊(내몽골)과 화베이 3성의 일본군 주둔, 하이난섬海南島과 화난 연안 특정 지점의 선박부대 주둔, 이들 지역에서 국방상 필요한 자원의 개발과 이용 승인 등 공동선언의 '영토와 주권 존중'이라는 정신을 완전히 무시하고 중국을 남진의 기지로서 반영구적으로 확보하고 지배하려는 의도를 노골적으로 드러낸 것이다. 이는 도리어 중국 민중의 거센 분노를 사고 말았다.

그리고 남진과 결부된 3국동맹의 체결과 난징 정부의 승인이 일본과 영미 사이의 마찰을 격화시킴에 따라 장제스 일파에 대한 회유공작은 더욱 더 곤란해졌고, 전체적으로 이후 충칭 정부 내 투항파와 친일파 세력도 약화되었다. 이로써 일본은, 남진을 겨냥해 수립한 신정책이 남진의 전제였던 '중일전쟁의 신속한 해결'을 더욱 곤란하게 만드는 딜레마에 빠졌다. 그 결과 일본 정부는 난징의 괴뢰정권 강화와 점령지역의 확보, 그리고 경제자원의 개발과 탈취에 주력했다. 또한 충칭지구, 해방지구의 항전세력을 약화시키기 위한 경제봉쇄를 강행했다. 또 흥아원이 관할하는 각종 통제회사를 설치했다. 국방자원의 효과적인 탈취를 위해 점령지의 경제 통제를 강화한 것이다. 그러나 일본과 난징 정부의 지배지역이 소비적 성격이 강한 대도시와 그 주변으로 제한되었다는 점, 약탈이나 다름없는 헐값으로 물자를 수탈하고 비싼 가격으로 되파는 식의 '통제' 때문에 점령지에서 생산이 급속히 저하되었다는 점, 그리고 중요물자의 엄격한 통제에도 불구하고 봉쇄를 뚫고 충칭지구와 해방구로 물자가 흘러들어갔다는 점 등이 통제강화를 방해하였다. 이와 반대로, 일본이 오지에서 식량이나 원료를 사들이려 해도 현지의 봉쇄조치로 인해 지장이 생기자 점령지의 경제적 위기가 심화되었다. 결국 1943년 6월 도조 총리대신과 만난 난징 정부의 특사인 추민이褚民誼조차도 "조약 등의 약속은 무시되었다. 통일은 저해되었고 무익한 압박과 착취는 계속되었다. 기쁨과 슬픔을 함께 하자고 했지만 고통은 항상 중국의 몫이었다."는 불만을 토로할 지경이었다. 또한 같은 해 9월 히라누마와 아리타의 두 특사가 천공보陳公博과 저우포하이周佛海를 만났는데, 이들이 "상하이의 경제는 1년 안에 파산에 직면할 것이다.", "반년 안에 경제가 완전히 붕괴될 것"이라며 울먹이는 상황이 벌어졌다. 이처럼 일본과 난징 정부의 정치적 실패와 달리 중공을 중심으로 한 항일세력은 저항을 통해 착실히 실력을 쌓아가며 반격체제를 갖추어 나갔다.

팔로군과 해방구의 강화

남진정책을 결정한 이후 일본군은 팔로군의 진출로 위협받게 된 화베이 지방의 전면적 확보를 위해 화베이 지역으로 대규모 병력을 집중시키고 주력 부대를 동원해 대대적인 소탕작전을 시작했다. 1940년 이후 화베이파견군 최고사령관 오카무라 야스지岡村寧次는 민중의 저항의지를 꺾고 팔로군의 기반을 뿌리 뽑기 위해 다양하고 강력한 새로운 전술을 채택했다. '철조망포위', '감옥전술', '머리빗청소', '말발굽형 포위', '비늘형 포위진' 등으로 불린 새로운 전술에 대해 미국 기자 잭 벨든Jack Belden은 다음과 같이 기록했다.

"감옥전술이란 중국군을 작은 지역으로 몰아넣은 뒤 일본군이 십자형 대오를 만들어 수시로 공격하는 것인데, 마치 감옥에 갇힌 형국의 적군을 모두 사살하기 위해 만든 전법이다. 일본군은 이 전술을 통해 도시를 감옥의 열쇠로 이용했다. 철도 선로와 도로를 따라 너비 20척, 깊이는 일반 참호 정도의 도랑을 파고, 공격하려는 지역 주변에 도로와 전답을 횡으로 가로질러 벽을 쌓았다. 이 장벽은 길이도 길었고 여러 개가 설치되었다. 추정건대 이것을 모두 이으면 지구를 한 바퀴 반 정도 돌 정도의 길이다. 이것을 과장이라고 생각하는 사람이 있다면 내가 직접 본 사실을 증언할 자신이 있다. 나는 평원을 가로지르며 서 있는 실로 수많은 토치카와 도랑, 그리고 토벽을 직접 목격했다. 그 한가운데에 중국이 존재한다는 것은 좀처럼 상상하기 힘든 일이다. 토벽이 완성되자 일본군은 이제 철도 선로를 따라 도로를 만들고 모든 도로를 따라 울타리를 설치했다. 그 후 그들은 마치 두부를 자르듯이 그 구역을 구석구석 나누어 중국군이 행동할 수 있는 10척 이상의 지역을 모두 없애버렸다."(Jack Belden, 『중국이 세계를 뒤흔든다中国は世界をゆるがす』 상권)

이 전술을 수행하는 데 동원된 병력은 1941~1942년의 경우 그 이전의 2년보다 2배나 많은 83만 4,000명에 달했다. 그리고 1,000명 이상의 병력이 동원된 공격은 그 이전의 2년보다 약 2배나 많은 174회에 달했다. 종종 한 차례 공격에 거의 10만 명이나 되는 대군을 동원하기도 했고, 작전 기간은 3~4개월이나 지속되었다. 또 이 소탕작전 수행과 동시에 '치안강화운동' 슬로건을 내걸고 화베이를 다음의 3개 지구로 나누었다. 치안구(일본점령구), 준치안구(적군과 아군이 쟁탈을 벌이는 유격구), 비치안구(팔로군이 점령한 해방구). '치안구'에 대해서는 지주와 부농을 중심으로 유지회를 조직하고 반일적 요소에 대한 스파이 정책을 강화했다. 아울러 중학교와 소학교 학생을 대상으로 한 일본어 교육, '대동아신질서건설'의 사상 선전을 통한 '양민화' 정책을 추진했다. '준치안구'에서는 강압과 회유의 양면책을 사용했다. 주로 충성의 표시로 노역과 식량을 제공하도록 강제하고 종종 주민을 치안구로 강제 이주시키기도 했다. 즉 이 지구를 무인지구로 만들어 적군의 게릴라 활동을 차단한 것이다. '비치안구'에서는 토벌전에 주력했는데 삼광정책三光政策, 즉 소광燒光(모두 불태우고), 살광殺光(모두 죽이고), 창광槍光(모두 빼앗는다)으로 알려진 잔혹한 작전을 벌이며 독가스와 세균을 사용해 항전의지를 꺾으려 했다. 초기 일본군의 공산토벌은 큰 효과를 거두었다. 특히 1941~1942년에 걸쳐 화베이 전 지역에 지독한 가뭄과 기근이 확산되었는데, 허난성의 경우 아사자가 200~300만 명에 달했다. 팔로군이나 농민들은 문자 그대로 "초근목피로 싸움을 계속해야만 했다."(주더, 중공7전대회 군사보고). 이렇게 어려운 가운데 독·소전쟁의 개시, 그리고 연이은 태평양 전쟁의 발발, 초기 독일과 일본의 진격으로 인해 충칭에서는 재차 "항전에 대한 비관적 전망이 확산되었다."(『충칭근황重京近況』) 장제스는 오로지 중앙군의 온

존만 생각했고, 중공군에 대해 어떠한 군사적, 경제적 원조도 하지 않았다. 오히려 해방구에 대한 포위 내지 봉쇄체제를 강화했다. 이 기간에 국부군은 사오닝紹興, 닝보寧波, 평화奉化, 푸저우福州, 취저우衢州, 원저우溫州 등의 요충지를 차례로 잃었다. 또 1941년 7월에는 저장성과 장시성 사이의 모든 지역을 일본군에게 내주었고, 고위 장교들에 이끌려 수많은 병사들이 투항하여 왕자오밍 괴뢰군은 강화되었다. 이렇게 팔로군과 신4군, 기타 중공계 부대는 이 시기 중국 내 일본군 36.5개 사단, 116만 8,000명의 약 60%와, 친일 괴뢰군의 90%와 싸워야만 했다. 이처럼 항전 이래 '최대의 곤경'에 처한 가운데 오랜 전투로 인해 1942년 말 화베이 해방구 인구는 2,500만 명으로 줄고, 팔로군 병력은 30만 명으로 줄어들었다.(주더, 위의 보고) 그러나 팔로군은 그 사이 자국 인민과의 결합, 즉 군민일체화를 통해 곤경에 대처해 나갔다. "좋은 공산당원은 좋은 생산자"라는 슬로건 아래 병력의 축소를 보강하기 위해 정예주의를 내세워 질적 향상을 꾀한 '생산자급운동', 행정기구의 간소화, 능률향상을 위한 '정병간정운동精兵簡政運動'을 확대하여 인민의 부담을 경감하였다. 가령 산시성 국민당 정부의 재정국 간부는 250명이나 되지만, 진지루위晉冀魯豫변구(산시, 허베이, 산둥, 허난성을 포함한 화베이지역에서 가장 큰 해방구)의 재정국 간부는 16명에 불과했다. 이들은 말을 타고 이불을 메고 농촌을 돌아다녔는데, 이 무렵 이들의 봉급은 당원과 병사 모두 절반으로 줄였다. 1일 25온스의 곡물과 3.5센트의 부식비, 월 3센트의 수당이 전부였다. "간부들은 가장 가난한 농민보다 형편없는 음식을 먹었다."고 전한다.(Jack Belden, 앞의 책) 이처럼 인민의 부담을 경감하는 것과 병행하여 인민의 조직화, 상호부조운동을 통한 농업생산력의 발전, 군대와 정부로부터 일시적으로 파견된 병사와 간부를 지도자로 한 대규모 메뚜기 퇴치 사업, 강둑 쌓기와 우물 파기를 통한 재해구제운동이 전개되었다.

중국 측이 발표한 중국 내 일본군 병력

연차	사단 수	병력 수(명)
1937	26	832,000
1938	30.5	976,000
1939	35	1,120,000
1940	35	1,120,000
1941	36.5	1,168,000
1942	42.5	1,360,000
1943	57.5	1,840,000
1944	58	1,856,000

China Hand Book 1937~1945

또한 방대한 인민을 항전에 결집시키기 위해 감조감식운동(소작료 및 이자 인하 운동)이 벌어졌고, 이에 모든 항일세력을 결집한 통일전선정부가 각지에 수립되었다. 이렇게 해서 중국공산당과 팔로군은 이 어려운 시기에 권위를 강화하면서 인민들로부터 전에 없는 지지를 받게 되었다. 가령 1941년 6월 독·소전의 개시와 독일군의 진격, 일본군의 소탕작전이 진행되는 가운데 베이징의 연경대학 졸업생 가운데 70%가 중공지구로, 20%가 충칭으로 탈출하였고, 가장 무능한 나머지 10%가 일본점령지구에 머물렀다는 사실(『북지중공군현세』, 1942년 5월)이 이러한 상황을 단적으로 보여준다.

이러한 중국공산당과 팔로군의 정치적 성공은 군사적으로도 새롭고 유효한 전술의 실행을 가능케 하였다. 이 시기 팔로군의 정규부대가 감소했음에도 불구하고 민병대는 크게 늘었다는 사실은 전 인민의 무장화가 진전되었다는 것을 보여준다. 이런 가운데 팔로군은 일본군이 진격하자마자 이를 우회하여 일본군이 있던 곳으로 다시 침투해 철도 주변과 병영을 습격하는 새로운 전술을 창안했다.(주더, 앞의 보고) 이들은 일본군이 토벌전을 개시한다는 정보를 곧바로 입수할 수 있었다. 왜냐하면 "거의 모든 농민이 스파이다. … 가령 농부가 경작할 때 휘두르는 낫의 방향과 높이 등으로 … 혹은 종을 울리거나 표식으로 혹은 횃불 등으로 일본군의 동향과 방향이 정확하고 신속하게 전달되었다."(『북지중공군형세』) 그리고 일본군의 공격 대상이 된 지역 주민은 '견벽청야堅壁淸野'라는 이름으로 알려진 자위방법을 취했다. 공격에 앞서 우물, 가구, 곡물과 기타 일체의 중요물자를 파묻고 주민들이 한 명도 빠짐없이 자취를 감추어 일본군의 현지조달을 원천봉쇄했다. 가령 일본군이 인구 1만 명의 진평晉平이라는 도시를 점령하였을 때 주민이 단 한 명도 없었다고 한다.(위와 같음) 작은 촌락까지 이 방법을 철저히 시행하였다. 그리고 농민들은 도로와 전답에 무수히 많은 사제 지뢰를 묻어두었다. 손으로 만든 이 지뢰들은 호박이나 돌을 파내고 화약을 채워 넣은, 다소 원시적인 무기였지만 역설적으로 지뢰탐지기에 발각되지 않았다. 또한 엽총이나 일본군에게 빼앗은 38구경 총으로 무장한 민병대의 저격수가 산이나 터널에 매복하곤 했다. 이들은 통나무를 긁어내고 금속이나 전화선으로 감싼 수제 대포도 만들었다. 부서진 항아리나 프라이팬, 유리나 돌로 만든 장약으로 이것을 발사했다. 보통 팔로군 정규부대는 모습을 감추고 분산 배치되었다가, 일본군이 깊숙이 진격해 오면 측후방으로 돌아가 적의 근거지를 탈환했다. 이들은 일본군이 지치고 분산되었을 때를 노려 우세한 병력을 이용해 집중 공격했다. 일본군의 후방에서도 '치안 강화운동'에 맞서 '무장공작대'가 조직되었다. 이들은 소부대에 타격을 가하고 비밀리에 항일정권과 항일조직을 확대해 나갔다. 종종 괴뢰정권 간부들 내부에도 이러한 세력을 확대해 나갔다. 그로 인해 '치안지구'에서조차 일본군은 철도 및 자동차 도로 파괴가 그치지 않아 골머리를 앓았다.

농민들은 자기 집 밑에 터널을 파두었고 이웃 마을의 터널과 연결했다. 이러한 지하 미로는 종종 수백 개의 마을을 이어주었다. 또한 마을 주변에는 사방팔방으로 참호만큼이나 깊고 화차가 지나갈 정도로 폭이 넓은 도랑을 파서 일본군 기병, 자동차, 장갑차 등 쾌속부대의 기동전을 방해했다. 1941년 기중작전冀中作戰에서 북지군이 평원 근거지를 포위해 탈취했을 때, "중공군이 거의 한 명도 보이지 않아 놀랐다. 마루 밑 갱도를 통해 외부로 도주했다."(『북지중공군현세』)고 보고할 정도로 일본군의 '토벌'도 점차 위력을 잃어 갔다. '자취도 없는 적군'과 끝도 없는 싸움으로 일본군은 진이 빠졌다.

이렇게 팔로군과 신4군을 중심으로 한 중국인의 강인한 저항 때문에 일본은 중일전쟁을 '해결'하지 못한 상태에서 태평양전쟁에 돌입하게 되었다. 결국 '대동아전쟁의 병참기지 완성'은 실패로 돌아갔다. 오히려 점점 더 많은 병력과 물자를 중국전선에 쏟아 부어야 하는 상황에 봉착함으로써, 미국과 영국을 상대로 한 전쟁에서 한쪽 발목을 잡히고 말았다. 그 결과 1942년 말 중일전쟁의 장래와 관련해 지배계급 가운데 비교적 선견지명을 가진 사람들은 일본이 두려워해야 할 결말에 대해 다음과 같이 말했다.

"현재 상태가 계속된다면 중국 민족과의 타협은 거의 불가능해진다. 뿐만 아니라 반일감정이 극도에 달해 일반 경제조직이 붕괴되는 것은 물론이고 공산토비가 결국 중국 대부분의 지역에서 발호할 것이다. 이것은 중국에서 가장 중대한 타격을 입게 된다는 것을 의미한다. 만일 이러한 상황에서 전쟁의 종말이 도래한다면 중일전쟁은 쉽지 않은 국면으로 흐를 위험이 있다."

제3장

일·미 대립의 격화

제1절 중국을 둘러싼 미국과 일본

무기대여법과 미국경제의 군사화

미국의 공업생산지수(1929년=100)

연차	지수
1930	83
1931	68
1932	53
1933	63
1934	68
1935	79
1936	94
1937	103
1938	81
1939	98
1940	114

　　루즈벨트의 뉴딜정책은 1920년대의 공화당 정권과 다른 방향
으로 전개되었다고는 하지만 독점자본의 구제와 강화를 목적으로

한 것이었다. 따라서 자본주의의 모순을 제대로 해결할 수 없다는 점에서는 다를 바가 없다. 그로 인해 1937년의 공업생산은 1929년 수준에 달했으나 그 해 9월에 뉴욕시장의 주가가 폭락했고 11월에는 몇몇 공업부문의 생산량이 1932~1933년도 수준으로 최저를 기록했다. 결국 공황의 여파는 1938년에도 지속되었다. 이렇게 공황에 직면한 루즈벨트 정권은 과연 어떤 정책을 취했을까.

루즈벨트 대통령은 주식폭락 직후인 1937년 10월 5일 시카고에서 침략자의 '격리Isolation Speech'에 관해 연설했다. 이것은 전통적인 중립정책을 포기한 것으로 받아들여져 각 방면으로부터 큰 반향이 있었다. 물론 공화당계의 『뉴욕 선』, 『뉴욕 헤럴드 트리뷴』, 『시카고 트리뷴』 등은 이 연설을 맹렬히 비난했다. 하지만 당시 진보적 잡지인 『네이션』지는 루즈벨트의 정책을 지지하면서 집단안전보장이 어떠한 경우에도 전쟁으로 이어지는 일은 없을 것이라고 강조했다. 또한 당시 미국공산당의 대표였던 얼 브로더Earl Browder 역시 뉴 메시즈 New Masses 지면을 통해 루즈벨트의 중립 비난을 환영하며 '공산당의 100% 무조건 지지'를 약속했다. 만약 이 '격리'가 단순한 도의적 제스처에 머무르지만 않았다면 분명히 파시스트 국가들의 침략을 멈추게 할 구체적인 수단을 강구할 수도 있었을 것이다.

그러나 당시 전 세계에 어두운 그림자를 드리고 있던 스페인 내란에 대해서도, 일본의 중국 침략에 대해서도 미국의 구체적인 정책 전환은 하나도 이루어지지 않았다. 1937년 1월 무기금수조항을 해당국의 '내란'인 경우에도 적용할 수 있는 권한을 대통령에게 부여한 특별법을 의회에서 통과시킨 루즈벨트 대통령은 런던의 불간섭위원회와 보조를 맞추며, 스페인공화국 군대에 여전히 무기금수를 고집하였고, 1939년 프랑코가 마드리드로 진군하자 4월 1일에는 프랑코 정권을 승인하기까지 했다.

한편 1937년 5월 중립법은 대통령이 국외에서 '전쟁상태'가 존재한다고 판단할 경우 금수 권한을 대통령에게 부여했음에도 불구하고, 미국은 중일전쟁에 이 법을 적용하지 않았다. 오히려 병원균을 번식하기 좋게 온실에 넣어두는 것처럼, 마땅히 '격리(고립)'시켜야 하는 침략자들이 증식하도록 내버려 두는 일련의 정책들이 뮌헨회담 때에도 나타났다. 뮌헨회담 개시 직전인 1938년 9월 26일 루즈벨트는 영국과 프랑스의 수상, 체코의 베네시 대통령, 그리고 히틀러에게 같은 내용의 메시지를 보내 충돌을 적극 피하도록 요청하고 게다가 무솔리니에게는 회담을 원활히 추진하도록 부탁했다. 이러한 대통령의 간섭은 영국, 프랑스, 독일, 이탈리아가 체코슬로바키아를 희생양으로 삼아 전쟁을 회피하려 한 뮌헨협정이 체결되는 데 유리하게 작용했다.

루즈벨트 대통령의 유명한 '격리 연설'은 액면 그대로 통용되지 않았다. 그것은 국외에서 벌어지는 전쟁의 위험을 국민에게 환기시키고 미국의 공황을 군수생산으로 극복하자는 데에는 도움이 되었다. 이듬해인 1938년 연두교서에서 루즈벨트는 다음과 같이 말했다.

"미국 정부는 종래 군비축소를 위해 계속 노력해 왔다. 그러나 현재 세계는 극도의 긴박함, 무질서 상태에 직면해 있다. 각국 정부는 국제분쟁의 평화적 해결을 위한 여러 원칙 준수를 보장해야 할 책임이 있다. 이에 미국 정부도 외국의 권리를 존중하고, 외국 역시 미국의 권리를 존중하도록 하기 위해서 충분한 군비를 보유해야만 한다."

미국의 예산 내용 추이

연차	국방비(%)	구제비(%)
1934	7.4	27.3
1935	9.7	34.7
1936	10.3	27.6
1937	11.1	30.8
1938	12.9	23.8
1939	14.4	18.4

이 말은 결국 예산으로 구현되었다. 예산 중 구제비 비율은 감소한 데 반해 국방비는 늘었다. 이러한 군수생산을 통한 공황극복 정책은 1938년 5월에 만들어진 '신 빈슨 해군확장안'에도 나타났다. 그에 앞서 1938년 5월 의회를 통과한 드러멜=빈슨 안이 해군조약의 범위 내에서 보조함 건조를 목적으로 하고 있던 데 반해, 빈슨의 새로운 해군확장안은 전투함, 항공모함 등 대형선박을 중심으로 세계 제일의 무적함대 건조를 목표로 한 것이었다. 예산총액 10억 5,000만 달러가 투입되는 대대적인 프로젝트였다.

그러나 이러한 군수생산을 통한 공황 극복은 유럽에서 제2차 세계대전 발발로 인한 영국에 대한 원조와 국내 군비확충으로 비로소 실현되게 되었다. 다음 표는 이러한 정황을 단적으로 보여준다.

미국의 생산업 별 생산지수(1935~1937년=100)

년	4분기	생산수단생산부문						소비자재생산부문				
		철강	기계	비행기	철도	조선	비철금속	非내구물자	섬유	피혁	자동차	가구
1938	1	53	88	103	96	103	75	89	69	85	62	81
	2	51	77	98	61	95	67	89	73	87	51	80
	3	72	98	94	61	96	78	98	96	97	52	91
	4	98	86	101	68	97	100	102	103	102	88	96
1939	1	93	93	121	83	112	95	104	106	105	102	99
	2	85	96	153	74	122	94	104	106	100	84	101
	3	114	104	189	75	133	114	108	113	104	84	107
	4	163	121	239	121	141	152	116	124	106	103	118
1940	1	124	124	290	154	152	143	110	109	97	126	114
	2	124	125	331	119	163	127	110	104	89	103	113
	3	159	139	455	133	207	145	112	114	95	91	117
	4	171	154	587	167	240	170	119	132	104	132	125

　　1939년 말 영국에 대한 미국의 투자액은 113억 6,500만 달러에 달했다. 미국의 전체 대외 투자액의 42%를 점하는 규모였다. 미국 은행가들과 자본가들이 영국에 이렇게 막대한 기득권을 보유하고 있었기 때문에 이것은 당연히 외교정책에도 영향을 미쳤다. 1939년 9월 3일 제2차 세계대전 발발과 더불어 미국의 대영원조는 곧바로 시작되었다. 같은 해 11월 4일 의회는 중립법을 개정했다. 연합국은 미국으로부터 '현금 지불, 자국선 수송Cash and Carry' 조건으로 무기를 구매할 수 있도록 했다. 1940년 4월에는 연합국무기구입위원회와 10억 달러 규모의 비행기 판매계약을 맺었다. 9월에는 영국과 구축함=해군기지협정을 맺고 50척의 구축함을 대여하였다. 이렇게

연내에 약 8억 달러의 물자가 영국으로 수출되었으며 이듬해 1월에는 영국이 미국의 금 수출액의 약 65%를 차지하게 되었다.

그런데 영국은 제1차 세계대전 당시에 진 빚의 상환을 56억 달러 이상 이행하지 않은 상태였다. 따라서 영국에 대한 융자와 차관은 채무 불이행국에 대한 융자 및 차관을 금지한 존슨법(1934년 4월 13일)에 따라 금지되었다. 게다가 교전국에 대한 융자와 차관을 금한 중립법(1939년 11월 4일)에도 저촉되는 사안이었다. 그럼에도 불구하고 1940년 6월 프랑스의 패배로 초래된 영국의 위기는 미국의 원조를 더욱 절실하게 만들었다. 루즈벨트는 이러한 딜레마를 해결하기 위해 1940년 12월 미국 내 무기생산업체에 융자하고 그 생산물을 영국으로 '대여'하는 법안을 입안했는데, 이 법안을 의회에 제출하기 전 영국의 구입사절단에게 그 용도로 30억 달러를 준비했다고 밝혔다. 1941년 1월 10일 법안이 의회에 제출되어, 3월 11일 하원에서 165표, 상원에서 31표의 반대를 물리치고 의회를 통과하였다. 이른바 '무기대여법'이 제정된 것이다.

이러한 대외원조로 해외시장을 확대함과 동시에 국내의 군수생산도 전쟁의 확대에 따라 뚜렷하게 성장세를 보였다. 그 결과 제76회 의회가 열린 1940년 회기 동안 2개 대양함대 설립과 중립법 강화에 관한 법이 제정되고, '국방비'로 총액 약 177억 달러가 승인되었다. 이러한 수치는 나중에 사용할 금액도 포함된 것인데 실제로 1941년 6월 30일에 종료되는 회계연도 예산으로 육군성에 약 87억 달러, 해군성에 약 33억 7,000만 달러가 계상되었다.

이처럼 군비확장 생산은 공황으로부터 독점자본을 보호하기 위해 이루어졌다는 점은 이 시기 정부에 참여해 구체적으로 정책을 입안한 사람들의 면면을 보면 더욱 명확히 알 수 있다. 1940년 여름 스팀슨Henry L. Stimson과 녹스William F. Knox가 각각 육군장관, 해군장관에 임명되었는데, 스팀슨은 모건Morgan 가문의 친우인 본 브라이트의 조카로서 후버 대통령 아래서 국무장관을 지낸 적이 있는 공화당계의 개입주의자였다. 녹스는 『시카고 데일리 뉴스』의 발행인으로서 1932년 선거 때에는 "어떠한 생명보험 정책도 불확실하고 어떤 예금도 안전하지 않다."고 주장하며 랭던Alf Landon 대선 후보와 함께 부통령에 출마한 공화당계의 개입주의자였다. 이 무렵 국가방위자문위원회의 산업물자위원으로 초빙된 스테티니어스Edward Stettinius Jr.는 당시 유에스 스틸U.S. Steel사의 중역이었다. 그리고 위원회에 속한 크누센William S. Knudsen은 제너럴 모터스 G.M.의 중역이었다.

미국에서의 반전운동

'격리' 정책은 실행되지 않고 침략자에 대해 유화적 태도를 보이자 1939년 8월 독·소불가침조약이 성립되었다. 이런 식의 전쟁 개입은 독일과 소련 모두를 적대시 하는 제국주의적 전쟁정책으로 변질되고 말았다. 그 결과 갤럽조사에 따르면, 1939년 9월부터 1940년 5월에 걸쳐 미국 국민의 96% 이상이 전쟁 개입에 반대하는 것으로 나타났다. 이에 공산당 기관지 『데일리 워커』와 함께 진보적 노동조합, 청년단 등은 "미국은 가지 않는다The Yanks are not coming"는 구호를 외치며 반전운동을 벌였다. 8월에는 '전쟁 불개입으로 미국을 지키는 위원회'가 결성되었고 8월 31일부터 9월 2일에 걸쳐 '긴급평화동원' 대회가 시카고에서 열렸다. 여기서 '아메리카평화동원A.P.M.' 운동이 시작되어 11월 11일 휴전기념일에는 30개 이상의 도시에서 대집회가 열렸다. 그리고 이 날을 '아메리카평화동원일'로 명명했다. 1941년 1월부터 2월에 걸쳐 다수의 대표가 워싱턴에 모여 무기대여법을 비롯한 전쟁준비정책을 항의하였다. 이것은 지방에서도 전개되었는데 가령 일리노이주 윌Will 카운티County에서는 듀폰DuPont의 무기공장 건설을 위한 토지매입에 반대하는 농민을 지지하였고, 사우스캐롤라이나에서는 국방생산에 흑인을 고용하지 않는 데 항의하는 것을 지지했다. 1941년 4월 5~6일에 뉴욕시에서 아메리카평화동원이 개최한 아메리카인민대회가 채택한 7개조 원칙은 이러한 반전운동의 성격을 이해하는 데 큰 도움이 될 것이다.(특히 4조와 6조) 내용은 다음과 같다.

1. 제2차 세계대전에서 손을 떼야 한다. 미군의 해외파견을 포함한 일체의 전쟁 개입수단에 반대한다. 영국과의 군사동맹을 중지하라.

2. 미국인의 생활수준을 옹호하고 개선한다.

3. 헌법상의 자유를 탈환하고 강화한다. 파업권 옹호, 교육의 자유 속박에 반대한다. 히틀러에 의해 박해받는 희생자를 옹호한다. 인종적 편견을 절멸한다.

4. 전비 부담을 빈민에게 전가하지 말라. 병역세에 반대한다. 전시이득을 몰수하라. 빈민에 대한 불공정 과세 반대.

5. 징병할 경우 시민의 권리를 옹호한다.

6. 평화외교의 수립. 미 독점자본의 착취를 폐지하고 라틴아메리카 국민들과 우호관계를 수립한다. 중국에 대한 내외의 적들에게는 원조를 금하고 자유 획득을 위한 통일중국 세력에게 실질적인 원조를 행하라. 푸에르토리코와 필리핀의 진정한 독립. 전쟁 확대를 방지하기 위한 소련과의 우호관계 확립

7. 인민의 평화를 위해 식민지 국가들의 자결권을 기초로 한 무배상·무병합 평화

군수산업으로 공황을 극복해 온 미국 정부가 이러한 대중의 반대운동을 탄압한 것은 당연한 일이었다. 루즈벨트 정부는 독·소불가침조약을 구실로 '전체주의'에 대항한다는 명목으로 연방수사국FBI에 비밀경찰 임무를 지시하고 공산당을 탄압하기 시작했다. 1940년 6월에는 외국인등록법으로 민중에 대한 사상통제를 시도했다. 1940년 9월 5일 아메리카평화동원이 워싱턴에서 조직한 반전데모는 경찰의 잔인한 폭력으로 진압되었다. 이러한 반민주주의적 탄압에 큰 활약을 보인 것은 뮌헨회담 직전에 만들어진 다이즈위원회였다. 다이즈위원회의 본래 목표는 조직 결성 당시 조사주임으로 기용된 설리반의 언동에 잘 나타나 있다. 그는 반소비에트 선언가로서 위원회에 들어오기 전에 미국의 반소 우크라이나 운동에 관여했으며, 파시스트 단체인 '실버셔츠', '독일계 미국인동맹'과 밀접한 관계를 맺고 있었다. 이러한 반소 성향의 위원회가 '공산주의 사냥'에 발 벗고 나선 것이다. '빨갱이'에 대한 루즈벨트 정부의 공포는 나치의 제5열, 현실적으로 미국의 중요공장을 폭파하고 독일에 유리한 정국을 조장하고자 한 여러 파시스트 단체를 양산했으며 이들을 오히려 반공정책의 도구로 사용하였다.

　　1941년 6월 히틀러가 소련을 침공하자 정세는 크게 변했다. 노동조합을 비롯한 진보진영은 반파시즘전쟁을 지지했다. 이들은 민주주의적 권리(파업권 등)를 확보하면서 전쟁물자 생산에 힘썼다. 그런데 미국 독점자본가 등의 반동세력들은 반소전쟁이 곧 호기라며 기뻐했다. 이것은 개전 직후 상원의원인 해리 트루먼이 한 말에서도 확실히 알 수 있다.(제1권 참조) 미국 독점자본의 정책은 무엇보다도 교전 중인 양 쪽을 적절히 원조함으로써 국내의 공황을 극복하고 아울러 두 교전국의 전력을 소진시킴으로써 미국이 세계를 지배하는 '평화체제'를 확보하는 것이다. 루즈벨트 정권도 결국 독점자본가들의 정권에 불과했다. 그러나 나치라든가 일본제국주의 침략정책을 지지하는 반동적인 대 독점자본(가령 듀폰, 록펠러, 포드 등)과 일심동체로 보기는 어려운 측면이 있었다. 루즈벨트는 극단적인 반동세력인 월가Wall Street 그룹과 어느 정도 대립하여 인민대중의 지지를 확보했다. 또 그의 연합국 원조정책은 무기수출 측면에서 독점자본의 이익을 보장하면서도 추축국의 반대 진영에 섰다는 점에서 다르다. 특히 독·소 개전 이후 연합국 측이 반파시즘 연합전선으로서의 성격을 띠게 되어 미국 민중의 격려를 받으며 일정한 진보적 의의도 담보하고 있었다. 루즈벨트 정권은 이렇게 다양한 스펙트럼을 지니고 있었다. 그렇다면 과연 루즈벨트 정권은 극동에서 어떠한 행동을 취했을까.

중일전쟁과 미국의 입장

1937년에 시작된 일본의 중국침략에 대해 미국은 그저 잠자코 있을 수만은 없었다. 그 이유는 첫째, 자본주의 세계에서 중국을 최대의 잠재적 시장으로 확신해 온 미국의 기대를 박살냈기 때문이다.

둘째, 이것은 미국의 유망한 투자대상을 일본에게 빼앗긴다는 것을 의미했다.

셋째, 일본이 중국이라는 풍부한 시장을 개척하게 되면 미국으로부터 대량의 면화와 고철 수입을 중단함으로써 미국은 유력한 일본시장을 잃게 된다.

넷째, 일본이 중국을 장악하게 되면, 동남아로부터 고무, 주석, 키니네, 마닐라삼 등의 전략적 물자를 구매하던 미국의 유리한 지위가 흔들리고, 나아가 태평양에서 미국의 시장을 완전히 상실할 우려가 있기 때문이다.

일본의 침략 개시 직후인 7월 14일 국무장관 헐Hull은 국제조약

신성보호유지에 관한 성명을 발표하고 이어서 중일 양국에 대해 전쟁을 피하도록 요청했다. 10월 5일 대통령은 '격리 연설'을 통해 암묵적으로 일본의 행동을 비난했고, 이튿날에는 국무부가 일본의 행동을 9개조 조약과 '켈로그-브리앙 부전조약' 위반이라고 성명하였다. 그러나 이것들은 모두 '구두위협'에 불과했고 구체적으로 일본의 침략을 저지할 수단을 강구하지는 않았다.

11월에 열린 브뤼셀 9개국조약 참가국 회의에서도 미국대표로 출석한 노먼 데이비스는 대통령이 언명한 바와 같이 "물론 미국 정부가 타국의 여러 정부에 대해 관여하지 않을 수 없는 의무에 구애받지 않고 회의에 출석했다."고 밝혔다. 이 회의는 당연히 미국이 주도해야 했지만 그렇게 하지 않았기 때문에 아무런 성과 없이 해산하고 말았다.

이처럼 미국이 모호한 태도를 보인 것은, 중국이 일본의 침략에서 해방되어 독립하더라도 미국의 시장이 되지 않을 수 있다는 생각, 그리고 일본과 중국시장을 적당히 분할함으로써 일본이 소련과 맞서게 하려면 일본을 경솔하게 자극하지 말아야 한다는 고려 때문이다.

그러나 미국의 미온적인 태도, 즉 '사소한 간섭도 피하고자' 했던 헐의 강경한 태도에 일본은 크게 안심했고 예정대로 12월에는 전쟁을 화난 지역으로 확대했다. 이런 와중에 발생한 1937년 12월의 파나이 호USS Panay 격침 사건(일본이 난징을 함락하는 과정에서 미국의 파나이 호를 공습하여 침몰시킨 사건), 1938년 5월 말의 광둥 공습에 대해 미국 정부가 각각 항의문을 보내기는 했지만 미국 국민들의 일본산 제품 불매운동 등의 구체적 조치를 미국 정부가 사주하지는 않았다.

분명 미국은 중국에 대해 물질적 원조를 실시했다. 1936년부터

침몰하는 파나이(Panay) 호의 모습

1939년까지 4년 동안 총액 7억 3,040만 8,000원의 은이 중국에서 유출되었다. 이 가운데 절반은 미국과 중국의 은 협정에 따라 미국이 매수한 것인데, 그 대금은 중국의 항전 자금이 되었다. 1938년 12월 장제스 정부의 사절이 워싱턴을 방문해 차관을 요청했을 때 미국은 수출입은행을 통해 2,500만 달러를 공여했다. 1939년 일본이 하이난 섬과 스프래틀리 섬을 점령하자, 미국은 3월에 재차 중국에 1,280만 달러의 자재차관을 제공하고, 1940년 3월에는 수출입은행을 통해 2,000만 달러의 차관을 허가했다.

그러나 당시 미국은 중국에만 수출한 것이 아니다. 중국을 침략하고 있던 일본에도 계속 수출했다. 분명 1938년 6월 미국 정부는 항공기, 항공기부품, 발동기, 병기, 항공기용 폭탄, 어뢰 제조업자와 수출업자에게 일반 민간인을 살상할 우려가 있는 지역에 대해서는 이 제품을 수출하지 않도록 요청했다. 그러나 이것은 어디까지나 업자들의 양심에 호소하는 이른바 '도의적 금수'일 뿐, 강제성은 없었다.

1939년 일본의 남진 의도가 확인되자 미국 정부는 어떻게든 일본을 억제할 구체적 조치가 필요하다고 판단했다. 5월 히라누마 총리는 미국에 대해 '충칭을 폭격할 수 있다'는 위협과 함께 유럽의 평화를 확보하기 위한 계획에 협력하자고 요청했다.

그러나 그의 제안은 "(식민지를) 보유하지 못한 나라"에 대해 양보를 기대한 것으로서 기본적으로 추축국의 의도와 다를 바 없었다. 이에 대해 헐 국무장관은 세계정세를 해결하기 전에 일본이 먼저 동아시아에서 저지른 혼란을 수습해야 한다고 답했을 뿐, 일본을 제지할 구체적인 수단을 취하지 않았다. 5월 20일 주미영국대사 로시안Lord Lothian이 웰즈Sumner Welles 국무차관에게 대일공동보복조치의 가능성을 타진하자, 그에게 돌아 온 대답은 미국 정부는 타국과 복잡한 연대를 원하지 않으며 독자의 길을 걷겠다는 것이었다. 이러한 미국의 대일유화정책은 7월 23일 아리타-크레이기의 '극동뮌헨회담'을 성사시키는 데 도움이 되었다.

7월 11일 상원 외교위원장 피트만Pittman 의원이 제출한 법안, 즉 대통령에게 일본과의 무역을 금지할 권한을 부여하는 법안은 다음 회기인 1940년 1월까지 심의가 연기되었다. 그 대신 7월 18일 공화당 대표인 반덴버그Vandenburg 상원의원이 제출한 결의안, 즉 미국이 일·미통상조약을 폐기할 계획이라는 것을 일본에 통고하되 결코 일본 수출을 금지하는 것을 의미하는 것은 아니라는 내용의 결의안이 대통령과 헐의 마음을 사로잡아 26일 일본에 통고되었다.

이것은 미국이 "중국에서 우리들의 권리와 권익이 이루 말할 수 없이 유린당한 데 대해 당신들이 어떠한 입장에 처하게 될 지"를 생각해 보라는 뜻인데, 이는 일본 내부에 존재하고 있다고 믿었던 '온건파'의 입지 확대를 노린 것이었다. 즉 이는 일본 내 온건파로 하여금 일본과 독일 사이를 떼어놓고 그 예봉이 소련으로 향하도록 만들기 위한 제스처에 불과했다.

그러나 유럽에서 시작된 전쟁은 미국 정부에게 전략물자의 수출을 금지하는 구실을 부여했고, 9월 26일 대통령은 관련된 모든 기업들에 대해 11개 품목의 원재료 수출을 중지하도록 요청했다. 그러나 이것은 일본이 당시 감안하고 있던 수준의 통제에 불과해서 이에 대해서는 일본이 전혀 항의를 하지 않았을 정도로 효과가 없었다.

이렇듯 표면적으로는 '강경'했지만 실상은 미온적인 유화정책의 실적은 다음과 같다. 1937년 일본 총수입품의 33.6%, 1938년 34%, 1939년 34.3%가 미국에서 수입한 것이었다. 그런데 수입품 가운데 고철, 공작기계, 설비, 석유 등 군수생산에 필요한 품목이 점하는 비율이 1928년과 비교하면 크게 늘었다. 이것은 다음의 표를 통해서 확인할 수 있다.

일본의 미국으로부터의 수입액(단위: 천 달러)

	1928년	1939년
면화	109,399	42,488
목재	15,636	2,858
비료	6,025	2,137
석유제품	21,717	45,290
폐(廢)철	3,090	32,593
구리	2,358	27,567
기계 및 설비	862	24,578

게다가 이러한 대일수출은 대중수출과 비교할 때 훨씬 더 방대했다. 즉 1937년에 전자가 2억 8,855만 8,000달러였는데 후자는 4,970만 3,000달러였고, 1938년에는 전자가 2억 3,957만 5,000달러였는데 후자는 3,477만 2,000달러였다.

미국은 일본이 승리자로서 극동에 군림하는 것을 원하지 않았지만 동시에 일본을 완전히 무력화하는 것도 원하지 않았다. 일본과 중국에 적당히 군사원조를 하여 양국이 모두 적당히 지쳤을 때 극동에서 미국이 패권을 확립하려던 것이다. 아울러 더욱 중요한 목적은 일본제국주의에 적당한 만족감을 주어 1938년 장고봉 사건, 1939년 노몬한 사건에서 알 수 있듯이 '북방'의 소련에 대한 침략을 유도하는 것이었다.

일본의 남진과 미국과의 대립

일·미통상조약의 폐기는 1940년 1월 26일 발효되었다. 그러나 이것은 단지 조문이 사라졌을 뿐 통상의 중단을 의미하지 않았다. 미국의 자원, 특히 석유와 고철은 기업의 책임으로 극동에서의 악행을 원조할 수 있었다.

이러한 일·미통상조약 파기의 본질에도 불구하고 일본 입장에서 보자면 지금까지 주로 군수품을 조달해 온 미국과의 통상이 불안정해졌다는 것을 의미하므로 그저 잠자코 있을 수만은 없었다. 노몬한 사건의 참패로 소련으로 침입하는 데 실패하고 이후 체결된 독·소불가침조약으로 일본의 북방 진출은 매우 곤란해졌다. 그렇다고 해서 미국을 상대로 도발하기에는 아직 역량이 부족했다. 이에 일본은 아베, 요나이 양 내각 동안에 중국문제를 해결하고 점차 남방으로 진출하고자 했던 것이다.

장제스 정권과의 화의 거래에 실패하고, 장기전에 돌입해야만 했던 일본은 이에 대비하고자 남방의 자원에 눈을 돌렸다. 1940년 1월 일본은 네덜란드 정부에 대해 양국 간의 사법·중재·조정재판 조약의 파기를 통고했다. 그리고 2월에는 무역제한의 완화, 네덜란드령 인도네시아에서 일본기업의 편익 확장, 일본인 상인 고용노동자의 입국 완화, 신문의 호혜적 단속을 내용으로 하는 요구를 강하게 제기했다. 이처럼 일본의 남방정책을 한층 강경하게 만든 것은 유럽의 전황이 독일에 유리하게 전개되었기 때문이다. 4월에 독일군이 덴마크와 노르웨이를 침공하자 15일 아리타 외무대신은 네덜란드령 인도네시아의 현상유지를 강조하는 성명을 발표하고 "일본은 남양의 여러 지역, 특히 네덜란드령 인도네시아와 경제적으로 매우 긴밀한 관계에 있다."고 강조하며 특수한 권익을 암묵적으로 요구했다.

그 사이 미국 정부는 일본의 새로운 남방 침략행위에 대해 말로는 반대를 표명했지만 실질적인 수단을 강구하지는 않았다. 헐 국무장관은 재무성의 '도의적 금수' 조치를 확장해야 한다는 의견을 무시하였고, 일본에 대한 금수조치를 요구하는 '피트만 결의안'을 통과시키기 위해 헐의 지지가 필요하다는 피트만 의원의 요청을 거절했다. 뿐만 아니라 5월 10일 독일이 네덜란드, 벨기에, 프랑스를 침략하자, 지배자가 사라질 남방의 여러 식민지가 일본의 수중에 들어갈 가능성이 높아졌다. 그럼에도 불구하고 일본에게 침략의 구실을 주지 않겠다는 '배려' 차원에서 루즈벨트는 네덜란드 정부가 영국 정부에게 네덜란드령 인도네시아 제도의 방위를 요청한 데 대해 영국 정부의 네덜란드령 인도네시아 불간섭 태도를 확인하고, 네덜란드 정부로부터는 영국 정부의 원조를 받지 않겠다는 것을 공식적으로 재확인한 뒤, 영국과 프랑스 군대에게 서인도제도에서 즉시 철퇴하겠다는 성명을 발표하도록 요구하였다. 그 결과는 바로 일본 침략자들이 바라던 것을 도와주는 셈이었다. 5월 16일 일본

총영사는 네덜란드령 인도네시아 경제국장 후안 모크에게 '조의와 더불어 요구와 암묵적 위협을 거의 한꺼번에' 전달했다.(Herbert P. Bix, 『태평양전쟁전사』) 18일 일본은 지금까지 네덜란드령 인도네시아에서 수입한 것보다 훨씬 더 많은 보크사이트와 석유를 포함한 13개 품목의 원자재에 대해 대일수출 보장을 요구하는 문서를 제시했다. 30일부터 주일미국대사 그루Joseph Grew는 아리타 외무대신과의 회담에서 첫째, 독일의 승리는 일본에게 안전도 번영도 안겨줄 수 없다. 둘째, 미국과 제휴해 무역을 확대하고 평화적 수단으로 복지를 증진하는 것이 일본에 더 도움이 된다는 것을 일본 정부에 강조했다. 그러나 이제 완전히 '악순환'에 빠져들었다. 항상 말보다 실천이 훨씬 더 위대한 법. 6월 18일 프랑스가 독일에 항복하자 아리타 외무대신은, 태평양에서 현상을 유지하자는 미국 측의 제안을 모두 거절했다. 그리고 라디오방송을 통해 '대동아신질서' 연설을 행했다.(제2장 제1절 참조)

일본은 아리타의 말 뿐만 아니라 실제로 이 기회를 이용해 남방으로 진출을 시도했다. 일본 정부는 4월에 베트남의 커틀 총독의 약속, 즉 모든 군수품과 군수물자의 중국 수송을 중지하겠다는 약속에 만족하지 않았다. 프랑스가 독일에 휴전을 요청한 다음 날, 도쿄의 4대 장관회의는, (중국으로의) 수송 중지뿐만 아니라 이를 직접 확인하기 위한 일본군사감시단의 설치 요구를 최후통첩 형식으로 프랑스 측에 제출하기로 결정했다. 네덜란드령 인도네시아정청은 6월 6일 독일군이 베이강라인Weygand Line을 돌파하여 프랑스로 진격해 들어가자 이전까지 무시해온 일본 측의 요구에 타협적 태도로 회답하였다. 그러나 아리타는 이 회답에 만족할 수 없다며 네덜란드 정부가 지정물자의 지정량을 어떤 상황에서라도 수출할 의사가 있는지 여부를 단도직입적으로 물었다. 그것도 최후통첩의 형식이었다. 영국 정부에 대해서는 상하이에서 군대를 철수하고 홍콩 국경과 미얀마 루트를 폐쇄하도록 요구했다.

대일 '수출금지' 조치

당시 프랑스 북부의 됭케르크에서 패퇴하였음에도 불구하고 독일과의 전의를 다지고 있던 영국 정부는 일본의 침략을 막기 위해 2가지 방법을 강구하였다. 하나는 일본에 전면적인 금수조치를 실시하고 싱가포르에 군함을 파견해 일본에 압력을 가하는 것이고, 또 다른 하나는 극동정세의 해결에 우호적인 조건을 제시하며 일본을 영미 쪽으로 끌어들이는 것이었다. 미국은 이러한 '강경'과 '유화'의 양면정책을 선호하지 않았다. 이제 일본과 전쟁을 벌이는 것은 미국이 전쟁 막바지에 전 세계를 상대로 '평화'를 강제할 기회를 영원히 잃게 되는 것을 의미했다. 또 극동이 일본의 세력범위에 들어가는 것은 미국의 현재 시장과 잠재적 시장을 영원히 잃어버리는 것을 의미했다. 그래서 미국은 양면정책보다는 양자의 중간정책을 취하기로 했다. 즉 6월 말 미국의 합동참모본부는 남서 태평양에서 일본과 독일의 요구를 저지하기 위해 날짜변경선 동쪽의 영국·프랑스 영유지를 먼로주의의 적용범위로 간주하겠다고 선언하였다. 루즈벨트는 7월 2일 '국방강화법'을 적용하여 3항목에 대한 수출을 허가제로 바꾸었다. 3항목이란 첫째, 모든 무기, 군수품, 전쟁물자. 둘째, '비상시 전략물자'로 분류한 알루미늄, 마그네슘을 포함한 모든 원자재. 셋째, 항공기부품, 장치, 부속품, 광학기계, 금속제조설비를 의미했다. 이렇게 대일강경책이 시행되었으나 먼로주의는 그저 말뿐이고 구체적인 군대 파견을 동반하지 않았다. 금수조치를 취한 3항목 가운데 일본이 절실히 요구하였던 2개 품목, 즉 석유와 고철은 포함되지 않았다. 그런데 이는 허가제였을 뿐 수출 자체

를 금하지 않았다. 허가의 결정과 허가증 교부는 국무부에서 담당하고 그 안에 감독부서를 두어 오로지 이 업무를 전담하도록 했다. 이 감독부서의 수장으로 임명된 자는 스페인 내란에서 "그리스로 발송할 비행기 27기에 대해 이들 비행기가 스페인 공화주의자 손에 들어갈 것을 우려해 수출금지 조치를 취했던" 바로 그 조셉 그린 Joseph Green이었다.(벤디너Robert Bendiner, 『국무부의 수수께끼国務省の謎』, 로도프B. Rodov, 『태평양을 둘러싼 일본과 미국 재벌太平洋をめぐる日米財閥』) 그로 인해 1941년 3월 미국은 총액 100만 달러 이상에 달하는 공작기계를 일본으로 수송하였고, 구리의 경우도 1941년 1/4분기에 일본과 만주로 전년도 같은 기간보다도 많은 양을 보냈다. 이러한 미국의 유화정책은 영국의 유화정책을 추동했고 결국 일본의 요구를 반영해 미얀마 루트 폐쇄로 이어졌다.

프랑스전에서 독일이 승리하자 일본은 독일에 의지했다. 7월 상순 일본 참모본부 내에 독일을 이용해 중일전쟁을 해결해 보자는 분위기가 고조되었다. 그 결과 독일을 이용하는 데 반대하는 요나이米内 내각을 경질할 수밖에 없었다. 16일 하타畑 육군대신이 사직서를 제출하자 요나이 내각은 붕괴되었다. 그리고 '신체제' 운동이 한창인 가운데 고노에近衛로 내각 수반이 교체되었다. 고노에는 19일 도조, 요

하이퐁에 진주하는 일본군(1940년 9월)

시다, 마쓰오카 등 각료후보를 자신의 별장에 불러 이른바 '오기쿠보荻窪회담'을 했다. 이 자리에서 「기본국책요강」, 「세계정세 추이에 따른 시국처리요강」의 대강을 결정했는데, 이에 따라 제2차 고노에 내각의 외교정책이 추진되었다. 8월 1일 일본 정부는 인도차이나에 대해 최후통첩을 발표하고 29일에는 일본이 요구한 군사상의 편의를 일본에 제공하도록 한 협약을 프랑스와 체결했다. 프랑스의 비시 정권은 인도차이나에서 프랑스의 주권을 존중하는 대가로서 '경제적·정치적 분야에 대해 극동지역에서 일본의 우월적 권익'을 인정하였다. 네덜란드령 인도네시아에 대해서도 일본은 8월 중순 미쓰이물산三井物産 회장 무카이 타다하루向井忠晴 외 6명을 민간교섭원으로 파견하고, 이어서 27일에는 상공대신 고바야시 이치조小林一三를 네덜란드령 인도네시아 특파사절로 임명했다.

영국 정부는 로시안 경을 통해 미국 정부에 대해 영국은 지금까지 네덜란드 정부와 네덜란드령 인도네시아의 모든 석유회사에 용기를 북돋아왔다며 미국도 이에 동참할 것을 요청했다. 헐 장관은 일단 그러겠다고 대답했지만, 기존에 네덜란드령 인도네시아 측이 미국에서 구입한 무기의 선적을 서둘러 달라고 하자 9월 11일 헐 장관은 다음과 같이 대답했다.

1. 미국 정부는 상호 공통의 문제에 대해 기존 방침의 틀 안에서 타당한 고려를 할 수 있도록 계속해서 완전한 보고를 받고자 한다.
2. 석유에 관해서는 네덜란드령 인도네시아에서 가동 중인 미국회사가 미국의 생각을 잘 알고 있다.
3. 미국 정부는 사태에 개입하기를 원하지 않는다. 또 외국을 원조할 필요가 발생하지 않는 한 군이 전면에 나서기

를 원하지 않는다.

그런데 이러한 미국의 태도는 바로 일본 정부가 바라던 바였다. 일본은 결국 9월 23일 북부 베트남에 진주하였다.

또 하나의 중대한 방책이었던 3국동맹 문제는 9월 4일 4대 장관회의 석상에서 마쓰오카松岡洋右 외무대신이 제안하였다. 이것은 7일 독일의 슈타머Heinrich Stahmer 특사가 도쿄를 방문한 이래 논의가 구체적으로 진행되었다. 그 후 14일의 연락회의 석상에서 군령부 차장이 미국과 전쟁한다면 이길 자신이 없다고 발언한 점, 19일의 어전회의에서 후시미伏見 군령부 총장이 전략물자 획득 관점에서 불안을 표명한 점 등을 보건대 이들 반대론은 모두 일·미개전을 예상하고 나온 것들이었다. 이러한 예상은 확실히 근거가 있었다. 1936년 11월 독일과의 협정은 1939년 8월 독·소불가침조약 체결을 통해 본래의 반소적 성격이 희석되었다. 분명 영미에 대립하는 성격을 더욱 공고히 하고자 한 3국동맹은 일본 입장에서는 명백히 미국을 상대로 한 것이나 다름없었다. 그러나 결국 고노에가 말한 바와 같이 "독일은 소련과 불가침조약을 맺고 있고, 독일이 가운데서 일·소 간의 관계를 조정하고, 일중 사이의 평화공작에도 노력해야 한다"는 입장이었으므로 일·미관계의 악화는 피하자는 주장이 우세한 가운데 27일 도쿄에서 3국동맹이 조인되었다.

미국의 대 일본 철강 수출(단위: 천 파운드)

	1940년	1941년
폐(廢)철	47,000	227,000
철 및 강판	1,487	5,614

이 2가지 방향 가운데 일본 정부의 정책은 남방의 자원을 획득하고 소련과는 일시적으로 화해함으로써 시간을 번 다음에 구체적으로 침략에 나선다는 것이었다. 이 가운데 3국동맹을 기초로 한 남방 진출은 확실히 미국 정부를 자극했다. 미국 정부는 보복수단으로서 9월 25일 중국에 대한 추가 차관 공여를 결정하고 26일 일본에 대한 고철과 철강의 '금수' 조치를 발표했다. 물론 영국처럼 생사의 기로에 서지 않았던 미국 정부는 여전히 일본의 북진에 희망을 걸고 있었고 철과 고철에 대해 수출허가제를 취하고 있을 뿐이었다. 이것은 위의 표를 통해 확실히 확인할 수 있다.

아무튼 미국 정부의 이 조취는 분명히 일본이 가장 필요로 하는 물자 가운데 하나의 조달을 불안정하게 만들었다. 1940년 10월 8일 영국 정부는 미얀마 루트를 재개하겠다고 통고하였고, 처칠 수상은 일본을 공격하겠다고 연설하였다. 영국 정부는 로시안 대사를 통해 미국 정부에 구체적인 대일공동방위안을 누차 제안했으나 미국 정부로부터 받은 회답은 항상 구체적 행동을 피하는 것이었다. 루즈벨트 대통령은 대통령 선거를 목전에 두고 국민들의 감정에 호소하며, "우리는 외국의 전쟁에 참가하지 않겠다. 우리는 직접 공격받는 경우를 제외하고 미국령 밖의 외국 영토에서 싸우기 위해 우리의 군대를 보내지 않을 것이다."는 미국 민주당의 정강을 지키겠다고 언명했다. 미국은 유럽과 아시아 독재국가의 침략을 강조하면서도 이러한 침략을 제지할 구체적인 방책을 취하지 않았고, 오히려 말로만 침략국에 대한 반감을 강조할 뿐 물질적으로는 그러한 침략을 원조하고 있었다.

제2절 일·미교섭

일·미교섭의 개시

1940년 가을부터 겨울에 걸쳐 일본 정부는 7월 27일 결정한 『세계정세의 추이에 따른 시국처리요강』에 따라 대미전쟁에 대비하기 위해 남방의 자원 확보에 주력했다. 상공대신 고바야시는 일본과 네덜란드령 인도네시아 사이의 정치적 연대를 꾀했으나 성공하지 못했다. 10월 16일 양국 대표는 "3국동맹은 일본과 네덜란드령 인도네시아 사이의 우호관계를 저해하지 않는다."라는 성명을 발표하는 데 그쳤다. 고바야시는 무카이 타다하루 미쓰이 회장에게 뒷일을 부탁하고 귀국 길에 올랐다.

네덜란드령 인도네시아에서 일본으로 전략물자를 수출하는 것은 방대한 일이었지만 도저히 일본의 요구에 응할 수 없었다. 10월 25일 내각은 '네덜란드령 인도네시아 경제발전을 위한 시책'을 결정하고 석유 획득이라는 본래의 목적을 위해 노력했다. 10월 29일 일본대표는 네덜란드령 인도네시아에 통첩을 보내 보르네오, 셀레베스(술라웨시), 네덜란드령 뉴기니, 알로르Alor군도, 샤우텐Schouten군도를 대상으로 한 광대한 지역에 걸친 지역개발 허가를 요구했다. 아울러 네덜란드령 인도네시아 정부 측에 이들 전 지역을 일본의 세력권으로 인정하고 해당 지역에서 일본의 활동을 원조하도록 요구했다. 이에 네덜란드령 인도네시아 정부는 일본 정부가 이 지역을 단순히 석유채굴을 위해서만 눈독을 들인 것이 아니라는 것을 깨닫고 광업성에 일측의 요구를 검토해 보라고 맡겼는데 서두르지는 않았다.

이렇게 일본의 남진은 미국을 아프게 자극했으나 미국 정부는 어떻게든 충돌을 피하고 오히려 협정을 통해 문제를 해결함으로써 가능하다면 일본의 침략방향을 소련으로 180도 바꾸기를 바라고 있었다. 일본 정부도 본래의 침략 목표는 소련이었고 이를 위한 수단으로서 남방의 자원을 확보하려는 것이기 때문에 가능하다면 미국과의 무력충돌을 피하고 싶었다. 바로 이 대목이 일·미교섭의 현실적 접점이자 이유였다.

1940년 1월 9일 루즈벨트와 개인적으로 친한 노무라 기치사부로野村吉三郎 해군대장이 일·미교섭을 시작하기 위해 주미대사로 임명되었다. 그는 1941년 2월 11일 워싱턴에 도착해 2월 14일 대통령에게 신임장을 제출하고 3월 8일 헐 국무장관과의 회담에서 "일본이 네덜란드령 인도네시아에 바라는 바도 결국에는 경제적인 것"이라고 전하며 일·미교섭을 개시했다. 3월 14일 대통령과 제2차 회견에서 노무라는 "영국과 독일의 전쟁은 장기화될 가능성이 충분하다. 전쟁이 유럽에서 태평양으로 확대되고 오랜 기간의 장기전으로 흘러간다면 결국 이기는 자나 패하는 자도 아마 사회적 혁명이나 그에 준하는 사태에 직면할 것이다. 바로 이전의 세계대전이 이

헐 국무장관(왼쪽)과 노무라 특사의 대화

를 증명하고 있다."고 말하며 미국의 양보를 요청했다.(노무라 기치사 부로, 『미국에 사신으로서米国に使して: 日米交渉の回顧』)

그러나 이러한 미국과의 공식 교섭 이면에 '사적교섭'이 진행되고 있었다. 1940년 11월 29일 산업조합중앙금고 이사인 이카와 타다오井川忠雄는 가톨릭 신부 드라우트James M. Drought로부터 일·미관계 개선을 위해 만나고 싶다는 편지를 받았다. 여기에는 대기업인 쿤 로엡Kuhn, Loeb&Co.의 최고 중역 가운데 한 명으로서 후버 대통령의 비서관을 지내기도 한 스트라우스Lewis Strauss의 소개장이 동봉되어 있었다. 이카와는 무토 아키라武藤章 군무국장, 이와쿠로 히데오岩畔豪雄 군사과장과 줄곧 연락을 주고 받으며 협의한 뒤에 드라우트와 만났다. 이카와는 드라우트와의 대화 내용과 제안을 하나의 문서로 정리했다. 이 문서는 12월 14일 고노에에게 보내졌는데, "종교인으로는 상상할 수 없는 지식과 용어가 전문에 가득했고", "상당한 배경이 뒤에 있을 것으로 예상"된다는 반응을 부연했다.(야베 데이지, 『고노에 후미마로』) 드라우트 문서는 일개 일본인의 입장에서 작성되었는데, "미국과의 관계에서 특별히 언급된, 극동에서의 일본의 지위와 정책의 실천적 분석"이라는 제목으로 되어 있다. '극동에서의 고립주의'라는 이념의 기치 아래 극동에서 유럽을 몰아내는 대신 일본과 미국 양국이 이를 독점하며, 소련에 대한 지위를 강화시킬 수 있는 가능성을 강조했다. 그리고 아울러 일·미회담의 조기 개최를 권유했다. 이것이야말로 극동판 뮌헨회담의 골자 그 자체였다. 그와 더불어 또 한 명의 신부인 월쉬James E. Walsh가 함께 찾아왔다. 그는 미국에서도 상당히 저명한 인물로서 대통령과 친분이 있었기 때문에 그가 미국에 가서 대통령을 만나고, 일본에서는 이카와가 고노에 총리를 만나 양자의 의견을 교환하기로 하였다. 이들은 이미 12월 19일 도쿄에서 일미협회가 주최한 노무라 대사의 송별회에서 외무대신의 연설을 통해 미 국민에게 일·미 국교 조정의 가능성을 알리는 내용을 포함시키자는 데 협의를 마친 상황이었다. 두 신부는 일·미 협상의 가능성이 있다고 보고 12월 28일 귀국 길에 올랐다. 이듬해인 1월 23일 두 신부는 대통령과 국무장관을 만나 내용을 보고했으나 이 때 가톨릭 신자였던 우정국장Postmaster General 워커Frank C. Walker도 동석했다. 25일 "대통령을 만난 결과 유망한 방향으로 논의가 진척되므로 향후 전망이 기대됨"이라는 전보가 도착하자, 이카와와 이와쿠로는 방미하기로 결정했다. 이카와는 노무라 대사의 방미 전후에, 이와쿠로는 3월 6일 미국을 향해 떠났다. 이카와는 월쉬, 드라우트, 워커 등과 종종 만나며 미국 정부 수뇌부의 의도를 숙지하게 되었고 노무라 대사와 고노에 총리에게도 교섭의 진행상황을 지속적으로 보고했다.

이렇게 물밑 작업이 진행된 상황에서 4월 2일 이카와, 이와쿠로, 드라우트 3명은 '일·미 양해 초안' 작성에 들어갔다. 4월 5일에는 제1안이 완성되어 양국의 당국자가 검토하도록 회람했고, 양쪽의 의견을 반영해 16일에 제2안을 작성하였다. 그 사이 14일과 16일에 헐과 노무라가 이 문제에 대해 회담했다. 헐은 이 안에 불만을 표하며 이른바 '4원칙'(모든 나라의 영토와 주권 존중 및 타국 내정에 대한 불간섭, 평등 원칙 준수, 무력을 통한 태평양에서 현상 변경의 폐지)을 제시하기는 했는데, 후술하겠지만 4월 13일 일·소중립조약 조인으로 인해 소련을 이용해 일본을 견제할 가능성이 사라졌다고 보고, 기존의 민간인 회담을 장관과 대사 사이의 비공식 회담으로 옮기고, 제2장을 작성해 교섭을 추진해도 좋겠다고 말한 뒤 우선 일본 정부의 훈령을 구하도록 하였다.

위에서 일·미양해안의 내용은 1) 일·미 양국이 품고 있던 세계관과 국가관, 2) 유럽전쟁에 대한 양국 정부의 태도, 3) 중국 상황에 대한 양국 정부의 관계, 4) 태평양에서의 해군병력과 항공병력, 해운관계, 5) 양국 간의 통상과 금융 제휴, 6) 남서태평양 방면에서의 양국의 경제적 활동, 7) 태평양의 정치적 안정에 관한 양국 정부의 방침 등 7개 항목으로 이루어졌다. 이것은 미국 측에서 보자면 일본 정부에 대해 많이 양보한 안이었다. 1)에서 미국이 일본에 민주주의를 강요하지 않은 것, 3)에서 '장제스 정권과 왕징웨이 정권의 합작'에 노력하기로 약속함으로써 만주국의 승인을 보장한 것, 5)에서 일·미통상조약은 사라졌지만 새로운 조약의 체결 가능성을 암시한 것, 거액의 금 태환을 약속한 것, 6)에서 석유, 고무, 주석, 니켈 등 중요 군사물자의 획득을 보장하고 필리핀을 포기하는 대신 독립을 보장한 것 등이 곧 미국의 양보를 뜻했다. 뿐만 아니라 실제로 성문화되지는 않았지만 이 교섭 도중에 드라우트는 만일 일본이 3국동맹을 탈퇴한다면 미국은 일·소전쟁 시 일본을 원조하겠다는 조항을 넣어도 좋다고 말했을 정도로 중요한 사안이 검토되었다.(앞의 책)

4월 18일의 각의 도중 이 양해안에 대한 보고가 이루어지자 고노에 총리는 곧바로 자리에서 일어나 그날 밤으로 정부통수부연락회의를 소집했다. 이 회의에서 3국동맹의 내용과 저촉되는 부분이 있는지 일말의 불안을 느끼면서도 고노에 총리대신, 히라누마 내무대신, 도조 육군대신, 오이카와 해군대신, 스기야마 참모총장, 나가노 군령부장 등은 모두 이 교섭에 찬성의 뜻을 표했다. 그리고 유럽에 출장 중이던 마쓰오카 외무대신에게 귀국을 서두르도록 지시했다.

일·소중립조약

이상과 같이 일·미교섭이 추진되고 있는 사이, 『시국처리요강』

에 기초해 3국동맹 체결을 통해 일본이 목표로 한 일·소불가침조약 교섭도 진행되고 있었다. 1940년 10월 일본 정부는 주소련대사 다테카와 요시쓰구建川美次를 통해 이 조약을 소련 측에 제안하도록 하고, 동시에 독일 측의 알선을 부탁했다. 독일은 '리벤트로프 복안'을 작성해 11월 몰로토프 외상에게 제시했다. 몰로토프는 원칙적으로 이에 찬성했지만 장래에 일본, 독일, 이탈리아와 같은 여러 파시즘 국가들과의 근본적 대립을 고려해 소련의 군사적 강화를 조건으로 한다면 3국동맹에 가입하거나 원조해도 좋다고 회답했다. 그러자 히틀러가 격노하였는데, 12월 18일 영국보다 먼저 소련을 짓밟도록 명령했을 정도였다.

그러나 일본은 어디까지나 3국동맹을 기반으로 하여 북방을 안전하게 만드는 데 집중하였으므로 1941년 2월 3일 대본영-내각연락회의에서 마쓰오카의 제안에 따라 '독일·이탈리아·소련과의 교섭안 요강'을 결정하고, 소련과의 조약체결을 위한 구체적인 방안을 세웠다. 이에 따라, 마쓰오카는 3월 12일 유럽으로 건너갔다. 24일 마쓰오카는 가는 길에 모스크바에 들러 일·소불가침조약을 의제로 제기하고(몰로토프는 이에 대해 중립조약을 암시) 26일 베를린에 도착해 히틀러, 리벤트로프와 회담하였다.

1941년 4월 13일 일·소중립조약에 서명하는 마쓰오카 외무대신. 뒷줄 가운데는 스탈린

1941년 5월 5일자 타임 지에 실린 일·소중립조약 체결 직후의 스탈린과 마쓰오카

당시 독일은 영국 타도가 초미의 관심사였으므로 일본에게 싱가포르 공격을 요구했다. 그리고 당시 미국이 영국을 원조하고 있는 이상 미국을 적으로 삼는 것을 마다하지 않았으며 이를 위해서라도 일본의 참전을 강하게 요구하였다. 이에 마쓰오카는 싱가포르 공격이 필연적으로 미국과의 충돌을 초래한다는 점을 충분히 이해하지 못한 채 그렇게 하기로 했다.

그런데 마쓰오카가 귀국할 무렵에서야 싱가포르 공격과 같은 군사행동에 대해서는 언질을 삼가라는 통수부의 의견을 접하게 되었다. 하지만 "독일 측은 마쓰오카 외무대신이 적어도 개인적으로는 싱가포르 공격에 관해 언질을 주었다고 이해"하고 있었다.(시게미츠 마모루重光葵, 『쇼와의 동란昭和の動乱』) 마쓰오카는 내심 미국과의 충돌은 피하고 싶었기 때문에 모스크바에서 일·미 교섭에 대해 주소련미국대사인 스타인하트와 환담을 나눌 정도였다. 이렇듯 독일과 일본 사이의 의견 차이에 대해 독일이 마쓰오카에게 독·소개전의 불가피성을 암묵적으로 피력했음에도 불구하고, 일본의 북방을 안전하게 하기 위해 4월 13일 마쓰오카는 귀국 도중에 모스크바에서 '일·소중립조약'에 조인하도록 지시했다. 당시 소련의 모든 국경선에 독일군이 배치되어 있었으므로 스탈린은 이 조약에 곧바로 찬성할 수밖에 없었다. 이렇게 해서 마쓰오카는 '인기스타'처럼 '일·미 양해안'이 전해진 4월 22일 일본으로 귀국했다.

독·소개전과 일·미교섭의 난항

4월 22일 마쓰오카가 귀국하자 '3국동맹'과 '일·미 양해안'이 상충하는 모순으로 인한 문제가 다시 불거졌다. 마쓰오카는 '일·미 양해안'의 회신을 중지시키고 감기를 이유로 5월 1일까지 두문불출하였다. 생각건대, 그는 "이 교섭은 내가 알지 못하는 근거를 바탕으로 추진되고 있다"고 생각하며 불만을 품은 것으로 보인다.(도쿄재판 당시 마쓰오카의 진술서) 그후 그는 미국의 원안과 육해군 사무당국이 작성한 수정안을 검토하고 여기에 대대적인 수정을 가해 이것을 5월 3일 연락회의에 회부해 대체로 승인을 얻어냈다. 수정된 내용의 주요 골자는 다음과 같다. 1) 3국동맹의 성격을 보다 명확히 하였다. 이에 관해서는 "3국동맹에 기초한 군사적 원조 의무는 이 조약 제3조(체약국 중 어느 하나가 체약국 이외의 제3국으로부터 공격을 당했을 경우 다른 체약국은 이에 대해 즉각 무력 원조에 관해 협의할 것)에 규정되어 있을 경우 발동하는 것은 물론이고"라고 부기하였다. 2) '중일전쟁'에 관해서는, 화의 조건을 열거한 부분을 모두 삭제하는 대신에, 일본이 화의 조건을 지시할 권리를 보유한다로 수정하였다. 3) 일본의 남서태평양 방면 진출에 관해서는, 정세에 따라 만일 타국으로부터 도발이 있다면 무력에 호소할 수밖에 없다는 것을 명시했다. 그런데 마쓰오카가 이 수정안을 곧바로 제출하지는 않았다. 그 전에 미국에 있는 노무라 대사에게 독일, 이탈리아의 필승을 확신하는 구두성명을 발표해 미국을 위협하고, 중립조약을 제안하도록 지시하였다. 노무라는 7일 헐 장관을 만나 중립조약에 관해 타진했으나 헐은 이에 응하지 않았다. 그러자 위의 수정안이 5월 12일 헐 장관에게 전달되었고 이에 따라 일·미교섭을 시작하게 되었다. 헐은 "이 제안을 보더라도 희망의 빛이 거의 보이지 않는다."고 느꼈다. 실제로 그는 "이 제안은 태평양 지역을 일종의 일·미 공동지배구역으로 두고, 일본이 인구와 부의 90%를 차지하는 지역을 지배하겠다는 이야기인데 이는 타국의 권리나 이익을 전혀 고려하지 않는 것"이라고 했다. 그럼에도 불구하고, 헐 장관이 향후 이것을 기초로 교섭을 추진하겠다고 수락한 이유는 "일·미 간의 제안을 근본적으로 토의할 수 있는 유일한 기회를 버리는" 것만큼은 피하고 싶었기 때문이었다.(코델 헐, 『회상록回想錄』)
그러나 헐이 이러한 결정을 내린 결정적 이유는 바로 유럽의 전황
때문이었다.

영국에 무기를 원조하는 수송선을 가리켜 루즈벨트는 '순찰patrol'
이라고 표현한 바 있고, 스타크 제독은 분명히 '호송convoy'이라고
적었다. 대통령은 5월 27일 비상사태를 선언하고 대통령선거 당시
의 공약, 즉 '공격을 받지 않는 한' 전쟁을 하지 않겠다는 말을 재해
석하기를, 공격이란 "북이든 남이든 우리의 연대를 위협하는 기지
가 지배당한다면 바로 그 때 시작하는 것"이라고 했다. 그리고 미국
의 '순찰'을 대서양의 북쪽과 남쪽으로 확대하고 더욱 더 많은 함선
과 항공기를 활용하겠다고 밝혔다. 6월 9일 『워싱턴 포스트』가 '순
찰' 도중에 독일 잠수함이 격침되었다는 기사를 실어 독자들을 긴
장하게 만들었다. 미 해군은 대서양 방면에서 사실상 전쟁상태에
돌입했다. 이러한 미국과 독일 사이의 긴장은 일본을 딜레마에 빠
뜨렸다.

일본이 한편으로 독일과 3국동맹을 맺고, 다른 한편으로 미국
과 교섭을 추진하는 것은 이러한 상황에서 더욱 어려워졌다. 이 때
마쓰오카가 독일과의 신의를 강조하면서 미국이 선전포고를 하지
않을 것이라는 가정 하에 싱가포르 공격을 주장했다. 즉 미국에 대
한 일본의 압박을 더욱 강화한 것이다. 미국으로서는 독일과의 관
계가 악화하면 할수록 군사적 견지에서는 일본과의 제휴가 더욱
필요해졌으나 일본의 강압적 제안을 그대로 받아들일 수는 없다는
입장이었다. 헐 장관과 노무라 사이에 빈번하게 회담이 이루어졌는
데, 5월 31일 미국은 어렵사리 대안을 노무라에게 보냈다. 이것은
비공식 제안이었는데, 미국안과 일본안의 중간이라고 보아도 무방
한 내용이었다. 그러나 노무라가 이것을 그대로 받아들이기를 주저

하고, 양국은 초안 작성 위원까지 조직해 문안을 조정하려고 했지만 성공하지 못한 채, 6월 8일 일본 정부에 그대로 보고되었다. 이 안은 11일과 12일에 걸쳐 연락회의에서 검토되었는데 마쓰오카의 반대가 심했다. 그 결과 "공정한 기반 위에서 성립되기를 바란다."고 회신하기로 했다. 헐 장관은 그루 대사로부터 마쓰오카 일파가 이 양해안에 반대한다는 이야기를 듣고서, 5월 21일의 제안에 다소 수정을 가한 미국의 대안과 마쓰오카 일파를 강경하게 비난하는 구두성명을 6월 21일 노무라에게 직접 건넸다. 이것이 24일 도쿄 정부에 보고되었는데 이미 22일에는 독·소개전 소식이 전해진 상황이었다.

독·소개전계획은 그해 봄부터 일본 정부의 주요 인사들이 알고 있던 상황이었으나 이것이 현실로 다가오자 일본의 외교방침은 혼란에 빠졌다. 그루는 당시 일본의 상황을 다음과 같이 지적했다. "1) 독일에 대해, 일본의 양손이 추축국협정에 묶여 있다. 2) 소련에 대해, 일본의 양손이 중립조약에 묶여 있다. 3) 중국과의 충돌 문제는 조금도 해결의 기미가 보이지 않는다. 4) 네덜란드와의 교섭은 정부의 선전으로 오랜 기간 기다려 온 성과를 거두지 못한 채 실패했다. 5) 일본의 대미관계는 본질적으로 계속 악화되었다."(『체일 10년滯日十年』)

정부는 일단 3국동맹을 재검토하기로 했다. 당시 고노에 등은 3국동맹을 통해 2가지 목적을 실현하고자 했다. 하나는 소련과의 국교 조정이었고 다른 하나는 미국의 참전 방지였다. 그런데 독·소 개전, 영국·프랑스의 대소 원조 표명으로 인해 일본이 바라던 3국동맹의 목적 가운데 절반이 불가능해졌다. 이에 고노에는 마쓰오카 외무대신이나 육해군 대신에게 3국동맹을 재검토하라고 지시하고, 이론적 귀결로서 3국동맹의 파기를 제시했다.

그러나 독일이 필승할 것이라 믿었던, 일본과 독일이 시베리아를 분할하는 것을 염두에 두었던 마쓰오카는 이를 문제로 생각하지 않았다. 군부대신도 독·소전은 "전쟁이라고 부를 것이 아니라 하나의 경찰 조치"로 끝날 것이라 관측하고 동맹 파기에 대해 굳이 검토하지 않으려고 했다.

이렇게 긴박한 상황 속에서 고노에 총리는 무언가 확실한 태도를 취하기 위해 연일 연락회의를 열어 마침내 7월 2일 어전회의에서 『정세의 추이에 따른 제국 국책요강』을 결정함으로써 일단 확실한 태도를 취할 수 있게 되었다. 그 과정에서 독일로부터 강한 지지를 얻고 있던 마쓰오카는 소련을 상대로 개전할 것을 적극 주장했으나 거부되었고, 그 대신 "잠정적으로 독·소전에 개입하지 않고 은밀하게 소련에 대한 무력행사를 준비"하되, "독·소전의 추이를 지켜보면서 상황이 일본제국에 유리하게 전개된다면" 소련을 상대로 한 무력행사에 나서기로 했다.

동시에 남방지역에 관해서는, "목적 달성을 위해 영국과 미국을 상대로 전쟁도 불사"하겠다고 결정하고, 『프랑스령 인도차이나(베트남) 및 태국 시책 요강對仏印泰施策要綱』과 『남방시책촉진에 관한 건』에 따라 남방정책을 더욱 강경하게 밀어붙였다. 전자는 군부의 제안으로 베트남과 태국 지역에 군사·정치·경제 협정을 맺고, 특히 베트남에 대해서는 무력을 행사해서라도 군사시설의 설치 승인 등 군사적 편의 제공을 요구한다는 내용이다.(1월 13일 연락회의, 2월 1일 각의, 상주, 재가를 거쳐 결정된 사항) 후자는 베트남 및 태국 시책을 더욱 강화한 것으로서 영국, 미국, 네덜란드가 방해할 경우 '더 이상 참을 수 없다'고 판단되면 영국과 미국과의 전쟁도 불사한다는 내용이다.(6월 12일 연락회의에서 결정된 사항)

이 회의야말로 '영미전도 불사하겠다'는 태도로 남진(남부 베트

남으로의 진주)을 결정한 획기적 사건이었다. 이것은 "소련에 대한 즉각 개전을 주장하는 강경론을 일단 달래기는 했지만, 이에 대한 일종의 보상으로서 베트남 진주라도 결정해야만 할 상황이었기 때문에" 이루어진 것이었다.(고노에, 『평화를 향한 노력平和への努力』) 그럼에도 불구하고 고노에는 당면한 대소전을 회피할 수 있었다는 데 만족하였고, 이를 계기로 일·미 교섭을 마무리 하지 않기로 했다. 그러나 "교섭이 진행되는 가운데 이러한 중대한 국책을 아무렇지도 않게 결정한 것은 허세가 아니라면 미치광이 짓거리로서 오른손이 한 일을 왼손으로 가리는 격이었다."(시게미쓰 마모루, 『쇼와의 동란』)

이러한 극비 결정은 곧바로 미국 측에 발각되었다. 미국은 일본 측에 교섭을 마무리하겠다는 성의가 없다고 판단하고 단념했다. 이를 계기로 일본에 대한 미국의 태도는 급속히 악화되었다.

한편 미국 측에도 일·미교섭을 곧바로 중단할 수 없는 새로운 사정이 발생했다. 미국은 독·소 개전 소식을 듣자마자 다음과 같이 판단했다. 독일을 소련과의 전쟁에서 완전히 지치게 만들어야 하는데, 일본이 독일과 손을 잡고 대소전을 개시하거나, 혹은 남방의 싱가포르로 진출하는 것은 결코 환영할 만한 일이 아니다. 이에 루즈벨트는 그루 대사를 통해 7월 4일 직접 고노에 총리 앞으로 메시지를 보내 태평양 지역의 평화유지를 위한 회담 개시와 일·소 개전을 피하도록 요구했다. 고노에는 이 메시지를 매우 중요하게 여기고 마쓰오카에게 그 내용을 전했다. 그런데 마쓰오카는 이것을 경시하고 8일 회답 차원에서 미국이 유럽의 전쟁에 개입할 의사가 있는지 여부를 확인하고 싶다는 내용을 적어 그루에게 전했다. 그러자 17일 미국은 독일에 대한 자위권 발동은 당연하다고 말하고 다가올 참전을 위한 준비에 들어갔다. 7일 아이슬란드 진주에 관한 발표는 그 신호탄이었다. 7월 8일 노무라 대사는 6월 21일의 미국 측 제안에 대한 회신을 보내달라고 거듭 요청했다.

미국 측의 제안은 10일 연락회의에서 심의되었다. 마쓰오카는 특별히 그의 심복인 사이토 료에이斎藤良衛(외무성 고문)의 출석을 요청하고 전면적으로 교섭에 반대한다고 주장했다. 고노에는 그날 밤 몰래 육군대신, 해군대신, 내무대신과 숙의한 끝에 12일 연락회의에서 육해군 공동의 의견으로서, 1) 유럽전쟁에 대한 일본의 태도는 조약상의 의무와 자위自衛에 따라 결정한다. 2) 중국문제에 대해서는 고노에의 3원칙을 기준으로 하고 미국이 휴전 및 화의를 권고할 수는 있지만 화의 조건에 대한 개입은 허락하지 않는다. 3) 태평양에서 필요한 경우 일본의 무력행사를 인정한다. 이 세 가지만 명확하다면 나머지는 미국 측의 제안대로 가도 상관없다고 밝혔다.

마쓰오카도 결국 이 의견에 동의하기는 했지만 12일 연락회의 후 작성된 최종안에 대해서는 아프다는 핑계로 읽어보려고도 하지 않았으며, 그는 그 사이에 독일대사를 만나고 있었다. 14일 마쓰오카의 의견이 반영된 최종안이 작성되었으나 마쓰오카는 이것을 곧바로 미국 측에 전달하지 않은 채, 우선 앞에서 설명한 헐 장관의 구두발표에 반대하라는 훈령을 내리고 나서 2~3일 후 일본 측의 최종 대안을 전송하자고 주장했다. 고노에 등은 헐 장관의 구두발표에 반대하라는 훈령 내용에 대해, 미국의 처사가 '무례하고 경우에 맞지 않는 문서'이며 "미국 정부가 우선 이를 철회하지 않으면 일본은 양해안의 심의를 진행하지 않겠다"고 되어 있는데, 이 내용이 미일 간에 갈등을 유발할 수 있다고 보았다. 이에 고노에는 훈령의 이행을 중지하든지, 또는 그 내용을 완화하든지, 아니면 최소한 일본 측의 최종 대안을 동시에 보내야 한다고 강조했다. 마지막 날인 7월 14일 테라사키寺崎英成 미국국장, 무토·오카 양 군무국장,

도미타 간초富田翰長 등이 미국을 향해 동시에 전문을 발송하느라 분주한 가운데, 사이토 료에이 고문이 마쓰오카의 지시로 고노에를 방문했다. 그런데 이때 고노에는 외무대신에게 분명히 구두발표 거부 훈령과 일본 측 최종 대안을 동시에 보내라고 지시했음에도 불구하고, 테라사키 미국국장을 거치지 않고 사이토 고문의 명의로 헐 장관의 구두발표를 거부한다는 훈령만 송신되고 말았다. 게다가 마쓰오카는 사카모토坂本 유럽·아시아국장을 통해 일본의 대안이 미국에 전송되기 전에 독일에 미리 알리려고 했다. 그러자 테라사키 국장은 재빨리 다음 날인 15일 아침 오하시大橋 차관이 출근하기를 기다렸다가 그의 서명을 받아 마쓰오카 외무대신을 건너뛰고 일본 측 최종 대안을 미국에 보내는 비상수단을 취해야만 했다.(이 회답 전보는 제3차 고노에 내각의 새로운 훈령을 기다린 후 노무라가 제출하기로 했다.)

헐 장관은 자신의 발언이 그런 방식으로 해석되었다는 것에 놀라며 7월 7일 자신의 발언을 철회했지만, 노무라 대사는 곧바로 마쓰오카에게 사의를 표명했다. 상황이 이렇게 되자, 고노에 총리도 몹시 당황했다. 그는 15일 내무, 육군, 해군의 세 대신들과 협의하는 과정에서 "외무대신을 경질하든지, 내각이 총사직하든지, 둘 중 하나는 결정해야 한다."고 말했다. 이 자리에서, 마쓰오카만 파면하게 되면 그가 미국의 일본 내정간섭에 분개하여 또 다른 파문을 일으킬 수 있기 때문에 총사직 쪽으로 거의 의견이 기울었다. 천황이나 기도木戸 내대신 역시 어쨌든 마쓰오카만 사직시킬 수는 없다며 고노에를 설득하고자 했다. 그런데 고노에는 자신이 '마쓰오카가 아니면 육군을 제어할 수 없다'고 생각해 사람들의 반대를 무릅쓰고 외무대신 자리에 앉혔기 때문에 마쓰오카를 그만두게 하는 것은 곧 자신의 책임이라는 식으로 생각해 납득하지 못했다. 결국 고노에는 자신의 후계로 히라누마를 추천하였고 16일 각료 전원이 천황에게 사직서를 제출하였다.

제3차 고노에 내각과 남부 베트남 진주

7월 17일 천황의 명령으로 중신회의가 소집되었다. 후계내각 문제가 논의되었는데 전원일치로 고노에의 유임을 결정하고 새로 내각을 조직하도록 하였다.

고노에는 곧바로 내각 구성에 들어가 18일 취임식을 마치고 제3차 고노에 내각을 꾸렸다. 새 내각의 최대 관심사는 토요다 테이지로豊田貞次郎의 외무대신 취임이었다. 토요다는 일·미 간의 전쟁만큼은 반드시 피해야 한다고 주장한 사람이었다

고노에는 '토요다 외무-노무라 대사'로 이어지는 외교라인에 대해 "죽을 각오로 이것(일·미교섭)의 성립을 위해 노력하고, 천황의 뜻을 받든다."는 자신의 심경을 밝혔다. 설령 그것이 사실이라고 해도 현실은 녹록치 않았고, 오히려 상황은 그 반대로 치달았다. 육군과 해군의 두 통수부는 토요다 외무대신의 뜻에는 찬동하지 않았지만 고노에 내각에 지지를 보낸다는 태도를 취하며 7월 21일 1) 국책의 근간은 7월 2일 어전회의 결정에 따라 수행하도록 하되, 특히 베트남에 대한 군사적 조치를 기존의 방침대로

제3차 고노에 내각 각료(1941년 7월 19일)

실행할 것, 2) 남방과 북방에 대한 전비의 촉진, 3) 3국동맹에 위배되지 않는 선에서 일·미교섭을 진행하되 앞서 지적한 3개 항목을 관철할 것을 요구했다. 때마침 남과 북에서 중대한 군사행동이 시작되었다.

그에 앞서 5월 6일 베트남 경제협정이 체결되었고, 베트남 및 태국의 평화조약도 일본의 중개로 5월 9일 조인되었다. 1941년 1월 고바야시 사절, 무카이 대표의 뒤를 이어 특사로 임명된 요시자와 겐키치芳沢謙吉가 시작한 네덜란드령 인도네시아와의 교섭은 순조롭게 진행되었다. 즉 1월 16일 이시자와石沢 총영사로부터 네덜란드령 인도네시아 입국의 제한 완화, 일본인 기업경영의 증진 강화, 석유·고무·주석 등 공급 확보를 내용으로 하는 제안이 이루어졌다. 그런데 네덜란드령 인도네시아 정청은 일본의 '공영권'에 들어가는 것을 우려해 회답을 망설였다. 이에 2월에는 단순히 경제문제에 한 해 교섭을 진행했는데 5월 14일 요시자와 사절이 제2차 제안을 했다. 이에 대한 6월 6일의 회답에서 일본의 요구가 받아들여지지 않자, 결국 6월 18일 "일본 대표부는 이번 경제회의가 만족

네덜란드령 인도네시아 측 최후의 회답을 듣고 있는 요시자와 전권(오른쪽에서 두 번째, 1941년 6월 6일)

스런 결과에 이르지 못한 것을 유감으로 생각하지만 이번 교섭의 단절이 곧 양국의 정상적인 관계의 단절이 아니라는 점은 재론할 필요도 없다."는 공동성명을 발표하고 교섭을 끝낸 뒤 27일 요시자와 사절은 귀국했다. 25일 연락회의는 12일의 『남방시책촉진에 관한 건』을 다듬어 대본영 육해군부가 작성한 ABCD포위진을 근거로한 설명문을 보강해 남부 베트남 진주에 대한 상주와 재가를 요청했다. 이러한 과정을 거쳐 전술한 7월 2일 어전회의에서 진주가 결정되었다.

7월 하순 이후 육군은 '관동군특종연습関東軍特種演習'(소련에 대한 작전준비)의 일환으로 만주에 16개 사단, 30만 명의 병력을 동원했다. 그런데 이때는 아직 대소전 여부를 결정하기 전인데, 독·소전이 일본에 유리하게 전개될 때까지 기다리는 상황에서 이루어졌다. 따라서 그 후 육해군 사이에 절충을 거쳐 8월 6일의 연락회의에서 소련에 대비한 방위를 엄격히 하되 일·소 간의 개전은 적극 회피한다는 방침이 결정되었다. 이에 육해군은 모두 남방 진출에 전념하기로 하였다.

이렇게 해서 베트남 진주에 관한 교섭이 7월 14일부터 시작되었다. 23일에는 일본과 베트남 사이에 공동방위협정이 체결되었다. 26일 일본 정부가 이를 공포하고, 29일에 남부 베트남 진주가 시작되었다. 이 군사행동이야말로 일·미교섭을 파국으로 몰아넣은 결정적 사건이었다.

미국 정부는 베트남 진주 문제에 이상할 정도로 큰 관심을 보였다. 당시 헐 장관은 병환으로 치료 중에 있었는데, 15일과 21일에 해밀턴 국장과 발렌타인 참사관, 웰즈 차관을 통해 이것의 진위 여부를 노무라 대사에게 물어왔다. 24일 루즈벨트는 스타크 작전부장의 중개로 노무라 대사를 만났을 때, "일본에 대한 석유 금수 조치를 연장한 것은 바로 이러한 사태를 방지하기 위함"이었다고 말했다. 그리고 "지금이라도 늦지 않았으니 베트남을 스위스와 같은 중립 지대로 만들겠다는 협정을 체결하면 일·미관계가 그리 악화되지 않을 것"이라고 전했다.

그러나 일본 정부는 이러한 제안을 받아들이지 않았다. 일본-베트남 방위협정이 발표되자 26일 미국과 영국은 곧바로 일본자산을 동결하고, 필리핀군을 미군 지휘 아래 두고 중국에 미국 군사고문단을 파견했다. 8월 1일 미국은 일본에 대해 면화와 식량을 제외하고 석유를 포함한 일체의 수출을 금지했다.

석유의 전면 금수조치가 발령되자 해군도 석유가 점점 바닥나는 것을 지켜보느니 기선을 제압해 전쟁을 개시하는 편이 낫다는 쪽으로 기울었다. 석유 수입이 불가능하다면 일본 해군은 채 2년도 버티지 못하고 기능을 상실할 것으로 내다보았다. 당시 기준으로 1일 대기상태에만 약 12,000톤의 석유를 소비하였다. 경제적 단교의 고통은 자못 컸다. 절망적이라고 예상한 일·미교섭을 타개하기 위한 노력이 시도되었다. 24일 루즈벨트가 제안한 '베트남의 중립화' 방안을 실마리로 삼았다. 고노에는 거의 매일 연락회의를 열고 우익 측에게도 손을 써서 8월 4일의 연락회의에서 대미협상안을 결정하였다.

그러나 여기에 베트남을 중립화하겠다는 말은 없었다. 일본 측은 베트남 이외의 남서 태평양에 진출하지 않겠다는 것, 미국 측도 남태평양 지역에서 군사적 조치를 중지할 것 등이 주된 내용이었다. 이에 8월 6일 노무라가 헐 장관에게 이것을 전달했을 때, 그는 "일본이 무력 정복을 그만두지 않는 한 협상의 여지는 없다."고 냉담하게 답했다. 8일에 다시 헐 장관은 노무라에게 일본의 회답은 완전히 핵심에서 벗어났다는 취지의 미국 측 회답을 건넸다. 이카

일본군의 남부 프랑스령 인도차이진주(1941	일본자산의 동결을 보도한 신문(『도쿄
년 7월)	아사히』, 1941년 6월 27일)

와, 이와쿠로는 이것으로 교섭은 실패로 돌아갔다고 걱정하며 7월 31일 워싱턴을 출발해 일본으로 귀국했다. 이들은 국내에서 대미 신중론을 역설하며 돌아다녔으나 효과는 없었다. 이와쿠로는 얼마 후 연대장으로 '영전'하여 베트남으로 부임했다.

8월 초 막다른 골목길로 접어든 고노에는 마지막 수단으로서 루즈벨트와의 직접회담을 떠올리게 되었다. 8월 4일 이러한 구상을 고노에가 육해군 양 대신에게 털어놓자 해군대신은 그 자리에서는 즉답을 회피했지만 그날 안에 찬성의 뜻을 밝혔고, 육군대신은 문서를 통해 "1) 헐 장관 이하 인사와의 회견이라면 동의할 수 없다. 2) 회견 결과 성공하지 않더라도 사직하지 않고 오히려 대미전쟁의 선두에 설 것을 조건으로 찬성한다."고 하였다. 고노에가 6일의 연락회의 직후에 천황에게 이 뜻을 상주하자, 천황은 "빨리 진행하라"고 재가하였다. 그러자 고노에는 이 회담에서 육군이 반대하고 있는 철병문제와 관련해 필요하다면 회견지에서 직접 천황에게 전보로 상주하여 재가를 청하기로 하고 "목숨을 걸고서라도" 회담을 성사시키기로 결심하고 7일 노무라 대사에게 훈령을 보냈다. 이 훈령을 보냈을 때 루즈벨트는 처칠과의 회담(대서양회담)을 위해 부재중이었으므로, 노무라는 다음날인 8일 헐 장관에게 이를 전해 달라고 부탁했다.

처칠과의 회담을 마치고 돌아온 루즈벨트 대통령은 곧바로 17일 노무라 대사를 불러 헐 장관이 동석한 가운데, 일본의 남방지역 무력행사를 비난하는 강경한 각서(이것은 대서양헌장을 선언한 회담에서 처칠에게 약속한 내용이었다.)를 전달하면서 정상회담에 대해서는 찬성의 뜻을 표했다. 다만 일본 정부에게 "현재의 태도와 앞으로의 계획을 가장 명료한 방식의 성명서로 발표할 것"을 요구했다.

8월 26일 연락회의에서 17일의 루즈벨트 대통령의 요구에 대한 회답이 결정되었고, 대통령 앞으로 보내는 '고노에 메시지'가 채택되었다. 이 두 개의 문서는 28일 노무라 대사를 통해 대통령에게 직접 전달되었다. 대통령은 '고노에 메시지'를 읽더니 회담에 임할 듯한 표정을 지었다.(노무라 기치사부로, 『미국에 사신으로서』) 그러나 9월 3일 대통령의 비서는 고노에가 대통령에게 회담을 제의했다는 사실을 공식적으로 부인하고, 같은 날 대통령이 노무라를 비밀리에 불러 고노에 메시지에 대한 답장과 미국 정부의 각서를 건넸다. 이 때 대통령은 기존의 정책을 변경하기에 국내 여론이 좋지 않아서 상당히 어려운 상황에 처해 있다고 말하고, 이전처럼 정상회담에 적극적으로 임하려는 자세를 보이지 않았다. 각서는 미국의 6월 21일안과 동일한 것이므로 바로 그 지점에서 논의를 시작했으면 좋겠다고 했다. 고노에-루즈벨트 회담이 진행되기 위해서는 어느 정도의 보장이 필요하다면서 예비회담을 제안한 것이다. 다음날인 4일 노무라가 헐 장관을 만났을 때 헐의 태도는 더욱 굳어져 있었다. 그는 어떻게든 '4원칙' 만큼은 반드시 지켜야 한다는 전제조건을 달았다. 노무라가 대통령으로부터 2개의 문서를 건네받은 9월 3일의 연락회의에서는 새로운 제안이 결정되었다. 그것은 9월 4일 토요다 외무대신이 그루 대사에게, 노무라 대사가 다시 헐 장관에게 2중의 경로를 거쳐 전달되었다. 그러나 미국 측은 이 내용이 오히려 8월 28일의 제안보다 그 범위가 더 좁혀졌다며 싸늘하게 일축했다.

『제국국책수행요강』

이렇게 비밀리에 교섭이 질척거리며 진행되는 가운데, 일본에서 차츰 교섭에 관한 내용이 새어나가기 시작했다. 그러자 육군 측의 반대의견이 고조되어 8월 무렵부터 참모본부의 수뇌부까지 교섭무용론을 제기하더니 일·미전쟁론으로 기울어져 갔다. 그리하여 통수부의 요구와 제안에 따라 9월 6일 어전회의에서 『제국국책수행요강』이라는 중대 결정이 내려졌다. 그 내용은 다음과 같다.

> 제국은 현재의 급박한 정세, 특히 미국·영국·네덜란드 등 각국의 집요한 대일공세, 소련의 정세, 그리고 제국 국력의 한계 등을 감안할 때, '정세의 추이에 따른 제국국책요강' 중 남방에 대한 시책을 다음과 같이 실시한다.
>
> 1. 제국은 자존·자위를 위하여 대미(영국·네덜란드) 전쟁을 불사하겠다는 결의 아래 10월 하순을 목표로 전쟁준비를 완비한다.
> 2. 제국은 이와 병행하여 미국·영국에 대해 외교 수단을 통해 제국의 요구를 관철하도록 노력한다. 이와 관

련해, 대미(영) 교섭에서 제국이 달성해야 할 최소한의 요구사항과 제국이 받아들일 수 있는 양해 한도는 별지와 같다.

3. 위와 같은 외교교섭에 따라 10월 상순 무렵이 되어도 우리의 요구가 관철되지 않을 경우에는 곧바로 대미(영국·네덜란드) 개전을 결의한다.

남방 이외의 시책은 대체로 기존 국책에 따라 이를 수행하되, 특히 미소의 대일연합전선이 구축되지 않도록 노력한다.

별지의 항목은 다음과 같다.

제1 대미(영) 교섭에서 제국이 달성해야 할 최소한의 요구사항

1. 미, 영은 제국의 중일전쟁 처리를 용인하든지, 이를 방해하지 말 것

2. 미, 영은 극동에서 제국의 국방을 위협하는 행위를 금할 것

3. 미, 영은 제국의 소요물자 획득에 협력할 것

제2 제국의 양해 한도

1. 제국은 프랑스령 인도차이나(베트남)를 기지로 삼아 중국을 제외한 근접지역에 대해 무력 침략을 하지 않는다.

2. 제국은 공정한 극동 평화 확립 후 베트남에서 철병할 용의가 있다.

3. 제국은 필리핀의 중립을 보장할 용의가 있다.

이처럼 미국의 이해와 명백히 대립되는 내용을 조건으로 내걸기 위해 일본 정부는 결국 교섭 기한을 정해두었다. 날마다 석유 등 전략자원의 저장고가 소진되어 가는 일본으로서는 교섭을 연장하면 할수록 불리하기 때문에 기한을 설정한 데에는 충분한 이유가 있다. 그러나 내용상 이것은 그야말로 10월 상순에 선전포고를 하기로 결정한 것이나 다름없다.

이 어전회의 전날에 천황은 육해군 통수부장이 찾아오자 "오늘날 세상 돌아가는 모양을 보아하니 외교에 중점을 둘 필요가 있다."고 말하고, 어전회의 석상에서는 "사방의 바다 모두 동포로 여겨지는 이 세상에 왜 풍랑이 일어 시끄럽게 하는가"라는 메이지 천황의 노래를 읊었다. 즉 천황은 거듭 '평화애호'의 취지를 전달하려 했다고 전한다.(고노에, 『평화를 향한 노력』) 그러나 '외교가 주主, 전쟁은 종從'이라는 말도 있지만, 개전 시기를 목표로 내걸고 전쟁준비에 들어간 상황 자체가 결국 외교교섭을 더욱 불가능하게 만들었고 필연적으로 전쟁을 초래했는데, 이에 대한 책임 있는 행동은 그 어디서도 찾아볼 수 없었다.

고노에의 퇴장

9월 6일 어전회의에서 일·미교섭의 기한이 설정되자, 사태의 진행에 초조해진 고노에는 결국 일·미정상회담에 마지막 희망을 걸었다. 일·미교섭이 좀처럼 진전되지 않고 정상회담 제안이 성사될 기미를 보이지 않는 가운데 도쿄와 워싱턴 사이에서 전보를 통한 노무라 한 사람의 노력만으로 일본의 진의를 충분히 전달할 수 없다고 판단한 고노에가 『제국국책수행요강』이 결정된 9월 6일 밤 비밀리에 그루 대사를 만났다. 이것은 육군, 해군, 외무의 세 대신의 양해 아래 이루어진 것인데, 고노에의 비서관인 우시바 도모히코 牛場友彦와 미 대사관의 참사관인 도우먼Eugene H. Dooman이 배석하였다. 이 자리에서 고노에는 이 내각이 일·미교섭을 마무리할 수 있는 마지막 기회이며 대표의 인선도 대체로 끝났다고 전하고 대통령과의 정상회담이 조기에 이루어질 필요가 있다고 역설했다. 이에 그루는 "오늘 회담한 내용을 보고하겠다"고 약속하고, "이 보고는 본직이 외교관 생활을 시작한 이래 가장 중요한 전보가 될 것"이라는 감회를 담아 답변했다.(그루,『체일10년滯日十年』)

그리고 10일 토요다 외무대신은 그루를 초빙해 비밀리에 대통령과의 회담이 필요하다고 말하고 27일에도 재차 그루를 만나고 나서 노무라 앞으로 정상회담 실현에 관한 훈령을 발송했다.

이러한 고노에 내각의 정상회담을 향한 마지막 노력은 그루로 하여금 9월 27일 장문의 보고를 통해 워싱턴이 회담을 추진하는 게 좋겠다는 의견을 개진하게 만들었다. 그의 보고는 일본에 대한 어떠한 행동도 필연적으로 위험을 내포한다는 사실을 인정하면서도, 최근 고노에 내각의 진심 어린 노력을 보건대 양국 정상의 회담은 극동 상황의 악화를 최소한도로 막고, 확실히 건설적인 성과를 거둘 수 있는 본질적인 희망이 있다고 진단했다.(그루, 앞의 책)

그러나 교섭은 워싱턴과 도쿄에서 모두 난항을 거듭했다. 9월 10일 그루가 일본 측에 한 통의 질의서를 전달했는데, 이것은 9월 4일의 일본안에 대한 회답이다. 그 내용은 일본안이 미국 측 양해안의 범위를 부당하게 제한하고 중국문제를 피하고 있다는 점을 격한 어조로 비난하는 것이었다. 그러자 일본 측은 육해군 통수부의 의견을 반영해 9월 20일 연락회의를 열고, 미국 측 질의서에 대한 회답과 중국문제를 검토한 뒤 최종안을 결정했다. 이것은 기존의

일·미양해안 내용으로 돌아가 6월 21일의 미국안에 대한 일본 측의 수정안 성격을 띠었다. 일·미교섭의 쟁점도 이 무렵에는 이미 명확해진 상황이었다. 여기서 쟁점은 곧 원칙적으로는 4월 16일 이래 헐 장관이 고집하던 4원칙인데, 구체적으로는 3국동맹, 중국주둔, 기회균등 등의 3가지 문제였다. 고노에의 수기인 『일·미교섭에 관하여日米交渉に就いて』에서 지적하고 있듯이, 당시 그의 생각은 다음과 같다. 즉 3원칙에 대해서는 그루와 회담할 때 '주의主義'에 관해서는 고노에 역시 이의가 없다고 언명하였으므로 문제가 없었지만, 육군과 외무성 일각에서는 주의 문제에 반대하는 움직임이 있었다. 하지만 이제 와서 새삼 이것을 부정하면 일·미교섭이 불가능해지므로 이 문제에 관해서는 적잖은 고려가 필요했다고 전한다. 아울러 경제원칙 문제에서 일본은 중국에서 기회균등을 승인할 의사가 있고, 일본과 중국의 지리적 특수 관계는 미국도 양해할 것으로 생각했다. 3국동맹에 대해서는 독일과의 관계 때문에 문서화하기는 어렵겠지만 정상회담이 이루어진다면 논의는 충분히 가능하다고 보았다. 마지막으로 군대주둔 문제와 관련해서는 육군이 철병을 완강히 반대하고 있는 상황이기 때문에 만일 장애가 될 사안은 바로 이 군대주둔 문제라고 여겼다.

그런데 미국이 문제시하고 있는 부분은 군대의 주둔 자체가 아니라 일단 철병 후 새로운 협정을 맺고 이에 따라 주둔하는 형식을 취하자는 것이었으므로 고노에는 필요하다면 회견장에서 직접 천황에게 보고를 드리고 재가까지 얻어 결정하겠다는 비상수단까지 염두에 두고 있었다.

그런데 일·미교섭이 정체된 가운데 대본영의 육해군부는 10월 하순을 목표로 각각 미국·영국·네덜란드와의 전쟁 준비 완결에 몰두하고 있었다. 대본영 해군부는 9월 1일 전시편성을 전 군에 발령했다. 대본영 육군부陸軍部도 개전결의 전의 준비로서 9월 18일 정세의 추이에 따라 즉각 대응할 수 있는 작전준비를 하달했다. 해군은 전년도 11월의 출동준비에 따른 함대 편성과 약 63만 톤의 선박 징용에 이어서 추가로 49만 톤, 265척의 선박을 징발했다. 육군은 관동군특종연습에 따라 만주에 있던 제51사단을 비롯해 재만항공 지상부대, 내지동원부대를 남중국, 타이완, 북부 인도차이나로 이동시키기 시작했다.

9월 25일 연락회의 석상에서 육해군 통수부장은 『제국국책수행요강』에 기초한 화의 또는 전쟁개시 결정을 늦어도 10월 5일까지 내려줄 것을 정부에 요청했다. 10월 말까지 전쟁준비를 완료하기 위해서는 적어도 2주 전에 개전 결의가 필요하다고 보았기 때문이다. 고노에는 다급해졌다. 연락회의 산회 후 각료들을 총리관저로 데리고 가서 군부의 요구가 강렬한 요망인지 아닌지를 물었다. 그러자 도조 육군대신이 "그것은 강렬한 요망이다. 아니 요망이라기보다는 9월 6일의 결정을 그대로 다시 언급한 것뿐이다."라고 답했다. 도조는 또 27일에 오이카와 해군대신과 만나 9월 6일 결정에 대한 해군 측의 태도를 바로잡으며 육군의 강경태도를 토로했다.

10월 2일 미국 측으로부터 한 통의 각서가 노무라 대사에게 전달되었다. 이것은 9월 27일의 일본 측 최종안을 무시하고 9월 4일 안에 대한 회답 형식을 띠었는데, 내용은 4원칙의 확인과 중국과 인도차이나에서 전면 철병 등을 요구하는 것이었다.

> 우리 정부는 일본국 정부가 그 목적에 관해 오늘까지 보여 준 태도로 미루어 보건대, 일본국 정부는 이러한 원칙을 실제로 적용하는 것에 대해 제한을 두거나 예외를 설정함으로써 무언가 국한시키려는 인상이다. 만일 이러한 인상이

잘못된 것이 아니라면 일본국 정부와 이러한 상황에서 정상 간의 회견은 양국이 상호 고려할 수 있는 높고 원대한 목적의 증진에 기여해야 한다고 생각한다.

그리고 헐 장관은 노무라에게 "미국 정부는 회담 전에 미리 대강의 양해가 성립되지 않으면 양국 정상 간 회담은 위험하다고 생각한다. 그리고 태평양에서 모든 부문의 평화유지를 위해서는 임시방편patched up식 양해로는 불가능하고, 확실한 협정clear-cut agreement이 필요하다"고 말했다. 이 말을 듣고 노무라는 "이 정도 회담이라면 도쿄에서는 분명히 실망할 테지만 아무튼 전달하겠다."고 답했다.(노무라 기치사부로, 『미국에 사신으로서』)

이로써 고노에의 정상회담에 대한 기대는 산산이 부서졌다. 일·미교섭의 의견차는 기도木戸의 표현을 빌자면, '일본이 미국에게 2층에 올라와 아름다운 풍경을 함께 감상하자고 권하자 미국은 미리 어떤 풍경인지를 말해 달라'는 식이었다. 일본이 '아무튼 위에 올라와 보면 알 수 있다'고 말하고, 결국 그것으로 더 이상의 대화는 끝이 나고 말았다.(『기도일기』) 9월 27일 이래 가마쿠라鎌倉에 틀어박혀 고심하던 고노에는 이 각서를 받아들고 10월 4일 천황을 방문한 후, 총리대신, 육군대신, 해군대신, 외무대신의 세 대신, 육해군 통수부장, 외무성 아메리카국장만 참석하는 연락회의를 열었다. 토요다 외무대신이 미국이 보내온 각서에 대한 회신안 전문을 읽었는데, 더 신중할 필요가 있다며 심의도 하지 않고 산회하였다. 이 연락회의와 다음날 고노에의 별장에서 있은 도조 육군대신과의 회담에서, 고노에는 교섭을 계속하겠다는 결의를 적극적으로 밝혔다.

그러나 육해군, 정부, 대본영 등은 미국 측 각서를 진지하게 검토한 후 각각 입장을 정리하였다. 육군에서는 10월 6일 수뇌부회의를 열고 다음과 같은 방침을 결정하였다. 1) 육군은 일·미교섭을 타결할 시간이 없다고 생각한다. 결국 개전을 피할 수 없다. 2) 주둔문제는 기존 조건에서 변경할 수 없다. 3) 만일 외교당국이 타결 전망이 있다고 한다면 10월 15일을 기한으로 교섭을 속행해도 상관없다.

10월 7일 늦은 밤 이처럼 강경한 결의를 배경으로 도조 육군대신이 고노에 수상관저로 찾아가 다음과 같이 육군의 결정적 태도를 밝혔다. "주둔에 관해서는, 미국이 주장하는 것처럼 원칙적으로 일단 전부 철군하되 그 후 주둔병이라는 형식을 군으로서는 절대로 승복할 수 없다."

그날 도미타 서기관장은 기도 내대신에게 '육군은 교섭할 뜻이 없고, 해군은 교섭을 계속하기를 바라지만, 중견 간부들은 육해군이 한뜻으로 강경하게 결의하기를 바라고 있다.'고 전했다. 또 그날 육해군 통수부장 간 회담에서는 육해군의 의견이 완전히 일치했다고 했지만, 이튿날인 8일 기무라 헤이타로木村兵太郎 육군차관은 히가시구니노미야東久邇宮(황족)를 방문해, 미국의 조건을 받아들일 수 없으므로 육군은 교섭을 단념하고 개전을 결의했다고 밝혔다. 해군이 아직 교섭을 계속하기를 바라고 있으므로 현재 교섭중이라고 보고했다. 또 나가노의 메모에 따르면, 해군은 1) 교섭을 연장하면 작전상 어렵다. 2) 교섭을 추진한다면 반드시 성사시킨다는 신념으로 하라는 태도였다. 10일 도조는 재차 고노에를 만나 대본영의 견해를 전하며 총리의 결단을 촉구했다. 그것은 다음과 같은 내용이었다. 1) 양보 없는 미국의 태도를 보건대 대미교섭 타결 전망은 없다. 2) 미국이 주장하는 4원칙을 무조건 인정하는 데 반대하고 중국에서의 주둔조건 및 양보에 관해서도 반대한다. 3) 9월 6일의 어전회의 결정을 변경할 뜻이 없다.

고노에와 토요다는 외교수단을 통한 국면 타개에 기대를 걸고 10월 10일 두 차례나 회담을 열고 일·미교섭을 계속할 방법을 협의했다. 또 7일과 10일에는 토요다가 그루와 회견하고 9일에는 노무라가 헐 장관을 방문해 미국 측의 의향을 타진했다. 미국은 6월 21일의 제안과 10월 2일의 각서에서 한 발짝도 양보하지 않으려 했다. 즉 그것이 교섭의 최소한의 조건이라는 태도였다. 고노에는 결국 교섭을 중지하고, 화의 또는 개전 중 하나를 결정해야만 하는 마지막 순간에 놓였다. 고노에의 제50회 생일인 10월 12일 그의 별장에서 마지막 5대신 회의가 열렸다. 출석자는 고노에 총리대신을 비롯해 도조 육군대신, 오이카와 해군대신, 토요다 외무대신, 스즈키 기획원 총재였다. 그 자리에서 격한 논쟁이 벌어졌는데 결국 결론을 내리지 못하고 도조의 제안으로 다음과 같이 합의사항을 정리하는 데 모두 동의했다.

일·미교섭에서,
1. 주둔문제와 이를 중심으로 한 여러 정책을 변경하지 않는다.
2. 중일전쟁의 성과에 동요를 일으키지 않는다.
이 조건으로 외교의 성공을 거둘 수 있다면 통수부가 바라는 시기까지 확신을 줄 것.
이러한 확신 하에 외교적 타결방침을 추진한다.
이러한 결심으로 교섭을 추진하는 사이 작전상의 여러 준비는 중단한다.
이에 관해 외무대신으로서 가능성 여부를 연구할 것.

이 조건은 미국 측의 태도와 전면적으로 대립하는 내용이었다.

이 때 해군 측에서는 내심 전쟁을 바라지 않았다고 한다. 그러나 이를 표명하기 어려웠기 때문에 화의 또는 개전 결정을 총리대신에게 미루는 태도를 취했다. 즉 전쟁을 하려거든 전쟁으로 결정하고, 교섭을 계속하려거든 무슨 일이 있어도 그것을 성립시키도록 밀어붙이라고 했다.

육군에서는 이 말을 이어받아 주둔에 대해서만큼은 육군의 생명과 직결된 문제로서 한 발짝도 양보할 수 없다고 못 박았다. 그리고 과연 교섭 타결의 전망이 있기는 한 것인지 총리대신과 외무대신에게 물었다. 육군이 부하를 다룰 수 있는 유일한 방법은 해군이 전쟁을 바라지 않는다고 공식적으로 표명하는 것에 있다고 주장했는데 해군은 체면상 그것을 표명하기 어려웠다. 이렇게 도조 육군대신의 교섭중단론에 대해 총리대신, 외무대신, 해군대신 그 어느 누구도 이의를 제기하지 못했다.

14일 각의에서 도조가 중국 철병에 반대하며 일·미교섭의 중단을 주장함으로써, 내각의 의견 대립이 표면화되었다. 같은 날 도조는 스즈키 데이이치를 통해 고노에에게 면회 사절과 내각 총사직을 진언했다. 스즈키는 15일 기도에게, 16일 히가시구니노미야에게 이같은 취지를 전했다. 요컨대 이것은 육군이 내각불신임 태도를 표명한 것이며 내각 타도 운동에 앞장 선 것이다. 도조는 고노에에게 후계내각 수반에 대해 언급했다. 육해군을 모두 장악할 수 있는 자는 황족밖에 없으며 히가시구니노미야가 적임자라고 하였다. 고노에로부터 이러한 보고를 받은 천황과 기도는 16일 정식으로 반대의견을 표명했다. 그 이유는 평화시기에는 상관없지만 전쟁의 위험이 임박한 때에는 황실을 위해서도 좋지 않다는 것이었다. 말하자면 황실의 전쟁책임을 회피하고자 한 것이다.

상황이 이에 이르자 고노에도 총사직을 결심하고 16일 저녁 사직서를 제출했다. 3차 내각이 출범한지 3개월 만이었다. 일·미교섭 타결을 목적으로 탄생한 고노에 내각이었건만, 오히려 전쟁과 화의 중 양자택일해야 하는 사태를 만들고 퇴진한 셈이었다.

제4장

태평양전쟁의 개시

제1절 도조東条 정권의 성립과 개전

도조 내각의 출현

제3차 고노에 내각의 총사직 후 후계 수반을 결정하기 위한 중신회의가 10월 17일에 열렸다. 이 회의에는 기요우라淸浦, 와카쓰키若月, 오카다岡田, 하야시林, 히로타広田, 아베安部, 요나이米內 등의 전 수상 외에도 하라原 추밀원 의장과 기도木戸 내대신이 출석했다. 고노에는 출석을 원하지 않아 병을 핑계로 정변에 이르게 된 경위를 서면으로 제출하였다. 와카쓰키는 우가키宇垣를, 하야시는 황족 내각을 수반으로 결정하자고 제안했으나 기도 내대신이 이에 반대하며 도조 히데키東条英機를 추천하였다.

그 이유에 대해서는 "이 사태의 경과를 충분히 잘 알고 있고, 그것을 실현한다는 것이 얼마나 어려운지를 몸소 통감한 도조에게 조각의 어명을 내리시고, 육해군 측

도조 히데키(東条英機)

에 진정한 협조와 어전회의 재검토를 명하도록 하시는 것이 가장 현실적인 시국 수습 방법이라고 생각한다.”고 밝혔다.(『기도일기木戶日記』) 군이 고노에 내각을 타도했다고 생각하고 있던 중신들은 기도의 의견 표명에 놀랐다. 하지만 딱히 적극적으로 반대할 만한 이유도 찾을 수 없었기에, 앞날에 대한 불안감은 떨칠 수 없었지만 히로타, 아베, 하라 등이 그대로 찬성하였다. 오카다는 기도와 아베가 서로 이야기를 주거니 받거니 하는 것을 보니 이 회의가 마치 사전에 입을 맞춘 듯 ‘서로 주고받는 만담’과도 같았다고 하였다. 그리고 와카쓰키는 이러한 상황이 독으로 독을 다스린다는 차원에서 보자면 좋은 판단일 수 있다고 생각해 그저 잠자코 있었다고 하였다.(야베 데이지矢部貞治, 『고노에 후미마로近衛文麿』)

그날 오후 천황은 도조에게 조각을 명했다. 아울러 오이카와 해군대신을 불러 두 사람 모두 헌법 조규를 잘 지키고, 육군과 해군이 긴밀히 협력할 것을 당부했다. 기도는 이 두 사람이 물러가기를 기다린 뒤 천황의 어명이라며 다음과 같이 말했다. “방금 폐하께서 육해군이 서로 협력하라고 말씀하신 것에서 미루어 짐작하겠지만, 국책의 큰 틀을 결정함에 있어서는 9월 6일 어전회의 결정에 구애됨 없이 나라 안팎의 정세를 더욱 넓고 깊게 살펴 거듭 신중을 기할 필요가 있다.”(『기도일기』 10월 11일)

그 결과 도조 히데키 내각은 다음날인 10월 18일 다음과 같은 인물들로 구성되었다.

내각총리대신 겸 육군대신 겸 내무대신	도조 히데키 (東条英機)	상공대신	기시 노부스케(岸信介)
		체신대신 겸 철도대신	데라지마 켄(寺島健)

외무대신 겸 척무대신	도고 시게노리 (東郷茂徳)	후생대신 겸 국무대신	고이즈미 지카히고 (小泉親彦)
해군대신	시마다 시게타로 (嶋田繁太郎)	기획원총재	스즈키 데이이치 (鈴木貞一)
대장대신	가야 오키노리 (賀屋興宜)	국무대신	안도 기사부로 (安藤紀三郎)
사법대신	이와무라 미치요 (岩村通世)	내각서기관장	호시노 나오키 (星野直樹)
문부대신	하시다 구니히코 (橋田邦彦)	농림대신	이노 히로야(井野碩哉)

1941년 10월 18일 도조 히데키 내각의 성립(『写真週報』, 1941년 10월 23일)

도조는 지금까지 벌어진 일련의 사태에 관해 잘 알고 있는 관료
들을 내각 안으로 끌어 모음으로써 권력의 집중과 통제 강화를 꾀

하였다. 아울러 그가 스스로 육군대신과 내무대신을 겸임하고, 서기관장 자리에 만주사변 이래 두터운 친분을 유지한 호시노를 앉히는 등 육군 내에 자신의 심복을 심는 정실인사를 통해 상기 관료내각을 완전히 자신의 '사무관'으로 마음대로 부릴 수 있는 도조 '독재' 체제의 첫 발을 내딛게 되었다.

육해군 통수부는 현재 정세로 보건대 그 어떤 내각이 출현하더라도 전쟁을 개시할 수밖에 없다는 결론에 이르렀다. 그리고 만일 화평을 전제로 한 내각이 출현한다면 군사상의 요청을 완전히 무시하는 방향으로 사태가 발전될 수도 있다며 우려하고 있었다. 이러한 상황에서 개전론에 대해 완전히 긍정하지는 않았지만, '뜻밖에도' 도조 육군대신이 총리대신에 임명되었으므로 강경론은 점점 더 힘을 얻게 되었다. 그러나 도조는 종전 후 도쿄재판(극동국제군사재판) 법정에서 '백지환원白紙還元' 즉 개전 결정을 취소하라는 천황의 분부를 받들지 않았다면 조각의 대명을 담당할 총리로 임명될 수 없었을지도 모른다. 그 자신 또한 '백지환원'이 필요하다고 생각했으며 반드시 개전 결정을 백지화하기로 결심했다고 말했다. 내각 입각 교섭 때에도 미일교섭 방침과 관련된 모든 질문에 대해서는 전쟁 결정의 '백지환원'이 필요하다고 답변했다고 술회하였다.(『도조심문록東条尋問錄』) 고노에 역시 이 점에 관해서는 안심한 듯하였다. 그의 사직이 반드시 미일 간의 개전을 초래할 사항은 아니며, 그의 후계 내각도 미일회담에서 최상의 결과에 이르기까지 최대한 노력할 것이 확실하다고 생각한다는 취지를 주일미국대사 그루에게 전달했다. 그는 아울러 "당신과 귀국 정부가 일본 내각의 교체 혹은 새 내각의 겉모습이나 인상만을 보고서 실망하거나 낙담하는 일이 없기를 간절히 바랍니다."라고 부기하였는데(그루, 『체일10년滯日十年』), 미국 정부는 도조 내각이 들어서는 것을 보고는 교섭에 대한 기대를 완전히 접고 말았다. 미국의 신문과 라디오는 한 목소리로 이번 정변을 계기로 미국과 일본의 충돌이 심화되었다고 보도하였고, 국무장관 헐 역시 "우리는 고노에 내각에도 큰 기대를 하지는 않았지만, 10월 17일 도조 내각이 들어서고 나서는 점점 더 기대를 접게 되었다."(코델 헐, 『회상록』) 당초 현역 군인 총리는 내부의 극단적인 분자들을 이전보다 더욱 강력히 통제할 수 있다며 도조 내각의 역할에 일말의 기대를 걸었던 미국대사 그루조차도 11월 3일에는, "만일 평화적 프로그램이 실패로 끝났을 때 그 대안으로 일본이 취하게 될 명확한 전쟁준비 태세를 대수롭지 않게 여기는 근시안적 태도의 문제점을 지적하였다. 그리고 이 내각의 전쟁준비를 단지 고압적 외교를 뒷받침하기 위해 정신적 지지를 이끌어내기 위한 무력시위에 지나지 않는다고 간주한다면, 이것 또한 근시안적 이해라고 덧붙였다. 미국과의 무력 충돌을 피할 수 없다는 일본의 행동은 위험천만하게도 매우 극적이고 갑작스런 형태로 나타날 수 있다."며 본국 정부에 개전 위기가 곧 임박했다는 전보를 보냈다.(그루, 『체일10년滯日十年』)

그런데 10월 20일 기도는 자신의 일기에 다음과 같이 적고 있다. "천황께서 내각 교체를 위해 나에게 최선을 다하라는 말씀을 해주시니 실로 황공하다. 이번 내각 교체는 자칫하면 불필요한 전쟁을 초래할 우려가 있다. 이에 깊이 생각해 보았지만 이것만이 유일한 타개책이라고 믿게 되어 천황께 개전을 주청하며 자세한 내용을 상신하였다. 그러자 천황께서는 그 내용을 충분히 양해하시며 호랑이 새끼를 잡으려면 호랑이 굴에 들어가야 한다고 말씀해 주시니 감격스러울 따름이었다." 기도의 노력으로 과연 천황이 말한 '호랑이 새끼'를 잡을 수 있는가 여부는 곧 이어 전개될 정세에 따라 결정되었다.

개전을 향한 결의

10월 21일 도고 외무대신이 노무라 주미대사 앞으로 보낸 훈전을 통해 도조 내각은 일단 이전 내각과 마찬가지로 미일 국교 조정에 열의가 있음을 밝히고, 9월 25일 일본 측 제안에 대한 미국의 신속한 대안을 촉구하도록 지시하였다. 아울러 10월 23일 제1회 내각 및 대본영 연락회의를 개최하고 유럽의 전황, 미일교섭의 전망, 그리고 개전할 경우의 군사작전, 전쟁이 경제에 미칠 영향 등 다양한 현안들을 신중히 검토하기로 결의하였다. 그 후로도 30일까지 거의 매일같이 연락회의를 거듭했다. 이것이 이른바 도조가 말하는 '백지환원'을 위한 '국책의 재검토'였다. 10월 29일에는 대미교섭 전망과 관련해 기정 조건으로는 단기간에 성공할 가능성이 없다고 판단해 10월 2일의 미국 각서에 대한 일본 측 방안(갑안)을 결정하였다. 그리고 11월 1일 연락회의에서는 위 안을 기초로 국책의 수행방법과 관련해 다음의 세 가지 안을 제시하였다.

1) 갑甲안에 기초해 미일 교섭을 속행한다. 만일 이것이 결렬될 경우에도 정부는 은인자중한다.
2) 교섭을 중단하고 곧바로 개전을 결정한다.
3) 교섭의 신속한 타결을 위해 노력하되, 동시에 전쟁을 결의하고 작전을 준비한다.

이 가운데 어느 방안을 토론에 부쳐도 격렬한 반론이 제기되었다. 그러자 통수부는 개전이 불가피하다고 판단하고 당면한 외교교섭의 목표는 작전 개시의 명분을 찾되 전쟁의도는 감추는 데 있다고 보았다. 그리고 몬순기후 등의 영향으로 전쟁 시기를 놓칠 우려가 있다며 빨리 개전을 결정할 것을 주장했다. 이 의견을 견제하고자 한 외무대신의 노력도 결국 외교교섭의 중단일자를 가능한 한 늦추자는 것에 불과했다. 결론적으로 3)안이 채택되었고 외교 중단일은 12월 1일 오전 0시로 결정되었다. 국제정세상 일·미전쟁의 장기화에 대해 비관적으로 전망하고 있던 외무대신은 3)안에 기초한 외교교섭의 조건과 관련해 이미 결정된 갑안 외에 을乙안을 별도로 제출했다. 을안은 갑안이 성사되지 않았을 경우를 대비한 것으로서 전쟁 발발 위험을 방지하기 위한 긴요한 항목만을 협정의 목적으로 삼고자 했다. 즉 사태를 남부 인도차이나 진주, 자산동결 이전 상태로 되돌려 일단 국면의 안정을 꾀하고자 한 것이었다. 분명 이것은 과거 시데하라 전 외무대신이 입안한 것을 기초로 도고가 약간 손을 본 것이었다. 육군 측은 이것이 중일전쟁의 처리를 제외한 상태에서 '고식적 평화'를 추구하는 것이라며 반대했다. 그러나 외무대신이 자신의 자리를 걸고 강하게 의견을 고집한 나머지 약간의 수정을 가하는 조건으로 양해하기로 하였다. 이토록 어렵게 11월 5일 어전회의에 상정할 국책안이 다음과 같이 정리되었다.

제국국책수행요강

1. 제국은 현재의 위험한 시국을 타개하고 자존자위를 완성한다. 대동아 신질서를 건설하기 위해 미국, 영국, 네덜란드를 상대로 전쟁을 결의하고 다음과 같은 조치를 취한다.

   1) 무력발동 시기를 12월 초로 정한다. 육해군은 작전준비를 마친다.

   2) 대미교섭은 별지 요령에 따라 행한다.

   3) 독일, 이탈리아와 제휴 강화를 꾀한다.

4) 무력 발동 직전 태국과 군사적으로 긴밀한 관계를 수
립한다.

2. 대미교섭이 12월 1일 오전 0시까지 성사되면 무력 발동
을 중지한다. 대미교섭은 종래 현안으로 대두한 중요 사
항의 표현방식을 완화해 수정한 후 별기한 갑안 내지 을
안 등 국지적 완화안을 기초로 교섭에 임하고 타결을 위
해 노력한다.

〈갑안〉

9월 25일 우리의 제안은 다음과 같이 완화한다.

1. 통상 무차별 문제

9월 25일안으로 도저히 타결의 전망이 보이지 않는다
면, "일본국 정부는 무차별 원칙이 전 세계에 적용되는
것이라면 태평양 전 지역, 즉 중국에서도 본 원칙의 적
용을 승인한다."로 수정한다.

2. 3국조약의 해석과 이행 문제

우리는 자위권 해석을 무리하게 확대할 의도가 없다는
것을 다시 명료하게 밝힌다. 3국조약의 해석과 이행에
관해서는 이전에도 여러 차례 설명한 바와 같이 "제국정
부 스스로 결정한 바에 따라 행동할 것이며, 이 점은 이
미 미국 측도 양해한 사항"이라고 응수한다.

3. 철병문제

본 건은 다음과 같이 완화한다.

(A) 중국 주둔 일본군과 철병

중일전쟁으로 중국에 파견된 일본국 군대는 북중국
과 내몽골 몽강의 일부 지역, 그리고 하이난 섬의 경
우는 일중 사이의 평화 성립 후 일정 기간 주둔하기
로 하고, 나머지 군대는 평화 성립과 동시에 일중 간
에 별도로 정한 바에 따라 철수를 개시한다. 치안확
립과 더불어 2년 이내에 철군을 완료한다. (주: 철군
소요기간은 미국이 질의할 경우 대략 25년을 예상하고 있
다고 응수한다.)

(B) 프랑스령 인도차이나에서 주둔과 철병

일본국 정부는 프랑스령 인도차이나의 영토 주권을
존중한다. 현재 프랑스령 인도차이나에 파견된 일본
국 군대는 중일전쟁이 해결되거나 공정한 극동평화
확립 후에는 곧바로 철수한다.

또한 4원칙에 관해서는 일·미 간의 정식 타결 사항
(양해안 혹은 기타 성명을 불문하고)에 포함시키지 않도
록 최대한 노력한다.

〈을안〉

1. 일·미 양국 정부는 모두 프랑스령 인도차이나 이외의 남
   동아시아와 남태평양지역에서 무력 진출을 꾀하지 않겠
   다고 확약한다.

2. 일·미 양국 정부는 네덜란드령 인도네시아에서 필요 물
   자 획득을 보장하도록 상호 협력한다.

3. 일·미 양국 정부는 상호 통상관계를 자산동결 이전 상태
   로 되돌린다. 미국 정부는 석유의 대일 공급을 약속한다.

4. 미국 정부는 일중 양국 간의 평화 노력에 혹여 지장을

초래할 수 있는 행동을 하지 않는다.

비고

1. 필요에 따라 본 협정이 성립되면 남부 인도차이나에 주
   둔 중인 일본군은 북부로 이동시킬 용의가 있다. 아울러
   일중 간에 화평이 성립되거나 태평양지역에서 공정한 평
   화가 확립되면 상기한 일본군대를 철수하겠다고 약속해
   도 좋다.
2. 필요에 따라 갑안 가운데 포함된 통상 무차별 대우 규
   정, 3국조약의 해석과 이행에 관한 규정을 추가로 넣도
   록 한다.

11월 2일 저녁 도조 총리대신은 참모총장, 군령부장과 함께 이
결정을 천황에게 아뢰었다. 그리고 '신중'을 기하고자 4일 이례적으
로 육해군 합동 군사참의관 회의를 열고 '제국국책수행요강 중 국
방 용병에 관한 건'과 관련해 "최악의 사태에 대비하고 전쟁 준비
를 촉진하고자 적절한 통수상의 조치를 취한다."고 의결했다. 그
결과 11월 5일 어전회의는 원안대로 결정되었다. 이것은 일면 외교
교섭, 일면 전쟁준비를 주장한 것이다. 그런데 교섭기간은 채 1개
월도 남지 않았으므로 통수부는 군사작전이 외교에 의해 방해받
는 일이 없도록 하라고 못을 박았다. 이 어전회의는 사실상 개전을
결정한 회의였다고 볼 수 있다. 이 자리에서 도고 외무대신은 교섭
전망에 관해 "원만한 성사를 기대할 수 없다는 것이 유감이다."고
말했다. 거의 전망도 없는 외교교섭이 실제로 결렬되면 곧바로 개
전으로 연결될 것이라는 사실을 잘 알고 있었기 때문이다. 그런데
작전 준비는 그 이전부터 이루어져 왔다. 이미 해군에서는 9월 말

연합함대 주력을 큐슈의 사이키佐伯만으로 이동하여 대기하도록하고, 11월 1일 "대일본제국은 미국, 영국, 네덜란드에 대해 선전을 포고한다. 선전은 ○○일에 포고될 것이다. 본 명령은 ○○일에 발동한다."는 '기밀연합함대명령 작(전)제1호'가 발령되었다. 그리고 5일에는 작전 제2호를 통해 예정일을 11월 23일로 발령하였고, 8일에는 제3호 명령으로 예정일을 12월 8일로 지정하였다(아사히신문 법정기자단, 『도쿄재판』 제2집). 육군도 11월 6일 남방군과 남해지대의 전투부대 편성을 통해 남방 주요지역에 대한 공략 준비 명령을 하달했다. 아울러 남방군 총사령관으로 데라우치 히사이치寺内寿一 대장 및 이하 각 사령관의 발령이 이루어졌다(服部卓四郎, 『대동아전쟁전사』).

바로 이러한 정황 속에서 일·미교섭이 진행되었다. 갑안과 을안은 이미 4일 노무라에게 타전되었고 5일 어전회의에서 결정되었다. 그 결과 갑안을 바탕으로 교섭을 개시하라는 훈령이 내려졌다. 4일 전보에서는 '이것이 마지막 정성을 다해 작성한 우리의 대책이며 명실 공히 최종안이라는 사실'을 주지시킨 후 11월 25일이 교섭 성사를 위한 최종 기한이라며 시급히 교섭을 추진하도록 하였다. 또 정부는 노무라의 요청에 따라 그를 보좌하기 위해 구루스 사부로来栖三郎를 특파하기로 결정하였다. 구루스는 11월 6일 도쿄를 떠나 홍콩을 거쳐 워싱턴으로 날아갔다.

노무라는 11월 7일 헐 장관에게 갑안을 제시하였다. 그런데 미

구루스 특명전권대사

국 정부는 이미 11월 4일 노무라에게 보낸 타전 내용을 입수한 상황이었고 교섭 기한을 11월 25일로 한정한 사실도 미리 파악하고 있었다. 즉 일본의 전쟁준비 기도를 완전히 간파하고 있었다. 미국 정부는 이러한 상황에서 구루스가 온다고 하여 일말의 기대를 걸었으나 별다른 새로운 해결방안을 제시하지 않자 깊은 실망에 빠졌다.

헐 장관은 구루스를 워싱턴에 파견한 이유를 첫째 압박과 설득 수단을 모두 동원해 우리에게 일본 측 제안을 수락하도록 만들고, 둘째 이것이 실패할 경우에는 일본의 공격준비가 완료될 때까지 회담장에 우리를 붙잡아 둠으로써 시간을 벌기 위함이라고 보았다.(헐, 『회상록』) 따라서 7일과 10일 회담에서 노무라를 맞이한 헐과 루즈벨트의 태도는 매우 형식적이었다. 심지어 15일에는 노무라가 빨리 교섭에 들어가자고 하자, 헐 장관이 "peremptory", 즉 무엄하다며 불쾌감을 그대로 드러냈다.(노무라 기치사부로, 『미국에 사신으로서』) 전후 극동재판에서는 이 4일 동안의 훈전이 문제가 되었다. 검찰 측은 일본 정부가 교섭에 전혀 성의를 보이지 않았다는 증거로 이 전보를 꺼내들었다. 그러자 도고가 변명한 바에 따르면, "노무라의 교섭방식을 두고 이전부터 정부 안에서는 불만의 목소리가 있었다. 그래서 다소 강경한 뉘앙스의 용어를 사용했다."고 말했고, 전보문의 영문 번역도 충분하지 않았다고 술회했다. 가령 "본 안은 … 수정한 최후의 교섭안으로서"라는 원문을 미국 측은 "본 안은 … 수정한 최후통첩으로서"라고 번역한 것이 교섭 결렬에 큰 영향을 미쳤다고 하였다.(도고 시게노리, 『시대의 일면時代の一面』)

결국 미국 측은 일본 정부가 개전결의를 굳혔다는 정보를 믿었고 일·미전쟁이 불가피하다고 판단하였다. 이것을 전제로 "일본 측에 교섭 중단 구실을 제공하지" 않도록 즉 일본 측이 마지막 한 발을 발사하도록, 혹은 미국의 참전을 합리화할 명분을 만들 수 있도

록 정부 고관 협의를 진행하
였다. 이것은 여전히 의회에
서 고립주의를 견지하고 있던
자들로부터 전쟁 승인을 이
끌어내기 위한 고려였다. 또
다른 측면은 군비를 위해 "시
간을 벌었다"는 점이다.(헐,
『회상록』) 미국 군부는 아직
전쟁준비가 부족해 즉시 개
전에는 동의하지 않았다. 11
월 5일 스타크 작전부장과 마
셜 참모총장이 루즈벨트에게
제출한 권고안은 당분간 독
일 타도를 위해 집중하되, 일

1941년 11월 7일 회담장으로 향하는 노무라
(좌), 헐(중), 구루스(우)

본에 대해서는 무제한 공격을 경계하고 일·미전쟁은 극동에서 방위
력 정비가 이뤄질 때까지 피하라는 것이었다. 이에 루즈벨트는 시
간을 벌기 위해 일·미 '휴전', '잠정협정'을 고려했는데, 헐 장관은
11월 7일 정례 내각회의에서 다가올 전쟁을 경고하며 "정세는 실로
중대하다. 우리는 언제 어디서 일본군의 공격을 받을지 모르므로
항상 경계해야만 한다."고 말했다. 고관들은 각의에서 연설을 통해
정세의 중대함을 강조하였고, 전 국민으로 하여금 사태가 급진전
됨에 따라 마음의 준비를 하도록 당부해야 한다고 강조하였다. 이
날 스타크는 "해군은 이미 대서양전쟁에 참가하고 있지만 국민들
은 이를 느끼지 못하고 있다. … 국민들이 이것을 느끼든 그렇지 않
든 우리는 이미 전쟁 중에 있다."고 말했다.(Charls A. Beard, *President
Roosevelt and the Coming of the War*, 1941) 9월 4일 그리어Greer호 사건

(미 구축함 Greer호가 독일 잠수함 어뢰 공격을 받은 사건)과 10월 17일 카니USS Kearny호 사건을 계기로 미국중립법 개정이 11월 17일에 이루어졌다. 이로써 상선의 무장과 대서양 교전구역 내 항행을 표명했다. 양 사건은 모두 독일 잠수함의 공격에 의한 것이었다고 발표하였는데, 이에 대한 대항 수단으로서 대통령은 중립법 개정을 요구하였다. 그러나 사실 공격을 주도한 것은 오히려 미국이었다고 한다.(Charles C. Tansill, *Back Door to War: The Roosevelt Foreign Policy*, 1933-1941) 루즈벨트는 1940년 선거에서 "공격받지 않는 한 전쟁은 없다"고 공약한 것을 스스로 어겼고 미국은 이미 '중립국'이라는 가면을 벗어던진 상황이었다. 17일 그루는 때마침 도쿄에서 전보를 보내 중일분쟁에 휘말리지 않은 지역에 대해서는 일본 육해군의 기습공격에 엄중한 주의를 기울일 필요가 있다는 사실을 환기시키고, 아울러 일본은 기습과 기선제압을 포함해 모든 가능한 전술적 수단을 동원할 우려가 있다고 하였다.(미 국무부, 『평화와 전쟁』)

그 결과 15일 워싱턴에 도착한 구루스가 17일 노무라와 함께 루즈벨트를 만났지만 구루스의 사명은 단지 일본의 작전준비를 감추려는 것이라는 의혹을 초래한 이상 교섭은 전혀 진전되지 않았다. 이에 18일 노무라는 꽉 막힌 교섭상황을 타개하고자 3국동맹 문제의 처리는 잠시 미루고, 우선 일본이 남부 인도차이나에서 철병하고 미국이 자산동결령을 해제한 뒤에 다시 교섭을 진행하면 어떻겠냐며 헐 장관을 설득하려고 했다. 그러던 중 노무라는 교섭이 진전될 희망이 있다는 정보를 입수하였다. 하지만 이 보고를 전해 받은 일본 정부는 을안보다도 훨씬 더 교섭 범위를 좁힌 노무라의 개인적인 교섭안을 전면적으로 인정할 수 없다고 회신하였다.(20일) 즉 "단지 동결 이전으로 복귀한다는 보장만으로는 도저히 지금의 절박한 국면을 수습할 수 없다. … 정세가 완화된 뒤에 다시 이야기를 나눌 만큼 여유가 없다."며 다음에는 을안을 제출하라고 지시했다. "만일 이 제안에 미국이 응하지 않는다면 교섭이 결렬되어도 어쩔 수 없다."고 단언했다. 이것은 "거의 질책에 가까운 매우 자극적인 회신이었다."(구루스 사부로, 『일미외교비화』)

당시 일본 국내의 상황은 외교교섭을 사실상 불가능하게 만들었다. 17일부터 열린 제77회 임시의회에서 도조 총리대신은 미국, 영국, 네덜란드의 자산동결조치를 두고 "무력행사에 못지않은 적대행위"라고 규정했다. 아울러 우리 제국이 기도하는 일중전쟁의 완수를 제3국이 방해하지 않으며 직접적인 군사적 위협을 가하지 않는 것은 물론이고, 경제봉쇄와 같은 적대행위도 일체 해제할 것 등은 이번 교섭을 통해 반드시 관철해야 할 양보할 수 없는 조건이라고 연설하였다. 그러자 귀족원과 중의원은 모두 만장일치로 정부를 지지하기로 결의하였다. 중의원의 시마다 도시오島田俊雄는 제안 취지 설명에서 "쇠는 달궈졌을 때 두드려야 한다. 그러한 의미에서 우리는 정부가 전쟁 목표의 수행이라는 한길로 정진하기를 바란다. 부디 좌고우면하는 일이 없었으면 한다."며 교섭을 중단하라고 역설했다. 이러한 강경 일변도의 공식적인 언명이 노무라와 구루스의 교섭을 더욱 어렵게 하였고, 결과적으로 미국 정부의 태도를 더욱 강경하게 만들었다.

헐Hull 노트

11월 20일 노무라와 구루스는 일본 정부의 훈령에 따라 헐 장관에게 을안을 제시했다. 그러자 헐 장관은 난색을 표했다. 특히 제4항의 "미국 정부는 일중 양국의 화평을 위한 노력에 지장을 초래할 행동을 하지 않는다."는 요구가 맘에 걸렸다. 그는 일본이 3국조약과의 관계를 명확히 하고, 향후 평화정책을 취할 것이라는 확신을 주지 않는 한 장제스를 원조하는 원장정책을 그만 두기 어렵다고 답했다. 일본에서 교섭기한일로 정한 25일의 다음날 헐 장관은 을안에 대한 회답으로서 일본대사에게 2통의 각서를 건넸는데 이것이 바로 '헐 노트'이다. 내용은 6월 21일 작성한 미국안과 9월 25일 작성한 일본안을 절충한 것으로서 일본이 진정으로 사태를 해결하려면 4월 16일 헐 장관이 제안한 4원칙의 요구를 수락해야 한다는 것이 핵심이었다. 이것은 결국 모든 사태를 '만주사변 발생 이전의 상태로 환원'하라는 것이었다. 내용을 구체적으로 살펴보면 첫째, 일본, 미국, 영국, 중국, 네덜란드, 태국, 소련 사이의 다자간 불가침협정 체결을 제안하였다. 둘째, 인도차이나를 둘러싼 다자간 협의를 제안했다. 셋째, 중국과 인도차이나에서 전 육해공군과 경찰병력의 철수를 요구했다. 넷째, 중국에서 충칭 정부 이외의 어떤 정부나 정권도 부인하고 만주국 정부와 난징 정권을 무시할 것을 요구했다. 다섯째, 3국동맹의 실질적인 파기 내지 사문화를 요구했다. 그러자 구루스는 "일본 정부는 손을 뗄 수밖에 없다."고 말했다 실제로 일본 정부도 헐 노트를 "최후통첩이나 다름없다."고 받아들였다. 결과적으로 이것은 전쟁을 바라는 "군부에게 더 없이 좋은 구실을 안겨주었다."(『전망』 1950년 3월호, 야마모토 구마이치 발언)

실제로 미국 입장에서 이 헐 노트의 제출은 대일전 결의를 마친 후 이루어진 것이다. 앞서 보았듯이 미국 정부 수뇌부는 대일전을 예상하고 있었고 그 시기만을 고민하고 있던 상황이었다. 그러나 동시에 미국 정부 내에는 여전히 전쟁 발발을 연기하고자 하는 움직임 또한 강하게 남아있었다. 11일 국무부 산하 극동국Far Eastern Division의 전문가는 어떤 형태라도 좋으니 임시 내지 일시적 협정이 필요하다고 헐 장관에게 진언했다. 19일에도 극동국의 상층 관료는 독일과 일본을 상대로 한 두 가지 전면작전을 피하고자 '일·미

협정기초안' 내지 단순휴전안이 아닌 '태평양협정'을 체결하도록 요구했다. 헐 장관은 20일 제출한 을안이 '최후통고'였다고 받아들였다. 하지만 이러한 극동국의 권고에 따라 '시간 벌기' 차원에서 '3개월 휴전'이라는 잠정적인 협정을 대통령과 군 수뇌부, 그리고 영국, 호주, 네덜란드, 중국 등 각국과 협의해 추진하였다. 헐 장관은 이 방안을 22일 각국 대표에게 제시했고 중국 외에는 이론이 없었으므로 대표들은 각기 본국에 그대로 타전하였다. 24일 관계 각국 외교관들이 모여 논의한 결과 네덜란드가 휴전을 지지한 것 외에는 아직까지 본국에서 공식적인 회답은 없었다. 그 사이 중국 대표인 후스胡適를 비롯한 중국 외교관들은 반휴전운동과 더불어 장제스의 사주에 따른 각종 교란 공작에 열을 올리며 당국과 여론을 움직였다. 이 때문에 사태는 전쟁 쪽으로 급속히 기울었다. 11월 25일 열린 각의는 이미 휴전 내지 평화문제는 논외로 하였다. 즉 대일전쟁을 전제로 "어떻게 하면 우리에게 과도한 위험 없이 그들이 먼저 첫발을 발포하도록 상황을 몰고 갈 수 있을까" 하는 것이 가장 중요한 핵심 의제였다.(Beard, 앞의 책)

이렇듯 26일의 회답은 "중국을 방치하지 말라는 여론, 일본 측 인사들의 비평화적 변론태도 등을 고려해" 작성된 것으로서(헐, 『회고록』) 27일 헐 장관은 육군장관 스팀슨에게, "이제 문제의 열쇠는 당신과 녹스, 즉 육해군 손 안에 있다."고 말했다. 그 날 육해군성은 일선 사령관들에게 '전쟁경고령'를 발했다. 그리고 28일 루즈벨트는 스팀슨에게, "1) 아무것도 하지 않는다. 2) 한 번 더 최후통첩의 성격을 띤 어떤 조치를 취한다. 3) 곧바로 전쟁에 들어간다."는 3가지 선택지 가운데 하나를 고르라고 하였다. 그러자 스팀슨은 곧바로 제3안을 선택하였고, 경고도 없이 바로 공격하자는 의견을 강하게 피력했다.(『스팀슨일기』)

일·미회담의 중대국면을 보도한 신문(『도쿄아사히』, 1941년 11월 29일)

하지만 이것은 25일 방침(전쟁 개시의 첫 발을 일본이 발포하도록 유도한다는)에 위배되고, 민주당 공약에도 반하는 일이었다. 그러자 그날 각의에서 대통령은 경고문서를 천황에게 보내기로 하고, 아울러 미국 국회와 국민에게도 경고하기로 결정했다. 이렇게 '당하는 자'로서의 입장에 의도적으로 서고자 했던 미국 역시 착실히 전쟁을 준비하고 있었다.

그런데 일본 군부의 외교교섭에 대한 단념은 미국 측보다 더욱 신속했고 실제 군사행동을 위한 제반 준비가 비밀리에 추진되고 있었다. 이미 화살은 활시위를 떠난 상황이었다. 헐 노트가 전달된 26일은 일본 해군 기동부대가 하와이를 겨냥해 치시마千島(쿠릴열도) 히토캇푸單冠만에서 출격한 날이기도 했다. 물론 그 시점에 일본은 만일에 대비해 교섭이 타결되었을 경우에는 이를 되돌릴 조치도 동시에 강구하고 있었다. 또 육군에서는 25일 "동아시아에서 미국, 영국, 네덜란드의 주요 근거지를 박멸"하라는 명령이 하달되었다. 남방군과 남해지대는 인도차이나, 하이난 섬, 화난, 타이완, 펑후도

澎湖島, 아마미奄美, 팔라우Palau, 오가사와라小笠原에 각기 집결하였다.

헐 노트를 받아든 일본 정부와 대본영의 연락회의는 11월 27일 개최되었다. 이미 의제는 '화전'의 선택 여부가 아니라 개전을 기정 사실화한 상태에서 논의가 진행되었다. 헐 노트는 곧 최후통첩이며 일본으로서는 도저히 받아들일 수 없는 요구로서 11월 5일 결정한 『제국국책수행요강』에 따라 대미교섭을 실패했으므로 연락회의는 군사행동에 들어가기로 결론지었다. 그리고 29일 중신간담회와 연락회의를 거쳐 12월 1일 어전회의에서 최종적으로 개전을 결정함으로써 미국, 영국, 네덜란드를 상대로 전쟁을 시작하게 되었다. 개전일은 12월 8일로 결정되었다. 이 날로 결정한 이유는 1) 일·미 간 해군의 군사력을 고려할 때 1942년 3월 이후가 되면 일본이 불리해진다. 2) 북방작전에 대비하고 1942년 봄까지는 남방 제1단계 작전을 대체로 마치기를 원했다. 3) 개전 시기를 더 이상 지연하는 것은 연합국에 전비를 강화할 시간적 여유를 제공한다. 4) 1~2월의 말레이 지역의 기상 상황은 상륙작전에 부적합하다. 5) 주로 월령 등의 관계로 인해 8일 전후가 상륙작전에 가장 적합하다고 보았기 때문이었다. 11월 상순부터는 이 날을 목표로 전쟁 준비를 진행했는데 어전회의 다음날인 12월 2일 정식으로 개전일을 명시하게 되었다.

11월 28일 도고 외무대신이 노무라에게 보낸 전보의 내용은 2~3일 내에 추가로 보낼 헐 노트에 대한 일본 측 견해를 반영하되, 교섭은 사실상 중단되었지만 가급적 교섭이 중단되었다는 인상을 주지 않도록 유념하라는 것이었다. 이 암호 전문을 비밀리에 입수한 헐 장관은 드디어 전쟁의 위기가 임박했음을 직감했다. 12월 1일 루즈벨트는 아시아 함대 사령관에게 서중국해 타이 만에서 일본군에 대한 '방위적 정보경계'를 지시하였고, 5일에는 "일본과의 무력 충돌은 4~5일 내에 이루어진다."고 말했다.(Beard, 앞의 책)

이처럼 사태는 시시각각 파국으로 치달았다. 12월 2일 루즈벨트는 서한을 통해 일본 측에 인도차이나에서 병력을 증강한 이유를 집중 추궁했다. 대사관은 국경에서 가까운 중국군에 대한 방위 수단일 뿐이라고 회답했다. 이어 6일에는 노무라 앞으로 무려 14통에 달하는 장문의 전보가 연이어 도착했다. 내용은 시간에 관한 별도의 지시가 있을 때까지 이것을 제출하지 말라는 것이었다. 그 날 일본대사관이 암호를 소각했다는 정보를 입수했기 때문에 루즈벨트는 '비극의 가능성'이 농후한 사태의 진전을 피하고자 육해군을 인도차이나에서 철수하기 바란다는 대통령 개인의 희망을 직접 천황에게 타전했다. 오후 9시(워싱턴 시간)에 보낸 이 메시지는 '초긴급'으로 그루에게 발송되었다. 이 때 대통령은 이것을 그레이 코드(회색암호, 비밀 등급이 가장 낮은 단계)로 지정해 다른 사람이 알아봐도 상관없다고 말했다. 그것은 그 만큼 암호 해독 시간을 아껴 한 시라도 빨리 메시지를 전달하기 위함이었다고 전한다. 혹은 이것을 어차피 다가올 전쟁을 앞두고 체제 정비를 위해 취한 마지막 제스처였다고 추측하기도 한다. 아무튼 이 전보는 워싱턴에서 1시간 후(일본 시간으로 7일 정오) 도쿄에 도착했는데 그루가 받아 본 시각은 오후 10시 30분이었다. 그로 인해 그루가 도고에게 건넨 시간은 늦은 밤이었는데 정확히 말하면 이튿날인 8일 오전 0시 15분이었다. 결과적으로 이 전보는 아무런 효과도 거둘 수 없었다. 전보 배달 지연의 책임이 과연 어느 쪽에 있는지와 관련해 도쿄재판에서 검찰에 의해 밝혀진 바에 따르면 참모본부의 한 장교가 의도적으로 지연시킨 것이라고 한다.

일·미 국교 단절

헐 노트에 대한 일본 정부의 각서는 14통의 전보로 나뉘어 노무라에게 도착했다. 이에 대한 해독은 6일 밤부터 7일(워싱턴 시간)에 걸쳐 이루어졌다. "7일 오후 1시를 기해 가능한 한 신속하게 헐 장관에게 전달하라"는 전문을 해독한 것은 7일 정오 무렵이었다. 전문 번역과 타이핑 시간이 필요했기 때문에 2시 20분이 되어서야 비로소 노무라와 구루스는 국무장관실로 들어갔다. 이때는 이미 일본 해군의 하와이 진주만 공격이 시작된 지 1시간 뒤이자, 육군이 코타바루에 상륙하고도 2시간 반이 지난 시점이었다. 대략적인 내용이야 이미 알고 있던 상황이었으나 하와이 공습에 관한 미확인 정보를 접수한 헐 장관은 노무라가 내민 각서를 읽어보았는데, "내 50년 공직 생활을 통해 이토록 파렴치하고 거짓말과 억지투성이 문서를 본 적이 없다."고 할 정도로 실망하였다.(헐, 『회고록』) 헐 장관은 하도 기가 막혀 그저 턱으로 문 쪽을 가리켰고, 노무라와 구루스는 아무 말 없이 장관과 악수를 나누고 조용히 문 밖을 나왔

1941년 12월 7일 일본군의 진주만 기습에 침몰하는 애리조나호

다. 당시 노무라와 구루스는 진주만 습격 사건에 대해 모르고 있던 상황이었다.

그렇다면 왜 대미 각서 제출 시각을 공격 개시 뒤로 잡았을까? 이에 관해서는 도쿄재판에서도 크게 다룬 바 있다. 12월 1일 어전 회의 다음날 연락회의에서는 개전 절차를 협의했다. 해군 측은 기습의 성공을 위해 전투 개시까지 교섭을 계속하라고 요청했다. 외무대신은 이에 반대하는 입장이었지만 아무튼 교섭 중단을 통고할 필요는 있다고 주장했다. 4일 회의에서 해군은 이 점을 인정하고 통고시각을 워싱턴 시간으로 7일 오후 0시 30분으로 해야 한다고 주장하였고 그렇게 결정되었다. 이어서 5일 육해군은 앞서 결정한 시간을 다시 30분 정도 늦출 것을 도고에게 요청했다. 그 결과 각서는 7일 오전 4시까지 모두 발송되었다. 그런데 재미 대사관원의 '태만과 소홀'로 인해 예정된 오후 1시보다 1시간 남짓 더 늦어지는 생각지도 못한 결과를 초래했다. 이상이 도고가 말한 변론의 요지이다.(『시대의 일면』) 아마도 그는 정확한 공격 개시 시간을 몰랐던 모양이다. 그러나 단 1분 전이라도 사전에 통고했다면 헤이그 개전조약을 위반하지 않았을 것이라는 학설을 인용한 것을 보면(앞의 책) 통고시간과 개전시간이 거의 비슷했다는 점은 인지했을 것으로 미루어 짐작할 수 있다. 그런데 각서 건을 협의 결정한 연락회의에서는 "이 각서가 국제법에 따라 전쟁 통고의 성격을 반드시 지녀야만 하는지에 관해서는 논의된 바가 없었다."고 당시 대본영 육군작전과장 핫토리 타쿠시로는 단정하고 있다.(『대동아전쟁전사』 제1권) 도쿄재판에서도 당시 외무성의 아메리카국장인 야마모토 구마이치는 각서를 건넬 시간에 대해서는 연락회의에서 통수부가 요청한 대로 했고 '어떠한 토의도 없이' 승인되었다고 증언했다. 이러한 일련의 사실을 종합해 볼 때 군부나 외무성도 사전통지에 관해서는 그

다지 주의를 기울이지 않았던 것으로 보인다. 이러한 상황에서 대미각서는, "제국 정부는 이에 합중국의 태도에 비추어 보건대 향후 교섭을 지속하여도 결국 타결에는 이르지 못할 것이라는 취지를 합중국에 통고하게 되어 유감으로 생각한다."고 결론지었다. 그런데 이 문서의 문체나 성격은 모두 모호했다. 도고는 이것을 사실상의 선전포고로 해석했다. 그러나 노무라와 구루스는 그렇게 받아들이지 않았다.(「도조메모」, 구루스, 『일미외교비화』) 바로 이러한 모호한 문체야말로 단시간에 암호를 해독하고 번역해야만 했던 재미대사관원의 '태만'을 초래한 것이 아닌가 생각된다.

미국 입장에서 사실상 하와이 습격은 가늠할 수 없었지만 완전한 '속임수 공격'은 아니었다. 대미각서를 해독했으므로 11시 25분에는 마셜 참모총장실의 관계관이 이것을 읽고 있었다. 마셜은 해군군령부장 스타크에게 전화해 전초기지에 경고를 발령했다. 하와이에는 오후 12시 17분에 전보가 발신되었는데, 그 내용은 "오후 1시 일본이 실질적으로 최후통첩과 같은 것을 제시하고 있다"는 것이었다. 이것은 일본의 공격이 시작되기 22분 전 호놀룰루의 C무전회사에 입전되었다.(Beard, 앞의 책과 일본외교학회 편, 『태평양전쟁원인론』 참조)

그러나 의심할 여지도 없이 대미 통고의 지연은 하와이 '기습'을 성공으로 이끌었다. 동시에 이것은 루즈벨트 정부의 참전을 용이하게 만들었다. 스팀슨은 일기에서 '그러나'로 시작하여 다음과 같이 적었다. "일본은 하와이에서 우리를 직접 공격함으로써 모든 것을 해결해 주었다. … 내 첫 느낌은 '이제 살았다!'는 것이었다. 우리의 우유부단함은 이것으로 끝났다. 위기는 우리 전 국민들을 단결시켰다." 다음날인 12월 8일 루즈벨트 대통령은 의회에서 '전쟁상태'의 선언을 요구했다. 그는 연설을 통해 미국은 일본과 평화교섭을 진행하고 있었고 천황에게 메시지를 보내 평화를 위해 생각할 수 있는 모든 수단을 강구했으나 일본의 회답은 하와이 진주만 공격 개시 후 1시간이 지나서야 전달되었다는 사실, 그리고 그 공격은 수일 혹은 수주일 전부터 신중히 계획된 완전한 '기습'이자 '속임수 공격'이었다는 점을 강조했다. 이로써 "진주만을 기억하라Remember Pearl Harbor!"라는 슬로건은 전 국민을 하나로 묶어 전쟁수행에 나서도록 만들었다.

제2절 서전의 성공과 그 파탄

선전포고

미국과 영국을 상대로 한 육해군의 작전계획은 9월부터 10월 초에 걸쳐 수립되었다. 해군은 9월 10일부터 13일까지, 육군은 10월 1일부터 5일까지 각기 도상연습圖上練習을 실시했다. 하와이에 대한 항공기습작전에 착안한 것은 연합함대사령장관 야마모토 이소로쿠山本五十六였다. 이 계획이 군령부에 제출된 것은 8월 무렵이었다. 그런데 이 계획을 둘러싸고 해군 안에서는 유력한 반대의견이 있었다. 남방작전에도 부족한 항공 병력을 지극히 도박에 가까운 하와이작전에 투입하는 것은 무리하게 두 마리 토끼를 잡으려는 위험한 발상이라는 비판이었다. 그런데 지도부는 10월 20일 하와이 공격을 결정하였고, 11월 3일 당시 사용 가능한 항공모함 6척을 동원해 이 작전에 투입하도록 지시했다.

분명 하와이 기습작전은 건곤일척의 대단한 도박이었다. 우선 미군에게 발각되지 않고 기습이 가능할지 여부도 알 수 없었고, 또 무사히 기습에 성공하더라도 과연 미국의 주력함대가 그곳에 정박하고 있을지도 알 수 없었다. 결국 작전의 성공 여부는 '요행'에 달려 있었다. 그럼에도 불구하고 기동부대 전 병력을 이 작전에 투입하기로 결심한 것은 무엇 때문이었을까. 통수부는 단기전을 원했으나 장기전이 될 수도 있다고 생각했다. 그런데 이 경우 확실한 전황을 가늠할 수 있는 시기는 개전 후 2년까지이고 3년째부터는 미래를 알 수 없다고 판단했다. 따라서 3년 이후 남방 점령지를 확보하기 위해서는 전쟁 초기 미 해군에게 가능한 한 큰 타격을 가할 필요가 있었다. 특히 미국에 비해 열세였던 해군으로서는 개전과 더불어 '기습'을 선택할 수밖에 없었다. 개전 당시 작전 가능한 함정은 미국이 10이라면 일본은 7.5에 불과했고 항공 병력은 거의 비슷했다. 그런데 1942년 이후가 되면 해군이든 공군이든 미국이 현격한 우위를 점하게 될 것이 명백했다. 이에 대처하는 해군의 작전은, 피아 간의 병력 차이가 두드러지기 전에 선제공격으로 기선을 제압하고 조기에 해상에서의 결전을 통해 승부를 내자는 것이었다.(핫토리 타쿠시로,『대동아전쟁전사』제1권)

한편 육군은 말레이 기습상륙작전에 초점을 두었다. 미국, 영국, 네덜란드의 대일경제봉쇄를 타파하고 남방의 자원지대 공략을 단기간에 실현하기 위해서는 역시 '기습'으로 실마리를 풀어야만 했다.

12월 2일 대본영 육해군부는 연합함대사령장관과 남방군총사령관 앞으로 작전개시 명령과 개전일시를 하달했다. 나구모 주이치南雲忠一가 이끄는 하와이 습격부대는 11월 26일 에토로후択捉섬의 히토캇프만을 출발해 동쪽으로 출항하고, 말레이 공략에 나선 야마시타 도모유키山下奉文의 제25군을 태운 수송선단은 12월 4일 하이난 섬의 싼야三亞를 떠나 말레이 동해안으로 향했다.

1941년 12월 8일 오전 7시 갑자기 라디오에서 긴장된 목소리의

'임시뉴스'가 흘러나왔다. "대본영 육해군부 발표, 제국 육해군은 오늘 8일 새벽, 서태평양에서 미영군과 전투상황에 돌입했다."

숨 막히는 긴박한 분위기 속에서 11시 14분 "하늘이 보우하사 만세일계의 황조를 받들어 대일본제국의 천황께서는 충성과 용무를 백성들에게 보이시어"라는 말로 시작되는 선전조서가 라디오에서 거듭 흘러나왔다. 도조 총리대신은 '대조를 받들어'라는 제목으로 "승리는 항상 천황의 성덕御稜威 아래 있다"고 힘주어 방송하였다. 하루 종일 라디오에서는 잔뜩 흥분된 방송이 흘러나왔고 거리에는 호외를 알리는 종소리가 이어졌다. 오후 8시 45분 하와이 공습의 성과 발표가 국민의 전의를 북돋는 가운데 개전 첫날은 그렇게 저물었다. 서전의 승리는 전쟁 지도자에게는 분명 '이상적'인 성공이었고 '하늘이 돕고 있다'고 느끼게 만들었다.

제1단계: 승리에 대한 환상

전쟁은 일본 해군의 하와이 진주만 군항 기습공격으로 막이 올랐다. 하와이 시간으로 12월 7일, 일요일 아침 7시 50분(일본 시간 8일 오전 3시 20분) 기동부대에서 출발한 전투기와 폭격기 183기의 대편대가 진주만 내 전함과 육상기지에 대대적인 공격을 개시했다. 그로부터 1시간 후 제2차 편대 171기가 뒤이어 공격하였다. 일본의 기습은 완전히 성공했고 전함 6척, 중重순양함 1척, 유조함 2척을 격침시켰다. 또 전함 2척, 중순양함 1척, 경輕순양함 6척, 구축함 3척, 보조함 3척을 크게 파손시키고 비행기 약 300대를 격파했다. 그밖에 지상 시설물에도 상당한 타격을 가했다. 일본의 손해는 미귀환기 28기, 특별공격대 대형잠수함 1척, 특수잠항정 5척이었다. 기동부대는 대체로 소기의 성과를 거두었다고 판단해 제3차 공격을 가하지 않고 돌아왔다.

개전에 관한 라디오방송을 듣고 있는 국민들(1941년 12월 8일)

육군의 남방군 작전계획은 말레이와 필리핀을 중심에 두고 미 얀마와 네덜란드령 인도네시아까지를 대상으로 하였다. 이를 위해 육군은 말레이 방면으로 제25군과 제3비행단을, 필리핀 방면으로 제14군과 제5비행단을, 타이와 미얀마 방면으로 제15군을, 네덜란 드령 인도네시아 방면으로 제56군을 배치하였다. 해군은 제2·제3 함대, 남견함대와 제11항공함대를 파견했다. 말레이 방면에서는 항 공격감작전과 상륙작전을 동시에 실시하기로 하였고, 12월 8일 새 벽 제25군 선견병단이 말레이반도 동쪽 해안의 싱골라와 코타발루 에 상륙하기 시작했다. 이어서 10일 싱가포르에서 출격한 영국 함 대의 주력함 프린스 어브 웨일스Prince of Wales와 리펄스Repulse가 해군 항공부대의 공격으로 침몰하였다. 이 말레이해전은 반세기 전 독일 전함 비스마르크가 영국 해군항공대에게 격침된 전투와 더불 어 항공 전력의 중요성을 재평가하게 된 계기를 제공하였다. 그 후 로 세계의 해군전략은 크게 변화했다.

해전의 결과 말레이작전의 위험성은 완전히 제거되었고 제25군의 주력부대도 무사히 상륙을 완료하였다. 일본군은 싱가포르를 향해 쾌속으로 진격하기 시작하며 반도를 따라 남하했다. 일본군은 12월 31일 쿠안탄Kuantan, 1월 31일 조호르를 점령하였고 2월 8일 24시 싱가포르 섬 상륙에 성공하였으며 12일 부킷티마Bukit Timah 고지를 점령했다. 전황이 이렇게 전개되자 2월 15일 야마시타와 영국 극동군사령관 퍼시벌Arthur E. Percival 사이에 회담이 열렸고 영국군은 결국 무조건항복을 선언했다.

일본기의 공격으로 불타고 있는 하와이 휠러(Wheeler) 비행기지

필리핀 방면에서는 우선 항공격멸전을 시도한 뒤에 상륙하는 정공법을 택했다. 12월 8일부터 15일까지 육군항공부대는 연일 항공격멸전을 전개하였다. 제3함대의 호위를 받으며 혼마 마사하루本間雅晴의 제14군 선견대 일부는 이미 12월 10일 루손Luzon 섬에 상륙했다. 20일에는 미우라 지대가 민다나오Mindanao 섬에 상륙해 다

바오를 점령하였으며, 이어서 22일 루손 섬 링가옌만에 상륙한 제14군의 주력부대는 별다른 저항이 없자 계속 진격하여 이듬해인 1월 2일 마닐라를 점령하였다.

한편 미 극동지역사령관인 맥아더는 12월 24일 코레히도르Corregidor 섬의 요새로 본진을 옮기고, 바탄반도와 코레히도르 섬으로 미군을 집결시켜 서서히 지구전에 돌입했다. 미군을 바탄반도의 정글로 몰아넣은 제14군은 증파 부대와 함께 4월 3일부터 공격을 개시해

1942년 5월 필리핀 코레히도르에서 일본군에게 투항하는 미군

9일 반도 전체를 포위한 뒤 5월 15일 코레히도르 섬 요새를 점령했다. 맥아더는 "나는 다시 돌아올 것이다"라는 말을 남기고 오스트레일리아 방면으로 탈출하였다.

한편 중남부 태평양 방면에서도 개전과 동시에 공격 작전이 전개되었다. 12월 8일 이후 해군항공부대는 괌Guam, 웨이크Wake, 하울랜드Howland 등지의 항공기지를 공격해 제압했다. 12월 4일 오가사와라의 하하지마母島를 떠난 남해지대는 10일 아침 괌에 상륙해 저녁 무렵 이 섬을 점령하였다. 그곳에 있던 미군 330명은 그대로 항복하였다. 또 같은 날 길버트제도Gilbert Islands의 마킨Makin 섬, 타라와Tarawa 섬도 점령하였다. 웨이크 섬은 연일 폭격한 뒤에 공략부대가 10일 기습 상륙을 시도했으나 반격을 받아 구축함 2척이 침

싱가포르에서 백기를 들고 투항하는 퍼시벌 장군(맨 오른쪽)과 부하들
(1942년 2월 15일)

몰하는 바람에 실패하였다. 그러자 재차 폭격을 가하고 하와이에서 돌아오던 기동부대 일부와 함께 협공한 결과 12월 22일 제2차 상륙작전을 감행할 수 있었다. 이 작전도 고전을 면치 못했으나 격전 끝에 점령에 성공했다. 괌을 점령한 남해지대는 1942년 1월 4일 비스마르크제도를 공격하라는 명령을 받고 1월 23일 라바울을 점령한 뒤 곧바로 뉴브리튼 섬 전체를 점령해 항공전진기지로 삼았다.

남방작전의 궁극적 목표는 네덜란드령 인도네시아의 자원, 특히 석유를 획득하는 것이었다. 따라서 말레이를 비롯해 필리핀 등지의 작전이 모두 성공하자 대본영과 남방군은 자바작전을 약 1개월 앞당겨 실시하기로 하였다. 이 작전은 말레이에서 수마트라로 진출한 군대와 12월 이후 이미 점령에 성공한 보르네오와 셀레베스 방면의 군대가 각각 동쪽과 서쪽에서 자바 섬을 협공하는 것이다. 2월 14일 일본 육군 낙하산부대가 수마트라 섬의 팔렘방에 투입되고, 이마무라 히토시今村均가 이끄는 제16군이 곧바로 이에 협력해 17일 점령에 성공했다. 그 사이 자바Java 해전(2월 4일), 다윈항Port Darwin 공습(2월 19일), 발리Bali 해전(2월 20일), 수라바야Surabaya

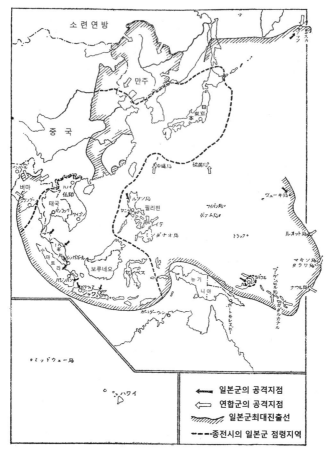

태평양지도

해전(2월 27일), 바타비아Batavia 해전(3월 1일) 등 무수한 해전과 공습을 통해 연합국 함대를 격파했다. 3월 1일부터 자바 본토상륙을 개시한 제16군이 5일 바타비아에 이어 7일 수라바야를 점령하자 네덜란드군은 항복하였다. 이로써 이 지역의 작전도 일단락되었다.

미얀마작전은 장제스를 지원하는 원장 루트援蔣 Route의 차단과 대 영국 이간 공작의 촉진이 주된 목표였다. 작전을 담당한 이다 쇼지로飯田祥次郎의 제25군은 태국에 집결해 1월 4일 국경을 출발, 3월 1일 모울메인Moulmein을 점령하였다. 이어서 2월 9일 랑군 Rangoon으로 진격하라는 명령을 받고, 11일 살윈Salween강을 건넌 뒤 다시 3월 3일 시탕Sittang강을 건너 일거에 랑군으로 쳐들어가 결국 3월 8일 함락을 완료하였다. 이어서 제25군은 중북부 미얀마 작전에 돌입하여 5월 1일 만달레이Mandalay를 점령함으로써 미얀마의 주요 지역 확보 작전은 모두 종료되었다.

제2단계: 전환점

제1단계에서 거둔 작전의 성공은 애초 통수부가 기대하던 것 이상이었다. 그래서 "장기전 완수를 위해 종래에는 수세적인 전략을 세워야만 했지만, 이제는 공세적 전략으로 전환"할 수 있는 여유가 생겼다. 이제는 점령지역 외곽의 전략 거점을 차지하고 완전히 제압하는 것이 문제였다.(「초기작전 실적에 대한 연락회의의 판단」, 핫토리, 앞의 책, 제2권) 당시 해군에서는 호주를 공격하자고 주장했으나 육군은 이에 반대하였다. 그 결과 양자의 의견을 절충해 미국과 호주를 차단하는 작전을 구상하였다. 이를 위해 뉴기니의 전략적 요충지인 포트 모르즈비Port Moresby 공략작전을 실시해 사모아, 피지, 뉴칼레도니아 공략 계획이 수립되었다.

남해지대 일부와 제4함대로 구성한 육해군 협동 공략부대가 편성된 뒤에 라바울을 기지로 삼고 3월 8일 우선 동부 뉴기니 북쪽 해안의 라에, 사라모아를 점령했다. 이어서 5월 10일 무렵에는 모르즈비 공략을 감행하라는 대본영의 지시(4월 18일)에 따라 남해지대는 준비를 마치고 5월 4일 라바울에서 출격하였다. 그런데 평균 6.5노트로 천천히 이동하는 수송선단이 곧바로 적기에게 발견되어 7일 후퇴하기 시작했다. 그 날 일·미 양국의 기동부대가 격전을 벌였으나 일본의 공격성과는 거의 없었고 오히려 적군의 반격으로 항공모함 쇼호祥鳳가 격침되었다. 다음날인 8일에도 격전이 벌어졌는데 항공모함 쇼카쿠翔鶴에서 발진한 69기의 전투기가 미국 기동부대를 폭격하고 항공모함 2척(렉싱턴USS Lexington 침몰, 요크타운USS Yorktown CV-5 대파)에 치명적인 타격을 가했다. 하지만 일본 함대도 공격을 받아 쇼카쿠호에 불이 나서 전투기의 발착이 어려워졌다. 그나마 어뢰가 빗겨나가 침몰은 면했다. 이러한 상황을 지켜보며 일본 함대는 전장을 떠나며 모르즈비 공격을 무기한 연기하도록 했다. 반면에 연합함대사령부와 대본영 해군부는 추격을 명하였는데 이미 미국 함대는 전장을 떠난 뒤였다. 이 산호해전과 더불어 5월 3일에는 트럭Truk(현재의 추쿠Chuuk) 섬을 무혈점령하였으나 다음날 공격을 받아 함정의 약 절반(구축함 1, 소해정 2, 구잠정驅潛艇 1 침몰)이 피해를 입었다. 제2단계 초기에 구상한 작전은 개전 이래 처음으로 대형 함정을 잃게 됨에 따라 중지되었다. 해전에서는 일단 우위를 점했지만 원래 목표했던 작전은 실패로 끝났다. 태평양전쟁에서 양국의 전황이 전환되는 매우 중요한 기로였다. 이어서 일본은 결정적인 운명의 갈림길에 놓이게 되는데, 미드웨이 해전의 패전이 바로 그것이다.

미드웨이 공략작전은 제2단계 작전을 협의하는 과정에서 3월경 연합함대가 먼저 제안한 것이었다. 야마모토 이소로쿠의 작전 의도는 일본 측 항공모함 세력이 아직 유리한 국면에 있을 때 미 함대를 도발해 결전을 벌인다는 것이었다. 하지만 대본영 해군부와 육군은 점령 후의 보급난을 우려해 강하게 반대하였다. 양자 간의 격론 끝에 이 작전을 일단 실시하기로 하였지만 날짜 등은 미정인 상황이었다. 그런데 4월 18일 둘리틀 비행대가 일본 본토를 공습했다.(둘리틀공습Doolittle Raid) 이로써 태평양 정면을 방위하는 데 허점이 드러나자 야마모토는 동쪽 초계선 강화를 위해서라도 신속한 작전을 감행할 필요가 있다고 주장했다. 그의 강경한 주장으로 알류샨열도의 작전도 동시에 감행하기로 하였는데 육군이 이에 찬동한 결과 곧 작전에 돌입하게 되었다.

그 결과 5월 5일 대본영은 미드웨이와 알류샨열도에 대한 공격을 지시하였다. 이 미드웨이작전은 연합함대의 주력을 총동원한 작전이었다. 즉 참가한 함정이 350척에 150만 톤, 비행기 1,000기, 장병 10만이 동원된 전례가 없는 대작전이었다. 그런데 미국은 일본 연합함대의 암호 해독에 성공해 이 작전을 사전에 파악하고, 1개월 전부터 만반의 준비를 마치고 미드웨이에서 일본군을 기다리고 있던 상황이었다. 여기에 일본 측 작전의 오류마저 겹쳐 일본해군은 치명적인 패전을 맛보았다.

즉 5월 27일 해군기념일을 기해 출격한 일본 함대는 미드웨이에 접근해 6월 5일 새벽 제1차 공격대를 발진시켰다. 이때 일본군은 적군이 발견하지 못할 것으로 믿었으나 미군 초계기에게 발각되고 말았다. 미국은 매우 주도면밀한 준비를 마치고 일본군을 기다렸다. 1차로 108기의 함재기를 동원해 육상기지 공격을 마치고 2차 공격을 결행하기로 하고, 미 기동함대에 대비한 공격기의 어뢰를 공대지 폭탄으로 전환하는 과정에서 갑자기 '적 기동함대 발견!'이라는 소식이 들려왔다. 이에 서둘러 다시 함선공격 준비로 전환해 발진하려던 순간, 미군 함재기 30기가 투하한 폭탄에 맞아 탑재해 두었던 폭탄과 어뢰가 연이어 폭발하고 말았다. 그로 인해 일본 함대가 보물처럼 아끼던 항공모함 아카기赤城, 카가加賀, 소류蒼竜가 침몰했고 그동안 분전했던 히류飛竜호마저 가라앉고 말았다. 상황이 이렇게 전개되자 야마모토 연합함대사령관은 전황이 불리하다고 판단해 결국 작전중지를 명령한 뒤 귀환하도록 지시했다.

일본이 항공모함 4척과 우수한 함재기 전투부대원의 대부분을 상실함으로써 해양에서 미국에 주도권을 내주게 된 이 미드웨이 해전은 전쟁의 향배를 가르는 중요한 분수령이 되었다. 처절한 패전으로 인해 그 후 일본은 이렇다 할 작전도 구사하지 못한 채 공격에서 다시 수세로 전환해야만 했다. 일약 우세를 점하게 된 미국은 기동함대의 지원을 받아 급속히 반격작전에 나섰다. 그런데 당시 대본영은 이 같은 패전 사실을 감쪽같이 숨긴 채 "손해 항공모함 1척 상실, 1척 대파, 순양함 1척 대파"라는 거짓으로 전쟁 상황을 보도하고, 동시에 전개한 알류샨 작전에서 애투Attu·키스카Kiska 섬을 점령했다는 소식과 함께 발표함으로써 패전을 적당히 얼버무렸다.

제3단계: 연합국의 반격 개시

8월 7일 미 해병사단의 툴라기Tulagi와 과달카날Guadalcanal 기습상륙작전은 일본의 동부 뉴기니 작전에 대비한 조치였다. 아울러 이것은 태평양전선에서 연합군의 본격적인 반격의 신호탄이 되었다.

그런데 대본영은 진주만에서 거둔 성과를 토대로 미국의 반격 개시 시점을 대략 1943년 중반 이후로 전망하고 있었다. 이에 대본영은 미군의 상륙작전을 정찰 목적에 불과하다고 간주하는 등 정세를 매우 안이하게 판단했다. 그 결과 8월 13일 대본영은 과달카날 섬 탈환과 병행해 이미 결정한 모르즈비 공략작전의 속행도 지시하였다.

일본군은 산호해전에서 툴라기 방면의 미 항공모함 주력 격멸에 실패한 이후(5월 7일) 모르즈비를 해상에서 공략하는 것이 곤란해지자 육상공략을 계획하였다.

제17군은 7월 21일 요코야마 선견공작대를 바사부아에 상륙시

미드웨이해전에서 불타고 있는 항공모함 요크타운호(1942년 6월 5일)

컸다. 이어서 8월 18일에는 남해지대의 주력을, 21일에는 보병 제
41연대를 상륙시켜 셀레베스를 향해 진격하였다. 이 부대는 밀림
속을 헤치며 진격해 9월 5일 오웬 스탠리Owen Stanley 산맥으로 진
출했으며, 16일에는 모르즈비 동쪽 약 50km 지점을 점령하였다. 하
지만 이와 동시에 병행한 라비와 사마라이 공략작전은 완전히 실패
해 9월 5일 작전을 중지하였다. 그리고 후술할 가와구치 지대에 의
한 과달카날 섬 탈환이 실패로 끝나자 남해지대는 명령에 따라 후
퇴할 수밖에 없었다.

　5월에 툴라기를 점령한 이후 일본해군은 과달카날 섬에 비행장
을 건설하기 시작했는데 미군의 상륙과 점령은 이 공사가 거의 마
무리될 무렵에 이루어졌다. 제8함대는 곧바로 라바울에서 출동해
8일 밤 미군 함대를 공격했으나 하선 과정에 있던 수십 척의 수송
선단을 공격하지 못하고 돌아와 버렸다.(제1차 솔로몬해전)

　한편 제11항공기함대는 라바울로 진출했고, 연합함대도 주력
을 솔로몬으로 집결시키고자 세토내해瀨戸内海에서 출항하여 남하
하였다. 그리고 앞서 미드웨이해전을 위해 편성한 이치키 지대의 주
력이 18일 과달카날 섬에 상륙해 20일 밤부터 비행장 탈환을 위

해 공격을 개시했지만 다음 날 대반격으로 괴멸적인 타격을 입었다. 21일부터 미 공군기는 비행장으로 진출하기 시작했다. 24일에는 양국 기동부대가 과달카날 섬 동북해안에서 격전을 벌였는데 (제2차 솔로몬해전) 일본군은 항공모함 류조龍驤가 침몰하고 증파부대 수송선단도 큰 피해를 입었다. 결국 전투는 항공기의 소모전으로 흘러갔다. 그 결과 26일 현재 라바울 기지에서 사용 가능한 항공 병력은 불과 52기로 줄어들고 말았다.

그 결과 대본영도 과달카날 탈환의 중요성을 새삼 깨닫고 8월 말 작전방침을 변경했다. 즉 과달카날 탈환을 제1과제로, 모르즈비 공략을 제2과제로 전략을 수정했지만 이미 때를 놓친 상황이었다. 당시 제공권과 제해권을 모두 미국에게 빼앗긴 상황이었고 선단 수송도 어려움에 처했기 때문에 어쩔 수 없이 고속함정으로 야음을 틈타 '쥐새끼 수송'을 시작하였다. 항공전력의 부족분을 수뢰선대라든가 잠수함을 통해 '도쿄급행'이라 불리던 함포사격으로 보완하고자 했으나 이미 제공권을 빼앗긴 전투의 결과는 불을 보듯 뻔했다. '쥐새끼 수송'으로 상륙한 가와구치 지대와 아오바 지대가 9월 12일 개시한 제2차 총공격도 14일 미측의 대반격으로 결국 퇴각할 수밖에 없었다.

대본영은 10월 중순을 기해 개시할 제3차 총공격에 기대를 걸고 10월 초부터 차츰 제17군 병력을 과달카날 섬으로 옮겨 준비태세에 들어갔다. 그 사이 10월 11일 밤 사보 섬 해전에서 미군이 처음으로 전파탐지기 레이더를 사용해 발사한 포탄이 명중하였다. 일본군은 연일 계속된 함포사격에 이어 10월 24일 총공격을 개시했으나 2,200명의 병력을 잃고 26일에 결국 공격을 단념하였다. 이를 지원한 연합함대는 26일 다시 미 기동함대와 교전하여 상당한 타격을 가했지만 전세를 뒤집지는 못했다.

과달카날 섬 해안가의 사망한 일본군 병사들(1942년 11월)

　　제3차 총공격 실패로 인해 보급난이 심화되자 과달카날 섬에는 아사자가 나오기 시작했다. 공복, 영양실조, 말라리아, 열병 등으로 매일같이 쓰러지는 병사들이 늘어갔다. 11월 10일에는 제38사단이 과달카날 섬에 도착했으나 보급선 11척이 모두 침몰해 더욱 어려움에 처했다. 이러한 상황에서 제3차 솔로몬해전(11월 12~14일)이 벌어졌으나 결국 일본군은 전함 2척, 중순양함 1척을 잃는 등 막대한 손해만 입었다. 대본영은 사태가 이렇게 흘러가자 11월 15일 제17군에게 현상유지를 명령하고 16일 제8방면군을 신설해 전황을 재정비하고자 했다. 그러나 이미 제공권과 제해권을 상실한 상황이므로 어찌할 도리가 없었다. 뉴기니에서는 후퇴하던 남해지대가 적의 추격전으로 인해 궤멸되고 말았다.

중국전선

　　개전 초기 중국에서 우선적으로 공략의 목표가 된 곳은 영국의 아시아 근거지 가운데 하나인 홍콩이었다. 지나파견군은 이미

1940년 이래 공략을 계획하고 있었는데 제23군은 개전과 더불어 국경을 넘어 구룡반도로 진입하였고 12월 14일 점령에 성공했다. 이어서 일본군이 18일 밤 홍콩 섬에 상륙하자 25일 영국군은 백기 투항했다. 이와 함께 남방작전을 용이하게 수행하기 위한 충칭군 견제작전(제2차 창사작전)은 12월 24일부터 시작되어 1월 중순에 목표를 달성했다.

제1단계 작전이 성공하자 일본군은 그 성과를 이용해 장제스 정권을 굴복시킬 계획에 들어갔다. 1942년 4월 초 대본영은 중일전쟁 처리를 위한 복안을 세웠고 이것을 하타 슌로쿠畑俊六 지나파견군 총사령관에게 제시하였다. 그 내용은 첫째, 남방작전의 성과를 이용하거나 현 상태를 유지하면서 미얀마 방면에서 압력을 가해 장제스 정권을 굴복시킨다. 둘째, 이를 위해 중국 저항세력의 격파와 항전 의지 좌절에 주력한다는 것이다. 이것은 1943년 봄부터 실시한 충칭진공작전(5호작전)의 시작이었다. 이에 대본영과 지나파견군은 곧바로 작전계획 입안에 몰두하기 시작했다.

그런데 이때부터 미군의 반격이 시작되었다. 즉 4월 18일 둘리틀 비행부대의 일본 본토공습이 시작되었는데, 알고 보니 이것은 화중지방의 비행장을 계획적으로 이용하고 있었다. 대본영은 이 항공근거지를 점령해 박멸하지 않는 한 이러한 공격을 봉쇄할 수 없다고 판단했다. 이에 4월 하순 지나파견군 총사령관에게 가능한 한 신속히 작전을 개시해 저장성 방면의 충칭군을 격파하고 주요 항공근거지를 박멸해 그곳을 이용해 미군이 일본본토를 공격하는 일이 없도록 철저히 봉쇄하라고 지시했다. 동시에 참모총장은 지상병력으로 리수이麗水, 취저우衢州, 위산玉山 부근의 적군 비행장을 공략하도록 명령하였다. 이 작전은 절공작전浙贛作戰으로 불렸다. 제13군(군사령부는 상하이) 주력과 제11군(군사령부는 한커우) 일부를 동원해 저간철도浙贛鉄道(항저우-창사)연선지구를 동서에서 협공함으로써 진화金華, 위산, 리수이 등에 있는 비행장을 점령한다는 구상이었다.

5월 15일 제13군 주력이 항저우 방면에서 총공격을 개시했다. 28일 진화, 6월 7일 취저우, 12일 위산, 13일 광펑廣豊, 24일 리수이를 차례로 공략했다. 한편 제11군 일부는 5월 31일 난창南昌 부근에서 작전을 개시하였고 6월 2일 진셴進賢, 4일 푸저우撫州, 12일 젠창建昌, 16일 구이시貴溪를 차례로 점령했다. 이렇게 동서에서 호응하며 양군의 선두 부대는 7월 1일 황펑壜峰에서 만났다. 저간선 공략에 성공한 것이다.

대본영은 7월 28일 지나파견군 총사령관에게 저장성 방면 작전이 종료된 후에도 진화 부근의 주요 지역 확보를 명했다. 8월 중순부터 말경에는 또 다른 지시를 내렸는데, 공략에 참가한 여러 부대는 약 2개월 정도 그 지역에 머무르다가 8월 19일 반전反轉작전을 개시한 뒤 8월 하순 원래 태세로 돌아갔다. 저간작전 종료와 함께 대본영은 현안인 충칭진공작전 일정이 잡혔으므로 9월 3일 지나파견군에게 작전준비를 명했다. 9월경부터 일부 작전준비에 착수했는데 최후 결정은 가을 무렵의 전반적 전황을 고려해 결정하게 되었다. 4월 상순에 대본영이 취한 작전의 골자는 1943년 봄부터 약 10개 사단을 근간으로 한 1방면군을 통해 남부 산시방면에서, 또 약 6개 사단을 근간으로 한 1군으로 이창 방면에서 공격을 각각 개시해 충칭과 청두를 공략하고 스촨성의 주요 지역을 점령한다는 것으로서 작전 기간은 약 5개월이 소요될 것으로 예상했다.

그러나 앞서 본 바와 같이 과달카날 전투를 기점으로 미국의 반격이 거세지면서 태평양전쟁의 중심축은 남태평양으로 이동했다. 과달카날 전투가 전쟁의 향배를 가를 것이라고 판단한 대본영은 12

월 10일 어쩔 수 없이 지나파견군에게 충칭작전의 중지를 명했다.

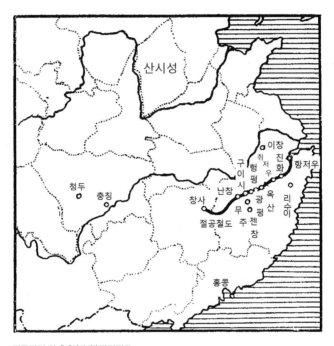

절공작전 및 충칭(重慶)작전지도

육·해군 전략의 대립

태평양전쟁에 돌입할 당시 일본 정부와 대본영의 전쟁 종결 전
망은 다음과 같았다.

> 1. 신속히 극동에서 미국, 영국, 네덜란드의 근거지를 박멸
>   하고 자존 자위를 확립함과 동시에 적극적인 조치를 통
>   해 장제스 정권의 굴복을 촉진하고, 독일·이탈리아와 손
>   잡고 먼저 영국을 굴복시킨 뒤에 미국의 속전 의지를 꺾

도록 주력한다.

2. 최대한 전쟁 상대국의 확대를 방지하고 제3국과의 관계를 유리하게 이끈다.(「대미영란장 전쟁 종말에 관한 복안对米英欄蔣戦争終末に関する腹案」, 1941년 11월 결정)

상기 전망에 따르면 미국을 상대로 전쟁의 종결을 압박할 수단이 없었다. 이를 위해서는 일본이 장기간 불패체제를 구축해야만 했다. 결국 중국과 영국의 굴복을 전제로 전쟁을 지속하려는 미국의 의지를 꺾겠다는 방침을 천명한 것에 불과했다. 그런데 영국의 굴복은 오로지 독일과 이탈리아에 의지할 수밖에 없었으니, 당시 유럽의 전황을 잘못 판단했다는 것을 부인할 수 없다.

그런데 개전 직후 일본은 절대로 단독강화는 하지 않겠다고 독일·이탈리아에게 약속했다. 하지만 신군사협정을 체결할 때 독일·이탈리아 측이 영국본토 공격 및 태평양작전과 관련해 상호 협력하겠다는 약속을 취소하는 등 공동작전은 처음부터 암초에 부딪혔다. 싱가포르 공격 당시 영국으로부터 화의 제의가 있었다는 소문은 험담에 불과했다.(도고 시게노리, 『시대의 일면』) 이 무렵 일본이 독·소강화를 중재함으로써 독일로 하여금 영국과의 전쟁에 전념하도록 하자는 주장이 민간에서 대두하였다. 이 주장도 안이하기는 마찬가지였다. 그 해 3월 사토 나오타케佐藤尚武가 주소련 대사로 부임할 때, 사토 육군성 군사과장은, "독·소강화 문제에는 절대로 관여하지 않았으면 한다. 그 밖의 일상적인 업무 외에 일·소관계의 새로운 타개 등에 관해서는 손대지 않았으면 한다."고 말했다.(모리시마 고로, 『고뇌하는 주소련대사관』) 이것으로도 알 수 있듯이 특히 육군 통수부는 독일군의 초여름 대소공세에 큰 기대를 걸고 북방문제의 해결을 꿈꾼 듯하다. 또 중국에 대해서도 압박을 가해 굴복을 시도하는 강경방침을 취하는 등 전쟁 초기에 거둔 서전의 승리에 도취되어 일본의 전력을 과대평가한 상태에서 작전을 계획하였다. 특히 육군은 남방 제1단계작전 종료 후 남방에 소규모 병력(육군성에서는 21개 대대를 주장했으나 대본영에서는 너무 과하다며 반대하였다)을 남겨두고 나머지는 복귀시켰고, 중국파견군에 5개 사단을 신설하고 관동군을 정비했으며 독일의 대소공세에 호응하면서 충칭진공작전 개시를 겨냥하였다.

반면에 미국과의 본격적인 결전이라는 임무를 맡게 된 일본 해군의 의도는 전혀 달랐다. 해군의 종래 작전계획은 일본의 영토 방위에 있었으나 태평양전쟁에서 맡게 된 임무는 '대동아공영권'의 거점 확보였다. 열세였던 일본해군이 이를 감당하는 것은 결코 쉬운 일이 아니었다. 비록 진주만공격이 다대한 성과를 거두었다고는 하지만 생산력이란 측면에서 미국은 일본에 한참 앞서있고 시일이 경과하면서 병력도 크게 늘었다. 또 일본해군은 방위할 지역도 넓고 병력 소모도 그만큼 컸으므로 해군은 처음부터 조기 결전에 승부를 걸었고 공세적 작전을 통해 연합군을 수세로 몰아넣는 데 진력해야만 했다. 그로 인해 해군은 제1단계 작전 후 오스트레일리아와 하와이 공략을 주장했다. 이렇듯 해군이 외곽에 대한 대대적인 공격을 주장했기 때문에 이들과 입장이 달랐던 육군은 계속 반대하였다. 그런데 이러한 전략을 둘러싼 의견대립을 조정하고 통일해야 할 통수기구가 없었다. 그 결과 현실작전에서는 항상 양자가 타협해 임했기 때문에 철저하지 못한 측면이 있었다. 가령 애초의 오스트레일리아·하와이 공략계획은 나중에 포트모르즈비 공략을 중심으로 한 아메리카·오스트레일리아 차단작전과 미드웨이 공략작전으로 변경되었다. 그러나 상술한 바와 같이 전자는 산호해 해전의 실패로 차질을 빚었고, 6월 하순 미드웨이 해전에서는 일본 함대가 신예 항공모함의 주력을 상실해 작전의 주도권을 미국에게 넘겨주는 빌미를 제공했다. 통수부는 미국의 반격 개시를 1943년 이후로 예상했으나 이미 8월 시점에 미군은 솔로몬군도의 과달카날 섬에 반격을 가해왔다.

한편 육군이 기대한 독일군의 대소 공세도 예상한 대로 진행되지 않았다. 6월 말에 시작된 독일군의 진공은 7~8월 무렵 정점에 달해 스탈린그라드를 포위했으나 소련군은 방어태세를 풀지 않았고, 11월에는 독일군이 거꾸로 포위되는 상황이 벌어졌다. 7월에 리벤트로프 독일 외무장관은 오시마 대사에게 일본도 대소전에 참전할 것을 요청했으나, 일본은 이를 거절하고 소련군을 동쪽에서 견제하는 정도로 그쳤다. 이어서 이듬해인 1943년 2월 2일에는 파울루스Friedrich Wilhelm Ernst Paulus 원수가 이끄는 독일군 30개 사단이 스탈린그라드에서 항복함으로써 독·소전의 전황은 완전히 역전되었다. 게다가 1942년 10월 미영 양국군이 프랑스령 아메리카 북부지역에 상륙작전을 개시한 것도 유럽 정세를 크게 뒤바꾸어 놓았다.

또 장기불패 체제를 구축하기 위해서는 선박 수송력을 확보해 중요 물자의 본토 공급을 원활히 함으로써 군수생산을 증강할 필요가 있었다. 그러나 선박량이 제한된 이상 작전이냐 수송이냐를 둘러싸고 양자 간에 의견이 충돌할 수밖에 없었으므로 징용선박의 해제와 새로운 선박징용 지정 문제를 놓고 기획원, 육해군성, 통수부 사이의 갈등이 크게 불거졌다. 제1단계 종료 후 군수용 선박은 해제해 중요 물자 수송에 할당해야 했으나, 제1단계 작전 후에도 또 다른 진공작전을 기도했으므로 예정대로 선박운용이 이루어지지 않은 가운데 연합군의 과달카날 섬 반격으로 인해 대대적인 선박 징용이 불가피했다. 게다가 미국 잠수함에 의한 손실도 적지 않은 가운데 과달카날작전에서 여러 척의 수송선을 한꺼번에 잃었다. 따라서 남방자원을 군수생산에 충분히 활용할 수 없었다. 선박의 사용 방법을 둘러싸고 이러한 대립이 발생했을 때 이를 원활히 조정할 기구가 없었기 때문에 육군과 해군 사이는 물론이고, 기획원·육해군성·통수부 사이의 대립과 갈등은 더욱 심화되어 갔다.

이상과 같이 1942년에는 독일·이탈리아의 승전 전망, 남방자원 수송을 통한 전력 증강, 연합군의 반격 일정 등 전쟁 수행과정에 중대한 영향을 미치게 된 여러 요인들은 일본 측의 당초 기대와 전혀 다르게 전개되었다.

제3절 도조의 독재와 익찬정치체제

도조 독재의 성격

태평양전쟁을 수행한 권력, 즉 세간에서 흔히 '도조 독재'라고 불렸던 정부는 과연 어떤 성격이었고, 또 어떻게 수립되었을까? 원래 이것은 전쟁이 필연으로 치닫는 국면에서 현역 군인이었던 도조 육군대신이 그대로 총리대신 겸 내무대신의 지위를 차지한 것이었다. 그러한 점에서 이것은 군부세력을 근간으로 천황제 관료기구를 아우른 독재체제였고, 군부 이외의 정치세력을 모두 배제하거나 종속시킴으로써 일원적 전쟁수행체제를 확보한 정치체제였다고 할 수 있다. 따라서 도조 내각은 도조 총리대신의 명령에 착실히 복종하는 관료들로 구축된 이른바 '사무관 내각'인 셈이다. 천황에 대해서는 기도 내대신과 협력하고, 통수부나 정부 등 책임의 균형을 유지하고 있는 자를 제외하고는 철저히 접근을 제한함으로써 군부 이외의 정치세력은 진입조차 할 수 없는 체제였다. 여기에는 황족과 중신도 예외가 아니었다.

우선 개전 직후 도조 내각은 미야모토 유리코宮本百合子 등 수많은 좌익 내지 반전사상가를 스파이 용의자로 지목해 일제히 검거한 데 이어서 12월 16일부터는 제78회 임시의회를 소집해 '언론, 출판, 집회, 결사 등 임시단속법'을 제정했다. 이 법은 종래 신고제였던 집회와 결사를 허가제로 바꾸었을 뿐만 아니라, 기존 결사도 다시 허가를 받도록 하고 언론과 출판에 대해서도 단순히 발매금지에 그치지 않고 전면 발행중지를 명령할 수 있도록 규정하였다. 이 과정에서 허가를 신청한 500여 단체 가운데 입헌양정회立憲養正會를 비롯해 약 반수 이상이 정리되었다. 그런데 기성 정당, 노동조합, 농민조합 등은 이미 그 이전에 해산된 상황이었다. 히라노 리키조平野力三 등의 농지개혁동맹 처럼 예외적인 경우도 있었으나 대개 단속 대상은 남아 있던 우익단체들이었다. 이렇게 우익단체조차 군부를 중심으로 한 전쟁수행체제를 저해한다며 단속한 것이 바로 이 시기의 특징이었다.

이러한 '도조 독재'는 오로지 군부를 배경으로 하였고, 그저 서전의 승리에 도취된 사회분위기를 이용해 전쟁 수행의 필요성을 명분으로 내건 헌병정치의 압력이 빚어낸 것이었다. 그런데 이 체제는 국민의 자발적 지지를 이끌어 내지 못했기 때문에 기초가 박약했다. 그로 인해 독재체제가 의존하던 군부, 특히 육군 내지 통수부·군정부 사이에 알력이 발생했을 때 '도조 독재'는 어떠한 대책도 강구하지 못했고, 그저 모든 재원과 자재를 육해군에 기계적으로 배분하는 비합리적 방식이 오히려 정상인 것처럼 여겨졌다. 그러나 이러한 정치적 해결 시도가 도리어 대립과 알력을 더욱 조장하였고 도조 개인은 또 다시 그로 인한 부담을 끌어안게 되었다.

익찬선거

1942년 4월 도조 내각은 서전의 승리로 조성된 유리한 정세를 이용해 '익찬선거'를 실시했다. 그러나 그 과정에서 '도조 독재'의 약점이 곳곳에서 드러났다. 역설적으로, 이 무렵의 의회는 1937년 총선거에서 대거 약진한 사회대중당이 다수를 차지하고 있었다. 이들은 이미 몇 년 전에 임기가 만료되었지만 신체제운동이 변질된 후 총선거로 인한 갈등을 우려해 임기를 1년 연장하였다. 도조 내각은 선거 실시와 관련해 '마찰'을 피하기 위해 사전 단속을 강화했을 뿐만 아니라 후보자 추천제도를 도입해 귀족원과 중의원, 익찬회, 재계, 재향군인회, 언론계 등의 대표를 초빙해 후보자를 추천하는 모체를 결성하도록 했다. 그 결과 전 총리대신인 아베 노부유키 육군대장을 회장으로 한 '익찬翼贊정치체제협의회'가 결성되었다. 이 협의회와 지부의 활동으로 총 466명의 후보자가 추천되었다. 그러나 이 추천제도 역시 어정쩡한 것이었다. 메이지헌법을 존중한다는 명분으로 정부는 추천 후보에 반드시 투표하라는 것은 아니라고 거듭 변명해야만 했다. 이것은 기반이 될 만한 정치력을 지니지 못한 관료독재의 슬픈 희극이었다. 후보자 추천 조건으로 모든 지부가 적어도 한 명의 신인을 추가하되, 추천 후보는 당선 가능성이 있어야 한다는 것이었다. 그 결과 기성정당과 달리 '참신'한 인재를 선발해 국민의 기대를 모으려고 했지만 결국 추천 후

제21회 중의원 선거(익찬선거) 홍보포스터

보가 많이 당선되기 위해서는 어느 정도 기존 정당의 기반을 이용할 수밖에 없는 딜레마에 빠졌다.

익찬선거를 대대적으로 보도한 오사카 아사히신문 기사

투표일 2주 전에 이루어진 아사히신문 현지특파원 좌담회는 모두에 "미숙한 열의의 앙양 – 익찬 이념 실천에 헤매다"라는 제목을 달았다.(『아사히신문』 4월 16일) 하지만 이 기사의 주된 내용은 국민의 무관심이 '익찬선거'의 실체를 적나라하게 드러냈다는 것이었다. "당국이 미리 후보자·지지자 등과 담합하여 후보자 발언의 한계를 제시하고 후보자가 스스로 조심하도록 경고"하고(『일본정치연보』), 후보자는 정부의 정책을 적극적으로 지지하고 전쟁완수를 주장하는 데 불과했기 때문에 언론의 관심도 저조했다. 후보자는 한산한 연설회장 분위기를 한탄하고, 정원을 채우지 못하는 경우가 빈발하자 이를 비꼬는 신문기사들이 다수였다. 그럼에도 불구하고 소학교 학생들과 도나리구미隣組를 통해 투표를 독려한 결과 기권은 현저히 줄어들어 투표율이 전국 평균 83%를 넘어섰다. 추천된 후보에 대해서는 행정청과 새로 중앙집권적으로 조직을 개편한 익찬장년단의 적극적 지원이 있었다. 또한 정부가 임시군사비를 유용해 막후에서 선거비용을 지원했다는 것은 주지의 사실이다.

한편 비추천 후보, 특히 이른바 자유주의자에 대해서는 극심한 압박을 가했다. 선거 결과 추천자 382명, 비추천자 84명(사이토 다카오 포함)이 당선되었다. 추천자가 당선자의 80%를 차지했다. 또 초선이 199명, 전 의원이 247명, 현 의원이 20명으로, 비교적 신인이 많았지만 결과적으로 대동소이했고 이들 역시 구 정당의 기반과 별반 다르지 않았다. 변화라고는 "기존 선거에서 중진으로 활약하던 사람들이 최근에는 익찬회라든지 장년단이라든지 하는 계몽운동 단체의 중견간부로 동원됨에 따라 기성정당의 운동 방식이 불가능하게 되었다."(앞의 좌담회, 4월 19일)고 하는 정도에 불과했다.

다시 말해, 익찬회나 장년단 자체가 구 정당의 기반인 보스조직에 기생하는 집단이었음을 시사하는 것이다.

익찬정치회와 국민통제

총선거 후에는 익찬정치체제협의회 대신에 역시 정부 요청에 따라 익찬정치결집준비위원회가 조직되었고, 5월 20일 익찬정치회가 아베 노부유키를 회장으로 발족하였다. 익찬회는 귀족원과 중의원 양원에서 각각 12명씩, 기타 분야별 5명, 도합 29명의 총무 합의제로 운영되었다. 그러나 실질적인 중심 인물은 마에다 요네조前田米蔵와 오아사 다다오大麻唯男 등이었다. 익찬정치회의 설치 의도는 해당 조직 발족식에서 아베 회장이, "앞으로 의회는 정부와 표리일체가 되어 국정 운영을 위해 적극 노력해야만 한다."고 밝힌 대로, 대정익찬회와 함께 정부의 양 날개가 되어 전시정책을 추진하는 것이었다. 따라서 익찬회는 비추천 의원을 포함해 귀족원과 중의원 양원 인사의 대부분(형사소추자만 제외)과, 익찬회·재계·언론계 대표 등을 끌어 모아 약 1,300명의 회원을 거느리고, 그 외의 다른 정치 결사를 허가하지 않았다. 이렇게 해서 의회세력이 익찬회로 결집되었다고는 하지만, 지부가 없기 때문에 이른바 뿌리 없는 풀에 지나지 않았다. 이어서 5월 27일 열린 의회는 27일에 개원식, 총리대신·대장대신·외무대신의 시정연설, 육해군 전황보고, 28일에 예산총회·특별위원회, 29일에 폐원식으로 이어지는 일정에서 알 수 있듯이, 이들은 그저 박수나 치는 '익찬의회(거수기 의회)' 구성원에 불과했다. 당시 추천된 의원은 모두들 "화협和協 공동의 정신으로 마음의 준비"를 하고는 있었지만, "익찬정치회의 원내기구 운영이 너무나도 능수능란했다. … 의사 진행도 매우 빨라 마치 기계가 돌아가는 듯한 느낌이었다."고 평가할 정도였다.(로야마 마사미치蠟山政道, 『아사히신문』 5월 31일)

의회세력 개편과 더불어 대정익찬회의 개편도 추진되었다. 신체제운동의 핵심 조직으로 결성된 대정익찬회는 당초부터 세간의 기대를 저버린 관제기관에 불과했는데 그 후 개편을 거듭할 때마다 더욱 더 관료적 색채를 띠게 되었다. 도조 내각 성립을 계기로 과거 만주국 협화회 지도자였던 안도 기사부로安藤紀三郎 중장이 부총재에 취임한 이래 이러한 경향은 더욱 심해져 국민을 전쟁에 협력시키려는 단순한 계몽기관으로 전락하였다. 익찬회의 개편은 이러한 기조에서 통제와 지도를 더욱 강화하기 위함이었다. 종래 익찬회 지방지부의 외곽단체로서 혁신분자의 자주적 결합이라는 성격을 지닌 익찬장년단은 익찬선거에 앞서 개조가 진행되었다. 익찬회총재의 통솔 하에 중앙집권적 단체로 통합되었고 '익찬선거'에는 행동대로서 활동하였다. 그러나 강력한 활동을 벌일수록 "장년단은 수양단체도 아니고 정치단체도 아니다. 어정쩡하다."는 한숨

이 터져 나왔다.(앞의 좌담회, 『아사히신문』 4월 19일) 익찬회 개편은 6월에 이루어졌다. 지금까지 내무, 문부, 농림, 상공 등의 각 성에 따라 지도된 국민조직과 국민운동이 모두 익찬회 산하로 통합되었다. 즉 산업보국회, 상업보국회, 농업보국연맹, 해운보국회, 대일본부인회, 대일본청소년단 등 모두 일원적으로 익찬회 지도 아래 두었다. 부락회나 정내회 등에도 후견인을 두고 지도권을 행사했다. 선거쇄신, 저축장려, 물자절약, 물자회수, 공채판매 등의 운동 등이 바로 익찬회에 의해 추진되었다. 이렇게 익찬회는 일단 표면적으로는 국민통제의 핵심기관이 되었지만 실제로는 관료 특히 군부의 의지대로 움직인 비민주적 조직이었고 관료통제를 뒷받침하는 병풍과도 같은 존재였다.

익찬회의 하부기구인 정내회와 부락회, 그리고 조선에서 애국반이나 반상회의 모델이 되었던 도나리구미隣組는 국민 통제를 위한 수단으로서 이들 조직이 생활필수품의 배급기구를 겸함으로써 각 가정을 틀어쥐었다. 이를 위해 시험 삼아 배급카드 제작과 이동신고를 위해 귀찮은 절차를 밟도록 정내회나 부락회의 보스 조직을 이용하였고 이들을 말단조직으로 포섭함으로써 관료통제기구의 취약성을 보강하였다. 따라서 익찬회 개조를 통해 일원적 관료통제를 강화하더라도 "부락회나 정내회 등은 자치적 기능을 강화함과 동시에 대정익찬회가 지도하는 조직으로 삼아서 그 사이에 필요한 조절을 고려한다."(정보국 발표, 「대정익찬회의 기능쇄신」)고 함으로써 행정보조기관으로서의 기능이 여전히 유지되도록 하였다. 이들 통제기구는 국민생활을 구석구석까지 통제와 감시를 통해 관리함으로써 총력을 동원해 전쟁에 협력하도록 유도하기 위해 만든 조직이지만 국민의 적극적 협력은 확보하지 못했다. 이것은 당시 도나리구미나 정내회에 대한 불만이 끊이지 않았던 사실에서도 알 수 있다.

또 도나리구미의 장이 배급을 중지한다고 협박해 형사사건에 연루되는 예도 있었다. 당시 신문의 투서를 보면 배급은 당연히 머릿수대로 해야 하는데 가구별로 집행하는 등 도나리구미 조직의 불공정한 배급 관행을 비판하거나 불만을 토로하는 사람들이 많았다. 그 결과 이러한 불평을 시정하기 위해서는 배급기준을 세밀히 정하고 도나리구미나 정내회에 대한 회계감사제도를 도입해야 한다는 주장이 대두하기도 했다.(『아사히신문』 6월 5일) 개전 1주년을 맞이해 국민운동으로서 배급 적정화 운동이 일어났는데 이러한 통제기구는 국민들로부터 불만의 표적이 되었지만 동시에 보스 지배를 가능케 하는 수단이기도 했으므로 좀처럼 해결하기 어려운 문제였다.

익찬정치회의 결성과 대정익찬회의 정비 강화가 끝난 뒤 익찬정치회는 정무조사회 설치를 시작으로 익찬회와 하나가 되어 지방에서 기반을 확보하는 등 다소나마 정치력을 획득하려는 노력을 거듭했다. 이에 반해 익찬회는 9월 중앙협력회의 결정(정신앙양, 생산증강, 전쟁생활실천, 국내체제강화)에서도 보듯이 행정보조기관으로서의 성격이 더욱 짙어졌다.

대동아성의 설치

익찬정치회 창립과 대정익찬회 개조를 통해 도조 내각이 익찬정치체제를 확립한 시기는 시기적으로 산호해 해전과 미드웨이 해전으로 일본군의 작전이 차질을 빚기 시작한 때이다. 이를 반영하듯 '도조 독재'도 동요하는 조짐을 보였다. 그 이전에 육군 군무국장 무토가 1942년 정월 도고 외무대신과 오카다 게이스케岡田啓介 대장을 방문해 전쟁의 종결을 위해 도조 총리대신을 경질하는 게 좋겠다고 말했다. 4월이 되자 무토 군무국장이 사토 겐료佐藤賢了 소장으로 교체되고 육군 중앙부가 도조 내각 안에서 입지를 굳

새로 설치된 대동아성 전경

혔을 때, 참모본부 일각에서는 전임傳任 육군대신(도조가 겸임 중)이 필요하다는 의견이 고조되었지만 이를 노골적으로 드러내지는 않았다. 그러나 제1단계 작전 종료 후 징용선박의 해제 문제가 발생하자, 연락회의에서 문관들, 특히 도고 외무대신이 생산력 증강을 위해 예정대로 징용선박을 일반 선박으로 해제할 것을 주장하였다. 아울러 내친 김에 독일과 소련 간의 화의와 중국문제 해결을 제안하는 등의 태도를 보이자, 서전의 승리를 이용해 작전을 한층 더 확대하려는 군부와 대립하였다. 이런 가운데 제일 먼저 정치문제로 표면화된 것이 대동아성 설치 문제였다.

대동아성 설치는 5~6월 무렵부터 계획되었다. 즉 '대동아' 지역(일본과 그 영토 제외)의 식민기구를 대동아성의 지도감독 아래로 일원화하고 만주국, 중국, 태국, 인도차이나 등에 관한 문제는 '순수한 외교문제'를 제외한 나머지 전부를 대동아성에서 주관하도록 하자는 것이다. 이 계획은 전쟁 수행을 위해 대동아 지역에서 모든 자원을 동원하는 동시에 일본의 중국 내 현지 기관의 정리와 통합을 겨냥한 것이기도 하였다. 이 때 육군은 특히 대사와 군사령관의 두 자리를 하나의 체제로 통합하자고 주장하며 실권을 장악하려고 했다. 그러나 해군의 반대로 대사와 공사는 문관으로 임명하기로 하였다.

사태가 이렇게 돌아가자 도고 외무대신은 이를 문제 삼아 외교 일원화를 주장함과 동시에 동아시아 국가들의 자존심에 상처를 입힌다며, 흥아원興亞院(내각직속기구로서 외교를 제외한 중국의 정치, 경제, 문화, 행정 등을 관장하던 첩보기구)의 실패 사례를 들어 반대하였다. 그러다 도고는 단독 사직을 거부하며 도조 내각의 동반퇴진을 꾀했으나 결국 9월 1일 홀로 사직하게 되었다. 나아가 추밀원에서도 이를 문제 삼았는데 대동아 국가들을 속국 취급하는 처사라며 강한 반대의견을 표명했다. 그리고 '순외교純外交'(국제의례와 조약 체결의 형식적 절차 등을 가리킴)를 '외교'로 수정할 것을 요청하는 등 우여곡절을 거듭했다. 하지만 결국 더 이상의 논란을 피하고자 원안대로 가결함으로써 11월 1일 대동아성이 발족하게 되었다.

중국에 대한 새로운 정책

그 사이 과달카날에서 격전이 벌어지고 11월 이후 일본군은 수송이 곤란을 겪으며 잠수함이나 구축함으로 드럼통을 나르는 실정이었다. 그러자 12월 31일 대본영회의에서는 과달카날 부대의 '전환배치'를 결정했다. 이에 따라 2월 1일부터 7일 사이에 철병을 실시함으로써 이 전투는 일본군의 패배로 끝났다. 생각지도 못한 연합국의 신속한 반격은 순식간에 전황을 뒤집어놓았다. 그 결과 초기 서전의 승리를 바탕으로 계획한 기존의 내외정책들을 모두 수정해야만 했다.

우선 대외적으로 보자면 대동아성 설치과정에서 나타난 군부 중심의 강압적 대동아정책은 대동아성이 미처 문을 열기도 전에 수정이 필요했고 이것은 중국에 대한 신정책으로 나타났다. 대 중국정책은 개전 직후 기존의 화의방침에서 한 발 더 나아가 중국의 굴복을 꾀하는 강경방침으로 변경되어 그 연장선에서 충칭重慶진공작전까지 계획되었으나 중국문제의 조기 해결 전망은 보이지 않았다. 그러나 미군의 반격이 시작된 상황에서 60만 명이 넘는 병력이 중국대륙에 묶여 있는 일본 육군은 당연히 중국정책의 전환을 고려할 수밖에 없었다.

이러한 중국정책의 변화를 가져온 계기는 왕자오밍汪兆銘 정권의 태평양전쟁 참전 요청이었다. 이것은 "중국인의 민심이 점차 일본으로부터 이반되어 국민정부(여기서는 왕자오밍 정권)가 점차 약화되고 있다는 의미였다. 이대로 간다면 아마도 무서운 사태가 발생할 수도 있다."는 판단에 기초하여, 일본 정부는 이 문제를 12월 하순 어전회의에서 '대동아전쟁완수를 위한 대중국 처리 근본방침'으로 결정하였다. 방침의 주요 골자는 다음과 같다.

1) 전쟁에서 승리하기 위해 전쟁협력을 강화하고 양국의 종합전력을 강화할 것(철, 면화 등의 중요 자원은 그대로 취한다)

2) 국민정부의 철저한 강화, 즉 국민정부의 정치력을 강화하고 충분히 민심을 파악하도록 할 것(11월 17일 연락회의에서 아오키 대동아성 장관의 발언)

이 정책은 왕자오밍 정권에 대한 간섭을 피하고 조계지를 돌려주고, 치외법권을 폐지하는 등의 조치를 통해 왕자오밍 정권의 정치력을 강화시켜 "충칭 정부 항일 명분을 박멸"하는 데 초점을 둔 것이다. 그러나 "당면한 대중국 경제시책은 전쟁 완수에 필요한 물자 획득의 증대를 주안으로 한다"는 것에서 보듯이 '전쟁협력'이라는 미명 아래 경제수탈을 강화하였다. 왕자오밍 정권은 1943년 1월 9일 일본과 조계지 환부 및 치외법권 폐지에 관한 협정을 조인함과 동시에 태평양전쟁에 참전한다고 성명하였다.

그런데 이와 거의 비슷한 시기인 1월 11일과 14일에 영국, 미국, 그리고 충칭의 국민정부 사이에 치외법권 폐지조약이 조인된 사실에 주목할 필요가 있다. 이러한 대중국 신정책은 1943년 1월 미얀마 독립방침 결정, 5월 말 '대동아정략지도요강' 결정에서 알 수 있듯이 대동아신정책 채택으로 이어졌다.

독재체제의 강화

과달카날 공방전에서 패색이 짙어지자 1942년 겨울 익찬정치체제도 동요하기 시작했다. 익찬정치회는 여전히 존속하고 있었는데 그 해 10월 이 모임 소속의 의원 260명이 생산력 확충, 기업재편성, 물자배급기구 정비를 목표로 한 '경제의원연맹'을 새로이 결성했다. 그리고 신참 의원들은 '청신구락부淸新倶楽部'를 조직하는 등 새로운 움직임이 나타났다. 따라서 제81회 통상의회는 이전까지의 임시의회와는 약간 다른 움직임을 보였다. 의회가 종료될 무렵 오카다 다다히코岡田忠彦 중의원 의장은, "장래의 서정 개선에 관해 총리대신을 비롯한 국무대신들이 솔직하고 대담하게 의견을 밝혔다. 그러나 그 말이 앞으로 잘 지켜지는지 여부를 우리는 감시해야만 한다. 따라서 의회가 휴회에 들어가더라도 우리의 임무가 끝난 것이 아니다."고 말했는데, 그 맥락을 주목할 필요가 있다.

제81회 의회에서는 270억 엔의 임시군사비를 포함해 474억 엔의 대규모 예산이 다루어졌다. 또 89건의 법률안이 통과되었다. 이 가운데 주목할 것은 총리대신에게 행정권을 집중시킨 것과 정부의 권한 강화가 이루어진 점이다. 이것은 전황이 악화되자 국내외적으로 격화되는 여러 모순을 독재의 강화로 수습하려는 것인데 이러한 노력은 이미 저항에 직면하기 시작했다.

먼저 의회에서는 전시행정특례법으로 총리의 권한이 크게 강화되었다. 이것은 칙령 전시행정직권특례와 짝을 이루는 것으로서 중요물자의 생산 증강을 위해 기존 법률에 따른 금지나 제한 등을 해제할 수 있도록 하고 산업행정지시권을 총리에게 일원화하였다. 여기서 주목할 점은 이 법률을 심의할 때 도조 총리대신이 한 답변이었다. "지금 독재정치라는 말이 나왔는데 … 개인적으로 도조는 천황의 신하일 뿐이다. … 다만 이 몸은 총리대신이라는 직책을 맡고 있으므로 다른 것이다. 나는 폐하께서 빛을 받을 때 비로소 반짝인다. 폐하께 빛이 없다면 나란 존재는 길가에 구르는 돌과 다름없다. 바로 그 점이 이른바 독재자로 불리는 유럽의 인물들과 전혀 다른 대목이다." 즉 도조 총리대신은 자신에게 집중된 막강한 권한을 오로지 천황의 신임과 전쟁 수행의 필요에 따른 결과로 돌렸다. 이것은 천황제관료라는 그의 지위에서 비롯된 것이지만 동시에 도조 내각이 정치적으로 막다른 길로 내몰리자 반대세력에 대응하고자 한 노력의 산물이기도 했다. 이 과정에서 도쿄도東京都 설치, 시정촌제市町村制 개정, 상공경제회의 설치 등 지방제도와 지방산업행정의 중앙집권화가 추진되고, 관료의 관선제 강화, 시정촌회의 권한 축소가 이루어졌다.

이어서 의회에서 문제가 된 것은 전시형사특별법 개정이었다. 이것은 전년도 통상의회에서 통과된 법 조문에, "전시에 즈음해 국정을 혼란시킬 목적으로 사람을 죽인 자는 사형 또는 무기징역자는 금고에 처한다"라는 규정을 확대해 "국정 변란을 목적으로 현저히 치안을 해치거나, 폭행 협박하거나, 소요 및 기타 치안을 해친 죄의 실행과 관련해 이것을 협의 내지 선동"한 경우에도 처벌하도록 결정했다. 그런데 정부는 의원들로부터 질문세례를 받자 국정이란 "국가의 기본적 정치기구, 그 위에 서있는 현실의 기본적 정치기구 및 기관이 취하고 있는 기본적 정책"이며, 구체적으로는 내각제도, 현 내각 및 현 내각의 기본적 정책을 가리킨다. 가령 중화민국과의 기본조약을 파기하고 선전포고해야 한다고 선동할 경우에는 "국정변란을 목적으로 현저히 치안을 해쳤다"는 요건에 해당한다고 답했다.(2월 22~24일, 노다 사법성 형사국장 답변)

이렇게 독재체제 강화에 대해 선두에서 공세를 취한 것은 동방회의 나카노 세이고中野正剛·미타무라 다케오三田村武夫, 건국회의 아카오 빈赤尾敏 등 우익진영의 인사로서 이들은 관료정치를 통렬히 비판했다. 당시 위원회 분위기는 부결 내지 수정 쪽으로 기울었으나 익찬정치회 간부가 법안의 무수정 통과를 요구했다. 이에 마사키 가쓰지真崎勝次(해군중장인 마사키 사부로真崎三郎의 동생) 등 9명의 위원이 사임을 결행했지만, 결국 이 법안의 남용을 삼가하겠다는 총리대신의 부연 설명으로 겨우 수정 없이 통과되었다.

익찬회·익정회 일체화 문제

전쟁이 답보상태에 빠지자 도조 내각과 그의 괴뢰조직인 익찬회 간부에 대한 격렬한 비판은 결국 제81회 의회를 전후해 익정회·익찬회의 일체화 문제로 불거졌다. 즉 익정회는 지방에 지부가 없는 붕 떠있는 존재로서 정치력을 지니지 못한 것에 불만을 품고 익찬회와 통합해 하부조직을 보유하려는 움직임을 보였다. 그러자 정부는 이미 의회가 열리기 전에 두 단체가 하나가 되어 "강력한 정치

력을 발휘한다면 마치 막부와 같은 존재가 되지 않겠냐는 우려가
있다. 이러한 일은 우리 일본에서는 용서할 수 없다."며 반대하였
다.(『일본정치연보』 제3집) 이러한 정부에 대한 불만은 여전히 저변에
팽배해 있었고 위기를 극복하기 위해서는 도조 내각과 익정회의 개
혁이 불가피했다.

　이미 이 시기에 이르면 군함행진곡의 전주와 함께 들려오던 전
쟁의 성과도 국민들의 의욕을 북돋기에 부족했다. 전황이 불리하게
돌아가는 상황에서 뉴기니, 솔로몬에서 거둔 약간의 성과가 아침부
터 밤까지 반복될 때마다 사람들은 "또 같은 소리구만"이라는 반응
이었다. "요즘 지방을 돌아다니다 보면 사람들의 신문 읽기 방식이
바뀐 듯하다. … 그러나 요즘 사람들은 신문에 나온 커다란 제목
따위에는 좀처럼 마음을 뺏기지 않는 듯하다. 그저 내용만 간단히
확인할 뿐이다. 그런데 스탈린그라드의 상실이라든가 하리코프·로
스토프의 철수와 같은 기사는 작은 제목일지라도 내용을 뚫어지도
록 읽는다. 그 기사가 중요하다고 여기기 때문이다."(『국제경제주보』
1943년 3월 6일) 이처럼 정부와 군부에 대한 불신은 국민생활에 대
한 압박이 심화됨에 따라 더욱 더 깊어져 갔다. 이러한 정세의 변화
속에서 대정익찬회를 중심으로 한 행정보조적 '국민조직'은 이미
국민통제의 기능을 상실했다. 급속히 진전되는 사회적 모순의 격화
에 대처하고 국민통제를 수행하기 위해서는 노골적인 무단통치로
돌아가든지, 아니면 지배계급은 마뜩찮겠지만 국민의 자주성을 어
느 정도 인정하는 조직을 수립하든지 어느 한쪽을 선택해야 했다.
이제 국민통제 측면에서도 새로운 변화가 필요했다.

제4절 전시경제의 모순 확대

전시경제의 진전

태평양전쟁에 임하는 일본 전시경제의 기초는 매우 취약했다. 전시경제 수행에 불가결한 중요 원료의 부족, 그리고 빈약한 자본 축적으로는 도저히 대규모의 현대적 제국주의전쟁을 수행할 수 없었다. 그러나 이러한 취약성 때문에 독점자본을 비롯한 천황제 파시즘의 지배층은 전시경제를 통한 최대이윤 추구를 위해 식민지 지배의 확대를 꾀하고 태평양전쟁으로 돌진하였다. 따라서 그들의 목표는 중요 원료를 축적, 저장하고 서전의 '전격적' 승리를 통해 손에 넣은 남방의 여러 지역에 대한 지배체제를 확립해 전쟁을 조기에 종결하는 것이었다.

그러나 개전 당시 저장된 원료는 매우 적었다. 미국전략폭격조사단 조사에 따르면 석유 저장량은 4,300만 배럴로서 1년 정도를 겨우 버틸 수 있는 양이었다. 보크사이트의 경우는 25만 4,740톤으로서 1941년 사용량을 기준으로 약 9개월분밖에 없었다. 철강석의 경우는 약 4개월분밖에 없었고 고철도 446만 8,000톤으로 줄어들었다. 그 결과 제강설비는 늘었지만 정작 원료가 없어 약 1/3의 설비가 생산을 멈추었다. 일본 지배자들은 이렇게 빈약한 원료 저장량과 이에 따른 형편없는 생산력만으로 현대적인 소모전에 임한 것이다. 그저 지배자들이 바라는 것이 하나 있다면 어떻게든 재빨리 남방을 지배해 이들 지역으로부터 보급을 통해 '자급자족' 체제를 구축하는 것이었다. 태평양전쟁은 경제적 측면에서 보자면 바로 이러한 '전망' 하에 시작된 것이었다.

중요 원료의 생산(단위: 천 톤)

	1941년	1942년
석탄	55,602	54,178
코크스[1]	4,567	4,773
철광[2]	6,625	7,669
선철[3]	4,982	5,184
강괴	9,837	7,099
강재	5,120	5,166
알루미나	152	226
알루미늄괴	72	103

1 가스와 화학공업회사의 제품 제외
2 국산 사철(沙鐵)과 유화광물 및 수입 광석을 포함
3 수입을 포함(미국전략폭격조사단 보고서에서 인용)

태평양전쟁 1년차에 남방지역의 군사점령을 확대하던 시기, 일본 지배자들은 자신들의 '전망'이 옳았다는 환상을 품었다. 남방 원유의 첫 수입은 1942년 봄에 시작되어 같은 해 말까지 621만 3,000배럴이 조달되었다. 그밖에 935만 9,000배럴의 원유와 석유제품이 남방 여러 지역에서 군사적 목적으로 현지에서 소비되었다. 또 9개월분의 저장량 밖에 없었던 보크사이트의 경우 1942년에 최고 기록인 45만 134톤을 조달했다. 이것들은 중요원료 획득과 관련해 '밝은' 전망을 안겨주었다. 그러나 이 '공영권'에서 획득한 원료는 전시경제력의 기반을 확립하기에는 당초 예상한 것보다도 한참이나 부족했다. 또한 급속히 늘어난 군사적 수요에 비하면 얼마 되지 않는 양이었다. 가령 석유의 경우 '일본-만주-중국'에서는 연간 생산 3,500만 배럴의 정제능력을 보유하였는데 이것은 거의 1년치의 필요 소비량이었다. 그런데 실제로는 621만 배럴의 원유가 공급되었다는 것은 그 만큼 기대에 미치지 못했다는 것을 의미한다. 당시 '일본-만주-중국'의 원유 및 인조석유 생산도 500만 배럴에 불과해 석유에 대한 방대한 전시수요를 감당하지 못해 저장량은 계속 감소되었다. 보크사이트 저장량도 1941년 12월 개전 전에는 25만 톤이었는데 남방에서 공급이 이루어졌다고는 하지만 1942년 말에는 20만 9,427톤으로 줄었다. 이러한 '남방자원' 이용의 지체현상은 결국 전쟁으로 인한 산업파괴, 현지주민의 저항에 따른 복구 지연에서 기인한 것이었다. 따라서 전시경제의 기초로서 중요기초산업의 '획기적 발전'은 생각도 할 수 없었고 생산은 전시경제의 모순을 반영하듯 정체되거나 감소하였다. 태평양전쟁 1년차인 1942년 동안 알루미늄 생산이 증가한 것을 제외하고는 철강 등이 약간 증가했을 뿐 석탄은 전년도에 비해 감소했다. 그 가운데 철강생산의 부진은 전시경제 전반을 제약하는 요인이었다. 1941년과 1942년에는 각기 120만 7,000톤과 120만 6,000톤이나 이전에 저장하고 있던 철광석에 손을 댔다. 그 결과 1943년 말에 재고는 260만 5,000톤으로 줄었고 그 속도로 소비를 계속한다면 2년 안에 바닥날 상황이었다. 태평양전쟁 발발 이전인 1940년의 수입량 300만 톤과 비교할 때 1942년 동안에는 말레이와 필리핀에서 15만 톤이 조달되었을 뿐이었다.

이렇듯 기초산업의 생산 정체와 감소 경향에도 불구하고 완성병기의 생산은 1941년부터 1942년까지 30%나 늘었다. 특히 선박, 대포, 항공기가 현저했다. 그러나 선박과 항공기의 증가는 전년도인 1941년의 생산이 극도로 저조했기 때문이며 이를 통해 확보한 군수 총량은 일본의 군사작전을 뒷받침할 수 없었다. 그 결과 그 해 무기공업 공장 설비에 투자된 자본은 실질적으로 감소하였다. 미국전략폭격조사단 보고서에 따르면 1942년 군수공업 신설 투자는 1940년 가격으로 25억 엔이었는데 전년도의 28억 엔과 비교해 3억 엔이 줄었다. 이것은 전시경제의 모순이 민간수요산업의 축소로 그치지 않고 군수산업의 축소로 파급되었다는 것을 의미한다. 그러나 이러한 군수생산 증대도 결국에는 중요 기초자재 생산의 정체로 인해 비군사 생산부문의 전환, 중요 기초생산의 압박, 그로 인한 모순의 심화라는 '악순환'에 빠질 수밖에 없었다. 앞서 언급한 미국 조사단 보고서는 1942년 비군수산업 투자를 1940년 가격으로 계산할 때 약 9억 엔으로 보았다. 즉 1941년 15억 엔에서 약 6억 엔이나 줄어든 것이다. 또 같은 기간 대중소비 총액은 260억 엔에서 238억 엔으로 감소했다. 대중의 소비생활과 민간수요 산업의 파괴 위에 추진된 일본경제의 군사동원도 이 시기에 이르게 되면 기초산업을 압박하고, 나아가 기존의 저장량마저 갉아먹어가며 무리한 무기산업의 증대를 꾀하게 된 것이다.

그 결과 전시경제의 파탄에서 벗어나고 최대이윤을 추구하고자 한 태평양전쟁이었건만 일본경제는 전쟁 초기부터 이미 붕괴의 길을 걸어가고 있었다. 그럼에도 불구하고 초기 서전의 '낙관론'에 매몰된 나머지 이러한 전시경제의 위험을 인식하지 못한 채 입으로는 생산의 '획기적 증강'이 필요하다고 말하면서도 실질적으로는 손도 쓸 수 없는 상황에 빠졌다. 가령 정부는 남방에서 약탈적으로 획득한 석유, 고무 등을 저장량 감소에도 불구하고 무계획적으로 민간 분야로 방출하고 있었다.

1942년 말 일본이 전쟁에서 '난국'에 봉착하자 이러한 모순은 급속히 심화되어 갔다. 같은 해 8월 미군의 과달카날 상륙은 전황 전환의 결정적 계기가 되었다. 이것을 기점으로 전투함과 잠수함의 습격을 받아 선박이 대량 파괴되자 해상봉쇄의 취약성이 급속

히 고조되었다. 10~12월 2개
월 동안에만 약 48만 2,000
톤의 선박을 상실하고 상선
보유량이 개전 당시보다 줄어
들게 되었다. 급속한 항공기
의 상실과 '제공권'의 축소로
인해 각지에서 '전황이 역전
될' 위기에 내몰렸다. 따라서
항공기의 '획기적 증강'이 무
엇보다도 중대한 현안이었다.
1942년 말 '물동계획'을 비롯
해 각 경제계획은 전면적으로
수정되어야만 했다. 항공기와

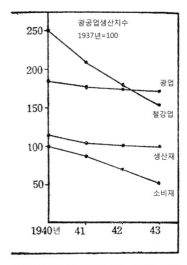

광공업 생산지수(1937년=100, 국민경제연구
협회 조사)

선박의 중점 생산, 민간수요품 공업의 광범위한 전환과 축소, 자금·
자재·노동력의 통제 강화, 중요산업의 집중화가 강력히 추진되었다.
민간수요품 생산은 생존의 한계 이하로 제한되었고 민간수요 설비
에 대해서는 일체의 보수도 허용되지 않았다. 게다가 기계설비는
대대적으로 중점산업으로 전환되었다. 그러나 이러한 노력도 자금·
자재·노동력의 부족, 특히 중기계와 건축용 강재의 부족, 숙련공 부
족이라는 복병을 만났다.

그 결과 산업의 집중화, 기업정비 강화, 노동력 강제동원, 국민
소비의 철저한 삭감 등이 추진되었다. 1943년은 전년도에 비해 무
기공업 분야의 자본 투하가 25억 엔에서 45억 엔으로 늘었는데(미
국전략폭격조사단 조사, 1940년 가격으로 환산), 그 가운데 70%가 완
제품 즉 항공기, 선박, 대포 등이었다. 그리고 독점자본은 직접 완
성 군수공업에서 급속한 자본축적과 이윤획득의 집중화를 꾀하였

다. 이에 따라 회사이윤 총액은 전쟁 이전인 1937년 2.1억 엔에서 1941년 4.8억 엔, 1942년 5.3억 엔, 1943년 6.3억 엔으로 증가했다. 이처럼 이윤은 군수산업을 통해 독점자본으로 집중되고 있었다. 반면에 실질임금과 실제 소비물자의 공급은 표에서 보듯이 저하되었는데 계층 간의 불평등도 한층 더 심화되었다.

생활궁핍화 지수(1937년=100)

년	실질임금[1]	주요생활물자 1인당 연(年)소비량 지수[2]				의류 섬유품
		설탕	육류	채소	종이	
1940	81	85.5	92.6	74.6	98.5	57.9
1941	84	76.9	66.7	76.9	97.2	62.3
1942	73	76.3	48.1	76.1	95.8	43.9
1943	74	58.6	51.9	78.2	76.3	36.3

1 실질임금은 총리부통계국 조사, 공장노동자 1일 평균임금과 오키나카 쓰네유키(沖中恒幸)가 계산한 현실물가 지수에서 산출
2 주요물자 소비량 지수는 경제안정본부 조사

공업부문별 이윤율의 변화

공업별	1939년	1940년	1942년
방직공업	10.6	12.1	16.1
기계기구공업	45.4	56.2	69.7
금속공업	-	-	24.5

우에스기 쇼이치로(上杉正一郎) 조사, 이노우에·우사미, 『위기에 처한 일본자본주의』에서 인용

통제기구의 재편성

태평양전쟁의 발발과 확전으로 인해 전시 독점자본 지배체제로서의 '경제신체제'는 더욱 강화되었다. '경제신체제'는 1940년 말 '경제신체제요강'으로 대강을 명시했으나 정책 시행은 지연되었다. 그런데 태평양전쟁 개전이 이 체제의 시행 시점을 급속히 앞당겼다.

우선 전시경제의 자금동원체제, 즉 고공행진을 거듭하는 인플레이션에 대응하면서 국민총생산 가운데 대중의 희생을 통해 얼마나 전쟁비용과 군수산업자금을 창출할 수 있는가 하는 문제와 관련해서는 먼저 전시재정·금융지배 조직을 다듬어야 했다. 이에 전년도인 7월의 '재정금융방책요강'에 따라 금융 분야에 대한 전시체제 정비가 이루어졌다. 전시금융체제는 중앙은행인 일본은행을 중심으로 정비가 확충되었다. 즉 정부는 여러 금융기관과 시중의 각 은행을 일본은행 아래 통일적으로 조직화하고 일본은행의 신용공여를 중심으로 전시금융의 전체적인 조직화와 통제를 확립하고자 했다. 이것은 전쟁비용의 기초인 공채를 이 기관들을 통해 소화하고, 나아가 군수금융의 적절한 조달과 배분을 하도록 한 것이다. 동시에 이것은 '통제된 인플레이션'을 통해 관련 업무를 수행하기 위한 조직 정비였다.

먼저 정부는 1942년 2월 24일 '일본은행법'을 공포하고 이에 따라 개편한 일본은행을 5월 1일 발족하였다. 이를 통해 일본은행은 정부특수기관과 전시금융의 중심기관으로 자리 잡았다. 또 최고발행제한제도의 항구화를 통해 관리통화제도가 확립됨으로써 인플레이션 정책의 기초가 명확히 제도화되었다. 아울러 '공영권' 중앙은행으로서의 지위를 규정해 제국주의 지배의 중추기관이 되었다. 4월 18일에는 '금융통제단체령'이 공포되었다. 5월 23일에는 일본은행, 업태별통제회, 6개 특수은행, 4개 금고를 회원으로 한 전국적인 종합통제기관인, 일본은행 총재를 회장으로 하는 금융통제회가 발족하였다. 이것은 일본은행을 중심으로 전 금융기관의 통일적 운용을 꾀한 것인데, 이는 금융자본의 전시지배체제를 의미했다. 업태별통제회는 보통, 지방, 저축, 신탁 등의 각종 은행, 생명보험, 무진無盡, 증권인수회사, 시가지 신용조합, 권농의 9개 업태 별로 각각 설치되었다. 이는 모든 자금을 일본은행 아래 통일적으로 운용하고 전 금융기관에 대한 지배권을 확대하기 위한 것이다. 그리고 같은 해 4월 전시금융금고가 설치되었다. 이것은 시중은행이 군수융자 위험부담을 떠안고 풍부한 산업자금을 군수금융에 제공하기 위한 것이었다. 또 점령지에서 군표의 정리, 식민지 통화제도 설립을 위한 '남방개발금고'가 3월 30일에 설립되었다. 이것은 점령지에서 전쟁비용과 개발비용을 조달하기 위해 발행한 군표를 이 금고에서 발행한 남발권南發券으로 교환한 뒤에 장차 각지에 설립할 중앙은행이 발행하는 은행권으로 통화제도를 운용하기 위한 준비조치였다. 말하자면 남방지역의 식민지 수탈을 위한 금융기관을 정비한 것이다.

독점자본의 전시지배체제로서 카르텔 통제기관은 태평양전쟁으로 전황이 확대되면서 급속히 정비되었다. '중요산업단체령'을 통한 통제회 제1차 지정에 따라 1941년 12월에는 광산통제회(일본광업 사장 이토 분키치伊藤文吉), 시멘트통제회(아사노시멘트 사장 아사노 소이치로浅野総一郎), 차량통제회(기차회사 사장 시마 요지로島要次郎), 자동차통제회(디젤자동차 사장 스즈키 시게야스鈴木重康), 그리고 이듬해 1월에는 전기기계통제회(야스카와전기 사장 야스카와 다이고로安川第五郎), 산업기계통제회(리켄회장 오코치 마사토시大河内正敏), 정밀기계통제회(오사카기공 사장 하라 기요아키原清明), 금속공업통제회(고가전공 전무 스즈키 겐鈴木元), 무역통제회(일본면화 사장 난고 사부

로南鄕三郞), 조선통제회(미쓰비시중공업 회장 시바 고시로斯波孝四郞)
가 설립되었다. 그리고 8월 4일에는 제2차 지정이 이루어져 면, 스
프Staple Fiber(인조섬유), 견, 인견, 양모, 마, 화학공업, 경공업, 유지,
피혁, 고무, 철궤 등 각종 산업부분에 각기 통제회를 설립했다. 이
로써 각 부문의 독점자본가 대표가 각각 회장을 맡게 되었다. 이렇
게 주요 산업부문을 망라해 독점자본의 카르텔화를 강제로 유도했
다. 이들에 대한 통제 지배를 위한 기구도 정비되었다.

철광(鐵鑛)통제기관도(통제조직의 일례)

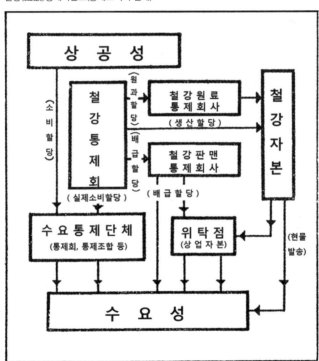

철광통제협회는 일본 본토의 주요 철광생산업자 37명, 통제회 2명, 만주의 철강생산
업자 6명, 그리고 수출입업자 1명으로 구성되었다.

1942년 2월 18일 '통제회에 대한 권한이양법'이 공포되어 통제회는 해당 산업부문의 원료할당과 생산규제 등 광범위한 통제에 관한 권한을 정부로부터 이양받았다. 이것은 1943년 1월 21일 공포된 시행규칙 실시 후에 기능하게 되었다. 이로써 독점자본은 '통제'에 대한 지배권을 확립하고 이를 기초로 자금과 자재를 독점자본에게 집중시키고 중소기업의 정비를 강제함으로써 자본과 생산의 집중은 전시경제의 진전에 따라 더욱 심화되어 갔다. 또 독점자본에게 '통제' 권한을 이양한 것은 전시경제의 모순에 대한 자본의 저항이라고 볼 수 있는 '암가격', '암이윤'의 형성과 은닉을 용이하게 만들었다. '통제회'는 안으로 보나 밖으로 보나 전쟁이윤을 확대하는 기능을 하던 독점자본의 전시적 지배형태였다. 같던 해 10월 육군 관련 항공업계를 통합해 육군항공공업회가 설립되고, 미쓰비시 중공업회사의 대표이사인 고코 기요시鄕古潔가 회장으로 취임하였다. 또 해군도 마찬가지로 해군항공공업회가 결성되어 종래 육해군이 직접 발주하던 직접병기에 대해서도 독점자본의 카르텔화가 이루어졌다. 같은 해 4월에는 전황상 더욱 중요해진 해운의 통제기관으로 '선박운영회'가 설립되었다. 이상은 모두 전시경제 속에서 가장 큰 이윤을 확보할 수 있는 체제였다.

　　한편 이러한 전시 카르텔의 결성 및 강화와 더불어 이를 보조하기 위한 국가기관이 설립되었다. 이것은 전시경제를 수행하기 위한 독점자본의 보완기관으로서 전시국가독점자본주의의 강화를 단적으로 보여주는 것이었다. 즉 기업정비와 군수공업의 중점주의화에 따라 유휴설비를 회수하기 위해 1941년 12월 산업설비영단을 설치하였다. 당시 '전시생산력 확충'을 통해 중요산업은 팽창했지만 이것이 무계획적으로 이루어졌기 때문에 자재 부족으로 미가동 설비가 대량 발생하였다. 또 군수생산의 집중화로 인해 비군수산업 부문에는 많은 유휴설비가 있었다. 당시 흥업은행 조사에 따르면 미가동 설비는 85억 엔, 유휴설비는 24억 엔에 달했다. 이러한 미가동 내지 유휴설비를 군수생산에 집중하도록 계획적으로 전환해야만 했다. 이 유휴공장과 설비의 매수, 신규 군수공장의 건설 청부, 상선 건설에 대한 융자와 상선의 매수 등이 산업설비영단의 역할이었다. 영단 자본금은 2억 엔이었고 정부출자였는데 자본금의 10배까지 채권 발행이 인정되어 이를 자금으로 삼았다. 총재에는 독점자본의 대표 자인 후지와라 긴지로藤原銀次郎가 취임했다. 그의 활동은 방적공장의 군수공장 전환, 기선회사에 값싼 가격의 불하, 그리고 소다 및 공업용 소금, 카본블럭, 합성고무 등 화학공업과 알루미늄 및 제강 등의 공장 건설, 만주와 화베이에 이르는 광범위한 산업경영(1942년 말 현재 약 7억 엔), 9억 엔에 달하는 유휴설비의 보유와 전환 등이었다. 즉 독점자본의 전시경제 수행을 위해 중요한 역할을 담당했다. 여기서 발생한 손실금은 12억 엔에 달했는데 그 금액은 모두 정부가 보전했다. 결국 독점자본에게 보조금을 준 것이다.

또 중요물자의 저장과 적절한 이용은 독점자본의 전시경제 수행을 위해 불가결한 일이었다. 이를 수행하기 위해 중요물자관리영단이 1942년 2월 자본금 2,000만 엔, 전액 정부출자로 설립되었다. 이 영단은 재고품 관리, 남방지역에서 취득한 중요물자의 일원적 통제를 목적으로 한 것이었다. 먼저 1942년 5월 각 통제회와 협력해 잉여 비축품을 매수하고 같은 해 10월 이후에는 강제매수권을 부여 받아 전시경제 수행을 위한 중요원료와 자재의 독점자본 집중화를 추진했다.

태평양전쟁 개전 후 1년 동안은 이러한 독점자본에 의한 전시 카르텔 재편과 보완기관으로서 국가기관의 재정비가 추진되었다. 그런데 1942년 말 전황이 역전됨에 따라 군수생산의 중점화를 더욱 강화해야 했다. 따라서 이 '통제기구'를 다시 재정비하게 된 것이다. 1942년 11월 27일 각의에서 총리대신을 의장으로 하고 기획원 총재와 기타 관계 관료를 포함해 임시생산증강위원회를 설치하기로 했다. 그리고 각 지방에는 그 하부조직으로서 지방각청연락협회의를 설치하였다. 중앙과 지방을 연계한 통일적 경제지배기구가 정비되자 정부는 강력한 '명령권'을 부여한 '전시행정특례법'을 1943년 3월 공포하였다. 이것은 철강, 석탄, 경금속, 선박, 항공기 등 5개 중점산업에 생산력을 집중시키기 위해 총리대신과 각료에게 막대한 '명령권'을 부여한 법이었다. 하지만 실제 '명령'은 독점자본이 내렸다. 이를 위해 도조 총리대신은 독점자본 대표자를 내각고문으로 임명했다. 철강통제회장 토요다 테이지로, 산업기계통제회장 오코치 마사토시, 산업설비영단총재 후지와라 긴지로, 일본은행 총재 유키 도요타로, 미쓰비시중공업회사 회장 고코 기요시, 선박운영회 회장 야마시타 가메사부로山下亀三郎, 경금속통제회 회장 쇼와전공 사장 스즈키 주지鈴木忠治 등이 내각고문으로 임명되었다. 이들은 모두 중공업 독점자본의 거물들이었다. 여기서 하달된 '명령'은 강화된 국가권력에 의해 그대로 실시되었다. 이것은 독점자본이 더욱 직접적으로 국가기구를 종속화하고 그러한 구조를 강화하는 국가독점자본주의의 심화과정을 보여준다. 이러한 경향은 결국 같은 해 말 군수성 설치로 발전해 결실을 맺게 되었다.

징용과 기업정비

　　노동력의 통제와 동원, 군사징역적 관리는 '경제신체제'의 중요한 측면이었다. 태평양전쟁 이전 수년 동안 이 체제가 차츰 정비되어 직업소개는 정부의 사업이 되었고 징용은 입법화되었다. 또 '근로수첩제도'와 '국민등록'에 의해 노동자는 완전히 강제노동에 포섭되었다. 종래에는 노동력의 이동제한이라는 소극적 정책을 취했으나 태평양전쟁 발발 이후로는 '노무배치정책'이라는 적극적인 강제노동정책이 취해졌다. 1941년 2월 '노무수급조정령'이 공포되어 중요산업 노동자의 해고와 퇴직 시 국민직업소개소장의 인가를 받도록 하고 소학교 졸업자에 이르기까지 모든 노동력에 대한 배치지시가 내려졌다. 그리고 1942년 2월 중요사업장노무관리령이 공포되어 중요산업에 대해서는 노동시간과 임금 제한이 폐지되고 정부가 파견한 노무관이 임의로 노동조건을 정할 수 있도록 하였다. 이것은 노동강화가 법률을 매개로 간접통제에서 직접통제 방식으로 이행되었다는 것을 의미한다. 그 결과 통제노동의 가장 현저한 방식인 징용노동자가 급격히 늘었다. 즉 그 규모는 1939년 850명에서 1941년 31만 1,724명, 1942년 62만 3,385명으로 늘었다. 이것은 노동의 완전한 군사적 징용제도였다. 헌병과 경찰관이 감시하는 기숙사에 수용되고, 형벌 및 배급 정지를 통해 문자 그대로 감옥과도 같은 강제노동이 이루어지고, 게다가 노동 시간 및 임금 제한 폐지를 통해 현격한 노동강화가 이루어졌다. 이것은 독점자본의 전시이윤 증대의 큰 원천이 되었다.

이러한 징용공과 더불어 강제노동의 가장 극악한 형태는 식민지 주민과 포로에 대한 잔혹한 강제노동이었다. 이들은 주로 광산노동자로 투입되었다. 이들에게는 헌병과 경찰관이 철 곤봉과 채찍으로 위협하며 관리하는 가혹한 노동조건과 노동강화가 강요되었다. 태평양전쟁이 진전되면서 식민지 노동자의 이용은 급증해 조선노동자의 일본 본토 이동수는 1941년 5만 3,492명에서 1942년에는 11만 2,007명, 1943년에는 12만 2,237명으로 늘었다. 전시경제는 독점자본에게는 최고이윤 추구의 장이었으나 노동자에게는 문자 그대로 군사감옥을 의미했다.

앞서 기술한 바와 같이 통제강화는 중소자본에 대한 독점자본의 수탈을 심화시켰다. 이것은 국민총생산이 그다지 늘지 않았음에도 불구하고 군수산업을 급격히 확대하고자 한 일본에서 특히 현저하게 나타났다. 소기업 정리와 독점자본으로의 집중화, 비군수산업의 군수산업 전환, 즉 '기업정비'는 태평양전쟁이 발발하면서 군수생산의 확대를 위해 더욱 강화되었다. 그리고 이를 수행한 기관은 독점자본의 전시적 지배형태로서 앞서 살펴 본 '통제회'였고, 이를 통해 설비의 매수와 매도를 시행한 기관은 산업설비영단이었다.

회사 합병건수 추이

	1940년	1941년	1942년	1943년
공업	90	185	204	289
내(內)섬유공업	13	51	36	31
금속공업	15	22	14	21
기계기구공업	19	52	55	114
화학공업	14	26	30	60
식료품공업	5	6	15	12
요(窯)업	4	6	5	7
잡공업	20	22	49	44
광업	9	14	11	6
그 외	117	179	196	275
계	216	378	411	570
주식회사 해산 감자(減資)금액 단위 백만 엔	(851)	(1,774)	(3,223)	(3,303)

일본흥업은행, 『조사월보』

년	종업원 5인 이하	5인 이상	10인 이상	30인 이상	100인 이상	500인 이상	1000인 이상	5인 이상의 공장 총계
1939	569,827	75,147	44,888	13,181	3,698	473	380	137,767
1940	554,412	76,810	43,451	13,021	3,622	507	394	137,805
1941	550,619	76,358	43,412	12,407	3,451	452	377	136,457
1942	512,802	68,763	41,142	12,213	3,336	453	425	126,332

『일본통계연감』

　　1942년 5월 총동원법에 따라 '기업정비령'이 공포됨으로써 기업정비와 관련해 정부에 법적 강제력을 부여했다. 그리고 '기업정비합동시행규칙'이 공포됨에 따라 광범위한 산업분야를 정리하게 되었다. 이를 통해 1942년에는 410건, 자본금 29억 엔에 달하는 기업합병이 이루어졌다. 1943년에는 570건, 자본금 78억 엔에 달하는 합병이 이루어졌다. 도료공장은 300개에서 60개로 줄고 시멘트회사는 20개에서 6개로, 유리공장은 800개에서 90개로, 선박회사는 234개에서 10개로 줄었다. 또 섬유는 1,370만 개 방추가 77%나 삭감되면서 10개 회사로 줄었다. 그 사이 독점자본은 자금과 자재를 조달할 수 있는 군수생산으로 전환해 전시이윤을 추구했으나 소자본 공장은 산업설비영단에 의해 고철로 처리되고, 해당 기업의 사장은 '징용제도'에 따라 통제노동 감옥으로 보내졌다.

재벌 산하 회사 불입자본금 업종별 비율의 추이-1

	4대 재벌계 비율(%)			9대 재벌계 비율(%)		
	1937년	1941년	1946년	1937년	1941년	1946년
금융업	22.5	25.2	49.7	23.6	26.8	53.0
중공업	14.6	18.0	32.4	24.9	29.8	47.8
광광(鑛礦)업	20.9	22.9	28.3	35.5	34.8	50.1
금속공업	9.2	12.3	25.8	14.7	22.8	41.1
기계기구	18.6	22.9	46.2	31.6	39.9	65.1
조선	-	1.7	5.0	9.5	1.7	47.8
화학공업	11.3	15.4	31.4	18.3	24.1	38.3
경공업	7.0	7.5	10.7	13.5	13.3	16.3
그 외	6.1	5.7	12.9	7.5	7.7	15.5
전력·가스	3.0	4.3	0.5	3.6	7.3	0.5

재벌 산하 회사 불입자본금 업종별 비율의 추이-2

	4대 재벌계 비율(%)			9대 재벌계 비율(%)		
	1937년	1941년	1946년	1937년	1941년	1946년
육군	5.4	2.4	4.9	6.4	4.0	5.6
해군	16.2	25.7	60.8	19.2	30.3	61.4
토지·건물창고	16.1	15.5	22.7	21.2	19.3	29.4
상사·무역	5.3	2.7	13.6	6.4	3.5	20.2
총계	10.4	12.0	24.5	15.1	18.5	34.5

4대 재벌은 미쓰이, 미쓰비시, 스미토모, 야스다를 가리킨다. 9대 재벌은 여기에 아유카와, 아사노, 후루카와, 오쿠라, 노무라를 가리킨다. 『일본재벌과 해체』

또 소매업자에 대한 정리는 노동력 조달을 위해 필요했다. 1943년 중반기에는 도쿄만 해도 1만 1,000개의 점포가 폐쇄되었다. 이들은 마찬가지로 강제노동으로 징용되었다. 이렇게 '정리된' 중소상공업자에 대해 그 자산과 부채 정리를 목적으로 한 국민금융금고가 설치되었다. 이것은 영업기간 1년 반(1941년 11월~1943년 6월) 사이에 정부기관의 지시에 따라 기업을 폐쇄한 21만 6,400명에게 보상을 하였는데 그 총액은 1억 8,500만 엔으로서 1개 기업 당 고작 800엔 밖에 지급되지 않았다. 그마저도 대개는 강제저축의 형태로 독점자본의 군수산업자금으로 회수되었다.

이러한 기업정비 속에서 비군수 부문의 독점자본은 남겨진 비군수 생산의 집중화, 잔여 자본의 군수산업 전환을 꾀하였다. 방적 독점자본인 대일본방적, 동양방적, 가네가후치鐘淵방적, 후지가스방적, 닛신日淸방적 등은 일부만 조업을 계속하였고 나머지는 항공기 등 중점산업으로 전환했다. 이러한 산업전환기에는 방적기 등의 기계를 고철로 높은 가격에 매입(공정가격 톤 당 81엔을 1,354~1,818엔에 매입)해주었고, 융자를 보증하는 등 모든 보호제도를 베풀었다. 기업정비는 중소자본의 몰락을 의미했다. 그러나 '재벌' 독점자본은 비군수 부문을 군수부문으로 전환하고 군수산업에 대한 자금과 자재 집중, 보조금 공여, 과세 특혜 등을 통해 가장 유리한 방식으로 부를 축적하였다. 전시를 이용해 급속한 자본축적과 이윤확대를 꾀한 것이다. 결국 기업정비는 독점자본의 최대이윤 추구를 위한 주요 수단이었다. 독점자본은 전시적 지배체제인 국가기관과 전시카르텔을 통해 이를 추구했다. 그 결과 독점자본가들에게 생산과 자본의 집중 및 집적이 급속히 진행되었다.

전시식량정책의 교착

태평양전쟁에 돌입한 일본 농업은 처음부터 식량 및 농산물의 자급능력이 부족했다. 뒤쳐진 농업구조 위에서 강요된 증산운동과 배급통제로 인해 외국산 쌀에 대한 의존도가 높았고 그것은 전황의 역전과 동시에 전시경제의 발목을 잡았다.

개전 첫해의 미곡 예상 공급량은 조선·타이완으로부터 들여온 이입미(약 900만 석)를 포함해 7만 3,367천석으로서, 수요량(8만 849천석)보다 약 750만 석이 부족했다. 그 후 부족액은 수요량 증대와 조선미 이입 중단에 따라 약 1,000만 석으로 확대되었다. 식량부족은 이미 전쟁 첫해부터 대부분 외국산 쌀의 수입으로 메웠다. 그래도 부족한 부분은 햅쌀의 조기 수확으로 겨우 버티던 상황이었다.

이런 가운데, 국가의 생산과 유통 통제는 더욱 강화되었다. '개정농회법', '농지작부통제규칙' 등으로 이미 시작된 생산통제는 '농업생산통제령'(1941년 12월 27일 공포, 1942년 1월 10일 시행)으로 완성되었다. 공동작업, 농기구와 역축의 공동이용 의무가 농회원 이외의 농가에도 파급되었다. 또 농회에 의한 생산계획 수립과 이농통제가 새로이 규정되었다. 주요 식량농산물의 전면적 국가관리 속에서 유통의 통제도 '식량관리법'(1942년 2월 21일 공포, 7월 1일 시행)으로 집대성되어 중앙과 지방의 식량영단이 설립되면서 저미가정책의 보루가 새롭게 구축되었다. 그리고 '농업생산통제령' 외에 '농업생산신고규칙'이 추가되어 농업경영자, 농업노동자, 농기구와 역축 소유자는 그가 소유한 생산수단과 노동력 등을 의무적으로 신고하도록 하였다.

이러한 국가통제의 강화에도 불구하고 농업용 자재와 노동력 공급상태는 더욱 악화되었다. 농기구용 철의 할당량은 평년도의 36%까지 하락했다.(일본권업은행, 『전시 전후를 통한 농촌경제의 변모』) 석유와 고무롤 등의 부족으로 동력기도 점차 기능을 잃어갔다. 일반 소농구의 공급조차 원활하게 공급되지 못하는 상황이 벌어졌다. 1942년 화학비료의 소비량은 1937년에 비해 질소 71%, 인산 58%, 가리비료 1.2%에 그쳤다.(경제안정본부, 『제1차 경제백서』) 1942년 1월 말부터 시작된 '퇴비생산배가운동'은 이러한 화학비료의 공급부족을 부분적으로 보완하는 역할을 하였지만 시비총량의 저하 경향은 막을 수 없었다.

노동력의 유출은 공급원의 고갈과 도시 식량사정의 악화, 실질 임금의 하락, 노동강화 등으로 인해 1941년 이후 겨우 완화되었는데 1942년 약 48만 명을 헤아렸다. 그 가운데 남자 전업 농업종사자 수는 1941년에 비해 39만 명이나 줄었다. 또 농업노동력의 질적 저하는 여전히 계속되었다. 이러한 사정은 군대 소집의 급격한 확대(1944년에는 3,980천 명, Cohen, 『일본경제의 붕괴』)와 맞물려 잔존 노동력 특히 노인, 부녀자, 아동의 노동을 강화하였다. 아울러 농업 노임이 폭등해 농업경영을 더욱 압박하였다.

특히 새로운 '임금통제령'(1940년 10월 공포 시행)의 틀에서 벗어난 농업과 일용노동자의 임금은 1941년 11월에는 이미 많은 지역 (홋카이도, 게이힌京浜, 도카이도東海道, 게이한신京阪神, 세토나이瀨戸内, 기타큐슈北九州 등)에서 광공업 노동자의 법정 최고임금(2엔 50전)을 넘어섰다. 심한 경우에는 10엔을 호가했다.(『일본경제연보』 제46집) 1942년 2월 3일 후생성 차관 통첩은 농업노동자의 최고·최저·표준 임금을 정해 이러한 임금인상에 통제를 가했다.

도작 반(反)당 시비 순분량(단위: 관)

년	질소분			인산분			칼륨분		
	판매비료	자급비료	계	판매비료	자급비료	계	판매비료	자급비료	계
1938	1.628 (100)	1.326 (100)	2.954 (100)	1.021 (100)	0.576 (100)	1.597 (100)	0.903 (100)	1.177 (100)	2.080 (100)
1939	1.628 (100)	1.326 (100)	1.954 (100)	1.021 (100)	0.576 (100)	1.597 (100)	0.903 (100)	1.266 (100)	2.080 (100)
1940	1.542 (95)	1.423 (107)	2.956 (100)	1.026 (108)	0.620 (108)	1.646 (105)	0.289 (32)	1.177 (108)	1.555 (75)
1941	1.412 (87)	1.509 (114)	2.924 (94)	0.875 (85)	0.661 (115)	1.537 (99)	0.384 (43)	1.348 (114)	1.732 (82)
1942	1.376 (84)	1.623 (122)	2.999 (101)	0.501 (49)	0.720 (125)	1.221 (77)	0.078 (9)	1.458 (124)	1.536 (73)
1943	1.279 (79)	0.703 (53)	2.682 (101)	0.431 (42)	0.760 (132)	1.191 (75)	0.038 (4)	1.534 (130)	1.572 (77)
1944	1.146 (70)	1.861 (140)	3.007 (102)	0.222 (22)	0.843 (146)	1.065 (67)	0.035 (4)	1.632 (139)	1.723 (83)
1945	0.300 (18)	1.861 (140)	2.161 (73)	0.070 (7)	0.843 (146)	0.913 (57)	0.021 (2)	1.688 (143)	1.709 (82)

민주주의과학자협회, 『일본농업연보』 1권

생산부문에서 이러한 역조건의 누적과 관련해 '농업생산통제령'은 그 어떤 적극적인 해결책도 강구하지 못했다. 이것은 여전히 오래전의 농업기구로 농업노동을 일방적으로 강화함으로써 모순을 격화시켰다. 오히려 공동작업의 비효율과 숙련농·부농의 이탈을 촉진시켰을 뿐이다. 이렇듯 과학적 방법이란 측면에서 목표를 상실한 증산정책은 결국 정신운동으로 대체되어 '농업보국연맹', '우치하라[內原]훈련소', '지방수련농장' 등을 통한 '추진대', '향도대' 훈련과 맹목적 증산운동을 한층 강화시킬 뿐이었다. 1942년 11월 제국농회총회에서 이노井野 농림대신은 다음과 같이 인사말을 하였다. "황국농촌확립에 대해서는 종래의 농업정책이 경제적 관점에서 지도하던 관행이 있었으므로 이를 지양하고, 시책과 방침을 전환해 앞으로는 정신운동으로서의 성격을 강화해 추진하고자 한다. …"(제국농회, 『농업연감』 1943년) 우치하라에서 실시한 '농업증산보국추진대' 훈련은 1942년 3월~1943년 1월에 걸쳐 3회분을 합해 총 4만 명이 참가했다.(이시하라 하루요시石原治良, 『농업훈련과 (군)대조직에 의한 식량증산』) 이것은 이어서 각 지방으로 확산되어 정신운동의 중핵이 되었다.

광공업 노동자와 귀휴병사의 '농번기 구원'도 계속 이루어졌다. 특히 학생과 아동의 근로동원은 1942년 10월 1일 문부성과 농림성의 차관 통첩에 따라 한층 강화되었다. 아울러 노동력이 제일 부족한 홋카이도에 대해서는 농업학교 생도에 의한 '근로봉사'가 이 해부터 시작되었다.

비교적 날씨가 좋았던 이 해의 쌀 수확량은 6만 6,775천석으로, 이전 5년 평균에 비해 약 3,352천석이 늘었다. 그러나 이것은 당시 일본 농업생산력의 아슬아슬한 한계를 보여주는 것이었다. 더욱이 이것은 생산목표인 7만 1,639천석에 한참 미치지 못했다. 전황의 역전으로 외국쌀 도입이 용이치 않자 식량위기는 도저히 견딜 수 없는 단계에 이르렀다. 그 결과 같은 해 11월 26일 시국대책심의회 긴급식량위원회에서 재차 '긴급식량대책사항'을 결정하고 이작裏作의 강화, 밭벼, 밤, 옥수수, 대두로 재배 전환을 유도하는 한편 과수원 및 다원의 정리, 자급비료의 증산과 농업단체의 통합, 공동작업의 강화 등 생산대책을 내놓았다. 그리고 미곡 도정도(5분도)의 인하, 소맥제분 비율의 인상, 쌀보리 혼합배급 등 소비대책도 결정했다.

농업노동 통제에 대해서는 각종 농업단체의 중앙집권화를 꾀했다. 1943년 3월에는 '농업단체법'이 공포되어 제국농회, 산조産組중앙회, 제국축산회(제축帝畜), 전국양잠농업협동조합연합회(전양련全養連), 차조茶組중앙회의소를 통합한 중앙농업회, 전국판매농업협동조합연합회 및 전국구매농업협동조합연합회, 산조중금産組中金을 개조한 전국농업경제회, 농림중금이 각기 설립되었다. 한편 1942년 생산미의 공출운동은 이듬해 2월 중순부터 대정익찬회를 중심으로 전국적으로 이루어졌다. 3월 말까지 4,100만 석을 공출할당하였다.

이렇게 모든 분야에서 통제가 강화되었지만 식량의 공급상태는 악화일로에 있었다. 미곡의 도정 정도는 7분도에서 5분도, 다시 5분도에서 2분도(1943년 1월)로 급속히 저하되었고 1943년부터 소맥, 감자, 우동, 건빵 등을 혼합한 주식인 '종합배급'과 산야의 잡과일, 잡초까지 이용한 '향토식'의 부활을 장려하였다. 그 결과 외국쌀 수입이 더욱 더 어려워진 1943년 이후 식량공급은 잡곡의 혼식과 햇곡식의 조기 수확 등으로 최저선을 유지해야만 했다.

원래부터 일본농업의 봉건제는 일본제국주의의 침략성을 지탱하는 중요한 요소였으나 동시에 이것은 농업생산력의 후진성과 더불어 외국쌀에 대한 의존을 구조화함으로써 결국 전쟁 패배의 주요인으로 작용했다.

제5절 전시하의 사상과 문화

철저한 언론통제

사상과 문화 방면에서도 전쟁체제를 구축해 국민을 전쟁으로 내모는 강력한 조치가 이루어졌다. 1940년 8월 내무성에서는 각종 출판업자의 일원적 통제기관으로 '일본출판문화협회' 설립을 계획하면서 서적과 잡지 배급기관의 결함을 시정하겠다는 명분을 내세웠다. 하지만 이것은 적극적으로 이들에게 용지를 할당하고 편집내용에 간섭하면서 모든 국책에 협력하도록 통제기준을 세움으로써 모든 잡지를 통합하거나 폐간하는 계기가 되었다. 일본출판문화협회에 관여한 주요인물을 보면 준비위원장은 내각 정보부장 이토 노부후미伊藤述史가 맡았다. 민간에서는 이시카와 다케요시石川武美 (슈후노토모샤主婦之友社), 아카오 요시오赤尾好夫(구문샤欧文社)가 중심멤버가 되었으며, 그 외 다이아몬드사, 산세이도三省堂, 유히가쿠有斐閣 등의 대표자 18명이 참여했다. 부인잡지에 전시기간 동안 후방의 어머니들과 대륙의 딸들이 자주 등장했던 배경을 이들의 면면을 통해 미루어 짐작할 수 있다.

『언론탄압사』(일본저널리스트연맹 편)의 「쇼와편」에서는 쇼와 초기부터 중일전쟁에 이르는 시기를 전기와 후기로 나누고 언론탄압의 특징을 각기 정리해 놓았다. 이에 따르면 후기의 특징은 탄압이 한층 흉포해졌고 조직화되었으며, 편집과정과 경영조직에까지 간섭을 시도한 것이었다. 이것은 당국이 '지도'라는 미명 아래 일상화한 탄압이었다. 당국의 통제 아래 '자주적 통제' 즉 업자들 상호 간의 감시가 강화되었으므로 신문과 잡지 등은 하나같이 규격화되고 그로 인해 발매금지 건수는 중일전쟁 이전보다 감소했다. 하지만 통제의 대상은 심지어 광고에까지 미쳤다. 가령 1940년 오사카부 경찰부에서는 각종 상품, 서적, 영화와 기타 선전물에 대해 과대선정적, 엽기적 문구에 대해 철저한 단속을 하도록 금지의 범위를 통달하였는데 이에 따르면 "성병약을 단독으로 표방한 약품광고는 어느 것이든 향후 모두 게재금지", 혹은 "부인약, 성호르몬제라는 문구가

들어갔거나 치료항목을 과대하게 표현하고 문안 디자인이 부적당하다고 판단되는 것은 게재금지"하였다. 이처럼 웃지 못 할 '정화숙정' 방침에 따라 광고게재의 위치까지 지정하였다.

이 해 10월에는 정보부가 정보국으로 승격하고 육해군과 내무·외무성의 소관 사무가 통합되어 5부 15과가 설치되었다. 이로써 국내에서 신체제를 완성하기 위한 활동이 한층 활발해졌다. 정보부 시절부터 매월 1회 내지 2회 각 출판사의 편집 책임자를 소집하던 '잡지·출판간담회'는 정보국 승격 후에도 육해군 장교와 정보관 등이 출석한 가운데 계속되었다. 바로 여기서 '전황보고'가 이루어졌고 '금지사항'이 전달되었다. 또한 '관제원고'의 게재를 강요하고 나아가서는 주요 잡지의 편집계획과 예정 집필자의 사전보고까지 요구했다.(1941년 5월) 용지의 제한은 단지 물자부족으로 인한 것이 아니었다. 전쟁수행에 유해하거나 불필요하다고 판단되는 잡지에 대해서는 이를 말살하기 위해 용지를 제한하였다. 용지할당은 또한 기업정리와 연계되었다. 일본문학보국회 편 『문예연감』(1943년)의 잡지·출판계의 동향 항목을 보면 해가 갈수록 잡지의 휴간·폐간·합병이 급증했다고 지적하고 있다. 즉 내적으로는 편집내용, 편집자와 집필자에 대한 간섭, 외적으로는 용지할당 제한과 기업정리라는 형태로 '언론의 일원화'=언론탄압이 자행되고 있었다. 이러한 간섭과 탄압을 합리화하는 법적 근거가 치밀하게 준비되고 있던 것은 당연한 일이었다. 1941년 1월 10일 '신문지 등 게재 제한령' 공포, 같은 해 2월 27일 '국방보안법' 성립, 같은 해 12월 18일 '언론·출판·집회·결사 등 임시단속법' 공포 등이 대표적이다. 이 법안들의 조문 가운데는 정부권력층의 의도가 명시되어 있었다. 가장 직접적인 것은 태평양전쟁 발발 다음날인 1941년 12월 9일 정보국 제2과 '간담회' 자리에서 경보국 도서과의 한 사무관이 읽은 '기사 금지 사항'을 들 수 있다. 그 가운데 일부를 소개하자면 다음과 같다.

〈일반여론의 지도방침으로서〉

1. 이번 대미영전은 제국의 존재와 권위의 확보를 위해 어쩔 수 없이 벌인 전쟁이라는 점을 강조할 것.

2. 적국의 이기적인 세계 제패의 야망이 전쟁 발발의 진정한 원인이라는 방식으로 입론할 것.

3. 세계 신질서는 팔굉일우의 이상에 입각해 만방이 각기 그것을 목적으로 삼는 이유를 강조할 것.

〈구체적 지도방침으로서〉

1. 우리나라에 전황이 호전되고 있음은 물론이고 전략적으로도 우리나라는 절대 우위에 있다는 것을 고무할 것 (중략)

2. 특히 국민들에게 영국과 미국에 대한 적개심을 집요하게 심어줄 것 (중략)

3. 장기전에 임하는 각오를 심어줄 것

〈특별히 요즘에 엄중 경계해야 할 사항〉

1. 전쟁에 대한 진의를 곡해하거나 제국의 공명한 태도를 비방하는 언설

2. 개전의 경위를 곡해하고 정부와 통수부의 조치를 비방하는 언설

3. 개전에 즈음해 독일, 이탈리아의 원조를 기대했다는 논조

4. 정부와 군부 사이에 의견 대립이 있다는 논조

5. 국민이 정부 지시에 복종하지 않고 국론이 통일되지 않

은 듯한 언설

6. 중국, 만주, 기타 외지에 불안과 동요가 있다는 논조

7. 국민 사이에 반전·혐전 기운을 조장하는 논조에 대해서
   는 특히 주의가 필요함

8. 반군사상을 조장하는 논조

9. 평화기운을 조장하고 국민의 사기를 떨어뜨리는 논조

10. 후방의 치안을 교란할 수 있는 일체의 논조

그밖에도 이와 같은 취지 아래 남방문제에서 소련 및 '추축국'과 관련해 금지사항을 같은 날 공표하였다.

이러한 금지사항을 통해 여과된 기사만이 당시에는 국민들에게 전달될 수 있었다. 그러나 정부의 이러한 통제는 역으로 보자면 비록 음지에서나마 권력에 자신의 혼까지 팔아넘기지는 않겠다는 사람들의 움직임이 존재했다는 것을 의미한다.

국책협력 문화운동

이러한 정부 통제에 호응한 것이 '국책협력' 문화운동이었다. 문예가협회가 주최한 '문예총후운동文芸銃後運動'은 '펜 부대'의 전선 참가에 호응하며 성대하게 추진되었다. 그 일단의 모습을 당시 『문예연감』을 통해 살펴보면 다음과 같다.

문예총후운동文系銃後運動 홋카이도반은 8월 23일 우에노역을 출발해 하코다테, 오타루, 삿포로, 아사히카와, 무로란 각지를 방문했다. 강사와 강연주제는 이시카와 다쓰조石川達三(「일본적 성격」), 가타오카 뎃페이片岡鐵兵(「정신 침략」), 시라이 교지白井喬二(「전시 국민성에 대하여」), 요시카

와 에이지吉川英治(「마음의 준비 이야기」), 마쓰이 스이세이松井翠聲(「시국만담」) 이상 5명이다. 24일 하코다테 도착. 전도全道신문 기자의 인터뷰가 있었다. 저녁에 아라카와新川 소학교에서 강연, 청취 2,000명. 25일 오타루 도착, 숙소에서 북방문화협회원의 방문을 받다. 저녁 상공회의소에서 강연, 청중 700명. 낮에는 북방문화협회 주최 환영회에 전원 출석. 저녁에는 시 공회당에서 강연, 청중 2,000명. 27일 삿포로 홋카이도타임즈사 환영 오찬회 출석 후 철도국 집회소에서 강연. 요시카와 에이지씨는 특별히 강연주제를 "과학문화와 정신문화"로 하여 철도종업원들에게 대단한 감동을 주었다. 저녁에는 삿포로 철도국장 요시마쓰吉松씨의 환영 만찬회에 출석. 28일 아사히카와. 오후 군병원을 위문, 저녁 주오소학교 강연, 청중 2,000명. 29일 무로란. 저녁 여자소학교에서 강연, 청중 2,000명. 노보리베쓰 온천에서 1박. 31일 강사 전원이 무사히 귀경하였다.

이 기사를 통해 당시 강연의 성과가 매우 컸다는 것을 느낄 수 있다. 이 운동의 청중 총수는 10만 6,000여 명에 달했다고 기사는 전하고 있다. 이들 지방민에게 미친 감명은 상당했을 것이다.

농촌문화협회에서도 전국 농촌지역을 대상으로 문화의 주입과 향토예술의 부흥을 주창했다. 물론 이것은 농민의 해방을 위한 것이 아니라 오히려 협회가 직접 작사 작곡해 보급에 힘쓰던 '농민보국의 노래'가 단적으로 말해 주듯이 군대의 유력한 인적 원천으로서의 의미를 부각시키기 위한 것이었다. 그리고 권력의 힘으로 순회영화, 순회 연극 등을 통해 산촌부락이나 외딴 섬 어촌에 이르기까지 전쟁을 예찬하는 문화를 유포하였다. 도시와 농촌을 불문하고 대중에게 강한 영향력을 지닌 로쿄쿠浪曲(일종의 서민가곡)는 그 성격상 가장 쉽고도 유력한 국책협력도구로 활용되었다. 1940년 9월 내각정보국은 일본로쿄쿠협회와 로쿄쿠친교회가 손을 맞잡도록 적극 개입하였다. 그 과정에서 '경국문예회経国文芸の会'도 중요한 역할을 하며 정신운동의 일익을 담당했다. 이로써 이른바 '애국로쿄쿠'가 탄생한 것이다. 이 모임은 기쿠치 간菊地寬, 구메 마사오久米正雄, 사토 하루오佐藤春夫 등의 작가를 동원해 내무, 육해군, 일본적십자 등이 제공한 소재로 대본을 만든 뒤 양 측의 등장인물이 연기실력을 겨루도록 하였다. 이와 같은 국책선전기관은 여러 분야에서 만들어졌다. 그 이전에 경시청에서는 '신협극단', '신쓰키지극단'에 대해 이들의 연극운동이 여전히 사회주의 사조를 기조로 하고 있다고 보고, 이들의 활동이 일반인에게 미칠 영향이 크다고 판단해 1940년 8월 해산을 명령했다. 그리고 국민연극을 제창하며 정보국이 허가하고 추천한 어용 각본을 바탕으로 생산력 증강, 국군주의 사상 보급을 위해 봉사하도록 하였다.

1940년은 '황기 2,600년'을 맞이하는 해였으므로 이 때를 대대적인 국민사상통제의 기회로 삼고자 했다. 이미 어용신문화된 대형 신문사들은 함께 '건국 2,600년 사업'을 벌였다. 즉 나라현 가시하라신궁橿原神宮에는 건국회관, 팔굉료八宏寮, 가시하라문고, 야외강당, 궁도장, 야마토역사관, 스모도장 등을 건설하였고 아울러 청소년 단련을 위한 '이코마야마도장生駒山道場'을 짓거나(이상 아사히신문사), 혹은 황기 2,600년 찬가집 『백인일수百人一首』를 모아 가시하라신궁에 봉납했다.(이상 요미우리신문) 또 진무천황을 봉축하는 전국 199개 신사의 사격社格 승진운동을 벌였고, 군 위문 선무 공작용 영사기 헌납운동을 전개했다.(이상 호치報知신문사) 그밖에도 히가시구니노미야를 총재로 '빛나는 기술박람회'를 개최하거나(이

가시하라신궁 전경

상 오사카마이니치, 도쿄아사히신문사) '기원 2,600년 축전가'를 제정
하였다.(일본방송협회)

한편 '황기 2,600년'을 합리화하는 '학술원연구'도 이미 광신
적 황도주의자가 되어버린 미노다 무네키蓑田胸喜와 미쓰이 고시三
井甲之 등에 의해 추진되었다. 이 단체의 기관지『원리일본原理日本』
(1939년 12월, 15권 제 11호) 임시 증간호는 '황기 2600년 봉축 직전
학계 공전의 불상사건不祥事件!', '쓰다 소우키치津田左右吉씨의 대
역사건大逆事件'이라는 매우 자극적인 제목을 통해 쓰다의 과학적
고대사 연구성과를 말살하고자 하였다.

『신대사연구神代史の研究』,『일본상대사연구日本上代史研究』,
『고사기古事記와 '일본서기日本書記'의 연구』,『상대 일본의 사회와
사상』(이상 이와나미서점 출간) 등을 통해 발표된 쓰다의 실증적인 비
교 연구는 지금까지 일본 역사학계의 최고 성과였다. 하지만『원리
일본』은 이 연구를 황실의 존엄을 모독한 대역 사상이라고 고발했

다. 미노베가 헌법학 이론을 통해 천황의 국가통치권을 부정한 '천황기관설 사건天皇機関説事件' 이래로 항상 검사국보다도 과학적인 학문 연구의 탄압에 앞장서 온 『원리일본』의 고발은 쓰다의 귀한 연구성과를 폄훼하는 데에도 큰 공을 세웠다. 이듬해인 1940년 3월 8일 도쿄

쓰다 소우키치의 『고사기(古事記)와 일본서기(日本書記)의 연구』

지방검사국은 출판법 위반으로 출판인 이와나미 시게오岩波茂雄와 함께 쓰다 박사를 기소하였다. 이것은 중일전쟁의 진전에 따라 일체의 과학적·양심적 학문 연구가 대접을 받기는커녕 탄압받을 수밖에 없었던 당시의 풍조를 잘 보여주는 사건이었다.

　신체제 호응을 위해 시인들의 통합단체로서 '일본시인협회', 서양화단의 대동단결을 위한 '미술가단체연맹', 조각가들의 통합단체인 '조각가간화회懇話会' 등이 차례로 조직되었다. 문단에서도 '경국문예회'의 사토 하루오佐藤春夫, 국방문예연맹의 도가와 사다오戸川貞雄, 대륙개척문예간화회의 후쿠다 기요토福田清人, 일본펜클럽의 나카지마 겐조中島健蔵, 농민문학간화회의 마미야 모스케間宮茂輔, 문학건설의 가이온지 조고로海音寺潮五郎, 유머작가구락부의 다쓰노 규시辰之九紫가 모여 '일본문예중앙회'를 결성했다. 이처럼 문예계 각 분야에서 정신적 체제순응체제가 정비되어 감으로써 이 모임은 결국 문학보국회로 발전해 가는 기반이 되었다.

　이러한 분위기 속에서 상의하달, 하의상달이라는 말이 범람하

였다. 당시 배우들은 다카하마 도라코高浜虎子를 맹주로 한 전통파, 오기와라 세이센스이荻原井泉水·나카쓰카 잇페키로中塚一碧楼 등의 자유율파自由律派, 여기에 신흥 하이쿠파俳句派 등 3개의 파벌을 형성하였고, 각자 자파 입장을 고수하며 정립鼎立하고 있던 상황이었다. 그런데 이번에도 역시 내각정보부가 개입해 분립된 각 파를 발전적으로 해소시킴으로써 '일본하이쿠작가협회'를 만들어 내었다. 그리고 아동문화단체의 일원화를 꾀하여 시마자키 도손島崎藤村, 야마모토 유조山本有三, 모모타 소지百田宗治, 쓰보타 조지坪田讓治, 오가와 미메이小川未明, 기도 만타로城戸幡太郎 등 아동문화에 깊은 관심을 보인 작가, 화가, 교육가, 완구업자, 출판업자로 하여금 '대일본아동문화협회'를 설립토록 했다.

이 시기에는 또한 도쿄뿐만 아니라 지방에서도 익찬회 문화부가 기반을 넓혀가고 있었다. 그 결과 가나가와현 익찬문화연맹(회장 구메 마사오久米正雄), 큐슈문화협회(히노 아시헤이火野葦平 등), 야마나시문화연맹, 히로시마문화협회, 야마가타문화협회(유키 아이소카結城哀草果 등), 하치오지문화연맹八王子文化連盟(다키이 고사쿠瀧井孝作, 오타 미즈호大田水穂, 고지마 젠타로小島善太郎) 등이 속속 결성되었다. 이 단체들의 지도자 가운데는 예술가뿐만 아니라 의사, 교사, 농촌지도자 등도 포함되어 있었다.

자연과학 분야에서도 과학동원협회에 의해 전국 과학자의 '호적부'가 만들어졌다. 전쟁을 위한 과학기술 동원조직이 만들어진 것이다. 처음에는 관공사립 연구소 등에 속한 사람들에게 카드를 나눠주고 학력, 연구분야, 전공 과제 등을 조사했다. 그리고 전 과학자의 연구 계통을 피라미드형으로 편성해 언제라도 군의 요구에 응하도록 체제를 갖추었다.

태평양전쟁 발발과 더불어 이러한 경향은 한층 강화되었다

1941년 12월 24일 '문학자애국대회'가 열렸다. 그리고 이듬해 6월 18일 히비야공회당에서 사단법인 일본문학보국회가 성립되었다. 이 발족식에서 새롭게 회원이 된 2,000여 명의 문학자와 우호단체, 출판문협, 도내 대학의 문과학생들이 참가해 도쿠토미 이이치로德富猪一郎를 회장으로 추대하였다. 이 단체는 8개 부회로 조직되어 소설부회, 단가부회, 평론수필부회, 하이쿠부회, 외국문학부회, 국문학부회, 시부회, 극문학부회가 각기 선서를 하였다. 이 문학보국회를 주축으로 1942년 11월 3일부터 3일 동안 도쿄에서 '대동아문학자대회'가 열렸다. 이로써 전쟁협력은 최고조에 달했다. 이것은 동아공영권 각지의 문학자가 한데 모여 가슴을 열고 자신의 포부를 밝히고자 하는 취지로 조직되었다. 의사 진행은 우선 '대동아정신의 수립', '대동아정신의 강화 보급', '문학을 통한 사상 문화의 융합방법', '문학을 통한 대동아전쟁 완수에 대한 방법'의 순으로 진행되었다.

　이 기간에는 일종의 전황뉴스 영화 활동이 현저했는데 이것은 주로 국민의 사기를 진흥하는 데 널리 활용되었다. 특히 태평양전쟁에 돌입하면서 눈부신 진격장면을 뒤쫓는 카메라는 가족을 전쟁터로 보내고 안위를 걱정하던 국민에게 이상하리만큼 큰 기대 속에서 환영을 받았다. 『말레이 전기』, 『진격의 기록』, 『쇼난도昭南島(現싱가포르)탄생』, 『미얀마전기』, 『동양의 개가』, 『제국해군 승리의 기록』 등 일련의 장면 기록영화가 이 시기에 등장하였다. 일반영화 중에서 문부성 추천영화로서는 『겐로쿠 주신구라元祿忠臣藏』, 『모자초母子草』, 『아버지』, 『장군과 참모와 병사』, 『남해의 꽃다발』, 『외눈박이 류 마사무네独眼龍正宗』, 『하와이 말레이 해전』, 『영국이 무너지는 날』 등이 있었다. 이것은 모두 전장을 무대로 하거나 후방의 가정생활을 그린 영화였는데 흥행이 다소 저조한 것들이 많았다.

그러나 『하와이 말레이 해전』은 태평양전쟁 1주년을 맞이하는 12월에 개봉하였기 때문에 대단한 흥행을 기록했다.

1942년도 아사히문화상에는 후지타 쓰구하루藤田嗣治의 작전 기록영화 『싱가포르 최후의 날』, 나카무라 겐이치中村研一의 『코타바루(말레이 반도의 상륙지점)』, 노부토키 기요시信時潔 작곡의 『바다로 가면』, 이와타 도요오岩田豊雄의 소설 『해군』 등이 포함되었다. 특히 아사히신문에 연재된 『해군』은 진주만공격에 참가한 '9군신九軍神'을 모델로 하였으므로 해군의 도움으로 집필되었고 군과 정보국 추천으로 널리 읽혔다.

폭풍을 견뎌내며

이러한 정세 속에서 마사무네 하쿠초正宗白鳥는 지금까지 잡지를 읽을 때에는 지금 세상에 소설 같지도 않은 소설 따위에는 눈도 돌리지 않은 채 주로 정치, 외교, 경제 등의 논평들을 대충 훑어보며 내외 실상에 대해서 가르침을 받아왔는데, 오늘은 "혹시 당당한 정치론인가 싶어서 살펴보았으나 역시나 공허한 말장난 같아서 이내 머릿속에서 지워버렸다"며 차라리 뛰어나지 않은 소설이 면면히 실생활의 광경을 그려내고 있어 마음이 끌린다고 말한 것 자체가 그로서는 하나의 저항이었다고 말했다.(「잡기장」 1940년 9월, 『개조』) 이어서 그는 언론의 부자유에 대해 말하기를, 심지어 도쿠가와 봉건제의 가혹한 언론탄압 속에서도 "사람의 입은 절대 막을 수 없다."고 말한 것처럼 일반 민중은 이미 다양한 형태로 자신의 감정을 토로하며 사회를 비평을 하고 있으므로 당대의 역사가나 극작가들 역시 그에 상응하는 방식으로 사람에 대해, 또 사회에 대해 비판을 하지 않았을 리가 없다고 하였다. "현대에도 그러할 터이다. 여성들이 어떻게든 몸치장을 하듯이 결코 침묵을 참을 수 없는 언론가,

자기표현을 좋아하는 문학가들은 어떻게든 고민을 거듭하며 자신의 의견을 공표하였을 것으로 생각한다. 그저 겉만 보거나 노골적으로 드러난 것만을 보고서 그것이 전부라고 간주하는 것은 유치한 일일지도 모른다." 그러므로 "세상의 검열 담당자도 한 사람 한 사람의 문장에서 그 필자의 심경을 읽어내기 위해서는 마치 기독교의 신과 같은 지능을 지녀야만 할 것이다."고 하였다. 이렇게 하쿠초는 교묘한 문장 표현으로 공공연한 언론탄압에 반대 의견을 피력했다. 즉 검열관이 필자의 진의를 모른다면 독자도 모른다는 것이었다. 그것은 결국 필자 혼자만의 만족으로 끝나게 되므로 글을 쓰는 인간으로서 끝없이 고민하게 되는 문제이다. 이것을 두고 그는 후세에 비판을 받기도 하였으나 그는 그러한 비판이 얼마나 공허한 일인지를 요즘처럼 통절하게 느낀 적이 없다고 말한다. "어릴 적부터 어렵게 배워 온 인간의 말은 무언가 활용하고 싶은 것으로서 영어와 같은 외국어라고 할지라도 다년간의 노력으로 익혀 온 이상 어떻게든 써보고 싶기 마련이다. 그러니 하물며 모국어야말로 언제든 사용하고 싶은 것이 인간의 당연한 이치가 아니겠는가."하고 말한 바 있다.

이처럼 언론탄압은 실로 엄혹했다. 그러나 이러한 철저한 탄압을 뚫고서 하쿠초가 지적한 것처럼 실로 다양한 위장을 통해 문화인의 저항은 계속되어 왔다. 하지만 비합법 저항조직이 발전하지 못했으므로 문화인이 참여할 곳은 없었다. 활동무대는 합법적이어야만 했으므로 그들의 저항은 조직적 운동으로 발전할 수 없었고 결국 저항문학이라고 부를 만한 것도 나올 수 없었다. 그 결과 그것은 주관적 저항으로 끝날 뿐 객관적인 물리력으로 작용할 수 없었다. 그나마 전후 출판된 가미야마 시게오神山茂夫의 『천황제에 관한 이론적 제 문제』를 비롯한 일련의 이론적 성과는 1939년부터

1940년에 걸쳐 이루어진 것이었다. 이것들은 비합법 당 조직을 통해 지켜졌고 등사됨으로써 비로소 여러 사람들이 돌려가며 읽을 수 있었다는 점에 주목할 필요가 있다. 미야모토 유리코宮本百合子는 전후 출판된 선집의 출간후기에서 "『아침바람朝の風』이라는 작품은 필자가 가슴 깊이 묻어둔 생각을 그대로 자연스럽게 표현하지 못한 결과 마치 재갈을 문 상태에서 내뱉는 듯한 소리가 되고 말았다. 입은 움직이지만 정작 소리는 들리지 않는 작품이라고도 말할 수 있다. 보일 듯 말 듯한 주변의 압박으로 인해 이러한 불구와 같은 작품 밖에는 만들어낼 수 없었다. 이러한 사정으로 작품들이 완전히 망가졌다. 이것은 나 혼자 만든 것이 아니었다."고 말했다. "오늘 다시 읽어보니 일본의 전쟁 진행 정도에 따라 내 문장은 입속에서만 웅얼거리는 소리가 되어가고 있었다. 말하고 싶은 것, 표현하고 싶은 말을 버리거나 그저 암시로 끝내거나 했다."고 회상했다. 그녀는 1938년 1월부터 1939년에 걸쳐, 그리고 1941년 이후로는 집필을 완전히 금지당했기 때문에 이러한 상황에서 그나마 작품을 발표할 수 있었던 시간은 불과 1년 반밖에는 되지 않았다. 그럼에도 불구하고 이 시기 미야모토 유리코의 작품 활동은 맹렬했다. 『내일을 향한 정신』, 『문학의 진로』, 『우리들의 생활』 등의 평론집, 『아침바람』, 『3월의 네 번째 일요일』 등의 소설집을 발표했다. 이 작품들은 "전쟁과 파시즘의 어두운 나날들 속에서 문자 그대로 이성과 양심의 등불 그 자체였다."(구라하라 고레히토蔵原惟人, 『고바야시 다키지小林多喜二와 미야모토 유리코宮本百合子』)

단편소설 『3월의 네 번째 일요일』(1940년 4월)은 산업전사라고 부르며 겉으로는 금이야 옥이야 애지중지하는 젊은 노동자의 생활 속으로 들어가 전쟁으로 인해 한층 가중된 사회의 모순과 불안을 묘사한 작품이다. 구보카와 이네코窪川稲子의 『꿈 속의 저편』(1940

년 5월)도 소년 노동자의 자부심과 꿈이 무참하게 짓밟히는 어두운 현실을 그렸다는 점에서 일맥상통하는 작품이다. 전쟁 반대를 공공연히 외칠 수 없던 상황에서는 그러한 현실의 모순과 어둠을 사실적으로 묘사하는 것 자체가 최대치의 저항이었다고 할 수 있다. 이 시대는 전쟁을 무시하고 전쟁과 연관이 있는 듯 없는 듯한 곳에서 펼쳐지는 인간의 희로애락, 특히 고난에 찬 서민의 생활상을 면밀히 그려내는 것 자체가 곧 하나의 저항이었다. 전쟁에 협력하지 않는 것, 전쟁을 이상화하지 않는 것은 이미 비협력자로 백안시되었던 시대였다. '일본낭만파'를 비롯해 전쟁 찬미에 나선 낭만적 경향이 지배적인 시절에는 국민을 전쟁에 동원하기 위한 국민문학의 호소가 활발히 행해졌다. 다카미 준高見順의 『문학비역설』(1941년 6월)은 이러한 경향에 대한 저항이었다. 이러한 저항서로는 현실에 밀착해서 현실을 추구하는 산문정신의 주창자, 고리쓰 가즈로広律和郎의 『항구의 역사』(1940년 1월)를 비롯해 노구치 후지오野口富士男의 『바람의 계보』(1940년 4월), 오다 사쿠노스케織田作之助의 『부부선재夫婦善哉』 등의 소설 등이 있다.

이들 소설은 모두 여성을 주인공으로 하였다. 당하고 또 당하면서도 결국에는 고난의 밑바닥에서 다시 기어오르며 자신의 운명을 개척해 나가는 강인한 생명력을 그렸다는 점에서 주목할 만하다. 쓰모이 사카에壺井栄의 『력歷』(1940년 2월)도 이러한 계열의 소설이지만 이 작품을 관통하는 근로자의 건강함과 해맑은 모습은 어두운 세상에 고립된 채 저항하는 사람들에 대한 강한 격려이기도 하였다. 이렇게 본다면 오로지 문학 세계에만 빠진 채 은밀하게 슬픔과 한탄, 그리고 가늘 수 없는 고뇌를 추구하며 독자적인 세계를 열어간 호리 다쓰오堀辰雄의 『나오코菜穂子』(1941년 3월)을 비롯한 여러 작품도 하나의 문학적 저항이었다고 보아야 할 것이다. 미야모

토 유리코와 함께 이 시대의 합법적 문화활동으로 가장 적극적인 저항을 시도한 것은 다카쿠라 테루高倉テル였다. 『청동시대』, 『일본어』 등에 수록된 태평양전쟁 전후부터 말기에 걸쳐 간행된 작품과 평론은 일본의 봉건제, 민족의 신비화, 비합리주의 등을 가차 없이 비판하고 있다.

물론 이러한 비판을 위해서는 문장상 상당한 고민이 필요했다. 그러나 이 시대에 그나마 이 정도의 비판이 전개된 것은 전쟁 그 자체를 부정하지 않고, 전쟁 수행을 위해서라도 이러한 산적한 문제를 합리적으로 해결해야 한다는 논조를 동원했기 때문에 가능했다. 전쟁 그 자체에 대한 저항작품으로는 한 발 물러선 것이기는 하지만 전쟁과정을 통해 전쟁 수행자들의 모순이 심화되고 전쟁 동안에도 사회의 발전, 문화의 발전법칙이 관철된다는 것을 밝힌 점은 주목할 만하다. 이러한 움직임은 가자하야 야소지風早八十二, 오코치 가즈오大河内一男 등에 의해 생산력 이론의 전개에서도 뚜렷하게 엿보였다. 전쟁수행을 위해서는 생산력 확충과 이를 통한 고도국방국가 건설이 요청되는데, 이 요청에 화답하고자 전쟁 수행자들은 우선 노동운동을 탄압하였고, 희생과 봉사라는 미명 아래 노동강화를 꾀하였다. 이에 대해 오코치나 가자하야는 생산력 확충을 위해서는 우선 산업노동력의 합리적 보전과 노동력의 등가교환 원칙이 전제가 되어야 한다고 주장했다.

이시모토 도키치石本統吉의 『설국』(1939년), 이마이즈미 센쥬今泉善珠의 『기관차 C57』(1940년), 『어느 보모의 기록』(1941년) 등의 문화영화는 일본의 군수생산이 가져온 생산력 증강이 얼마나 가혹한 노동강화와 노동자의 희생 위에서 이루어졌는지를 보여주었다. "백성을 위해 죽는다. 그렇지 않은 존왕은 존왕이 아니다."라고 외친 오하라 유가쿠大原幽学의 생애를 그린 다카쿠라 테루高倉テル

의 『오하라 유가쿠』(1940년 11월) 역시 적극적인 의의를 지닌 문학으로서 평가해야만 할 것이다. "하늘은 사람 위에 사람을 만들지 않았고, 사람 밑에 사람을 만들지 않는다고 한다."는 후쿠자와 유키치의 사상에 이끌려 극빈한 상황에서도 몸을 일으켜 모든 고난을 헤쳐 나가고자 한 이름 없는 한 인간의 투쟁을 그린 『길가의 돌』을 중단하고(1940년 7월) 『펜을 꺾는다』라는 짧은 글을 발표한 야마모토 유조山本有三도 확실히 저항의 자세를 보였다. 신진평론가 이와카미 준이치岩上順一의 저작도 당시 눈부신 업적을 남겼고(『역사문학론』), 구보가와 쓰루지로窪川鶴次郎는 차분히 문학이론을 탐구하고자 노력했다.(『재설현대문학론』) 나카노 시게하루中野重治의 『사이토 모키치 노트斎藤茂吉ノート』 역시 1940년부터 1941년에 걸친 암흑시대에 진실을 구하고자 하는 정신으로 정렬을 쏟아 부었다. 그러나 1941년 1월 좌익 작가에 대한 집필금지령으로 도쿠타 슈세이德田秋声의 자연주의 문학의 마무리 작품인 『축도』(『도신문都新聞』 연재)가 도중에 중단되었고, 고와 후미오舟羽文雄의 『중년』까지도 발매금지 처분을 받았다.

태평양전쟁에 돌입하자 곧바로 진보적 문화인이 일제히 검거·구속되는 말도 안 되는 폭거가 벌어졌다. 이제는 어디서부터 잘못되었는지조차 알 수 없는 상황이 되어버렸다. 그것은 단순히 언론탄압이라는 말로는 설명할 수 없는 것이었다. 그런데 당시 문화인들은 개인적으로는 말할 수 없는 분노를 느끼면서도 조직적인 움직임은 전혀 찾아볼 수 없었다. 개전 이듬해에는 나카지마 겐조中島健藏, 미키 기요시三木清, 시미즈 이쿠타로清水幾太郎와 같은 자유주의적 사상가들까지 징용되어 전쟁터로 끌려갔다. 전쟁협력이 아니면 어떤 발언도 허용되지 않았을 뿐만 아니라 전쟁협력을 무리하게 강요받았다. 협력하지 않는 자에게는 유무형의 압박이 가해졌다.

그리하여 당시로서는 침묵하는 것이 최대의 저항이었다. 문학작품 다운 작품도 이제는 거의 찾아볼 수 없는 상황에서 그나마 나카지마 아쓰시中島敦의 『빛과 바람과 꿈』(1942년 8월), 『이릉李陵』(1943년 7월), 다니자키 준이치로谷崎潤一郎의 『세설細雪』(『부인공론』 연재) 등이 문학을 전쟁으로부터 지켜주었다. 그러나 이 『세설』도 불과 2회 연재 만에 게재 금지 처분을 당했다. 그리고 중앙공론사에서 발행한 게재지 『부인공론』도 발매금지를 당했다.(1943년 2월) 『부인공론』의 편집을 이어가기 위해서는 결전 단계에서 자숙하며 게재를 중지하는 것이 좋겠다고 판단했기 때문에 도중에 중단한 것이다. 하지만 그 후 그는 작품을 이어서 집필하였고 1944년 상권을 완성하고 200부 한정의 개인출판본으로 이것을 지인들에게 배포하였다. 예술적 저항은 고사하고 그것은 그저 도피에 불과하다는 비판도 있었지만(나카무라 신이치로, 『예술적저항파』) 이것 역시 격렬한 전쟁 속에서 문학을 지키고자 한 것으로 평가해야 할 것이다. 이것은 발표할 기회를 빼앗기고 다양한 압박을 받았을 뿐만 아니라 공습으로 집마저 잃어 이곳저곳을 전전하면서도 『부침』, 『오도리코踊子』, 『훈장』, 『묻지 말고 말한다』 등 전쟁 직후에 발표된 소설들을 계속 집필한 나가이 가후永井荷風의 경우도 마찬가지일 것이다.

전쟁 수행자들은 집필활동(발표, 미발표 여부와 상관없이)과 상호 계몽활동(친구와의 대화, 편지 교환, 정기적 회합, 서적 대여 등)에 이르기까지 치안유지법을 꺼내들었다. 즉 과거 프롤레타리아 문화운동 시절에도 전혀 문제가 되지 않았던 미약한 저항까지도 범죄로 간주하였다. 범죄자 입장에서 보자면 만일 그런 일을 도모하려면 사형법을 염두에 두어야 할 지경이었다. 따라서 겉으로 드러난 저항방식만을 문제 삼아 쇼와 초년기의 강력했던 저항운동과 태평양전쟁기의 미약한 저항을 비교하는 것은 "시대착오적 발상이라고 비판해도 할 말이 없다"고 한 아라 마사히토荒正人는, "조금 더 내면으로 부터 그 저항을 지탱하고자 한 인간의 주체적 측면을 바라봐야 한 다."고 주장했다.(1948년 2월, 『근대문학』) 그의 말처럼 오오이大井広 介, 오구마小熊秀雄, 사카구치坂口安吾, 스기야마杉山英樹, 히라노平 野謙, 아라荒正人, 사사키佐々木本一 등을 중심으로 하고 오다小田 切秀男, 혼다本多秋五, 이와카미岩上順一 등이 기고한 『현대문학』을 비롯해 하나다花田清輝, 나카노中野秀人, 오노小野十三郎 등의 『문 화조직』, 그리고 나카무라中村光夫, 니시무라西村孝次, 요시다吉田 健一, 히라노平野仁啓, 사이토斎藤正直, 이토伊藤信吉 등의 『비평』, 또 히라타平田次三郎, 하라波良健, 이시카와石川道雄, 우쓰미内海伸 平 등의 『적문문학赤門文学』 등은 모두 제각기 어려운 조건 속에서 도 비문학적 분위기에 저항한 동인들이었다. 이들은 전후 『근대문 학』이나 기타 동인지를 통해 활발히 활동하였다. 이른바 '30의 세 대'이다. 아라 마사히토荒正人는 "패전 1년 전까지는 비합법 그룹이 정기적인 회합을 가졌다. 조금이라도 틈이 있다면 합법공간을 이 용했고 계몽활동을 조직했으며 그곳에서는 약 10명 정도의 문예비 평가가 참가한 것으로 기억한다. 이것은 전쟁에 대한 저항이 아니 란 말인가. 이러한 저항은 무수히 존재했다."고 회고했다.(아라, 앞의 논문) 물론 이러한 저항이 직접 전쟁에 대해 어떤 힘을 행사한 것은 아니었다. 하지만 이러한 노력이야말로 이들이 전후 활발한 문학활 동을 펼칠 수 있는 모태가 되었다는 점에 주목해야만 한다.

이들보다 뒤에 나온 세대는 이미 암흑시대로 접어든 뒤였기 때 문에 자기의 인간형성, 사상형성을 지향해야 했던 청년들이었다. 싫다는 말조차 못하고 공장으로 끌려가거나 전장으로 차출된 청년 들 가운데에도 비록 이론적인, 체계적인 사상적 기초는 없었지만, 이 어두운 전쟁의 현실로부터 몸소 배운 사상으로 일종의 저항을 시도하였던 자들이 있었다. "출진하는 가죽 가방 속에 있던 톨스토이의 『인생론』을 그리워했고, 공장 기숙사에서 밤늦게 『실천이성비판』을 펼쳐보았던" 학생들, 학도들의 출진을 저널리즘에서는 떠들썩하게 다루었지만, 오히려 어떤 흥분도 없이 구슬프고 암울한 표정으로 전장에 나간 학생들의 모습은 『전몰학생의 수기』라는 작품을 통해 확인할 수 있다.

제4편

태평양전쟁
후기後期

제1장

이탈리아와 독일의 항복

제1절 스탈린그라드 전투와 이탈리아의 항복

제2전선 문제

1942년 초여름의 전세는 일본·독일·이탈리아 파시즘 3국에게 이미 어두운 그림자를 드리우기 시작했다. 하지만 아직까지는 전체적으로 추축국이 우세해 보였다. 다시 말해, 일본군이 6월 미드웨이 해전에서 처음으로 중대한 패배를 맛보았지만, 남서 태평양의 제해·제공권은 여전히 일본이 장악하고 있었다. 또 연합군이 간신히 우세를 보인 북아프리카 전선에서도 6월에 시작된 롬멜의 공세로 형세가 일변했고, 지중해의 제해권도 추축국에 유리해 보였다. 미국과 영국·소련을 연결하는 유일한 통로인 북대서양 역시 독일군 잠수함의 무차별적인 공격에 위협을 받고 있었다.

히틀러가 주력했던 독·소전선에서는 독일의 실패가 이미 분명했다. 초기의 기습으로 차지했던 이점을 급속도로 상실하는 가운데, 1942년 봄·여름 독일군은 이 전선에 240개 사단을 배치하고 마치 '동면에서 깨어 난 치명적인 구렁이'(H. Cassidy, *Moscow Deteline*)처럼 대규모 공세를 전개했다. 이것은 소련뿐 아니라 제2차 세계대전 전체에 영향을 미칠 수 있는 결정적 국면이었다. 따라서 전략적인 견지에서 보자면 미·영이 소련 측에 약속한 북아프리카에 제2전선을 설정하는 것은 연합국 입장에서 가장 합리적이고 긴요하면서도 그 나름의 가능성이 있는 작전이었다. 실제로 미군 참모총장인 마셜Marshall

은 1942년 3월 '미영소의 대규모 병력이 독일에 대해서만 동시에, 그리고 최적의 시기를 노려 공격해야 한다'면서, 9월 15일을 기해 프랑스 북쪽 해안 상륙작전(작전명은 "슬레지해머SLEDGEHAMMER")의 결행을 루즈벨트 대통령에게 권고하고, 아이젠하워가 이끄는 전쟁계획국에 이 작전안을 완성시키도록 지시했다.

4월 1일 태평양전쟁회의에서 루즈벨트는 이 안을 승인하고 마셜과 홉킨스를 런던에 파견해 영국 수뇌부와 이 안의 실행에 관한 협상을 진행했다. 4월 8일부터 런던에서 열린 영미회의에서 처칠도 이 안에 찬성 의사를 밝혔다. 이에 루즈벨트는 5월 5일 스탈린에게 '귀서부전선의 위기를 구제하기 위해 우리 병력을 활용한 중요한 군사적 복안'을 갖고 있으니 곧바로 몰로토프와 '귀하가 신뢰하는 장군'을 워싱턴으로 파견해 달라고 타전했다. 몰로토프는 5월 말 런던을 거쳐 6월 워싱턴으로 가 11일 '1942년에 유럽에서 제2전선을 형성하는 긴급과제에 완전히 합의했다'는 미소 공동성명을 발표했다.

그런데 6월 22~25일에 열린 루즈벨트와 처칠 간의 워싱턴회담에서 처칠은 1942년에 제2전선을 전개하는 것은 현실적으로 불가능하다고 주장하기 시작했다. 프랑스 해안에는 적어도 독일군 25개 사단 병력이 주둔하고 있으므로 미군과 영국군 6~8개 사단을 상륙시키는 것은 됭케르크전투의 실패를 되풀이하는 것에 지나지 않으며 이것은 결국 대전에서 연합군의 대실패를 초래할 것이라고 역설했다. 당시 처칠은 제2전선 대신에 북아프리카 상륙작전(작전명은 "짐네스트GYMNAST")를 주장했다.

마셜이 '암흑의 시간'이었다고 술회했듯이, 당시의 정세 전망은 북아프리카에서 롬멜의 파상적 공세로 인해 더욱 비관적이었다. 스탈린그라드-코카서스-페르시아-버마를 관통하는 일본과 독일의 연결 가능성이 점점 더 확실해졌고, 인도에서도 독립운동으로 인

　1942년 초여름의 유럽전세

한 동요가 시작되고 있었다. "중동의 연합군 방어체제도 붕괴 위기에 놓였고, 수에즈운하의 함락과 아마단유전의 상실도 예상되었다"(마셜). 처칠은 이러한 정세를 적절히 이용해 제2전선을 북아프리카로 대체하는 데 성공했다. 그는 소련과 독일이 모두 깊은 상처를 입기를 기대하면서, 그 사이에 북아프리카-시칠리아-이탈리아 지역에 대해서는 장차 다뉴브강 유역과 발칸으로 진출한 뒤에 자신들의 세력권에 두려는 치밀한 계획을 세우고 있었다.

　루즈벨트도 짐네스트GYMNAST 작전에 대해, 7월 중순부터 하순에 걸쳐 마음을 바꿔 원래 "대통령의 중요한 히든카드"(스팀슨)였다면서 처칠에 동조했다. 7월 22일 런던회의에서도 마셜의 'SLEDGEHAMMER안'은 재차 영국군의 반대에 부딪혔다. 미 해군의 일부도 이에 동조했다. 결과적으로 7월 25일 마셜의 제안은 잠시 보류되고, 'GYMNAST안'으로 무게중심이 이동하였다.

이러한 변화는 소련 측에 통보 없이 이루어졌다. 따라서 이러한 상황을 모르는 스탈린은 7월 31일 타전에서 처칠에게 제2전선의 세부안 토의를 위해 모스크바로 와줄 것을 요청했다. 처칠은 8월 12일 모스크바에서 스탈린과 회견하고 처음으로 제2전선의 변경 방침을 알렸다. 해리먼(주 소련대사)의 보고에 따르면, 이때 스탈린은 처칠에게 "독일인이 무섭다고 위험을 피한다면 전쟁에서 이길 수 없다"고 말한 뒤, "이 결정에 찬성하지는 않지만 그렇다고 제2전선을 강요할 수도 없다"며 불만의 뜻을 표명했다. 8월 13일 스탈린이 처칠과 해리먼에게 건넨 각서 속에서도 "소비에트군 사령부는 1942년 유럽의 제2전선을 예상하고 여름과 가을에 작전계획을 세우고" 있는데, 제2전선의 연기는 "소련 국민의 여론에 커다란 정신적 타격을 줄 것"이라고 경고했다.

이렇게 1942년의 전황이 커다란 위기를 맞이한 가운데 미영 연합군의 6백만 예비 병력이 유럽에서 독일군을 대응하는 데 사용되지 않았다. 미국은 무기대여법에 따라 소련에 원조물자는 보냈지만, 이것은 '1942년과 1943년의 초기와 비교할 때 턱없이 모자란 분량'(F. Shuman)이었고, 그 후 총량에서도 소련 총생산액의 4% 내외에 지나지 않았으므로 소련이 열망한 제2전선을 대신하지 못했다. 1942년 10월 3일, 스탈린은 AP통신 기자의 질문에 답하며 "소련이 독일 파시즘군 주력과 맞섬으로써 연합국을 도와주는 것에 비하면, 연합국이 소련에 제공하고 있는 원조는 너무나도 적다"고

했다. 소련군은 이렇게 독일군 주력을 상대하면서도 동시에 이탈리아와 발칸 국가들에서 나치가 강제로 차출한 대군에 맞서 홀로 악전고투해야만 했다.

스탈린그라드 전투

독일군의 최대 목표는 스탈린그라드 공략이었다. 1942년 7월 코카서스 지역의 관문인 로스토프를 점령한 독일군은 이제 두 방면으로 나뉘어 한 쪽(제1군과 제1전차군)은 쿠반과 코카서스로 향하고, 폰 바이흐스Maximilian von Weichs가 지휘하는 주력부대인 제6군(22개 보병사단, 3개 기계화사단, 4개 기병사단), 제4전차군(5개 전차사단), 제4공군은 '눈사태처럼 돈 강의 스텝지역으로 진격했고 수천 대의 항공기가 메뚜기떼처럼 하늘을 뒤덮으며' 스탈린그라드로 향했다. 운명적인 스탈린그라드 전투는 이렇게 시작되었다.

폰 바이흐스군이 스탈린그라드 포위에 성공한 것은 8월 25일이었다. 히틀러의 점령 예정일인 7월 12일보다는 이미 1개월 반이 지연되었다. 게다가 돈 강을 도하하고도 1개월 동안이나 폰 바이흐스군은 예료멘코Андрей Иванович Ерёменко 장군 휘하의 적군 제64군

스탈린그라드에서 경계중인 독일군

과 제62군의 저항에 부딪혀 돈 강 일대에서 전투를 벌여야 했다. 그 사이 스탈린그라드 시내에 방어체제가 구축됨으로써 전 시가지는 '시가전의 무기고'로 변했다. 이 전투는 국가방위원회로부터 말렌코프가, 적군최고사령부로부터 바실렙스키Александр Михайлович Василéвский 장군이 파견되어 지휘를 맡았다.

독일군은 8월 23일 16시부터 연 수천 기를 동원해 끊임없이 공습을 개시했다. 무차별폭격과 신경가스탄 공격으로 스탈린그라드 시내가 화염에 휩싸이자 한때는 불을 끌 물조차 바닥이 났다고 전한다. 시민들은 모두 지하로 숨어들어가 지하도를 종횡으로 구축함으로써 지상 전투는 이내 지하 전투로 바뀌었다. 9월 14일 독일군은 비로소 시내 일각에 돌진했다가 격퇴 당했지만 9월 26일부터 27일에 걸쳐 마침내 시내 공장지대 일부를 점령했다. 이 전투과정에서 시가전의 모든 전술이 동원되었고 건물 한 칸 한 칸마다 무장을 함으로써 도시 전체가 요새화되었다. 14일 스탈린은 '스탈린그라드 방어를 위해서는 수단을 가리지 않아야 한다. 스탈린그라드는 결코 점령되어서는 안 된다'고 명령했다.

10월 4일, 7일, 14일 공습으로 독일군은 처음으로 시내를 분단해 볼가 전선으로 진출했다. 스탈린그라드는 최대의 위기에 직면했다. 그러나 소련군과 시민들은 밤낮을 가리지 않고 곳곳에서 격렬한 시가전을 벌이며 독일군에 심각한 타격을 가했다. 그 결과 10월 중순 이후 전세는 최대의 고비를 넘겼고, 군사적 견지에서 보자면 오히려 독일군이 군사적 손실을 최소화하기 위해서 공격을 포기하고 후퇴해야 하는 상황에 이르렀다. 그럼에도 불구하고 히틀러는 일부 군 수뇌부의 철수 권고를 물리치고 사령관인 폰 바이흐스를 폰 파울루스Friedrich Paulus 대장으로 교체하고 증원군을 보내 전투를 더욱 독려했다(W. Allen, P. Muratoff, *The Russian Campaigns*).

파울루스군 포위작전을 구상하는 소련군 수뇌부(왼쪽에서부터 Vyacheslav Molotov, Kliment Y. Voroshilov, Alexander Shcherbakov, Joseph Stalin, Aleksandr M. Vasilevsky, Konstanty Rokossowski)

영웅적인 근대 도시 스탈린그라드는 독일군에 겹겹이 둘러싸인 가운데 10월 혁명 25주년 기념일을 맞이했다. 11월 7일 요새화된 공장과 지하호 속에서 소련군 병사들과 시민들은 뜨거운 마음으로 스탈린 국방인민위원의 명령에 귀를 기울였다. 스탈린은 이렇게 말했다.

"적들은 스탈린그라드에서 저지되고 있다. 그러나 스탈린그라드 부근에서 이미 수십만의 장병을 잃은 적군은 마지막 힘을 쥐어짜며 새로운 사단을 전투에 투입하고 있다. 소련과 독일 간의 전투는 점점 긴박해지고 있다. 소비에트국가의 운명, 그리고 우리 조국의 자유와 독립은 이 전투의 결과에 달려 있다. 우리 소비에트 국민은 자기 운명에 닥친 시련에 맞서 찬란하게 버티며 흔들리지 않는 승리의 신념으로 가득 차 있다. 이 전쟁은 소비에트 제도의 힘과 견고함에 대한 혹독한 검증이라 할 수 있다. 소비에트국가의 붕괴를 노린 독일 제국주의자의 계산은 완전히 빗나갔다. (중략) 소비에트 군은 히틀러의 독일과 그 공모자들에 외로이 맞서고 있다. 파시스 트군에 맞선 헌신적인 전투로 인해 적군은 자유를 사랑하는 세계 의 모든 국민들로부터 사랑과 존경을 받고 있다. (중략) 적들은 이미 소비에트군의 무서운 전투력을 맛보았다. 이제부터 적들은 소비에 트군의 섬멸적인 타격의 위력을 깨닫게 될 것이다. (중략) 우리는 히 틀러 일당의 인간쓰레기들을 일소할 수 있으며, 또 그렇게 해야만 한다. 이를 위해서는 다음의 것들이 필요하다. (1) 절대로 흔들림 없 이 우리의 전선을 끈질기게 방어하고, 적들이 더 이상 전진하지 못 하게 하며 전력을 다해 적을 피곤하게 만들어 그 병력을 소탕하고 무기를 일소할 것 (2) 우리 군의 엄격한 규율과 질서를 유지하고 모 든 방법을 통해 단독 책임제를 강화하고 부대의 전투교육과 훈련을 완전하게 함으로써 적에 대한 섬멸적 타격을 집요하고 끈질기게 준 비할 것 (3) 적의 배후에서 모든 인민의 빨치산 운동의 불꽃을 불태

스탈린그라드에서 붉은기를 흔드는 소련군 병사(1943년)

워 적들의 배후를 교란시켜 역겨운 독일 파시스트 무리들을 박살낼 것. 이하 생략"

소비에트군 장병과 시민들은 이 명령을 마음에 새기고 실행에 옮겼다. 11월 11일 스탈린그라드를 3개월에 걸쳐 포위했던 독일군은 최후의 총공격을 개시했다. 매회 10개 사단, 전차 5백 대를 동원한 돌격이 4차례에 걸쳐 이루어졌다. 그러나 소비에트군은 그러한 공격을 매번 강력하게 물리쳤다. 그 사이 스탈린그라드의 역포위작전이 시의 양 옆을 흘러가는 돈 강과 볼가 강을 따라 진행되고 있었다. 이 준비는 이미 8월부터 시작되어 우랄, 시베리아, 중앙아시아에서 새로 편성된 군대가 훈련을 받고 10~11월에 걸쳐 돈 강의 오른편과 볼가 강의 왼편 일대에 몰래 집결해 있었다.

소련군의 반공작전 개시는 11월 19일 새벽을 기해 시내 서북쪽, 돈 강에 접한 세라피모비치 촌에서부터 로코솝스키Konstanty Rokossowski의 돈 전선군에 의해 시작되었다. 다음날 20일 새벽에는 볼스키Vasily Volsky의 남부전선군이 시의 남동쪽 볼가 강에서 행동을 개시해 남과 북쪽의 양 소비에트군은 파울루스군의 배후를 토막 낸 뒤 11월 23일 카라치 부근에서 합류해 33만 명의 독일군을 완전히 에워싸는 철의 포위망을 구축했다. 이 포위망을 더욱 강력히 원조하기 위해 12월 16일 바투틴Nikolai F. Vatutin 휘하의 남서전선군, 골리코프Filipp I. Golikov의 보로네시Voronezh 전선군이 중부 돈 지역으로 진출해 스탈린그라드의 파울루스군 구출을 위한 독일 후속부대의 진격을 차단했다. 낭패를 본 히틀러 군부는 세바스토폴 공격으로 이름을 알린 만슈타인Erich von Manstein 원수를 발칸에서 불러들여 로스토프, 보로네시, 오룔Oryol의 독일군을 끌어 모아 스탈린그라드 구원군(3개 전차사단, 4개 보병사단, 2개 기병사단, 9개 포병연대)을 편성해 스탈린그라드로 향하게 했다. 12월 12

일 만슈타인은 파울루스에게 '구원 임
박'이라고 타전했다. 하지만 20일까지 1
주일 동안 포위망에서 60㎞지점까지 접
근하며 예비 전차까지 동원했지만 힘에
부치자 29일 마침내 구원을 포기하고
로스토프로 철수했다. 이로써 스탈린그
라드 전투의 운명은 결정되었다.

스탈린그라드에서 소련군에 항
복하는 파울루스 원수(1943년)

독일은 공군 수송기로 스탈린그라드
의 파울루스군에게 식량을 보급했으나
순식간에 600기가 격추되어 공수마저
도 불가능해졌다. 그럼에도 불구하고 포
위된 33만의 독일군은 마지막까지 완강
하게 저항을 계속했다. 1943년 1월 8일
항복을 권고하는 최후통첩이 통고되었다. 그러나 파울루스 장군이
이를 거부하자 1월 10일부터 포위된 독일군에 대한 섬멸전이 전개
되었다. 20일 파울루스는 원군이 가까웠다며 병사들을 격려했으나
이 무렵부터 식량도 바닥나 투항자가 속출하기 시작했다. 31일 파
울루스 사령부도 소비에트군에 포위되고 말았다. '오전 10시, 옛 백
화점의 지하실로 소련군이 진입하자 얼굴이 수염과 흙으로 새까맣
게 뒤덮인 독일군 장교들이 모여 있었다. 파울루스 장군은 육군대
장 정장에 가슴에는 훈장을 달고 목에는 철십자훈장을 건 채로 어
둡고 초췌한 얼굴로 사령관실에서 걸어 나왔다.' 파울루스는 그렇
게 포로가 되었다. 독일군은 31일 항복하고 완전한 패배를 선언했
다. 이 전투에서 독일군의 피해는 사망자 32만 9천명, 전차 3천대,
항공기 2천대를 잃었고, 노획한 무기는 항공기 750대, 전차 1,550
대, 포 6천문, 자동차 6만 1천대, 기관차 56량, 차량 625대였다.

스탈린그라드 전투는 2차세계대전의 결정적인 전기가 되었다. 소비에트군은 스탈린그라드를 지켜냄으로써 인류를 파시즘에서 구원하였다. 당시 맥아더 원수조차도 "문명의 희망은 용감한 러시아군의 고귀한 깃발에 달려 있다"고 말했고, "내 평생 지금까지 무적을 자랑해온 독일군의 대규모 공격에 맞서서 이토록 효과적인 저항을 한 전투를 본 적이 없다. … 그 규모와 웅대함이야말로 역사상 최대의 군사적 성공이라고 해도 과언이 아니다"(Schuman, *International Politics*)며 소비에트군의 업적을 칭송했다. 실제로 일본군에게 필리핀을 빼앗기고 멀리 호주까지 도망친 맥아더가 이후 다시 필리핀으로 돌아올 수 있었던 것도 스탈린그라드에서 소비에트군과 인민들이 승리를 거둔 덕분이라고 할 수 있지 않겠는가.

소비에트군의 스탈린그라드 승리는 독일뿐만 아니라 일본과 이탈리아에게도 큰 타격을 주었다. 일본은 모처럼 소련을 공격할 찬스를 맞았지만 그 기회를 영구히 잃어버렸다. 그뿐 아니라 독일군에 대한 일본 군부의 신뢰감도 이때부터 근본적으로 흔들리기 시작했다. 그 결과 1943년 3월 독일의 항전 능력을 조사하기 위해 오카모토 사절단(참모본부 제2부장 오카모토 기요토미岡本清福 소장)이 베를린으로 파견되었다.(시베리아 경유). 또 동요하고 있던 터키도 중립을 유지하기로 결정했다. 게다가 이탈리아, 루마니아, 스웨덴, 핀란드 등 독일의 동맹국에게 미친 충격도 컸다. 이들 국가들에서는 서서히 단독강화를 모색하려는 조짐이 나타났다. 유럽 여러 도시의 벽면에 지하 활동가들이 쓴 '스탈린그라드'라는 글귀는 저항운동을 고무시켰다. 히틀러가 만든 죽음의 집단수용소 안에서도 '스탈린그라드'는 어느새 격려의 단어로 바뀌었고 빨치산부대는 '스탈린그라드'를 부르짖으며 독일군을 향해 돌진했다.

소련군의 총공세 개시

스탈린그라드에 이어 소비에트군의 반격은 남부의 모든 전선에 걸쳐 전개되었다. 만슈타인군을 격퇴한 마리노프스키군은 돈 강을 건너 후퇴하는 독일군을 추격했고, 마슬레니코프Ivan Maslennikov군은 로스토프로 진격했다. 이제 독일군 수뇌부는 돈 강 하류 지역 일대를 포기할 수밖에 없게 되었다. 쿠반 강과 코카서스에서도 독일군은 아르마비르Armavir, 마이코프Maykop에서 물러나 크라스노다르Krasnodar로 집결했으나 이미 붕괴되고 있던 독일군의 남부전선 재건은 불가능에 가까웠다. 보로네시 방면으로 소련군이 진출하자 독일군의 방어선은 분리되기 시작했다. 보로네시에서 골리코프의 기동부대는 단번에 쿠르스크Kursk를 기습해 1943년 2월 7일 점령을 완료하였고, 2월 9일에는 벨고로드Belgorod를 점령한 뒤 하리코프Kharkov로 진격했다. 이 두 곳의 중요 전략 거점을 상실한 것은 독일군에게 치명적이었다. 소련군은 2월 9일 로스토프를, 12일 크라스노다르를, 16일에는 하리코프를 탈환했다. 독일군은 완전히 와해되어 2월 말에 겨우 하리코프 서쪽에 방어선을 구축할 수 있었다. 모스크바, 레닌그라드 전선에서도 소련군은 공세로 나서며 벨리키예루키Velikiye Luki, 오룔Oryol선으로 진출했다. 이 3개월에 걸친 겨울철 공세에서 소련군은 독일군 120개 사단을 괴멸시켰다고 발표했다.

그러나 3월로 접어들자 독일군은 남부전선에서 다시 공세를 취했다. 3월 공세의 목표는 우크라이나 공업지대를 점령하는 것이었다. 그러나 그 이면의 진정한 의도는 정치적인 것으로서 스탈린그라드 전투의 패배로 실추된 위신을 회복하는 것이었다. 3월 14일 독일군은 하리코프를 탈환하고 대규모의 여름철 공세 준비에 들어갔다. 1943년 독·소 전선에서 결정적인 전투는 7월 5일에 시작된 쿠르스크 전투였다. 오룔-쿠르스크, 쿠르스크-벨고로드 사이의 180마일에 불과한 짧은 전선에 독일군은 무려 38개 사단(17개 전차사단, 21개 보병사단, 기계화사단)의 정예부대를 투입했고 이들은 티게르Tiger 탱크, 페르디난트 자주포 등 최신무기로 무장했다. 이에 대항하는 소련군 장비는 전차 수에서 약간 열세였지만 화포에서는 절대 우위를 점했고 공군력은 양측이 대체로 대등했다. 처음 3일 동안 독일군이 소련군 전선을 돌파해 5~10마일 전진했지만 이미 전차의 40%를 잃어버린 뒤였다. 7월 13일부터는 소련군이 반격으로 전환해 8월 5일 오룔, 벨고로드를 탈환하고 8월 23일 하리코프를 점령함으로써 히틀러 독일군의 마지막 대규모 공세작전은 실패로 끝났다.

이 전투에서 독일군이 입은 피해는 병력 13만 명, 전차 6천 대, 포 2,500문, 트럭 1만 1천 대, 항공기 2,500대라고 소련군이 발표했다. 그런데 히틀러는 이 패배를 숨긴 채 작전이 성공했다고 발표하고 러시아 측 피해가 막대해 이제 러시아군의 공세는 불가능하다고 선전했다. 그러나 사실상 "스탈린그라드 전투가 독일 파시스트군의 몰락을 예견토록 했다면, 쿠르스크 전투는 독일군을 벼랑 끝으로 몰아세웠다'(스탈린)"고 할 수 있다.

소련군은 총공세를 개시했다. 소련군은 1943년 9월에 스몰렌스크, 11월에 키예프를 탈환했다. 1944년이 되자마자 소련군은 레닌그라드 전선에서도 대반격에 나서 3개월 동안이나 독일군의 위협에 홀로 맞서 싸운 레닌그라드를 해방시켰다(1월). 이어서 노브고로드Novgorod, 나르바Narva를 탈환했다. 북부에서는 에스토니아로 진격하였고, 남부에서는 1943년 12월 말부터 새로이 공세에 나서 루츠크Lutsk, 크리비리흐Kryvyi Rih를 지나 우크라이나로 진격했다. 부크Bug 강에 이르러 체르닙치Chernivtsi를 점령하고 폴란드로 들어가 리

브네Rivne, 류크를 지나 드네스트르Dniester강 유역을 장악하고 루마니아, 베사라비아Bessarabia로 진입했다. 이어서 오데사(4월)를 함락시키고 크리미아로 들어가 세바스토폴을 24일 동안 포위한 끝에 탈환했다. 한편 북부에서는 만네르하임 라인Mannerheim Line을 돌파해 비보르크Vyborg에 들어갔다(6월). 이렇게 소련군이 자국 영토에서 독일군을 거의 축출함으로써 독일의 패색은 점점 짙어갔다.

아프리카작전과 이탈리아의 항복

처칠의 주장대로 '제2전선을 대신'해 추진한 아프리카작전 GYMNAST이 성공한 것도 스탈린그라드 전선에 추축군 병력의 거의 대부분을 줄줄이 투입하는 바람에 북아프리카에 충분한 증원군을 보내지 못했기 때문이었다. 따라서 아프리카작전을 제2전선의 대체라고는 할 수 없다.

그에 앞서 1942년 4월 리비아 공격을 시작한 독일·이탈리아군이 롬멜의 지휘 아래 6월에 이집트를 침입해 알렉산드리아로 진격하자 10월부터 몽고메리가 지휘하는 영국군이 반격에 나섰다. 이에 상응해 11월 초 독일·이탈리아·발칸국들의 주력군들이 스탈린그라드로 투입되는 사이 아이젠하워가 지휘하는 미·영 연합군이 지중해 해안의 오랑Oran, 알제리, 대서양 해안의 사피Safi, 페다라, 폴 료티에 상륙을 시작했다.

북아프리카작전의 문제점은 이 지역에 프랑스 식민지가 있었고 동시에 독일에 항복한 비시 정부의 다를랑François Darlan 제독이 함대를 거느리고 있다는 점이었다. 아프리카는 비시 정부와 정식으로 관계를 맺고 있어 연합국은 다를랑 제독을 끌어들이려고 했다. 이에 영국은 런던으로 망명해 독일항전을 주장하며 망명정권을 이끌고 있던 드골 장군의 '자유프랑스위원회'(1941년 9월 성립)를 지지하고 드골정권의 북아프리카 식민지지배를 인정함으로써 협력을 이끌어내고자 했다. 그런데 한편으로 영국은 비밀리에 비시 정부와도 협상을 진행하고 있었다. 결국 클라크 미군 사령관과 머피 특사의 모략이 성공해 다를랑은 11월 비시 정부의 항전명령을 무시하고 연합군에 협력함으로써 북아프리카의 행정책임자가 되었다. 이렇게 미·영 연합군은 11월 서아프리카를 지배함으로써 지중해를 제압하게 되었다.

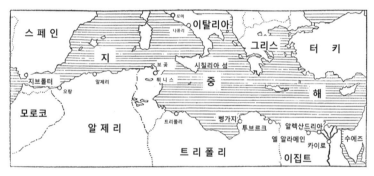

북아프리카·이탈리아 전선 지도

그 사이 다를랑파와 드골파의 대립이 격화되었는데 마침내 다를랑이 12월 24일 암살되었다. 그 후 1943년 1월 루즈벨트, 처칠, 드골, 그리고 다를랑의 뒤를 이은 지루Henri H. Giraud가 북아프리카 카사블랑카에서 모여 회담을 가졌고, 드골에게 프랑스령 지배를 맡기기로 결정하였다. 이에 따라 미·영·불 연합국은 독일이 무조건 항복할 때까지 단독강화를 거부하고 계속 싸울 것을 확인하였다. 아울러 지중해작전 특히 시칠리아 상륙작전을 심의하고 문제의 제2전선을 그해 8월 1일에 단행하기로 결정했다(작전명은 볼레로 BOLERO). 루즈벨트는 이 결정을 곧바로 스탈린에게 타전했고 스탈린은 만족한다는 회신을 보냈다. 그리고 이 회담에서 미드웨이에서 트럭 제도, 괌에 이르는 알류샨 작전과, 동인도에서 버마로 향하는 동남아시아 작전(작전명 ANAKIM)이 결정되자 루즈벨트는 이를 장제스蔣介石에게 통보했다.

한편 반격에 나선 몽고메리군이 1943년 1월 트리폴리로 진출하자, 롬멜은 튀니스로 후퇴했다. 3월 서쪽으로부터는 미군, 남쪽으로부터는 영불군의 협공이 전개되어 4월에는 가베스Gabès, 수스Sousse를 탈환하였고, 5월에는 독일·이탈리아 추축군을 본 곳Cape Bon에서 포위해 항복시킴으로써 북아프리카 전선은 종료되었다. 그때 드골의 자유프랑스위원회는 알제리로 본거지를 옮겨 '프랑스국민해방위원회'로 개칭하고 미영군의 후원 아래 프랑스인들에게 대독항전을 호소했다.

이 작전이 종료되자 미영 연합군은 처칠의 계획에 따라 이탈리아 상륙작전을 수행하였다. 이탈리아에 대한 공격은 7월 11일 시칠리아 섬 상륙작전으로 시작되었다.

이탈리아는 참전 이래 그리스와 지중해, 그리고 아프리카에서 연패를 당하며 군사력의 소모가 현저해지자 점차 독일에 종속되는 상황이었다. 무솔리니는 자주 군사령관을 경질하거나 국민을 독려했지만 효과는 없었고, 그 자신도 쓸데없이 히틀러에게 휘둘리기만 했다. 한편 국민들은 여러 해에 걸친 파시스트의 폭정과 독일군의 전쟁 독려에 격렬한 반감을 갖고 있었고 반독일·반파시즘 지하운동도 점차 확산되었다. 북아프리카 전선의 종료에 앞서 1943년 2월 무솔리니는 치아노Galeazzo Ciano 등 정부 각료들을 해임하고 파시스트당 내 패배주의자, 반독일론자로 간주되는 당원들을 파면한 뒤 국민총동원령으로 결전체제를 갖추려고 했다.

그러자 이탈리아 민중들이 무솔리니와 히틀러 지배에 처음으로 중대한 타격을 안겨주었다. 3월 5일 이탈리아공산당 지도 아래 북이탈리아 토리노의 피아트FIAT 항공기 공장 노동자들은 임금인상과 생필품 배급 확대를 직접 요구하며 파업에 나섰다. 파업은 곧바로 피에몬테 지방으로 확산돼 24일에는 롬바르디아의 마이란도 시의 군수공장으로 파급되었고 급기야 북이탈리아 각 도시로 퍼져나갔다. 노동자들은 단지 경제적 요구에 그치지 않고 빵과 더불어 평화와 자유를 획득하자고 외치며 무솔리니 타도를 내걸었다. 농민들도 노동자들의 투쟁을 환영했다. 상인들과 샐러리맨, 주부들도 파업을 지지했다. 그러자 군대와 경찰의 동요도 확산되었다. 무솔리니 정부는 4월 2일 마침내 노동자들의 경제적 요구를 받아들이지 않을 수 없었다. 이 투쟁을 통해 이탈리아 노동자계급과 모든 민중은 파시즘을 타도할 수 있다는 확신을 얻었다. 반파시즘통일행동은 급속도로 발전했다(Umberto Massola, März, 1943, 10 Uhr).

민중의 반파시즘·반전투쟁의 발전과 더불어 이탈리아 지배계급 즉 왕족이나 대자본가, 군부 가운데 일부는 무솔리니를 배제하고 미영에 의존함으로써 자신의 지배권력을 유지하려는 경향을 보였다. 7월 미영군이 시칠리아 섬에 상륙함으로써 무솔리니의 운명이 결정되었다. 7월 16일 루즈벨트, 처칠이 이탈리아 국민들에게 파시스트 정권의 전복을 호소한 데 이어서 나폴리, 로마 주변 기지에 대한 폭격이 시작되었다. 무솔리니는 베로나에서 히틀러와 만나 남이탈리아를 포기하자는 제안을 받고 서둘러 돌아왔다. 그러나 그가 참석한 7월 24~25일의 파시스트당 대평의회는 이 안에 반대의사를 표명하고 19대 5의 표결로 무솔리니 불신임안을 가결했다. 이에 따라 곧바로 이탈리아 국왕 비토리오 에마누엘레Vittorio Emanuele는 무솔리니를 파면하고 이전 참모총장이었던 바돌리오Pietro Badoglio 원수에게 새 정부를 조직하도록 했다. 북이탈리아의 여러 도시들을 시작으로 이탈리아 각지에서는 다시 총파업의 물결이 퍼져나갔다. 무솔리니는 체포되었고 파시스트당은 해산당했다.

바돌리오(Pietro Badoglio)

이로써 20년을 지배해 온 이탈리아 파시즘은 붕괴된 것처럼 보였다. 그러나 여전히 이탈리아 각 지역은 독일군의 점령 하에 있었다. 바돌리오 정권은 독일의 보복을 피하기 위해 이전과 같이 항전을 계속한다는 제스처를 취하는 한편, 비밀리에 대표를 리스본에 보내 연합국과 항복협상을 진행했다. 대표단은 우여곡절 끝에 9월 3일 연합군 사령관 아이젠하워와 항복 약정을 맺었고, 8월 미영군의 이탈리아 본토 상륙을 기다렸다가 아이젠하워와 바돌리오가 이를 발표했다. 그러자 독일군은 곧바로 로마를 점령하고, 반독파인 이탈리아 군대를 무장해제한 뒤 로마 부근의 감옥에 있던 무솔리니를 구출해 냈다. 바돌리오 정권은 이탈리아 남부로 피난해 9월 29일 몰타 섬에서 정식으로 연합국과 항복문서를 조인하고 이어서 독일군을 상대로 선전포고를 하기에 이르렀다.

10월 미영군은 나폴리까지 진격했다. 이로써 이탈리아 북쪽에서 공화 파시스트 정부를 조직해 항전을 계속하겠다는 무솔리니와, 남쪽의 바돌리오정권이 각기 독일군과 미영군을 등에 업고 서로 대치하는 형세가 되었다. 그러나 바돌리오 신정부는 반동적인 왕족과 결탁해 그 지배를 계속하고자 했고 이탈리아 민중의 진정한 해방을 약속한 것이 아니었기 때문에 이탈리아 항복과 더불어 합법화된 기독교민주당, 사회당, 공산당 등 파시즘 타도에 협력한 여러 세력들은 국민위원회를 조직하고 왕과 바돌리오의 퇴진을 요구했다. 그럼에도 불구하고 영미군은 바돌리오정권을 지지하는 태도를 보였다. 이미 6월 중순 아프리카의 한 신문기자는 연합군의 이탈리아 점령에 대해 다음과 같이 보도했다. "9개월에 걸친 독일의 테러 지배 아래서 로마의 지하운동 세력은 용감하게 활동하고 싸웠다. … 이들은 자신의 공적을 인정받아 이탈리아 재건에 중용될 것을 기대했다. 그러나 그럴 기미는 조금도 보이지 않았다. … 독일인이나 파시스트와 긴밀하게 협력했던 남녀들은 연합군의 원조와 축복을 받는 데 반해 파시스트에 반대해 싸웠던 자들은 거부당하고 무시되었다."(Herschel Mayer, 『제2차 세계대전의 역사적 분석』)

제2절 독일의 항복과 소련·미국·영국의 관계

퀘벡·카이로·테헤란 회담

스탈린그라드 전투의 승리에 이어서 소련군의 반격이 계속됨에 따라 소련의 발언권과 신뢰도가 높아지자 영국뿐만 아니라 미국도 소련에 우려를 품고 이를 경계하기 시작했다. 루즈벨트의 반대파, 공화당의 독립주의자 등 미국 금융자본 가운데 가장 제국주의적인 자들은 급기야 '빨갱이의 위협'을 강조하기 시작했다. 그러자 이에 호응하듯 소련과 미국, 영국 사이를 이간시키려는 독일의 심리전이 강화되었다. 소련 주재 미국대사 스탠들리William H. Standley는 1943년 3월 8일 미국의 한 특파원이 쓴 "러시아는 미국의 원조를 받고 있으면서도 이 사실을 국민들에게 숨기고 마치 러시아 혼자 싸우고 있는 것처럼 믿게 만들었다"는 기사를 들며 소련을 비난했다.

이 사건으로 미소 양 국민의 여론이 서로를 자극하자, 영국 주재 미국대사였던 해리먼은 런던에서 루즈벨트에게 이러한 선전은 오히려 소련의 대미 감정을 악화시킨다며 경고했다. 나치는 곧바로 이 사태를 이용했다. 선전부 장관 괴벨스는 4월 17일, 1941년 가을 폴란드의 카틴Katyń 숲에서 스몰렌스크 서쪽의 3개 포로수용소에 수감 중이던 폴란드인 장교 1만 2천 명을 나치가 학살해놓고 이것을 소련군의 행위라고 공표했다.(역자 주: 이 사건은 나중에 스탈린의 명령으로 이루어진 것으로 최종 확인되었다. 1990년 미하일 고르바초프 소련 대통령은 내무인민위원회가 폴란드인을 살해한 것을 인정했다. 당시 독일의 발표는 사실이었다. 그러나 본서가 집필된 1950년대 초만 해도 일본학계에서는 나치가 저지른 행위를 소련의 범죄로 위장, 선전했던 것으로 보았다.) 런던의 폴란드 망명 정권은 곧바로 이 문제를 거론하며 국제적십자위원회에 국제적인 조사를 의뢰하였다. 하지만 이는 나치의 영향 하에 이루어지게 될 조사를 의미했다. 소련은 이 망명 정권과 외교관계를 단절하는 것 외에는 방법이 없었다. 이 사건의 진상은 5월 8일 괴벨스의 일기로 알 수 있다. "불행하게도 독일 군용품이 카틴의 묘에서 발견되었다. … 어쨌든 이것은 비밀로 해 둘 필요가 있다. 만약 이 사실을 적들이 안다면 카틴 숲 사건은 두고두고 문제가 될 것이다."(Herschel Mayer, 『제2차 세계대전의 역사적 분석』).

이토록 악질적인 반소 선전에 미국이 휘둘렸기 때문에 미소 간의 긴장은 점점 더 고조되었다. 소련은 6월 주미대사 리트비노프와 주영대사 마이스키를 동시에 모스크바로 소환했다. 서방 측은 독일과 소련 사이에 단독강화가 성립되는 것은 아닌지 경악했다. 홉킨스는 "러시아가 이번 세계대전에서 결정적인 요소인 이상, 러시아에 모든 원조를 해주고 우정을 얻어야만 한다. … 러시아와 가장 우호적인 관계를 맺도록 노력해야만 한다"고 루즈벨트에게 권고하고, 나아가 "러시아와 관련해서 미국이 고려해야 할 가장 중요한 점은 태평양전쟁 수행이다. 대일전에서 러시아의 협조를 얻음으로써 전쟁을 일찍 그리고 적은 희생으로 끝낼 수 있다. 만일 러시아와 비우호적, 적대적 태도로 태평양전쟁에 임한다면 그로 인해 감수해야 할 곤란은 이루 헤아릴 수 없이 많을 것이고 작전도 실패로 끝날지 모른다"고 했다(R. Sherwood, *Roosevelt and Hopkins*).

이에 루즈벨트는 우선 스탠들리 대사 소환을 고려하는 한편 전 주소련 대사이자 친소파인 데이비스Joseph Davies를 임시특사 자격으로 5월에 모스크바에 보냈다. 그의 방문 목적은 스탈린·루즈벨트의 정상회담을 타진하는 것이었다. 루즈벨트는 미소 간의 긴장을 완화시키려면 처칠을 빼고 스탈린과 단 둘이 허심탄회하게 대화할 필요가 있고 그래야만 서로 오해를 풀 수 있다고 확신한 듯하다. 데이비스는 총 11시간에 걸쳐 스탈린과 만나 정상회담을 갖는 데 합의하고 예정일을 7월 15일로 정했다. 5월 22일 갑자기 발표된 코민테른 해산은 이러한 정세 속에서 이루어진 것이었다. 이는 히틀러의 선전전 구실을 없애기 위한 것이었으므로 괴벨스는 이에 크게 실망했다고 전한다. 이로써 연합국의 분열은 일단 피할 수 있었고 반소주의자들은 침묵할 수밖에 없었다. 뿐만 아니라, 코민테른 해산은 각국 공산당과 반파시즘 세력들 간의 연대를 적극적으로 촉진하였다.

그러나 5월 말 워싱턴에서 열린 루즈벨트와 처칠의 회담에서 제2전선의 개시는 다시 1년 연기되어 1944년 5월 1일로 결정되었다. 이처럼 제2전선 문제가 거듭 연기되자 미영에 대해 소련 측이 강한 불신을 품는 것은 당연했다. 예정된 루즈벨트·스탈린 정상회담도 처칠의 반대 제안(3국 외상 예비회담)으로 인해 결국 성사되지 못했다.

공교롭게도 7월에 바돌리오 사건이 발생하자마자 이탈리아 문제를 둘러싸고 연합국 안에서 의견 대립이 발생했다. 8월 11일 퀘벡회담(루즈벨트, 처칠)이 열린 것은 이 때문이었다. 에티오피아 정복 시기의 총사령관이었던 바돌리오의 정권을 정통성 있는 정부로 인정할 것이냐 여부를 두고 찬반 의견이 갈렸지만, 처칠과 아이젠하워 이하 군 수뇌부는 군사적으로 그를 이용하는 것이 유리하다면서 결국 연합국의 일원으로는 인정하지 않지만 대독항전을 위해 모든 원조를 제공하자는 데에 의견이 일치했다. 또 이 회의에서는 북아프리카 해안의 제2전선 작전(작전명 OVERLOAD)의 예정일로 1944년 5월 1일을 재확인함과 동시에 남프랑스 해안 상륙작전(작전명 ANVIL, 나중에 DRAGOON)도 검토되었다. 회의가 끝날 무렵 처칠이 제안한 모스크바 미·소·영·중 4개국 외상회담에 스탈린이 동의한다는 답신을 보내옴으로써 미영과 소련 간의 긴장이 마침내 완화될 조짐을 보였다.

10월 18일부터 시작된 모스크바 회담(이든, 몰로토프, 헐, 쑹: 역자 주, 실제 회담 참석자는 외교부장 쑹쯔원宋子文이 아니라 외교부장 대리 푸빙창傅秉常이었다.)은 최초의 외상회담으로서 뒤이은 세 차례 정상회담의 예비회담 성격을 띠고 있었다. 이 자리에서 '전쟁범죄인 처벌'에 관한 성명과 '일반적 안전보장에 관한 4개국 선언'이 발표되었고, 전후 평화기구에 관한 문제가 논의되었다(F. Shuman). 회담이 끝난 뒤 10월 25일 미 국무장관 헐Cordell Hull은 스탈린과 만나 루즈벨트와의 회담 가능성을 타진했다. 스탈린은 헐에게 "중요한 군사작전이 진행 중이라 테헤란보다 멀리 갈 수 없으니 내년 봄까지 연기하고, 알래스카의 페어뱅크스에서 회담하면 어떤가?"라고 했다(Cordell Hull, 『회고록』). 그 결과 테헤란이 3국정상회담의 첫 번째 장소로 선택된 것이다.

테헤란회담에 앞서 11월 22일부터 제1차 카이로회담이 열렸다. 여기에는 루즈벨트, 처칠 외에 장제스 부부도 참석했다. 이 회담의 중심 의제는 일본 문제였다. 3국은 일본이 1914년 이래 탈취 또는 점령한 태평양의 모든 섬들을 박탈할 것, 일본이 중국 여러 지역에 걸쳐 빼앗은 모든 영토를 중화민국에 반환할 것, 조선을 독립시킬 것, 그리고 일본이 무조건 항복할 때까지 전쟁을 계속할 것을 선언했다(카이로선언).

카이로회담의 장제스, 루즈벨트, 처칠

군사문제로는 동남아시아 진공작전(작전명 ANAKIM)이 검토되었다. 장제스는 "버마는 아시아 작전의 열쇠이다. 우선 버마에서 적을 소탕한 다음 중국, 그리고 만주가 마지막이 될 것이다. 버마를 잃게 되면 일본으로서는 큰 타격이 될 테니 일본은 완강하게 저항할 것이다"라고 말했다. 원래 태평양전쟁 작전의 기본방침에 관해서는 연합군 내부에서도 대립이 있었다. 처칠은 희생이 많은 버마작전보다는 싱가포르, 홍콩 탈환을 급선무로 봤으며 해군병력으로 일본을 패퇴시켜야 한다는 킹Ernest J. King, 니미츠Chester W. Nimitz파의 작전을 지지했다. 이에 반해 마샬George C. Marshall, 아놀드Henry H. Arnold 등 참모본부파는 아시아 대륙의 일본군 소탕이 일본의 결정적 패배의 전제라고 주장한 맥아더, 스틸웰Joseph W. Stilwell파의 작전을 지지했다. 바로 이 그룹이 소련의 대일 참전을 간절히 원했던 것은 당연한 일이다. 동남아시아 진공작전에 대해, 장제스는 북부로부터의 버마 공세는 중국군의 희생이 클 테니 이보다는 오히려 마운트배튼Mountbatten이 주장하는 남부로부터의 해안상륙작전(작전명 ANAKIM)을 지지했다. 루즈벨트가 장제스를 지지함으로써 ANAKIM작전으로 결정되었다. 11월 28일 장제스 부부는 만족하며 충칭重慶으로 돌아갔다. 카이로회담 말미에 테헤란회담에 대비해 미영 양국 정상 간에 군사문제가 검토되었다. 처칠은 OVERLOAD작전 때문에 지중해작전을 희생시켜서는 안 된다고 주장하면서 특히 남동부 유럽작전의 중요성을 강조했다. 즉 처칠은 가능한 한 소련을 약화시켜 반소세력으로 포위하려는 기존의 구상을 집요하게 고집했다.

11월 28일 테헤란에서 열린 스탈린과 루즈벨트의 첫 회담에서 스탈린은 러시아의 전황을 설명하면서 "서방에 알려진 만큼 그렇게 순조롭지는 않다"고 했다. 루즈벨트는 "테헤란회담의 주요 의제는 제2전선 문제인데, 독일군 30~40개 사단을 소련과의 전선에서 서쪽으로 향하게 하는 것이 목적"이라고 설명했다.

테헤란 정상회담은 11월 28일부터 12월 1일까지 이어졌다. 몰로토프, 이든, 홉킨스에 이어 보로실로프Kliment Voroshilov, 리시,

킹도 참가했다. 회담의 중점은 OVERLOAD작전이었다. 먼저 이 작전이 지연된 이유에 대해 루즈벨트는 퀘벡회담까지는 해상수송이 곤란하기 때문이라고 변명했다. 처칠은 그의 지론인 '부드러운 하복부'를 찌르는 작전, 즉 지중해를 기반으로 남동부 유럽에서 발칸으로 이어지는 작전을 주장하며 스탈린과 논쟁했다. 스탈린은 'OVERLOAD가 가장 중요하고 가장 결정적'이라며 나머지는 러시아 입장에서 거의 중요하지 않다고 하였다. 즉 'OVERLOAD는 지체되면 안 된다'고 강조하고 나아가 이를 전제로 한 남프랑스 상륙작전은 이탈리아, 발칸작전보다 더욱 효과적이라고 주장했다. 루즈벨트는 이 두 사람의 조정자 역할을 하였다.

테헤란회담의 스탈린, 루즈벨트, 처칠

연합국에게 테헤란회담의 가장 큰 성과는 스탈린이 대일참전 의사를 명확히 했다는 점이다. 스탈린은 "소련은 독일과 격렬한 전투를 치르고 있기 때문에 곧바로 대일전에 참가할 수는 없다. 시베리아의 병력은 방어가 목적이므로 일본을 공격하려면 적어도 3배의 증원이 필요하다. 그러나 독일을 패배시킨 뒤에는 필요한 증원을 동부 시베리아로 보낼 수 있을 테니 그때 우리는 일본을 상대로 공동전선을 형성할 수 있을 것"이라고 말했다. 스탈린의 대일참전 의사 표명은 처칠에 따르면 '대일전의 모든 작전 변경'이 필요할 만큼 중대했다. 따라서 테헤란회담이 끝난 후 12월 4~6일 제2차 카이로회담(루즈벨트, 처칠)이 열렸다. 회담 결과 장제스에게 약속한 동남아시아 반공작전은 중지되었다. 이에 루즈벨트와 처칠은 12월 5일 장제스에게 전문으로 "유럽에서 공동작전을 수행하기 위해 동남아시아 작전에 충분한 병력을 보내지 못하게 되었다"고 알렸는데, 이것은 실제 이유였던 '소련군의 대일참전' 기밀이 중국에 의해 누설될까봐 일부러 엉뚱한 핑계를 댄 것이다.

레지스탕스와 서부전선

이 무렵 나치의 흉포한 점령체제 아래서 신음하는 유럽 국가들에서는 프랑스, 이탈리아를 비롯해 광범위한 지역의 국민들 사이에 나치 독일에 나라를 팔아버린 지배자들에 대한 저항투쟁(레지스탕스)이 발전하고 있었다.

프랑스 국내에서는 공산당이 독일에 점령된 순간부터 조국 해방을 위해 싸우고 있었다. 1940년 11월 파리 샹젤리제 학생데모와 12월 프랑스 북부 탄광지대의 파업을 계기로 각 지역에서 애국자들의 반독일 저항단체가 비밀리에 결성되기 시작했다. 1942년이 되자 나치의 징용을 기피한 수많은 노동자들이 산악지대로 도망쳐 '마키'Maquis라고 불리는 게릴라부대를 조직해 군사수송 방해, 병참선 절단 등 독일군의 기능을 마비시키기 위한 다양한 활동을 펼쳤다. 독일군은 반독일 활동을 고문과 총살로 진압하려고 했다. 하지만 프랑스 국민들은 이에 굴하지 않고 노동자, 공산당원, 사회당원을 비롯해 가톨릭 신자, 지식인, 학생 등 정당·신앙·직업의 차이를 뛰어넘은 광범위한 구성원들이 조국의 해방과 독립이라는 목표 아래 결집해 레지스탕스 운동이 뿌리를 내리고 있었다. 1943년 5월 국내 레지스탕스 단체들의 연합체로서 파리에서 '전국 저항 평의회'가 만들어졌다. 레지스탕스 단체들에 의해 신문·잡지 등 불법 출판물들이 성행했는데, 이 가운데는 문학인들의 활동도 두드러져 '심야총서' 등 수많은 저항문학이 탄생해 저항하는 국민들의 사기를 북돋았다. 독일에 대한 프랑스 민중들의 저항이 이렇게 전개되자 본래 우익 세력을 대표하던 드골파도 대독일 항전을 주장하는 한 국내 레지스탕스 세력과 연대하지 않을 수 없게 되어 마침내 1944년 4월에는 그가 주재하는 '국민해방위원회'에 공산당 대표의 참가를 인정했다. 이어서 6월에는 이 위원회가 발전해 해방 후 정식 정권인 '공화국 임시정부'가 성립되었다.

레지스탕스는 독일 파시즘에 대한 투쟁이자 동시에 나치에 나라를 팔아먹은 프랑스 지배계층에 대한 투쟁이었으므로 이는 정치적, 사회적으로 민주주의를 철저히 해 관철시켜 나가는 진보적 운동이 될 수밖에 없었다. 저항 과정에서 해방 후에 도래할 프랑스 사회에 관한 구상들이 잇따라 등장했다. 1944년 3월 '전국 저항 평의회'가 제시한 강령은 사회주의 국가에 대한 전망을 지닌 것이었다. 레지스탕스 운동의 선두에 선 것은 공산당이었고 이들의 대독일 저항투쟁이 가장 철저했기 때문에 레지스탕스 운동권 내에서 공산당의 지위도 점차 높아져 갔다.

레지스탕스는 원래 프랑스어로 프랑스 국민의 대독일 저항투쟁을 일컫는 말이었는데 프랑스와 마찬가지로 나치 압제에 있던 이탈리아, 폴란드, 체코슬로바키아 그리고 동구 여러 국가들의 대독일 저항운동도 마찬가지로 레지스탕스라고 불렸다. 이탈리아에서는

1943년 3월의 파업에 이은 바돌리오 사건 뒤에 공산당을 필두로 하는 반나치·반파시즘 민족독립 저항투쟁이 나날이 발전하고 심화되어 갔다. 이 때문에 반인민적인 바돌리오 수상도 1944년 6월 사직하지 않을 수 없었다. 독일이 항복한 직후인 1945년 4월 26일 무솔리니를 체포한 데 이어 총살했던 것도 이탈리아 인민 빨치산이었다. 이러한 저항 세력과의 연대투쟁을 통해 공산당의 권위와 명망은 비약적으로 높아져 1944년 7월에는 40만 명, 1945년에는 170만 명의 당원을 지닌 대정당으로 성장했다.

프랑스 레지스탕스에 포로로 붙잡힌 독일군(1944년 8월)

레지스탕스는 전 유럽으로 퍼졌다. 작은 나라인 덴마크에서도 1941년 11월, 나치 독일이 덴마크 정부를 반공협정에 참가시키자 코펜하겐에서는 이에 반대하는 대규모 데모가 일어났다. 이들 세력은 이윽고 대독일 저항의 지하조직으로 성장해 1943년 8월에는 전국에 걸쳐 반독일 총파업이나 데모 투쟁이 여러 주간에 걸쳐 일어났다. 1945년 봄에는 덴마크 레지스탕스 지하조직에 5만 6천 명의 영웅들이 참가하고 있었다.

프랑스를 비롯해 서유럽 전역으로 깊이 퍼져나간 민중들의 혁명적인 대독일 저항, 그 가운데 가장 많은 희생을 치루며 선두에 섰던 공산당의 명망과 위상은 급속하게 높아져 갔다. 특히 나치 점령에서 조국의 모든 영토를 해방시킨 소련군이 국경을 넘어 독일군을 뒤쫓아 서쪽으로 노도와 같이 진격하는 것을 보고는 이제 처칠과 루즈벨트도 유럽을 스스로의 힘으로 차지하기 위해 대독일 제2전선을 실행하지 않을 수 없었다. 4월부터 영국 본토와 이탈리아의 기지에서 이륙한 미영 공군의 대편대가 매일 같이 밤낮으로 프랑스의 독일군과 독일 본토를 맹렬히 폭격했다. 1944년 6월 6일 이른 아침 미영 연합군은 육해공군 총 200만 명 이상의 병력을 동원해 프랑스 북부 노르망디 반도에 상륙했다. 이에 호응해 프랑스에서는 레지스탕스 운동이 해일처럼 일어나 8월 10일 철도 총파업을 발단으로 19일 시민 봉기가 일어나 미영군이 파리에 도착하기에 앞서 시민들이 직접 파리를 해방시켰다(25일). 8월 15일 연합군은 프랑스 남부에도 상륙함으로써 독일군의 프랑스 지배는 완전히 막을 내리게 되었다.

파리로 입성하는 프랑스 제2군단(1944년)

소련군의 동유럽 국가 해방

연합군의 노르망디 상륙에 호응해 동부에서도 소련군의 진격이 이어졌다. 1944년 7월 소련군은 중부에서 민스크를 함락하고 란토바로 진격했고, 또 핀스크Pinsk, 루블린Lublin, 브레스토-리토프스크를 지나 8월에는 비스와Vistula강에 도착해 바르샤바를 마주보게 되었다.

이에 앞서 폴란드 바르샤바에서는 1943년 런던의 폴란드 망명정권과 관계없이 농민단체, 노동조합, 청년단체, 빨치산단체들이 볼레스라우 벨트(신 폴란드 노동자당-공산당)를 수반으로 하는 '국민위원회'를 만들어 사회개혁을 전개하였고, 1945년 필스즈키 헌법의 폐기와 더불어 1921년 민주헌법의 부활 및 소련과의 협조를 주장하고 있었다. 그리고 미카엘·로라=츠미엘키 장군의 지휘 아래 폴란드 인민군이 창설되었고 이 단체와 이미 모스크바에 있던 '폴란드 애국자동맹'의 연합으로 1944년 5월에 '폴란드 국민해방 위원회'가 결성되었다. 그러자 곧바로 런던의 폴란드 망명정권과 새로이 성립된 폴란드 해방정권 사이에 격렬한 대립이 발생하기 시작하였는데 그 기저에는 영미의 반소계획이 깔려 있었다. 런던의 폴란드 망명정권은 전술한 카틴 숲 사건에서 알 수 있듯이 1943년경부터 철저한 반소 입장을 취했고, 소련은 마침내 이들과 국교를 단절하였는데(4월 26일), 폴란드 해방정권이 성립되자 양 정권의 통일문제가 대두하였다.

소련군이 비스와 강을 건널 때 보르 장군은 소련군과 연락하지 않고 런던의 망명정권 지지파를 이끌고 반나치 운동을 일으켰으나 10월 3일 독일군에 항복함으로써 작전은 실패로 끝났다. 보르 장군의 의도에 관해서는 아직 상세히 밝혀지지 않았지만 런던 망명정권은 이를 영웅시 한 반면, 소련은 '쓸데없는 바보짓'이라고 비난하였다.

유럽국가들 지도

　　1944년 12월 31일 폴란드 해방정권은 루블린에 임시정부를 수
립하였고 소련은 이듬해 1월 5일 이를 승인했다. 이에 반해 영미는
런던의 정권을 지지하며 폴란드를 둘러싸고 영미와 소련이 첨예하
게 대치했다. 하지만 1945년 6월 루블린파와 런던파는 폴란드 국민
연합 통일정부를 수립해 일단 문제는 봉합되었다.

　　소련군 진격을 앞에 두고 나치에 종속된 동유럽과 남유럽 국가
들은 동요하기 시작했다. 유고슬라비아나 불가리아에서는 독일군
점령 하에서도 무장한 레지스탕스가 활동했고, 루마니아나 체코슬

로바키아에서도 빨치산 전투까지는 아니지만 강렬한 레지스탕스 활동으로 수많은 애국자들이 조국을 위해 피를 흘리고 있었다. 이들의 선두에는 서유럽과 마찬가지로 공산당이 앞장섰으며 공산당뿐만 아니라 모든 애국 정당과 단체들의 통일전선운동이 발전했다. 루마니아에서는 이미 1944년 초부터 미카엘 국왕이 영미와 비밀리에 휴전협상을 시작했으나 소련군을 오기 직전인 8월 25일 내각을 경질하고 항복했고 소련군은 9월 1일 부쿠레슈티에 입성했다. 불가리아는 소련과 교전상태에 있지는 않았지만 지배계급은 전쟁 과정에서 일관되게 나치에 동조했다. 이러한 불가리아 지배층은 9월 1일 독일 패전이 분명해지자 중립선언을 함으로써 나치에 동조했던 때 누린 기득권을 유지하려고 했다. 그러나 9월 5일 소련군은 선전포고를 하였고 8일 불가리아로 진격해 9일 무장 저항투쟁을 수행한 조국전선이 임시정부를 수립하자마자 정전했다. 15일 소련군은 유고슬라비아의 인민해방군과 합류해 소피아로 들어갔고 이어서 테메스바르(現 티미쇼아라)로 들어가 전 지역에서 나치 세력을 소탕하고 10월 28일 휴전협정을 체결하였다.

1944년 1월 소련군의 반격으로 전세가 불리해진 핀란드는 2월부터 소련과 휴전협상을 시작하였으나 독일의 압력으로 4월에 결렬되었다. 곧이어 나치의 전면적인 패퇴로 협상이 재개되자 9월에는 독일과 국교를 단절하고 소련과 휴전협정을 맺었고 핀란드 주둔 독일군은 노르웨이로 후퇴했다. 발트 지역에서 소련군은 1944년 10월 탈린, 리가를 탈환하고 동프로이센으로 들어갔다.

소련군은 남부전선에서 체코슬로바키아에 이어 유고의 빨치산 군과 함께 유고로 들어가 10월에 베오그라드를 해방시켰다. 11월 소련군은 도나우 강을 건너 부다페스트를 포위하고 이듬해 2월 13일, 50일 간에 걸친 격전 끝에 부다페스트를 해방시키는 데 성공했다.

얄타회담

　이렇게 동서 양면에서 독일군에 대한 협공이 진행되자 독일 파시즘의 붕괴는 자명해졌다. 독일은 미영군과는 화의를 하되 소련과는 끝까지 싸우겠다는 이간책을 취했으나 미영군 수뇌부는 서부전선에서 독일군의 붕괴를 시간문제로 보고 있었다. 이에 9월 중순 루즈벨트와 처칠은 신속히 제2차 퀘벡회담을 갖고 임박한 독일 문제를 토의했다. 그러나 소련군은 독일의 이간책에 틈을 주지 않았고 핀란드, 불가리아를 항복시킨 후 10월에는 발트3국에서 폴란드를 가로질러 독일 국경의 비스와 강으로 들어갔다. 그리고 발칸에서는 헝가리, 유고에서 그리스, 터키의 국경으로 압박해 들어갔다. 소련이 유럽 남동부, 발칸으로 진출하자 이를 두려워 한 처칠은 소련에 의해 지역 정세가 '기정사실'이 되기 전에 재빨리 '사전 협정'을 체결할 필요를 느끼며 초조해 했다. 그는 스탈린과 발칸에서 '세력범위'에 관해 협정을 맺고자 했는데, 미국은 미국을 제외한 협정 체결에 반대한 결과 소련령 크리미아의 얄타에서 스탈린, 처칠, 루즈벨트 사이에 세기의 정상회담이 열리게 되었다.

얄타회담의 처칠, 루즈벨트, 스탈린

얄타회담은 1945년 2월 4일에 시작되어 세 정상과 몰로토프, 번즈, 이든의 3국 외상, 그리고 기타 군부 수뇌부까지 참가해 2월 10일까지 총 7차례의 회합을 거쳐 우호적이되 솔직한 토의가 이루어졌다. 그 결정의 일부는 2월 11일 공동성명으로 공표되었다.

회의의 주요 성과는 (1) 독일 문제와 관련해 무조건 항복을 이끌어내기 위한 최후의 군사작전, 독일의 비무장·비군사화 및 미·소·영·불 4개국에 의한 분할관리, 배상 책정, (2) 폴란드에 대해 동서 국경의 획정, 임시정부 수립 협의, (3) 유고 문제에 대해 결정한 것 외에, 특히 중요한 것으로 이 회담에서 (4) 전후 국제평화유지 기구인 국제연합 문제와 관련해 그 중추기관인 안전보장이사회의 상임이사국, 즉 미·소·영·불·중 5대국이 거부권을 갖고 만장일치의 원칙을 주장한 미국안에 3국의 의견이 일치해 이를 승인했다. 국제연합 가맹국에는 소련 외에도 소련 연방 내 백러시아, 우크라이나 공화국을 추가하고(역자 주: 이는 국제연합에서 소련이 3표의 표결권을 갖는 것을 의미한다.) 1945년 4월 샌프란시스코에서 국제연합 창설 총회를 열기로 결정했다. 이것은 공동 투쟁으로 연결된 소·미·영 3국이 서로 첨예하게 대립하면서도 이제는 전후 국제평화 유지와 관련해 공동으로 책임을 지겠다는 데에 의견이 일치했다는 것을 의미한다.

얄타협정의 2/3는 비밀에 부쳐졌다. 그 중에는 대일 문제도 포함되어 있었는데 이 무렵의 상황은 후술하겠지만 태평양 전선에서 미군이 마리아나, 필리핀을 탈환하고 일본 본토는 미 공군에 의해 매일 공습을 받아 일본의 전력은 날로 쇠약해져 갔다. 하지만 일본은 여전히 방대한 육군을 보유하고 있었고 만주에는 아직 손실을 입지 않은 대군과 더불어 중공업 지대와 풍부한 식량이 있었다. 이 때문에 미 군부는 이오지마에서의 고전으로 미루어 볼 때, 대일 전쟁이 1947년까지 지속될지 모르며 소련의 참전이 없다면 미군은 다시 백만 명의 희생을 치러야 한다는 사실을 매우 두려워하였다. 그 결과 상당한 대가를 치르더라도 소련이 대일전에 참전할 것을 강력히 촉구하였다.

루즈벨트는 군부의 의견을 채택해 2월 11일 스탈린, 처칠과 함께 정상 간에 대일비밀협정을 맺었다. 그 요지는 (1) 소련은 독일이 항복한 3개월 뒤에 연합국 편에 서서 대일전에 참전한다. (2) 그 대가로 ① 미·영은 외몽골 인민공화국의 현상유지를 승인한다. ② 러일전쟁에서 일본이 제정러시아로부터 빼앗은 일본령 남사할린(가라후토樺太)을 소련에 반환하고, 쿠릴열도(하보마이 군도를 포함)를 소련령으로 한다. ③ 다롄大連항에 대한 소련의 특수권익을 고려해 이를 국제화하고 뤼순旅順항을 소련의 군사기지로 삼으며 북만주·남만주 두 철도를 소련과 중국이 공동으로 경영하도록 한다는 것이었다.

'대일참전의 대가'로서 사할린 남부와 쿠릴열도에 관해서는 연합국 간에 이견이 없었지만, 남만주 철도의 공동관리권, 뤼순항의 기지 사용권 문제는 당연히 중국의 승인을 받을 필요가 있었다. 그러나 충칭 정부가 기밀을 누설할 위험이 있다고 스탈린, 루즈벨트가 공히 인정함으로써 대독일 전쟁이 종료되고 3~4개월 뒤 극동에 소련의 병력 집결이 끝났을 때 루즈벨트가 장제스에게 직접 사절을 보내 이 협정을 통보하고 설득하는 역할을 맡기로 했다. 만약 이때 장제스가 이를 거부하면 연합국이 강제로 사태를 확정할 것이 분명했다. 당시 루즈벨트로서는 태평양전쟁에 소련이 참전했을 때의 이익을 중시했다.

이렇게 얄타에서 일본에 관한 협정이 성립되었다. 특기할 사항은 스탈린의 요구에 따라 그 내용이 문서로 작성되었으며 처칠의 승인을 거쳐 '이러한 소련의 요구는 일본 패전 후 무조건 실현한다는 데 3국 정상이 동의한다'로 최종 조인되었다는 점이다. 얄타회담은 당시 일반적으로 호평을 받았다. 『뉴욕 헤럴드 트리뷴』지는 "연합국의 협력과 힘, 결단의 위대한 증거를 보여주었다"고 논평했고, 『타임』지는 "세 정상은 전쟁과 동시에 평화에서도 협력할 수 있을지에 대한 의구심을 일소한 것 같다"고 평가했다. 그러나 이윽고 공화당의 반덴버그, 덜레스가 루즈벨트를 공격했다. 그들은 대통령이 빨갱이들에게 굴복했다고 선전하며 반소련 의지를 불태웠다. 번즈 외상은 이 시기를 가리켜 "미소 간의 우호관계가 새롭게 최고조에 달했던 것은 사실이다. 그러나 루즈벨트 대통령이 미국 땅을 밟자마자 우호관계는 악화되기 시작했다"고 기록했다.

독일의 항복

얄타회담 기간에도 유럽 전장에서는 연합국의 파죽지세가 이어졌다. 동부에서는 1945년 1월 17일 바르샤바를 함락시킨 소련군이 슐레지엔 국경을 돌파해 브로츠와프를 지나 퀴스트린Küstrin을 점령하고 단치히를 함락시켰다. 이어서 쾨니히스베르크(현재 칼리닌그라드), 빈 등도 함락되고, 4월 16일 주코프 군은 오데르 강의 동쪽에서, 코네프Konev군은 나이세Neisse강 남쪽에서 베를린 공격을 개시했다. 한편, 서부에서는 1944년 봄 아르덴에서 독일군의 반격 기도가 실패하자 아이젠하워가 이끄는 연합군이 진격을 계속해 1945년 2월 라인 강 왼쪽 지대를 점령하고 3월에는 코블렌츠, 뒤셀도르프를 지나 라인 강을 건너 쾰른, 마인츠, 프랑크푸르트를 함락시킨 뒤 엘베 강을 향해 진격했다. 이 무렵 이탈리아 전선에서 연합군은 케셀링Albert Kesselring이 이끄는 독일군과 교전하며 점차 북상하고 있었다.

그 사이 4월 12일 루즈벨트의 급서는 전 세계에 충격을 안겨주며 미소 우호에 어두운 그림자를 던졌다. 그에 뒤이어 부통령에서 대통령이 된 트루먼은 홉킨스를 모스크바로 특파해 외교정책의 불변을 보장했다. 하지만 앞서 언급했듯이 미영과 소련 간의 간격은 이를 계기로 점차 벌어져 갔고, 독일 파시즘 몰락과 동시에 미소 대립은 점차 명백해졌다. 루즈벨트 서거 다음날 반소 입장의 상원의원 반덴버그는 일기에 이렇게 적었다. "이것(루즈벨트의 죽음)으로 인해 가능해진 한 가지는 그가 스탈린이나 처칠에게 한 밀약을 완전히 파탄시키는 것이다"(Carl Marzani, 內山敏訳, 『미·소는 상의할 수 있다』)

대소 전선에서의 패배, 이탈리아의 항복, 점령지역에서 레지스탕스 운동의 격화는 독일 국내에서도 반나치 운동을 촉발시켰다. 1941년 10월 울브리히트Walter Ulbricht 등 소련으로 망명한 공산주의자들에 의해 제1차 독일포로회의가 조직되었고, 독일의 자유와 독립은 히틀러의 군사적 패배를 촉진함으로써 얻을 수 있다고 독일 국민에게 호소하기 시작했다. 1943년 7월 이 운동은 더욱 확대되어 '나치로부터의 독일 인민의 해방'을 목적으로 하는 '자유독일위원회'가 울브리히트를 수반으로 모스크바에서 결성되어 라디오와 신문을 통해 반나치 운동을 국외에서 전개하기 시작했다. 1943년 9월에는 스탈린그라드의 포로들이 자이들릿츠Seydlitz 장군의 지휘 아래 '독일 장교연맹'을 결성하였는데 이 단체는 곧바로 자유독일위원회로 흡수되었다.

독일 내에도 반나치 그룹이 존재했다. 그러나 나치의 철저한 탄압은 활동가들을 민중과 격리시켰다. 1933년부터 1939년까지 무려 35만 명이 체포되고, 1만 4천 명이 살해되었으며, 1939년에는 강제수용소KZ에 9만 명이 투옥된 것만 보아도 그 탄압이 얼마나 극심했는지 알 수 있다(Gerhart Eisler&others, *The Lesson of Germany*). 게다가 나치 외교부장과 군사부장의 일시적인 성공과 모든 선전기관을 장악한 나치의 선전술은 민중을 반나치 세력으로부터 완전히 차단해 현혹시키는 데 성공했다. 그러나 전선에서 독일군의 전면적인 패퇴가 민중을 동요시키자 반나치 그룹의 활동도 활발해지기 시작했다. 공산당은 삐라와 자료를 통해 선전을 하고, 사보타주를 지도하고 있었다. 교회는 개신교와 가톨릭을 불문하고 종교의 자유, 교회의 독립을 위해, 또 폭거에 대항하여 인도적 차원에서 나치에 반대하기 시작했다. 그들은 정치적으로는 행동하기 힘들었다. 하지만 교회를 통해 반나치 그룹을 제법 조직했다. 농민, 지식인, 관료, 상인들 사이에서도, 나중에는 정부 고위관료, 자본가들에게서도 반나치적인 목소리가 나오기 시작했다. 그러나 이러한 활동은 개별적인 그룹에 머무르고 있었다. 국방군은 전략문제를 둘러싸고 1938년경부터 나치와 대립하기 시작했는데 독일의 결정적인 패배가 예견되자 그 대립은 더욱 심각해졌다. 이러한 민중의 동요를 인식한 나치는 더욱 더 탄압을 강화했기 때문에 반나치 그룹은 조직을 확대할 수 없었고 고립된 상태로 남았다. 따라서 반나치 쿠데타는 무력을 가진 국방군에 의해 준비되고 수행될 수밖에 없었다. 게다가 쿠데타가 1944년까지 단순한 계획으로만 그쳤던 것은 그들이 소련을 두려워했기 때문이었다. 예를 들어 1942년에도 쿠데타가 계획되었지만, 당시 연합군이 아직 유럽 대륙에 상륙하지 않은 상황에서 히틀러 없는 독일에 커다란 영향을 미칠 수 있는 것은 소련이므로 독일이 공산화 될 것을 우려해 연합군이 유럽에 상륙할 때까지 쿠데타 계획은 연기해야 한다고 주장했던 것이다(Allen Welsh Dulles, *Germany's underground*, 1947).

1944년이 되자마자 국방군을 중심으로 히틀러 암살과 쿠데타 계획이 면밀하게 준비되었다. 이 계획은 발키리Walküre라고 불렸다. 발키리란 바그너의 오페라에 등장하는 독일 신화에서 오딘의 명령을 받아 전장에 쓰러진 전사자들 가운데 용사의 영혼을 골라 내 천

당으로 데려가는 전쟁의 여신을 가리킨다. 히틀러 암살과 쿠데타로 성립된 임시정부는 수상에 괴르델러Carl Friedrich Goerdeler(브뤼닝 내각의 가격통제위원), 부수상에 로이슈너Wilhelm Leuschner(사회민주당) 이하 사회민주당, 중앙당, 보수주의자 등 반나치 그룹 전부를 포함했다. 공산당도 6월이 되자 임시정부에 참가하도록 초청을 받아 반나치 그룹은 통일전선을 조직하게 되었다. 또한 전 독일군의 지휘권을 비츨레벤Witzleben이 장악한 상황에서 SS, SA 등 나치 기구의 무장해제를 추진하게 되어 있었다. "신정부의 당면 목적은 전쟁의 종결, 전체주의 배격, 서구 기독교 문명에 따른 … 중요 산업을 사회화하고 사회주의를 촉진시킬 새로운 국가의 건설"이었는데 구체적인 프로그램은 결여된 듯했다.

히틀러의 암살은 슈타우펜베르크Stauffenberg가 담당했다. 이를 신호탄으로 쿠데타를 개시하기로 되어 있었다. 7월 11일 히틀러 본부회의에 힘러, 괴링이 결석하자 히틀러 암살은 연기되었다. 7월 16일 회의에는 히틀러가 결석해 이 날도 실패하였고, 이어서 7월 20일 히틀러가 출석하자 회의장에 폭탄이 설치되었다. 그러나 이 날 회의는 이례적으로 방공호 안이 아닌 목조건물에서 이루어졌고(아주 더웠기 때문에) 기타 사정으로 인해 히틀러는 기적적으로 살아났다. 한편 폭발을 확인하고 베를린으로 돌아 온 슈타우펜베르크 일행은 계획에 따라 행동을 개시했지만, 국방군이 히틀러의 생존 사실을 확인하고는 완전히 기가 꺾여 꼼작도 못하는 바람에 쿠데타는 어이없이 실패로 끝났다. 게슈타포의 탄압이 전국에 걸쳐 강화된 것은 말할 것도 없다. 독일의 앞날은 어느덧 어두워졌다. 비록 실패로 끝났지만 이 사건은 나치의 군사적, 정치적 위기를 충분히 보여주었다. 나치는 연합국의 공격이라는 외부적 압력과 더불어 민중의 저항이라는 내부적 압력에 의해 완전히 와해될 운명이었다.

나치는 이를 깨닫지 못했다. 연합국의 분열을 틈타 생존할 수 있다는 덧없는 꿈을 꾸며 1945년 4월 23~24일 소련군의 베를린 총공세가 시작되었을 때에도, 힘러는 중립국 스웨덴의 베르나도테 Folke Bernadotte 백작을 통해 서부전선에서는 항복하되 동부전선에서는 동유럽 연합군이 전진해 올 때까지 교전을 계속하겠다는 강화안을 미영 측에 제안하였다. 그러나 이 제안은 미국으로부터 거부당했다.(Bernadotte, 『막은 내리지 않고』) 히틀러의 자살 후 그의 뒤를 이은 되니츠Karl Dönitz도 마찬가지 이 제안을 가지고 연합국을 이간시키려고 했다.

소련군이 베를린에 접근하자마자 처칠은 영미군이 먼저 베를린을 함락시킬 것을 희망했지만 아이젠하워는 전략상 이에 반대하여 처칠은 소련군보다 먼저 베를린을 함락시키지 못한 것에 매우 실망하였고 가슴 아파했다고 전한다. 아이젠하워도 카이로회담 이래 처칠의 군사문제에 대한 태도는 정치적인 고려 때문에 판단이 흐려졌다고 생각했다(J. Gencer, 『아이젠하워』). 어쨌든 이러한 처칠의 정치적 고려는 나치 붕괴 후 유럽을 염두에 둔 것에 틀림없었다.

1945년 4월 22일 소련 포병대는 '파시스트 독일의 수도를 포격하라'는 명령을 받았고 2시간 후 소련군 전차부대가 시가로 돌진했다. 25일 주코프 군은 포츠담의 북쪽에서 만나 베를린을 완전히 포위하였다. 그날 코네프 군은 하지 장군이 이끄는 미군과 베를린 강변의 토르가우Torgau의 파괴된 다리 위에서 극적으로 만났다.

4월 30일 나치의 발상지 뮌헨은 미군 손에 함락되었고, 5월 1일 히틀러의 탄생지인 브라우나우 암 인Braunau am Inn은 패튼 장군이 이끄는 미군에 의해 점령되었다. 같은 날 이탈리아 전선에서 독일군은 무조건 항복했다. 무솔리니와 그의 정부인 클라라 페타치는 4월 28일 밀라노 근교에서 빨치산 손에 살해되었다. 4월 29일

국회의사당은 점령되었고 붉은 깃발이 내걸렸다. 히틀러는 4월 30일 정부 에바 브라운과 함께 자살했다(Trevor Roper, 『히틀러 최후의 날』). 히틀러의 계승자로는 되니츠 제독이 임명되었는데 5월 1일 그는 히틀러의 죽음과 (자신의) 총통 취임 사실을 방송으로 내보낸 뒤 소련군과 교전하며 영미에 항복할 것을 제안함으로써 연합국을 분열시키고 스스로 반소 진영에 앞장섬으로써 자리를 보존하려고 했다. 하지만 그의 노력은 소용이 없었다. 5월 2일 베를린이 함락되었고 5월 7일 오전 2시 41분, 랭스의 한 학교 건물에서 요들Jodl 장군은 무조건 항복 문서에 독일군 최고사령부를 대표해 서명했다. 다음 날 8일 카이텔Keitel 제독, 프리데부르크Friedeburg 제독, 슈툼프Stumpff 장군은 독일 육해공군을 대표해 베를린에서 주코프 원수 앞에서 무조건 항복 문서에 조인했다. 2~3개 나치 부대가 프라하 근교에서 전투를 계속했지만 곧 진압되었다.

이렇게 독일 파시즘은 무너져버렸고 유럽에서 전쟁은 종말을 고했다.

1945년 4월 25일 엘베 강 다리에서 만난 미군과 소련군

제2장

일본군의 패퇴

제1절 태평양전선

전세의 역전 – 과달카날 전투의 의미

스탈린그라드 전투(1942년 7월~1943년 2월)에서 추축군이 사상 최대 규모로 패배함으로써 세계대전의 귀추가 결정적으로 전환되었다. 이와 같은 시기에 전투 규모에서는 그것과 비교가 되지는 않지만 남서 태평양의 한 작은 섬인 과달카날 쟁탈전(1942년 8월~1943년 2월)에서 일본군이 대패함으로써 태평양전쟁도 전환점을 맞이했다. 과달카날이 일본군 손에서 미군의 손으로 넘어 간 사실

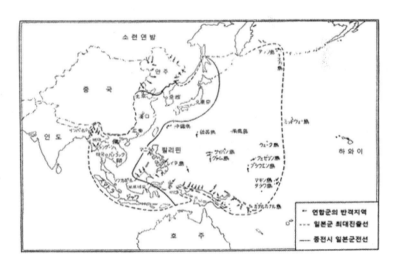

태평양 전선의 개요

의 전략적 의미는 중요하지 않았다. 하지만 이 쟁탈전에서 일본군은 기동 가능한 육·해·공군을 차례로 투입해 대거 상실하였다.

이로써 전투 초기 남서 태평양 방면에서 일본과 미군의 항공 전력은 대등했지만 과달카날 전투 이후 그 균형이 완전히 무너졌다. 그 결과 일본군은 처음으로 전함 2척을 잃었고, 그밖에 구축함 이상의 전투함 38척을 잃어버렸다. 이는 항공기의 엄호를 받지 못하는 '대함거포주의'의 운명을 예견한 것이다. 또한 일본 육군 중 최정예를 자랑하던 제2사단을 포함한 2개 사단 이상의 지상부대가 수적으로는 약간 열세였지만 항공기의 엄호를 받는 미 상륙병력에 의해 패배하고, 잔존 부대가 기아와 질병으로 거의 전멸했다는 점에서 일본 육군이 자랑해온 육탄돌격(반자이 돌격)이 미군의 종합적인 전력 우위 앞에서는 무기력하다는 것을 여실히 보여주었다. 이후 미일 간의 입장은 완전히 뒤바뀌어 전세의 주도권을 잃어버린 일본군은 미군의 총공세에 수동적으로 끌려갈 뿐이었다.

야포를 분해하여 이동하는 일본군

이와 같은 일본군의 결정적 패배, 전략상의 대실패는 어떻게 초래된 것일까?

첫째, 일본 대본영은 적군의 상황을 오판했다. 미국의 공업생산력은 전전(1936~1938년)에 이미 전 세계 공업총생산의 32.2%를 차지했고 일본의 약 9배에 달했는데, 1940년부터 생산이 급속하게 증가했다. 미국의 국민총생산액은 1940년을 100으로 할 때 1942년에 136이 되었는데, 일본은 같은 시기에 겨우 102에 불과했다. 진주만 기습 1년 뒤에 미국의 군수생산은 독일, 일본, 이탈리아를 합친 것과 비슷했다. 1942년을 시작으로 루즈벨트 대통령은 1년 동안 항공기 6만대, 전차 4만 5천대를 생산하도록 요구했고, 연말까지 4만 8천대의 항공기와 5만 8천대의 전차와 자주포가 생산되었다. 또 1941년 말에는 기존 조선소 외에도 131개의 조선소가 신설되었고, 각각의 조선소에서 하루에 1척씩 배가 진수되어 전년보다 3배가량의 군함이 건조되었다. 그리고 1942년 가을에 이미 미국은 전략방어용 무기 생산에서 공격용 무기 생산으로 체제를 전환했다. 진주만의 상처는 쉽게 사라지지 않았지만 미국은 소련을 제외한 전체 연합국의 무기창고 역할을 담당했다. 이때부터 미국 독점자본은 전례 없이 높은 이윤을 뽑아냈다.

군수생산 때문에 민간산업은 압박을 받아 물가는 1년에 8%나 올랐지만, 미국 대중들이 전쟁으로 인해 생활상의 고통을 호소할 정도는 아니었다. 일본 군부가 기대했던 미 국민의 사기 저하 기미는 전혀 보이지 않았다. 오히려 일본의 '진주만 기습'과 바탄 반도에서의 '죽음의 행진'은 미국 지배층에게 국민의 전의를 불태우도록 유도할 수 있는 하늘이 내린 호재로 인식되었다. 또한 스탈린그라드 전투의 귀추가 거의 확실해진 1942년 11월 시점에 이르면 연합국 남서 태평양 총사령관 맥아더가 소련군의 승리로 연합국의 전세가 유리해졌음을 솔직하게 인정하고 칭송한 것처럼 미국은 세계 전세의 전도가 밝다는 확신을 갖게 되었다. 이러한 미국 내 사정과 그로 인해 창출된 종합 전력의 급속한 상승을 일본 정부도, 군부도 정확히 평가하지 못한 결과 대본영은 미군의 반격 개시가 일러도 1943년 중반 이후가 될 것으로 안일하게 예상했다. 일본 군부는 미군 상륙이 시작될 때에도 이를 본격적인 공세로 보지 못하고 정찰 목적의 상륙 범위를 벗어나지 않을 것이라고 여겼다. 이 때문에 과달카날 섬을 지원할 때 처음부터 충분한 병력을 보내거나 아니면 이 섬을 처음부터 포기한다는 생각을 하지 못했다. 결과적으로 어중간한 병력 지원으로 전투를 질질 끌다가 결국 모두 잃게 된 것이다.

둘째, 일본군의 자체 전력을 과도하게 평가했다. 애초 개전 시의 작전계획은 공략 대상 지역을 선정할 때 일본의 경제 및 전략상의 필요와 더불어 영역의 넓이를 고려하되 그 범위는 일본이 보유한 국력, 특히 그 중에서도 보유 전력 한도 내로 한정하겠다는 것이었다. 이와 같은 판단에 따라 버마에서 인도네시아, 남양군도를 거쳐 웨이크 섬에 이르는 범위를 설정하고 이 정도를 확보해 장기적으로 버티는 태세를 취하고자 했다. 승리에 대한 확신이 없는 가운데 이 정도의 어림짐작으로 전쟁을 시작한 것 자체가 놀라울 만큼 무모한 일이었다. 하지만, 전쟁 발발 초기에 거둔 뜻밖의 승리에 도취한 나머지 내친 김에 라바울을 공략하고, 나아가 당초 계획에도 없었던 뉴기니와 솔로몬 제도까지 진출하는 바람에 결과적으로 보유 전력의 한도를 훨씬 뛰어넘어버렸다. 게다가 일본은 자원이 풍부한 광대한 점령지를 보유하더라도 이를 신속히 전력화할 수 있는 경제력과 정치 지도력이 부재했기 때문에 앞서 본 바와 같이 전년도에 비해 생산력은 별로 늘지 않고 소비는 급격히 증가했다. 게다가 미드웨이 패전으로 주력 항공모함을 잃어버렸음에도 불구하고 그것의 전략적 의미를 제대로 인식하지 못했고, 기지에서 출발한 전투기가 목적지에 제대로 닿지도 못했다. 뿐만 아니라 항모항공기의 충분한 엄호를 받지 못하다보니 나날이 늘어나고 있던 최전선 보급 수송의 요구를 무시한 채 전투를 펼쳤다.

셋째, 이와 같은 전략상의 판단착오와 더불어 일본 군대가 지닌 전술 사상의 경직성과 그에 따른 지역고수주의, 즉 '무조건 후퇴는 있을 수 없다'는 고지식한 방침이 결과적으로 실패의 큰 원인이 되었다. 과달카날 섬은 전략적으로 일본이 전용 가능한 모든 전력을 쏟아 부어 싸워야 할 정도로 중요한 곳이 아니었다. 즉 작전계획에 따라 확보해야 할 요충지에서 한참 벗어난 지역이었다. 이 섬을 쟁탈하는 데 굳이 불완전한 전력을 투입해가면서 애꿏게 비행기, 함정, 병력 등을 상실한 이유는 군부가 국민에 대한 체면과 군대 사기에 미칠 영향을 중시했기 때문이었다. 이처럼 비합리적 판단과 국민에 대한 불신, 사기에 대한 자신감 부족이야말로 일본 군대가 지닌 근본적인 모순이었다.

넷째, 육해군의 대립과 불신을 들 수 있다. 모든 점령지역은 양군 간의 분쟁을 피하기 위해 육군과 해군에게 각각 분할하였다. 그 결과 육군과 해군의 각 지역은 마치 자신의 고유한 세력범위라는 인식을 지녔다. 그 결과 해군이 담당한 과달카날에서 전투가 시작될 때 육군은 한 명도 없었다. 육해군은 서로 작전 사실을 알리는 것조차 경계했으며 전선과 후방을 막론하고 곳곳에서 서로 다투며 종합적인 전력을 발휘하지 못했다. 군부가 이처럼 완전히 다른 나라의 연합군처럼 사사건건 갈등을 빚고 서로 다른 용어를 사용해가며 연합작전의 시급성과 중요성을 강조해야만 했던 것은 바로 이런 사정 때문이었다. 이렇듯 극단적인 분파주의가 모든 전투 국면에서 드러났다.

과달카날의 패배는 이러한 문제점들이 한꺼번에 드러난 결과였다. 따라서 이 패전은 일본이 가치 없는 작은 섬 하나를 그저 상실한 정도가 아니라, 일·미 간 전세의 전환점을 제공했다는 점을 이해할 필요가 있다.

솔로몬 제도와 뉴기니 전투

과달카날 전투를 전후로 뉴기니 동남부에서도 일본군의 패퇴가 시작되었다. 이 지역에서는 맥아더가 지휘하는 미국·호주 연합군 가운데 호주군이 퇴각하는 일본 남태평양 파견군을 압박하였고, 미국의 제6군은 파푸아뉴기니 부나Buna 부근에 상륙해 1943년 1월 초 일본군을 섬멸하였다. 나머지 일본군은 서북방 라에 살라마우아Lae-Salamaua 지역으로 퇴각했다. 과달카날 전투가 끝난 1943년 초, 이 지역의 미군은 솔로몬 제도를 따라 북상하며 라바울Rabaul을 목표로 했다. 부나 부근을 공략한 미국·호주 연합군은 뉴기니 북쪽 해안을 따라 서진하며 멀리 필리핀을 노렸다. 그러자 일본군은 제17군에 새로이 1개 사단을 보강하고 솔로몬 제도 방어에 임했고, 뉴기니에는 새로이 제18군을 편성하고 대륙에서 전용해 온 3개 사단으로 방어하게끔 하였다. 이들 양 병력을 통할하기 위해 일본군은 전년도 말에 제8방면군을 라바울에 설치했다.

그러나 이 시점에도 일본군은 과달카날 전투 패배의 교훈을 깨닫지 못했다. 시급히 전투 준비를 보강하려던 솔로몬 제도 중부와 라에, 살라마우아 지역은 각기 과달카날과 뉴기니 동남부에 자리 잡은 미 항공기지의 제공권 안에 들어갔다. 이곳은 라바울에 있는 일본군 항공기지로부터는 한참 떨어진 전방이었으므로 당연히 병력 수송은 매우 곤란했고 탄약과 식량 보급마저도 거의 불가능해 작전 준비는 늦어지기만 했다. 이러한 상태를 어떻게든 타개하고자 서둘러 4월 상순 항공모함에 남은 항공 주력을 투입해 실시한 '이

호ぃ号작전'도 일본군에게는 제공권을 탈환할 기회를 제공하지 못했고 쓸데없이 항공 전력만 소모함으로써 전선을 시찰하고 있던 야마모토 이소로쿠山本五十六 연합함대사령관이 전사하는 결과를 초래했다.

제공권을 완전히 장악한 미군은 한 발씩 한 발씩 북상했다. 1943년 6월 말 중부 솔로몬 제도의 랜도버 섬에, 7월 중순 문다 Munda 섬에, 8월 중순 베라베라 섬에 각기 1~2개 사단 병력이 상륙했다. 그러나 방어 준비는 갖추어지지 않았고 탄약은 부족했으며 기아에 신음하던 일본군 수비대는 곧바로 모두 격멸당했다. 이를 구원하기 위해 반격에 나선 항공 병력은 심각한 전력 소모만 거듭했고, 제공권이 없는 해상 부대는 야간전투를 통해 상륙 목표지점에 기습을 도모했으나 미군 레이더의 위력으로 차례차례 격침되었다. 결국 10월 초 솔로몬 제도 중부의 여러 섬들은 완전히 미군에

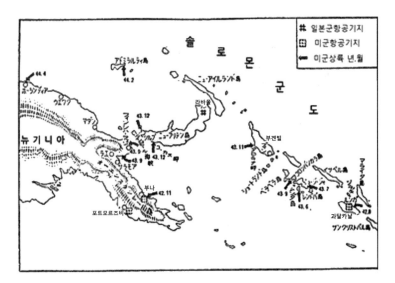

솔로몬, 뉴기니 방면 전황

함락되었고 이곳 기지에서 이륙한 전투기는 북부 솔로몬 제도를 제압했다.

이러한 상황에서 일본군은 북부 솔로몬 제도의 부겐빌Bougainville 섬에 제17군 주력을 집중시켜 미군에 대비했다. 11월 초 미 해군 2개 사단이 이 섬에 상륙했는데 전황은 이전과 동일한 과정을 되풀이함으로써 일본군 패잔 부대는 밀림으로 숨어들어갔다. 이 상륙을 저지하기 위해 최대한 끌어 모을 수 있는 병력을 끌어 모아 출동한 일본 항공부대는 미 공군과의 전투과정에서 전멸함으로써 이 지역에서 대규모 공중전은 이것이 마지막이 되었다. 부겐빌 섬의 공군기지가 미군 손에 들어갔기 때문에 라바울은 매일 같이 공습을 받아 무력화되었고, 이곳을 기지로 삼아온 해군은 트럭Truk(지금의 추크Chuuk) 섬으로 퇴각했다. 전투가 라바울을 향해 임박해 올 때 비행장에 일본군 비행기는 이미 존재하지 않았다. 1943년 12월 미군 1개 사단은 라바울의 뉴브리튼 섬 서쪽 끝 마커스 곶에 상륙해 방어 중인 일본군 2개 대대를 물리쳤다. 1944년 2월 맥아더가 직접 지휘하는 미군 1개 사단은 뉴브리튼 섬과 뉴기니 사이의 댐피어Dampier 해협을 돌파하고 그 북방에 있는 애드미럴티Admiralty 제도에 상륙했다.

이렇게 30만의 육군과 해군, 그리고 항공 병력의 주력을 바탕으로 일본군이 확보하고자 했던 솔로몬 제도에서 라바울에 이르는 전투는 끝이 났다. 라바울 요새는 이제 미군의 위협에 상시 노출되었다. 미군의 공세에 대응하기 급급했던 일본군은 전투태세가 불충분한 상태로 멀리 떨어진 섬들을 잃은 것을 안타까워 한 나머지 아무런 전망도 없이 그저 대병력을 쏟아 붓는 식의 바보 같은 작전 때문에 13만 명의 생명과 함정 70척, 21만 톤을 잃고 비행기 8천 대를 전멸시키고 말았다.

솔로몬 제도 방면 전투에 발맞추어 뉴기니에서 북서진하던 미국·호주 연합군의 진격 속도가 더욱 빨라졌다. 부나에서 철수한 일본군의 최전방 기지인 라에, 사라마우아 지역에 대해 1943년 5월부터 연합군의 공세가 시작되었다. 그러자 이 지역에 집결한 일본군 1개 사단은 결국 괴멸적인 타격을 입고 9월 북쪽으로 퇴각했다. 연합군은 댐피어 해협 동해안의 마커스 곶에 대한 공격에 발맞추어 이 해협 서쪽의 핀쉬하펜Finschhafen으로 11월 상륙작전을 감행했다. 그 뒤 서쪽에서 200㎞의 밀림을 넘어 어렵게 도착한 일본군 1개 사단은 5천 명의 병력 손실을 입고 퇴각했다. 이제 해협 양쪽 해안에 확고한 거점을 구축한 연합군은 중부 태평양 방면 부대와 직접 제휴해 작전을 펼칠 수 있게 됨으로써 이후 반격 속도를 급격히 올릴 수 있었다. 이 방면의 일본군은 사람의 발길이 닿지 않는 뉴기니 정글 속에서 고전하였다. 즉 육상 연락도 어렵고 적군이 제공권을 장악하고 있기 때문에 해상 보급도 기대할 수 없었다. 이들은 솔로몬 제도의 부대와 똑같은 상황에 빠지고 말았다. 부나에서 핀쉬하펜에 이르는 전황도 솔로몬 제도의 전투상황을 반복할 뿐이었다.

댐피어 해협 돌파를 마친 미군은 기동부대의 엄호 속에 뉴기니아 북쪽 해안의 제공권과 제해권을 확보하고 적당한 지점에 상륙해 일본군 후방을 소위 '개구리 뛰기 작전'으로 차례차례 함락해 나갔다. 1944년 4월 미군은 홀란디아Hollandia(댐피어 해협에서 약 1천 ㎞ 서쪽), 아이타페Aitape 부근에 3개 사단을 상륙시켰다. 뉴기니의 일본군은 어느새 동쪽의 퇴로가 끊겼다. 미군은 전진을 계속해 5월 중순 와데Wakde 섬(홀란디아에서 서쪽으로 약 200㎞)에 1개 사단을 상륙시켜 머핀 만의 비행장을 점령했다. 반격에 나선 일본군 1개 사단은 5월 하순 미군의 비아크Biak 상륙으로 퇴로를 차단당해 고립되고 말았다. 뉴기니 북부를 완전히 제압하고 패잔 일본군을 밀림 속으로 쫓아 내 무력화시킨 미군은 이제 곧바로 필리핀으로 향할 준비를 갖추었다.

솔로몬 제도 방면에서 일본군이 고전을 거듭할 때 북쪽 알류샨 열도 방면에서도 미군의 반격이 시작되었다. 1943년 4월 킨케이드 Thomas C. Kinkaid 제독이 지휘하는 미 해군 기동부대와 육군 1개 사단은 행동을 개시해 5월 12일 애투Attu 섬에 상륙했다.

애투(Attu) 섬 지도

1개 대대 남짓한 일본군 수비대는 곧바로 섬 끄트머리로 내몰린 채 5월 30일까지 계속 저항했지만 2,500명의 전 병력은 옥쇄를 강요당해 결국 전멸했다.

이것은 중요한 작전이었던 솔로몬 제도에 대한 공격에 비하면 지엽적인 전투에 불과하고, 일본 해공군을 북방에서 견제하는 것이 그 목적이었다. 그러나 혹여 알류샨을 잃게 될까 염려한 일본군은 17일 연합함대 주력과 항공부대를 솔로몬 방면에서 동경만으로 불러들여 알류샨에 역점을 두었다. 이 병력으로 애투 섬을 탈환하는 것이 일본군의 계획이었다. 하지만 이 지역의 미군이 워낙 막강했고 솔로몬 제도 방면의 전세에 시급히 대처하기 위해 21일 이 계획을 포기하고 방어선을 쿠릴 열도로 후퇴시켰다. 이 계획 변경으로 키스카 섬의 일본군이 7월 하순 제5함대와 함께 철수함으로써 이 섬도 미군 손에 들어갔다.

이렇게 일본군은 알류샨 열도를 잃어버리고 북방 방위선을 쿠릴 열도까지 후퇴시켰다. 뿐만 아니라 미군 술책에 말려들어 해공군 병력을 쓸데없이 갈팡질팡하게 만드는 바람에 솔로몬 방면의 주전장에서 중대한 손실을 초래하고 말았다.

중부 태평양의 상실

1943년 9월 이탈리아가 항복함으로써 추축국 진영의 한 축이 붕괴되자 전쟁의 향배가 유럽 전세에 달려있다고 기대했던 일본 지도부는 커다란 충격을 받았다. 남서 태평양 전선에서도 솔로몬 제도와 뉴기니 작전이 번번이 실패하자, 육해공 전력의 손실과 선박·자재의 소모는 심대한 타격이 되었다. 서전의 전과를 확충하고 장기전 불패 태세를 취한다는 개전 초기의 전쟁 방침은 결정적으로 파산했다. 이제는 무조건 전략의 근본적인 전환을 도모해야만 했다.

9월 30일 대본영과 정부는 어전회의에서 '앞으로 취해야 할 전쟁지도 대강' 및 그에 따른 긴급조치를 결정했다. 새로운 전략방침은 쿠릴, 오가사와라, 중서부 태평양, 뉴기니 서부, 순다, 버마를 포함한 영역을 절대방어권으로 설정하고 기존에 확보한 요새를 축소해 시간을 벌면서 그 사이에 항공 병력을 중심으로 전력을 충실히 하는 데 온힘을 기울인다는 것이 핵심 내용이었다.

그러나 이 방침 전환은 너무나도 뒤늦은 조치였다. 과달카날 전투가 시작된 지 1년여가 지났고, 그 사이에 남서 태평양 방면에서 일본이 잃어버린 전력이 너무나 커서 패전에 결정적인 요인이 되었다. 시간을 벌기 위해 후퇴한 소위 절대방어권의 한 지역인 뉴기니 서부를 비롯한 남서태평양에도 이미 미군 선봉부대가 들이닥치고 있었다. 라바울이나 뉴기니에 쏟아 부은 30여 만 대군은 이제 철수도 못할 지경에 빠져 허무하게 적진 한 가운데 병력을 내버려 두어야만 했다. 거함거포주의를 통한 제해권 쟁탈이 시대착오적인 전략임을 깨닫고 나서야 대규모 항공기 증강계획을 세우기는 했지만 이미 적군과의 항공 병력 격차가 너무나도 벌어진 상황에서 국내 생산력마저 이미 마비되었다. 모든 면에서 이 전략은 1년 이상 때늦은 것이었다.

이 절대방어권 전략은 중부 태평양 방면에서 미군의 공격이 시작되자마자 무너지기 시작했다. 미 육군을 주체로 한 뉴기니 방면의 공세에 호응해 미 태평양함대는 중부 태평양에서 곧바로 일본 해군 근거지인 트럭(추크) 섬으로 압박해 들어갔다. 그러자 일본군은 일부 만주 병력의 전용, 신설 병단 파견 등을 통해 전혀 준비태세를 갖추지 못한 국방 방어권 내 요충지인 남태평양의 마리아나 제도, 캐롤라인 제도의 방어체제를 강화하고자 했다. 그런데 그 바깥 지역의 마셜 제도와 길버트 제도가 먼저 위협에 노출되자 이들 부대를 갑자기 그 쪽으로 보내야 했다. 하지만 파견대는 도착과 동시에 미군의 공격을 받았기 때문에 마리아나 제도의 방어는 더 늦어질 수밖에 없었다. 남서태평양 방면과 달리 중부 태평양은 큰 바다 속에 산호초로 이루어진 작은 섬들이 산재해 있어 일본군 입장에서는 육상작전에 적합하지 않은 환경이었고 거의 방어공사를 할수 없었다.

1943년 11월 스프루언스Raymond A. Spruance 제독이 이끄는 미 함대는 솔로몬 방면에서 기동부대를 전용 보강해 길버트 제도의 타라와, 마킨 섬에 대한 공격을 개시했다. 미 해병사단은 2만 톤에 달하는 포탄과 탄약의 엄호를 받으며 25일까지 마킨 섬과 타라와를 점령했다. 이듬해인 1944년 1월 말 미 기동부대는 마셜 제도를 기습해 이 섬들에 있던 일본 해군항공대 약 200기는 변변한 공격도 못한 채 전멸당했다. 2월 초 해병 2개 사단은 콰잘린Kwajalein 환초에 상륙했다. 미군은 이 섬과 애드미럴티를 기지로 삼고 있던 B24 폭격기로 트럭 섬의 일본군 기지를 공격하기 시작했다. 2월 17일 3개 기동부대가 트럭 섬을 공격해 일본군 비행기 300기, 함선 32척, 경순양함 3척, 구축함 4척과 부대를 전멸시켰다. 이로써 중부 태평양의 요충지로서 전쟁 이전부터 일본 해군 본거지로 사용되었던 트럭 섬은 아무런 공격도 못해본 채 괴멸 당했다.

고가 미네이치(古賀峯一) 사령관

이곳에 있던 연합함대사령관 고가 미네이치古賀峯一는 사령부를 팔라우로 옮겼다. 미 기동부대는 2월 23일 마리아나 제도를 공습해 일본 해군항공부대의 예비전력인 제1항공함대에 큰 타격을 입혔다. 나아가 미군은 3월 말부터 4월 초에 걸쳐 팔라우 섬을 공격해 일본 해군 수상부대의 주력인 연합함대 대부분을 북쪽으로 패퇴시키고 비행기 약 200대, 함선 20척을 파괴하였다. 이때 '하가쿠레葉隱れ사무라이'(에도시대의 이상적인 사무라이)의 전형으로 선전했던 고가 대장은 함대에 대한 공습이 격렬해지자 군함을 버리고 육

지로 숨었는데, 이번엔 육상 공습이 심해지자 다음 날 적이 상륙할 것이라 착각하고 3월 31일 제일 먼저 비행정으로 탈출하다가 필리핀의 다바오 부근 상공에서 행방불명되었다.

임팔Imphal 작전

태평양 전선과 마찬가지로 버마에서도 일본군의 전선은 단번에 무너져 버렸다. 예상 밖의 성공적인 서전에 현혹된 나머지 보유 병력의 한계를 넘어 버마까지 점령한 일본군은 재차 그 여세를 몰아 인도까지 진출한 뒤 영국군의 전의를 꺾고야 말겠다는 야망을 품게 되었다. 전쟁 종결의 계기를 영국의 연합국 이탈에 있다고 본 대본영은 항상 인도 공격을 구상하고 있었지만 이제는 전세가 연합국에 유리한 국면으로 완전히 뒤바뀌었음에도 불구하고 영국 공격 구상을 포기하지 않은 채 1943년부터 영국·인도군의 공격에 대응하는 과정에서 공세로 전환해 인도 영내로 진입하고자 했다.

한편 연합군도 버마 방면으로부터 공격을 계획하고 있었다. 1943년 1월 카사블랑카 회담에서 북버마를 통한 중국 육상통로 개척을 결정하고, 5월 워싱턴 회담에서는 그해 가을을 기해 버마 반격작전을 시작하기로 결정하였다. 마침내 같은 해 8월 퀘벡회담에서 이 작전계획은 구체화되었는데 영국 마운트배튼 해군대장을 사령관으로 영미합동사령부를 편성한 뒤 북버마의 육로와 서부 해안 두 방면에서 반격을 개시하였다. 1943년 10월 말 최신 장비를 미국에서 공급 받은 중국군 2개 사단은 일부 미군부대와 협력해 미 제10공군의 대대적인 원조 아래 우선 북버마의 후콩Hukawng 강 계곡에서 공격을 시작했다.

연합군의 공격 규모를 예상하지 못한 일본군은 여전히 기존의 반격 계획을 버리지 못하고 인도 영내로 돌진해 임팔을 점령한 뒤

임팔-코하마 방면의 일본군을 소탕하는 리(Lee)전차부대와 구르카 용병

중국과 인도 사이의 연락선을 차단해 인도 공격의 발판을 확보한다
는 무모한 작전을 세우고 있었다. 그 결과 우기가 끝나는 1944년 3
월 제15군 3개 사단으로 임팔 작전을 개시했다. 이 지역은 깊은 정
글로 둘러싸인 고산지대가 이어져 있어 자동차와 대포의 운반이 거
의 불가능하고 전투 부대의 보급도 공중 수송 외에는 불가능한 지
형이었다. 게다가 일본군은 이 시기 버마 상공의 제공권을 이미 완
전히 빼앗긴 뒤였다. 일본군은 보급의 중요성을 경시하는 전통을 발
휘해 소나 코끼리에 약 20일분의 식량을 싣고 출발했다. 그러다가
식량이 떨어지면 식량을 나르던 소를 잡아먹고 풀을 뜯어가며 버
티다가 임팔을 점령하면 자동차로 단번에 보급을 해결하겠다는 놀
랄 만한 계획 아래 행동했다. 일본군은 일선 부대의 분투로 4월 초
임팔을 포위했다. 연합군은 이 방면의 인도군 2개 사단에 다시 2개
사단을 증원하고 보급품을 공수하며 5월 초부터 반격을 개시했다.

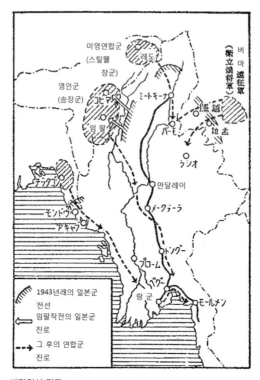

버마전선 지도

　이미 식량이 떨어진 일본군은 탄약도 부족했고, 4월 말에는 전투력이 40% 이하로 떨어졌다. 6월 초에는 우기가 시작돼 상황이 더욱 악화되었다. 루거우차오 사건 때 연대장으로 유명한 무타구치 렌야牟田口廉也 중장은 후방인 만달레이Mandalay 사령부에서 계속 공격을 지시했지만, 전방 부대는 이를 무시하고 퇴각하기 시작해 7월 10일 마침내 작전이 중지되었다. 일본군 3개 사단은 기아와 패전으로 거의 전멸해 5만 명 이상의 병력이 손실되었다.

　임팔 작전과 동시에 해안의 아키아브Akyab는 인도 2개 사단을 상대로 2월 초 일본군 1개 사단이 공격을 시작해 일단 인도군을 포위하는 데 성공했다. 하지만 제공권이 없어 보급품 공수를 차단하지 못해 증파된 영국군 3개 사단에 의해 오히려 포위당했다. 2월 말 영국군이 간신히 퇴각한 일본군을 상대로 계속 공격하자, 일본군은 큰 피해를 입고 후방의 마유 산맥으로 쫓겨났다. 한편 버마 내부에서도 북버마 후콩 강 계곡 작전에 호응해 3월 5일 이라와디Irrawaddy 강 동쪽 연안 카사 부근에서 윈게이트Orde C. Wingate 소장이 지휘하는 공정부대가 강하해 후콩 강 계곡에서 중국군과 접전을 벌이던 일본군 1개 사단의 연락을 차단하였다. 임팔 방면에 대한 보급 증원이 원활치 않은 상황에서 가뜩이나 열세인 항공부대마저 아키아브 작전에 투입됨에 따라 임팔 작전에 미치는 영향은 적지 않았다. 후콩 강 계곡의 중국군은 인도와 중국 간 연결 요충지와 미치나Myitkyina에 대해 5월부터 공격을 개시하여 8월 중순까지 약 80일 간 포위한 끝에 이 지역의 일본군을 전멸시킴으로써 북버마는 연합군에 의해 완전히 해방되었다. 이에 호응해 윈난성의 노강怒江 정면에서 중국군은 2개 집단군으로 5월 초 공격을 시작해 9월 초순 납맹拉孟·등월騰越 전투에서 일본군을 전멸시켰다. 이로써 인도와 중국 간 육로 연락선을 개척하는 데 성공했다. 이 무렵부터 버마인의 항일투쟁이 격렬하게 전개되는데 이에 대해서는 후술하겠다.

버마 전선의 붕괴는 일본 군부에 심각한 타격을 주었다. 대본영은 태평양 여러 섬들에서의 전투는 주로 항공·해상 병력의 경쟁이자 물량 싸움이라고 변명하면서 일본군의 전투력에 대해 완전한 육상전투라면 아직 자신있다는 의견을 표명하고 있었다. 그런데 버마 전투에서 정예부대라고 자랑하던 일본 육군이, 그것도 우습게만 보았던 인도인과 중국인 부대에 의해 완전히 격파를 당했기 때문에 체면이 서지 않았다. 육상전투에서도 보급능력이나 항공전력의 차이가 명확해졌다. 게다가 일본군의 사기가 크게 떨어진 점은 군부를 당혹스럽게 했다. 결국 군기가 문란해졌고 지휘계통은 혼선을 빚었다. 그 결과 도망치는 부대가 속출해 이미 수습할 수 없을 정도로 혼란에 빠졌다. 전세가 어려워지자 이제는 군대 자체가 붕괴될 조짐마저 보이기 시작한 것이다.

제2절 중국전선

중국전선의 변화

　이처럼 태평양과 버마에서도 일본군의 전선은 무너지기 시작했다. 이들 지역에서 연합군의 총공세를 틀어막기 위해서 일본은 모든 전력을 집중시켜야만 했다. 그런데 태평양의 불길이 마구 불타오르던 때 일본 육군의 주력은 이전과 마찬가지로 중국전선에 꼼짝없이 갇혀 한 발짝도 움직일 수 없는 상태에 빠졌다. 1943년 말경 중국전선에 배치되어 있던 육군은 25개 사단, 11개 독립여단, 전차 1개 사단을 중심으로 한 60만 명 이상의 전투 병력 규모였다. 여기에 만주와 조선의 부대를 더하고 후방 요원까지 포함하면 2백만 명을 웃도는 대군이었다. 중국과의 전쟁을 하루라도 빨리 해결해 전략상 두 방면에서 전투를 벌이는 작전만큼은 피하겠다는 계산, 적어도 점령지역의 치안을 확보해 전력상의 부담을 줄임과 동시에 남방작전을 위한 병참기지로서 중국을 이용하겠다는 염원은 일본이 전쟁을 수행하는 과정에서 매우 절실한 목표였다.

　1942년 12월 21일 '대동아전쟁 완수를 위한 중국처리 기본방침'을 어전회의에서 결정함으로써 대 중국 정략의 근본적인 전환을 기한 것도 이 때문이었다. 그러나 이 방침 전환은 아무런 성과를 거두지 못했다. 중국전선의 교착과 점령지역의 치안 악화는 일본이 전쟁을 수행하는 데 가장 큰 장애물이었다. 1941년부터 1942년에 걸쳐 일본군은 팔로군에 대한 대규모 토벌을 반복했다. 그와 동시에 대규모 병력으로 충칭 진공작전 준비를 추진해 왔는데 1942년 12월에 이르러서는 충칭 작전 준비를 중단해야만 했다. 왜냐하면, 과달카날의 패퇴가 분명해지자 이에 대한 준비를 해야만 했고 스탈린그라드에서도 소련군이 승리함으로써 관동군을 다시 확충해야 할 필요성을 느꼈다. 그리고 무엇보다도 충칭 정부에 대한 전략적 타격보다 중공군에 대한 소탕과 치안공작이 더 시급한 과제였다. 이것은 팔로군, 신4군 등 중공군 휘하의 여러 부대와 민병 유격대 등이 국민정부군(국부군)을 대신해 항일전투의 주력으로 성장했음을 의미한다. 이 시기에 이르면 국민정부군은 항일 전선에서 거의 사라지고 주로 공산당과의 투쟁에 몰두하였다. 게다가 국민정부군의 투항이 줄을 잇자 일본군의 작전은 오로지 해방구 정복과 공산군 소탕에 맞춰졌다. 1942년 말 중국전선에서 일본군의 60%, 왕자오밍군(대부분 투항한 국부군)의 95%는 공산군에 대항하는 데 배치되었다.

1943년 4월 일본군은 국공 대립을 이용해 양측 군대를 각개격파하고자 북지나방면군으로 하여금 허시河西·산시山西 성에 대해 진기晉冀작전을 수행하도록 했다. 이 지역 국부군은 판빙쉰龐炳勳이 이끄는 제24집단군으로서 화베이華北에서 유일한 충칭 측 항일 거점이었다. 하지만 이 무렵엔 이미 항전 의지를 상실한 뒤였다. 일본군의 공세가 시작되자 이 부대는 곧바로 와해되었다. 신5군 대장인 쑨뎬잉孫殿英이 부하들을 이끌고 투항했고 5월 초에는 판빙쉰이 직속 부하 7만여 명을 이끌고 왕자오밍 정권에 투항한다는 성명을 발표했다. 이 기세를 몰아 일본군은 타이항太行산맥 내 공산군을 공격했으나 유격대를 만나 고전하다가 마침내 5월 하순 작전을 중지하였다.

이 작전을 전후해 중지나방면군 역시 5월 초 일부 병력으로 후난湖南 진공작전을 전개했다. 보리 수확기를 앞두고 둥팅호洞庭湖의 곡창 지대로 진격하려던 이 작전은 충칭 정부로 하여금 항일전을 뒷받침하는 경제에 타격을 입히고, 아울러 같은 시기 일본군이 점령한 여러 지역에서의 심각한 경제적 동요에 대비하려는 것이었다. 그러나 일본군의 국지적 작전은 수확기에 접어들자 농민들로부터 곡물을 탈취하는 약탈 작전으로 전락해 버렸다. 1943년 10월 양쯔강 삼각주 지대의 유격부대를 대상으로 전개된 타이호太湖 서남방 작전은 이러한 사정을 명확히 보여준다. 타이호 서남쪽 지구 등에서 제5방면군이 작전을 개시함에 따라 당시 중지나방면군 사령부는 "쌀과 기타 잡곡이 풍부해 금년에도 다른 지역으로 반출할 수 있는 양이 수만 톤으로 전망"된다는 작전성명을 발표했다.

이러한 농작물 수확기의 약탈 작전은 중국전선에서 일본군이 처한 곤란한 상황을 보여주는 데 그치지 않았다. 유격군 소탕을 위해 진출한 일본군의 후방에는 전보다 더 지독하고 강력한 유격대가 조직됨으로써 중국 인민의 항일전투력이 한층 더 높아졌다. 공산군은 이미 1943년 여름까지 화베이에서 화중에 이르기까지 각 부대와 연락해 남북으로 종주하는 전선을 완성한 뒤 모든 전선에 걸쳐 과감한 유격전을 전개하기 시작했다.

9월 중순 북지나방면군은 다시 화베이 공산당 소탕 작전을 전개했다. 작전은 모든 공산군의 핵심으로 간주된 기서冀西 군구의 녜룽전聶榮臻 부대에 집중되어 화베이와 산시성 경계를 중심으로 격렬한 소탕전이 전개되었다. 그러나 공산군은 민병 유격부대와 밀접한 연락을 취하며 각 지역에서 일본군의 차량·박격포·전차 등을 탈취하는 등 활발한 유격전을 전개했다. 작전 3개월째인 12월 중순 북지나방면군도 "적군의 저항이 대단히 완강하다"면서 마침내 작전을 중지하였다. 이미 해방구는 일본군의 대규모 전면 공격도 저지할 만큼의 실력을 갖추었다.

해방지구의 확대와 일본군의 패색

중공군이 이렇게 항일전의 주체로 성장하기까지의 과정은 결코 쉽지 않았다. 앞에서 설명했듯이, 1941년부터 1942년에 걸쳐 화베이 해방구는 전례 없는 위기에 직면했다. 태평양전쟁 개전 후 충칭군에 대한 적극적인 작전을 보류한 일본군은 해방구를 상대로 2년 동안 수백여 차례의 공격을 가했다. 충칭군 또한 신4군 사건 이래 일관되게 해방구를 봉쇄하며 중공군에 대한 공격을 계속했다. 투항을 계속하던 충칭군 장교들은 이윽고 왕자오밍의 괴뢰군이 되어 해방구를 공격하고 있었다. 이러한 군사적 어려움 외에도 1941년 이후 3년 동안 모든 해방구에서 농민들이 지난 백년동안 겪어보지 못한 극심한 가뭄과 흉년이 맹위를 떨쳤다.

해방구 인민과 팔로군은 이러한 위기를 결국 극복해 냈다. 일본군의 공격은 번번이 실패했고 팔로군은 1943년 일본군의 대공세를 물리칠 수 있는 실력을 갖추게 되었다. 피폐한 해방구에서 빈약한 무기로 항일전을 펼칠 수 있었던 기반은 중국공산당의 10대 정책(민주정권民主政權, 감조감식減租減息, 정병간정精兵簡政, 통일지도統一指導, 3풍정돈三風整頓, 간부심사幹部審查, 옹정애민擁政愛民, 생산발전生産發展, 특무숙청特務肅淸, 민병발전民兵發展)의 실행이었다. 특히 1942년 2월 마오쩌둥毛澤東이 전 당원에게 선포한 3풍정돈 운동은 중국공산당 내 학풍學風, 당풍黨風, 문풍文風을 정화하는 운동에 그치지 않고 모든 해방구 군민의 항일전선 건설을 보장하는 기반이 되었다.

가뭄으로 인한 황폐와 일본군의 거센 공세 속에서도 모든 해방구에서는 당의 가장 큰 임무로서 정풍운동이 이루어졌다. 해방구의 자급자족을 목표로 한 생산운동을 비롯해 다양한 정치공작과 문화공작에 이르기까지 인민을 기반으로 하는 공산당의 지도력이 확립되었다. 정풍운동은 중국공산당의 당원 교육운동이자 동시에 전 해방구 군민들에 대한 사회개혁운동이기도 했다. 충칭지구가 항일운동의 침묵과 위기에 처한 데 반해 해방구에서는 인민을 기반으로 한 민주체제와 항일의지가 더욱 견고해졌다.

이런 배경에서 해방구가 더욱 확대되면서 일본군 점령지역은 점차 축소되어 갔다. 점령지역이 줄어들자 경제 위기가 마침내 일본군을 곤경에 빠뜨렸다. 물자를 약탈하기 위해 일본군은 저비권儲備券(일본의 괴뢰정부인 왕자오밍 정권이 발행한 은행권)을 남발하였고 전세에 따라 신용이 실추될수록 점령지역의 인플레이션이 더욱 심화되어 민중 생활은 파탄 지경에 이르렀다. 왕자오밍 정권의 군대·관료·불법상인 등 악질 집단이 일본군과 손을 잡아 부패가 극에 달했다. 부패가 심해지자 왕자오밍은 직접 '특별법정 잠행조직 조례'를 만들어 단속을 강화하거나 상하이에서 은닉 물자를 적발하기도 했지만 이러한 숙정작업이 철저하게 이루어질 리가 없었다. 오히려 은닉물자를 적발할 때마다 물가가 더 크게 올라 민중들만 고통을 겪었다. 일본군과 왕자오밍 정권에 대한 점령지구 민중들의 증오는 더욱 깊어만 갔다. 중공군과 그 유격대는 점령지구 내 모든 민중들로부터 지지를 받았다.

이렇게 해방구가 확대될수록 일본군은 점령지역 유지를 위해 필사의 노력을 기울여야만 했다. 점령지역에서는 유격대와 이들을 지지하는 민중에 대한 탄압이 강화되었고 가혹한 마을소탕작전이 계속되었다. 1943년 5월 왕자오밍 정권 하에서 마을소탕위원회가 조직되었다. 공작기관은 행정원 직속으로 하고 지주·자본가·폭력단 등을 조직해 방화·학살·고문과 보갑연좌법保甲連坐法(고대 중국에서 시작된 감시제도인데, 항일 게릴라들을 원천차단하기 위해 일제가 1930년대 만주국에 이 제도를 도입했다.)을 강화하는 등 철저한 탄압을 가했다.

왕자오밍 정권의 관료와 군대 이상으로 엄청난 잔혹행위를 저지른 것은 일본군이었다. 중공군의 유격전에 시달리고 제국주의 지배와 수탈이 순조롭게 진행되지 않자 부아가 치민 일본군은 잔인한 복수를 일삼았다. 중공군의 동향을 파악하기 위해 유격지대의 민중을 모조리 붙잡아 고문했다. 유격대로부터 피해를 당한다든지, 도로나 전선이 파괴되면 그 부근 민가를 불태우고 주민들을 살해했다. 아무런 이유도 없이 민중을 때리고 죽였으며 가는 곳마다 부녀자들에게 만행을 가했다. 1942년 가을 허베이성 루안현欒縣의 북쪽 마을에서 일본군 3명이 유격대에게 살해되었다는 이유로 전 주민을 붙잡아 집과 함께 불태워 죽이거나 생매장하고 부녀자와 어린이까지 한 사람도 남김없이 학살했다. 이런 사례는 일본군이 가는 곳마다 일어났다. 삼광작전(모조리 불태우고, 죽이고, 뺏는다)은 실제로 있었던 일이다.

이것은 너무나도 비인도적인 만행이었으므로 중국인들의 항일의식은 더욱 거세졌고 국제적 비난마저 고조되자 북지나방면군 사령관 오카무라 야스지岡村寧次는 1943년에 '불태우지 말고, 죽이지 말고, 범하지 마라'는 표어를 하급 부대에 내려 보내 사태를 무마해야만 했다. 하지만 잔혹행위를 실제로 단속한 것은 아니었으며 처벌받은 자도 없었다.

이렇게 해방구의 성장과 유격전의 강화로 인해 점령지역의 지배가 곤란해지자 잔혹행위는 더욱 더 횡포해졌다. 이것은 1918년부터 1922년에 걸쳐 일본제국주의가 소비에트혁명 간섭전쟁(시베리아출병) 때 저지른 만행이라든가, 당시 나치 군대가 점령지역 주민들에게 저지른 만행, 그리고 최근 말레이시아와 특히 한반도에서의 영국군과 미군이 저지른 만행과 마찬가지로 민족독립을 위해 투쟁하는 혁명적 민중들에게 승전의 전망을 상실한 제국주의 군대가 저지른 전형적인 만행이었다.

그러나 이것은 결코 일본인의 민족적인 특질이라거나 본성이라고 할 수 없다. 선진적인 일본인은 이렇게 곤란한 시기에 화베이 전선에서 자국의 제국주의 전쟁에 반대하는 투쟁을 전개하고 있었다. 옌안에 들어간 노사카 산조野坂参三는 팔로군의 원조를 받아 1942년 '일본인 반전동맹'을 조직했다. 동맹의 구성원은 대부분 깨인 포로들로서 전쟁반대, 군벌타도, 민주일본 건설을 목표로 했다. 이들은 일본인 포로의 교육과 반전활동 조직, 전방에서 일본군을 상대로 반전 설득 활동을 했다. 처음에는 적은 숫자로 시작되었지만 동맹의 활동은 점차 발전하고 확대되었다. 위험을 무릅쓰고 스스로 동맹에 참여한 일본군 병사들도 있었다. 1944년 '일본인민해방연맹'으로 재조직하여 1천 명 규모로 성장했다. 이와 함께 '일본노농학교'가 옌안에서 포로 교육을 담당했는데 각 지역에 분교가 만들어졌다.

중공군은 일본국민과 일본제국주의를 분명히 구별했다. 일본군의 끝없는 만행에도 불구하고 결코 병사 개인에게 보복을 가한 적이 없었다. 일본인 포로는 친절한 대우를 받았고 돌아가기를 희망하는 자는 일본군에게 돌려보냈고, 처벌이 두려워 돌아가지 않으려는 자, 스스로 반전동맹에 가입하고자 하는 자는 후방으로 보냈다. 일본군은 이런 사실을 절대로 병사들에게 알리지 않았고 일단 포로가 되었다가 돌아 온 자는 엄중하게 격리해 다른 병사들과 접촉

하지 못하게 했다. 그러나 중공군이 일본제국주의는 적으로 보지만 결코 일본 국민을 적으로 돌리지 않는다는 주장이 삐라나 벽보, 기타 방법으로 전선에 있던 일본 병사들에게 널리 알려져 있었다. 절대로 포로를 죽이지 않고 우대한다는 점, 반전동맹이 존재하고 활동하고 있다는 점도 점차 널리 알려졌다. 전선에서 중공군 쪽으로 도망한다든가 전투할 때 일부러 포로가 되는 병사들도 나왔다. 끝없는 수렁에 빠진 전투가 미래에 대한 절망으로 이어지자 일본군 내부에서는 음주와 도박에 빠지는 자가 늘어났고 병사들 사이에서는 부패한 간부들에 대한 불만이 고조되었다. 1943년 초 산둥성 서북쪽 관타오현館陶縣 일본군 수비대에서는 누적된 불만이 폭발한 나머지 병사들이 폭동을 일으켜 수비대장 이하 장교들이 인접현의 본부로 도망치는 사건이 발생했다. 이와 유사한 사례로서 상관에 대한 집단적 반항, 장교 살해 사건이 각지에서 발생했다. 엄정함을 자랑하던 일본군의 군기도 중국전선에서는 소용이 없었다. 엄정한 군기 유지는 지나파견군의 최대 관심사가 되었고, 이를 위해 검열과 엄격한 처벌이 이루어졌지만 아무런 효과도 없었다. 이렇게 1944년 무렵 중국전선의 일본군은 안팎으로 위기에 빠져 있었다.

대륙타통大陸打通 작전의 실패

이러한 정세로 인해 일본군은 점령지역의 현상유지조차 곤란하다고 판단했다. 그럼에도 불구하고 1944년 봄 일본군은 중국전선에서 유례없는 대병력을 동원한 진공작전을 계획했다. 경한선京漢線·오한선奧漢線·상계선湘桂線 각 철도를 연결하고, 화베이에서 화난까지 종단하는 도로를 완성함과 동시에 화중·화난의 미 공군기지를 공격하고자 한 이 작전을 '대륙타통大陸打通 작전'이라고 불렀다.

대본영이 이 작전을 구상한 목적은 크게 두 가지였다. 첫째, 구이린桂林, 류저우柳州를 비롯해 화중·화난 일대에 건설된 항공기지에 포진하고 있는 셔놀트Claire L. Chennault(미 공군의 퇴역 장교로서 장제스를 도와 중국에서 미국 육군항공대를 지휘했다.) 휘하의 주중 미 공군의 활동을 봉쇄하는 것이다. 1942년 말부터 미 공군의 활동이 활발해지자 중국 상공의 제공권은 완전히 미군의 손에 들어가 기타큐슈·타이완까지도 공습을 받기 시작했다. 이들 기지를 공습할 수 있는 능력이 이미 없었기 때문에 지상에서 도보로 공격하겠다는 구상이었다. 둘째, 태평양전선이 위급해지자 머지않아 본토와 남방 지역 간 해상 연락이 두절될 것으로 예상되었기 때문에 만주

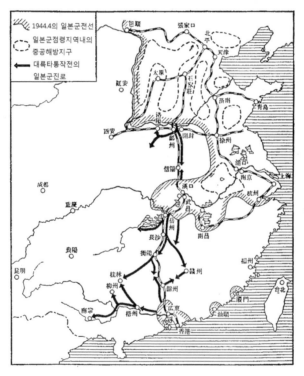

대륙타통 작전 지도

에서 싱가포르까지 육상 연결로를 개척해 대륙에서 장기전의 기반을 마련하고자 한 것이다.

그러나 이 계획에는 도저히 극복할 수 없는 몇 가지 커다란 난점이 있었다. 첫째, 이미 예비전력을 모두 소진한 일본군은 작전을 위해 중국 전장에 병력을 증파할 여유가 없었다. 지나파견군은 관동군에서 겨우 1개 사단의 전속만 받았을 뿐이고 나머지는 점령지역 내 주둔부대를 차출해야만 했다. 이 작전에 동원된 13개 사단은 점령지역을 희생하면서 차출한 부대였다. 그리고 설령 진공이 시작되었다 해도 이 병력으로는 남북 2천 수 백㎞에 달하는 새로운 전선을 확보할 수가 없었다. 둘째, 탄약과 자재 등이 턱없이 부족했다. 일본에서 보충할 여유분도 거의 없었고, 설사 여유분이 있더라도 수송할 수 없는 상황이었다. 군량 보충도 계획이 서질 않아서 제1선 부대는 '적의 식량을 빼앗는다'는 각오로 돌진해야만 했다. 철도를 놓을 자재가 없어 점령지역 내에서 기존에 가설된 철로를 뜯어냈지만 운송할 수단이 없어서 그냥 쌓아 놓기만 하는 식이었다. 대륙종단철도 등은 일본군이 처한 상황과 실력에 비하면 그림의 떡과 같은 것이었다. 셋째, 항공 병력에서 절대 열세였다. 태평양전선에서 겪은 뼈저린 체험을 이 작전에서 두 번 다시 반복해서는 안 되었다. 병력 이동이나 보급 수송을 위한 트럭이나 나룻배는 번번이 폭격의 목표물이 되었다. 대부분의 경우 일본군은 밤에 도보로 움직일 수밖에 없는 상태였다. 이러한 상황이었으므로 이 작전의 강행은 이미 위기에 처한 점령지역의 지배조차 군사적으로 붕괴될 위기를 자초하기에 충분했다.

이러한 모순을 감수하면서까지 1944년 4월 작전을 개시하였다. 제1단계인 경한 작전으로 황하 북안으로 올라가 강을 건넌 북지나방면군 제12군 4개 사단은 충칭 제1 및 제5 전구군을 격파하고 일부는 남진해 한커우漢口까지 경한선을 돌파했으며 주력은 퇴각하는 충칭군을 쫓아 고도인 뤄양洛陽을 점령했다. 제2단계로 이 작전의 핵심인 상계작전은 5월 하순 둥팅호 동안에서 시작되었다. 제11군 8개 사단은 2개로 나뉘어 남진하고 6월 중순 창사長沙를 점령했으나 그 남쪽의 헝양衡陽에서 탄약과 군량이 떨어져 전

뤄양을 향해 전진하는 일본군 전차부대(1944년)

선이 정체되었다. 6월 하순부터 8월에 걸쳐 8차례 총공세로 막대한 피해를 입은 채 수비하던 충칭군 팡시엔줴方先覺이 투항함으로써 마침내 이곳을 점령했다. 그리고 그곳에서 체제를 정비한 제11군은 광둥에서 서진하는 제23군 2개 사단과 합류해 10월 상순 광시성에 들어가 11월 구이린과 류저우를 점령하였다. 이듬해 1월부터 2월에 걸쳐 오한奧漢철도를 확보했으며 일부는 장시성의 쑤이촨遂川, 간저우贛州, 난슝南雄 등 비행장을 점령했다.

수많은 어려움을 무릅썼지만 이 작전이 어쨌든 예정했던 지역에 도착할 수 있었던 것은 충칭군이 저항능력이 없었기 때문이다. 대부분의 부대는 전투를 피해 철수했다. 구이저우성에 있던 장제스 직속의 미군 장비를 갖춘 부대는 공산당과의 내전에 대비해 그대로 남겨두었기 때문에 끝내 전장에 나타나지 않았다. 그러나 일본군도 작전의 목적을 결국 달성하지 못했다. 점과 선의 확보조차 곤란했고 간선철도도 파괴되었으며 화베이·화중 지역에서 여러 현縣과 성城이 중공군 손에 넘어갔다. 2천 수백 ㎞에 달하는 새로운 전선

의 확보는 작전 과정에서 이미 어려움에 직면했다. 충칭군이 도주하자 팔로군과 신4군의 활약이 시작되었기 때문이다. 남부의 경한철도를 확보하는 데 성공한 팔로군은 1944년 5월에는 북부 경한철도의 동부지역 일대에서 난양南陽, 쑤닝肅寧, 안신安新 등 8개 현을 해방시켰다. 경한철도 요충지인 바오딩保定·스자좡石家庄도 잇따라 격렬한 팔로군의 공격에 노출되었다. 15곳 이상의 근거지를 중심으로 47만의 정규군, 2백만 명의 민병을 지닌 인민해방군이 8,600만의 인구를 지닌 해방구에 총력을 기울여 일본군을 배후에서 공격한 것이다. 확대될 대로 확대된 전선은 이곳저곳에서 파탄을 맞이했다. 어렵게 점령한 항공기지를 금방 포기하고 퇴각해야만 했다. 1945년 5월까지 거의 모든 비행장은 재차 미 공군 손에 들어갔다. 결국 대륙의 종단로는 단 한 차례도 완전히 연결되지 못한 채 이렇게 사라졌다. 세기의 대원정이라고 큰소리치던 이 무모한 작전은 마침내 아무 소득도 없이 막대한 희생과 점령지역의 붕괴를 대가로 지불했을 뿐이다.

제3절 대동아공영권의 붕괴

식민지 지배의 붕괴

일본제국주의의 대륙 침략의 거점으로, 또 식량과 원료의 자원지이자 상품과 자본의 수출지로서 가장 오래 동안 중요한 식민지로 기능한 조선에서는 자원과 노동력을 송두리째 동원하고 약탈했다. 일본제국주의는 전쟁이 확대됨에 따라 일본의 식량부족을 메꾸기 위해 조선에서 생산된 미곡의 2/3 이상을 강제공출제도로 빼앗고 조선 주민에게는 가혹한 식량배급제도를 실시했다. 그 결과

쌀은 사실상 먹는 것이 금지된 것이나 마찬가지 상태였다. 식량뿐만 아니라 직물자원의 부족을 보충하기 위해 쌀 증산 이상으로 농가에 면화와 삼베의 재배를 강요하고 통제했다. 농민들은 입을 옷도 없는 상태였지만 생산비의 1/10 이하 가격으로 강제공출을 당해야 했다. 농산물 공출뿐만 아니라 조선인에게는 노예와 같은 노동을 강요했고 지하자원도 파내갔다. 군수용 특수 광물인 텅스텐, 수은, 흑연, 코발트, 운모, 형석, 석면 등은 전적으로 조선에 매장된 자원에 의존했다. 압록강, 장진강, 부전강 등지에서는 풍부한 수력발전이 개발되었지만, 이렇게 생산된 전기는 조선 민족의 생활에는 조금도 쓰이지 않았고 엄중한 전력 통제 아래서 조선과 만주의 경금속 공업, 화학공업, 기타 군수산업에만 제공되었다.

일본에 건너 온 조선인 계약노동자 수[1]

연차(년)	합계	탄갱	광산	토건업	공장을 포함한 모든 산업
1939	38,700	24,279	5,042	9,379	-
1940	54,944	35,431	8,069	9,898	1,546
1941	53,492	32,099	8,988	9,540	2,865
1942	112,007	74,576	9,483	14,848	13,100
1943	122,237	65,208	13,660	28,280	15,089
1944	280,304	85,953	30,507	33,382	130,462
1945[2]	6,000	1,000	-	2,000	3,000
계	667,681	318,546	75,749	107,327	166,062

1 계약노동자란, 집단 강제도항자로서 일반 조선인을 포함하지 않는다.
2 1945년 4~6월, 3개월간의 추계
(미국 전략폭격조사단, 『일본전시경제의 붕괴』, 176쪽).

조선에서 반출된 것은 천연자원분만이 아니었다. 원래 극심한 식민지 착취로 살아 갈 방도를 빼앗긴 조선인들은 일본 본토나 만주로 유랑하며 노예처럼 노동력을 제공하며 살았다. 그런데 이제는 전쟁으로 인해 일본 국내의 노동력이 부족해지자 이를 메꾸기 위해 온갖 야만적인 방법으로 수십만 명이 강제로 일본에 끌려와 탄광이나 광산에서 가장 비인도적인 노동을 강요당했다. 남자들뿐만 아니라 조선 여자들도 대량으로 전선에 끌려가 위안부가 되었다. 주지하듯이 중국이나 남방에서도 일본 군대가 주둔하는 곳에는 반드시 조선인 부녀자들이 희생양이 되어 따라다녔다. 이렇듯 무제한으로 노동력을 빼앗긴 농촌은 황폐해져 생산력은 저하되고 민중들은 이루 말할 수 없는 고통을 당했다.

나아가 노동력만으로는 부족했는지 조선인을 총알받이로 직접 전선에 투입했다. 1938년 '육군특별지원병령'을 제정해 조선인을 지원병으로 육군에 편입시켰다. 물론 조선인들이 자발적으로 일본 제국주의에 협력해 명령을 받들었을 리 없다. 말만 지원병이지 실제는 조선 전 지역에서 강제로 할당된 징집이었다. 1942년 '조선청년특별연성제도'가 시행되자 청년들은 의무적으로 군사교련을 받아야 했다. 전세가 악화되고 병력 부족이 심각해지자 1943년에는 마침내 '징병제'가 실시되어 수많은 청년들이 전선으로 끌려가 총알받이로 이용되었다.

조선의 천연자원과 사람을 빼앗은 일본제국주의는 조선 민족의 언어와 풍습, 그리고 문화까지도 말살하려고 했다. 1943년 조선교육령을 전면적으로 개정해 모든 교육기관을 일본 교육제도에 맞추고 '국체명징' '내선일체' '인고단련'을 강조함으로써 조선어 사용을 금지하고 민족정신과 민족문화를 완전히 빼앗아 버렸다. 학교뿐만 아니라 모든 조선민중에게 일본어 사용을 강제하고 1939년부터는

'창씨개명'을 강요해 성과 이름까지 모두 일본식으로 바꾸도록 했다. 예전부터 전통적으로 내려온 조선의 복장인 흰옷마저도 금지시켰다. 그 밖에도 조선인으로서 더 없이 굴욕적인 '황국신민의 서사'를 만들어 모든 민중이 제창하도록 하고 신사참배를 강요했다.

이러한 박해는 조선인들의 격렬한 적개심과 증오심을 부추겼다. 조국의 독립과 해방을 목표로 한 전 조선 민중의 투쟁은 전황이 악화되고 탄압이 흉포해질수록 더욱 거세져만 갔다.

일본의 만주 점령 이래로 침략에 맞서 떨쳐 일어난 만주지역 항일무장투쟁 가운데 가장 유력했던 저항은 조선민족의 투쟁이었다. 1935년 김일성의 지휘 아래 만주에서 조선민족통일전선의 일환으로 성립된 '조국광복회'는 만주 일대의 빨치산 활동뿐만 아니라 조선 북부와 동부 지역에 공작원을 파견해 직접 민중의 혁명투쟁을 지도하게 되었다. 그러자 각 지역에 광범위한 항일단체가 속속 결성되었고 수많은 노동자와 농민이 참여했다. 조국광복회 기관지인 『3.1 월간』과 『화전민』(국내기관지) 등 여러 선전 책자가 비밀리에 반입되었다(『조선민족해방투쟁사』). 전쟁 말기에는 빨치산도 국경을 넘어 한반도 북부 일대에서 유격활동을 벌였다. 중국 본토에서도 1942년 7월 조선독립동맹이 결성되었고 중국 인민도 참여한 조선의용군이 과감한 항일투쟁을 전개했다.

한편 조선인을 강제로 징병한 일본 군부는 이들에게 무기를 줄 경우 집단으로 반항할 우려가 있기 때문에 당연히 조선인만으로 구성된 부대를 만들지 않았고 주로 중국전선 부대에 분산 배치했다. 조선인 병사들은 기회 있을 때마다 부대에서 도망쳤고 그 대부분이 조선의용군에 참가했다. 이와 같이 국외에서의 움직임에 호응하여 조선 내 투쟁도 활발해졌다. 조선 내에서도 노동쟁의·태업·소작쟁의가 증가하고 지하활동 역시 수많은 탄압에 굴하지 않고 끈질기게 지속적으로 늘어갔다.

일제 헌병과 경찰의 그물망처럼 촘촘한 압제 아래 있던 조선 남부의 소년들조차 김일성이라는 이름을 모두 알고 있었고, 그는 존경과 동경의 대상이었다(鎌田沢一郎). 이렇듯 일제의 조선 지배는 이미 패전하기 전부터 붕괴 위기에 직면해 있었다. 일본의 항복과 동시에 8월 15일 일제히 드러난 조선의 해방을 실현하려는 민족투쟁의 열기는 전쟁 중에도 이미 충분히 뜨거웠다.

전술한 바와 같이 타이완 구석구석까지 경제를 잠식하던 일본 제국주의 약탈의 그물망은 전쟁이 진전될수록 더욱 더 조여들었다. 특히 타이완은 지리적 조건과 더불어 식량 자원이 비교적 풍부했기 때문에 태평양전쟁 개전 이전부터 남방작전에서 가장 큰 군사기지로 이용되었다. 이를 위해 육해군 대군이 주둔하면서 타이완 민중의 생활을 짓누르는 한편, 섬 안에서 약탈한 물자를 군수품으로 전선에 보내고 타이완 사람들을 군 잡역부로 쓰기 위해 전선으로 대거 끌고 갔다. 전세가 악화되고 해상교통이 두절됨에 따라 타이완에 체류하는 병력이 점점 늘어났다. 1944년 말에는 미군의 다음 상륙작전이 타이완이 될 것으로 예상한 대본영이 6개 사단, 7개 독립여단, 육해공 총 30만의 대군을 결집시켰다. 이 밖에도 발이 묶인 병력까지 더하면 타이완 인구의 약 10%에 달하는 군대가 필요한 모든 수요를 섬 안에서 약탈해 조달하고 심지어 '타이완의 요새화'를 주창하며 축성 공사에 강제노동을 대거 동원했다. 이렇게 일본제국주의는 타이완 사람들에게 이루 말할 수 없는 고통을 안겨주면서도 모든 반항을 뿌리째 뽑아야 한다며 헌병정치를 더욱 강화함으로써 타이완인 전체를 노예화하고 '황민화운동'을 강요했다. 여기서도 조선과 마찬가지로 언어·관습·신앙·전통을 빼앗으려 했다. 이러한 지배가 영원히 계속될 수는 없었다. 방대한 군대와 헌병·경찰력으로 대중봉기를 겨우 틀어막고 있는 데 지나지 않았다. 타이완 민중은 이러한 약탈과 압제에 치를 떨면서도 민족적 저항을 강화해 나갔고 이것은 전후 4·28봉기로 폭발하였다.

만주에서도 일본의 점령 이래로 15년 동안 관동군이 부단한 토벌을 펼쳤지만 만주인들의 반제국주의 무장투쟁을 억누를 수 없었다. 일본제국주의 침략과 동시에 중국공산당 만주성위원회의 지도 아래 동북인민혁명군이 조직되었다. 그리고 각지에서 봉기한 광범위한 게릴라 부대를 규합해 만주인들의 무장투쟁 통일조직으로서 1935년에 '동북항일연합군'이 탄생했다. 관동군의 토벌은 철저해서 항상 수십만 명의 대병력을 동원해 유격대가 근거지로 삼을 만한 산간 마을을 차례차례 소멸시킨다는 방침을 세우고 실제로 실천하였다. 그러나 모든 만주인들의 지지를 바탕으로 항일군 활동은 점차 발전해 1937년경에는 동변도東邊道, 간도 지역, 하얼빈 동북지역 등에서 확고한 해방구를 구축했다. 그 결과 관동군 고위 장교가 "만주 공비들의 미래에 관해 … 결론은 매우 비관적이다. 공비들은 당분간 근절할 수 없을 것이다"라고 탄식할 정도였다(『만주공비의 연구』).

전쟁이 확대되자 만주인에 대한 일본제국주의의 수탈은 한층 더 심해졌다. 이에 대항하는 항일군의 활동도 점차 활발해졌다. 특히 1943년경부터 화베이 해방구가 크게 발전함에 따라 이 지역에서 팔로군의 선봉인 기찰열冀察熱(허베이河北, 차하르察哈爾, 러허熱河)정진군挺進軍(돌격부대)은 장성長城철도를 넘어 러허성 대부분을 해방시켰다. 관동군이 약체화된 전쟁 말기에는 만주 대부분의 지역에서 유격대가 활동했다. 이른바 '만주국군'조차도 언제 총구를 돌려 일본제국주의를 겨눌지 모를 지경에 이를 만큼 일본 만주지배의 기반은 크게 흔들렸다. 그 결과 만주인들은 소련의 참전과 동시에 일제히 일어나 일본제국주의를 물리치게 되었다.

점령지 지배의 붕괴

일본 전쟁체제의 붕괴는 점령지 지배의 실패로부터 시작되었다. 개전과 동시에 일본이 동남아시아 침략에 나섰을 때 내건 슬로건이 '대동아공영권'이었다. 풀이하자면 서구 제국주의로부터 아시아를 해방시킨다는 것이었다. 그러나 이 미명은 노골적인 침략정책을 위장하려는 기만술에 지나지 않았다. 점령지 지배는 처음부터 전쟁 수행을 위한 군수물자의 약탈을 목적으로 한 것이었고 현지 민족에 대해서는 해방은커녕 억압으로 일관했다. 이것은 개전 직전인 1941년 11월 10일 대본영정부연락회의가 결정한 '남방점령지 행정 실시 요령'에서도 분명히 밝히고 있다. "점령지에 대해서는 즉시 군정을 실시해 치안을 회복하고, 중요한 국방자원의 신속한 획득 및 작전군의 자활 확보에 이바지한다"는 방침을 내걸고, "국방자원 취득과 점령군의 현지 자활은 민생에 영향을 미칠 수밖에 없는데 이를 선무해야 할 필요성은 이상의 목적에 반하지 않는 한도 내에서 그치도록 할 것"이라면서 약탈정책을 드러냈다. 그리고 "원주민에 대해서는 … 독립운동을 너무 일찍 유발하지 않도록 할 것"이라고 하는 등 민족해방운동을 부정하는 태도를 보였다(服部卓四郎, 『대동아전쟁전사』 제1권).

실제로 점령정책은 이 방침에 따라, 아니 오히려 더욱 더 노골적으로 실시되었다. 진격과 동시에 모든 점령지역에서 군정을 실시하고 우선 군사지배를 완성했다. 그리고 현지 통화는 군표—실제로는 아무 가치도 없는 종이쪼가리—를 발행하고 총검으로 위협해 석유·주석·고무·보크사이트 등 군수물자는 물론이고 식량·의류에 이르기까지 모든 전쟁 물자를 군표와 맞바꾸거나, 아예 그러한 절차도 없이 마음대로 뺏어갔다. 일본의 전시경제는 처음부터 점령 지역에서 이러한 물자 약탈을 전제로 한 것이었다. 현지 산업의 육성이나 주민의 복지는 일절 관심이 없었다. 그러나 이러한 정책은 그 자체가 심각한 모순을 갖고 있었고, 그 모순은 곧바로 약탈자에 대한 통렬한 보복으로 돌아왔다. 첫째, 일본제국주의는 어렵게 손에 넣은 풍부한 자원을 장기간에 걸쳐 개발하고 이용하지도 못하면서도 당장 눈앞에 있는 것들을 빼앗았고 그로 인해 자원이 금방 고갈되자 생산이 감소했다. 예를 들어 일본이 남방으로 진출해야 할 만큼 간절했던 인도네시아의 석유는 생산설비가 거의 그대로 남아있었음에도 불구하고 1942년 2,592만 1천 배럴, 1943년 4,961만 1천 배럴에 달하던 생산량이, 1944년에는 3,691만 6천 배럴로 감소했다(미국전략폭격조사단, 『일본전시경제의 붕괴』). 둘째, 일본제국주의는 가는 곳마다 즉시 현지 민족들의 저항과 민족해방을 위한 투쟁에 직면해야만 했다. 점령 초기 일본은 식민지의 민족주의를 이용해 그 지도자를 전쟁정책에 협력시키기 위해 기만적인 약속을 통해 그들을 끌어들였다. 가령 버마의 아웅 산, 인도네시아의 수카르노, 하타, 필리핀의 라우렐, 로하스 등이 그런 유혹에 현혹돼 일본에 협력했다. 그러나 이들 협력자는 지주나 대자본가들 일부로 한정되었다. 점차 점령정책의 실체가 드러나자 대다수의 민중은 항일투쟁에 가담했다.

필리핀에서는 전쟁이 시작됨과 동시에 1941년 12월 10일 필리핀공산당이 12개 항목의 강령을 발표하고 항일민족전선의 결성을 부르짖었다. 일본군의 침략과 동시에 각 지역에서 잇따라 농민조합이나 기타 인민조직을 기반 삼아 항일 게릴라가 생겨났다. 1942년 1월 일본군은 마닐라에서 공산당 집행위원회의를 습격해 위원장인 에반게리스타Crisanto Evangelista 등 간부를 체포한 뒤 고문해 살해했다. 그러나 루이스 타루크Luis Taruc를 새 지도자로 추대한 공산당은 이에 굴하지 않고 무장투쟁을 준비하면서 바탄반도에서 아직 전투가 이어지고 있던 1942년 3월 사회공산통일전선, 노동조합, 농민조합 등이 참가한 통일전선 무장투쟁 조직인 후크발라합 Hukbalahap(항일인민군)을 결성했다.

필리핀 빨치산 후크단과 지도자 루이스 타루크(가운데)

무기나 탄약도 없었고 병력도 부족했으며 이렇다 할 전술도 없었던 후크단이 가진 것은 인민의 지지와 파시즘에 반대하는 애국적인 열정뿐이었다. 일본군뿐만 아니라 부일협력자인 지주나 관료, 민족주의정당, 미군이 지도하는 게릴라들까지 후크단에 대한 공격에 합세하였다. 그러나 후크단은 무기나 탄약을 전투과정에서 노획하며 차츰 조직을 확대했다. 봉건적 대토지 소유가 지배적이었던 루손Luzon 섬 중부지역에서 그 활동이 가장 큰 성과를 보여 부일협력자 지주의 토지를 재배분하고 해방구를 만들었다. 이러한 활동들

에 대해 일본군은 중국전선에서 그
랬듯이 이루 말로 다할 수 없는 만
행으로 되갚았다. 일본군의 대규모
공격과 부일협력자들의 책동으로
매번 위기에 봉착했지만 후크단의
활동은 점차 발전해 루손 섬 대부
분과 기타 섬 지역들이 해방구로 성
장했다. 후크단 중에서 가장 뛰어난
부대는 중국인을 구성원으로 한 제

호치민

48중대였다(신4군의 4와 팔로군의 8
에서 명명). 이것은 제국주의와 싸우는 인민들의 국제적 연대를 훌륭
하게 보여주는 사례였다(Luis Taruc, 『필리핀 민족해방운동사』).

베트남 인민들의 항일전선은 일찍부터 시작되었다. 일본군의 베
트남 남부 진주 직후인 1941년 중국의 광시성 류저우에서 호치민
이 이끄는 월남공산당을 중심으로 월남독립동맹(베트민)이 결성됨
으로써 저항조직의 통일전선이 구축되었다. 1942년부터 1944년에
걸쳐 각지에서 이 통일전선을 중심으로 월남구국회가 결성되어 게
릴라활동을 준비했다.

인도네시아에서도 공산당이 지도하는 저항조직이 만들어졌다.
일본이 직할영토로 삼겠다고 공언한 말레이시아에서도 중국인 이
민자나 말레이인의 게릴라활동이 시작되었다.

이러한 식민지의 정세는 대동아공영권, 즉 전쟁 수행의 경제
적 토대로서 점령지를 확보하려는 구상을 뿌리째 뒤집는 것이었다.
1943년 11월 도쿄에서 도조 히데키 수상을 비롯해 왕자오밍汪兆銘
(중국), 장징휘張景惠(만주국), 완 와타야콩Wan Waithayakon(태국), 호
세 라우렐José Paciano Laurel(필리핀), 바 마우Ba Maw(버마), 수바스

찬드라 보스Subhas Chandra Bose(인도)가 모여 대대적인 선전으로 대동아회의를 열었다. 이것은 이러한 정세를 어떻게든 전환해 보려는 일본 지배자들의 필사의 노력을 보여주는 것이었다. 그러나 '대동아 10억의 총의를 결집하고 세계사에 빛나는 한 페이지'를 장식했다고 선전한 이 회의 역시 내용은 공허한 한편의 '대동아선언'을 발표했을 뿐이었다. 점령지 지배를 강화하려던 이 회의는 각지에서 점차 높아만 가는 민족투쟁의 파도를 막을 수 있는 그 어떠한 구체적인 방법도 찾지 못했다. 대동아선언은 대동아공영권을 칭송하는 찬가에 불과했다.

태평양전선에서 전세가 시시각각으로 악화되고 해상 수송이 두절되면서 남방 지역들이 일본 본토와 완전히 차단된 1944년 이후 이 지역들에 대한 일본의 군사지배는 한층 더 흉포해졌다. 수송이 두절되자 이미 전략물자의 공급지로서의 의미도 사라져 버렸지만 현지 자활과 남방 작전수행을 명목으로 한 물자 약탈은 한층 더 심해져 갔고, 연합군의 반격과 이에 호응하는 게릴라 활동에 대해서는 광분어린 탄압을 가했다. 그러나 전세가 악화됨에 따라 민족운

대동아회의에 참석한 각국 정상들 기념촬영

대동아회의(중앙의 테이블에 도조 히데키 총리대신)

동은 한층 더 강력하게 확대되어 일본군의 지배는 나날이 붕괴되어 갔다. 미군이 다가옴에 따라 필리핀의 무장투쟁이 강화되자 필리핀 주둔 일본군 전력의 태반은 게릴라와의 투쟁에 소진되었다(다음 절 참조). 베트남에서는 베트민 조직이 점점 더 발전하였다. 일본은 일부 민족주의자를 이용해 1945년 3월 바오 다이를 옹립해 안남괴뢰국(베트남 제국)을 만들었다. 하지만 베트민은 이에 반대해 '월남의 완전한 독립, 파시스트 일본 타도'라는 슬로건을 내걸고 6월 월남해방군을 편성하였고, 북부와 중부 베트남 9개 성에 해방구를 설치한 뒤 격렬한 무장투쟁을 전개했다. 버마에서도 1943년 이래 타킨 탄 퉁의 지도 아래 저항운동의 조직이 시작되어 1944년 통일조직으로서 반파시즘인민자유연맹이 결성되었다. 한때 일본에 협력했던 아웅 산도 이에 참가하면서 1945년 3월 일본군의 협력군이었던 버마국군이 일제히 반란을 일으켜 중부 버마에서부터 후퇴하는 일본군을 가는 곳마다 습격해 괴멸시켰다.

이렇게 일본제국주의의 점령지 지배는 경제적으로나 정치적으로 완전히 무너졌다. 남방 지역은 이제 일본 전쟁체제에서 전혀 무의미할 뿐만 아니라 거꾸로 무거운 부담이 되어 버렸다.

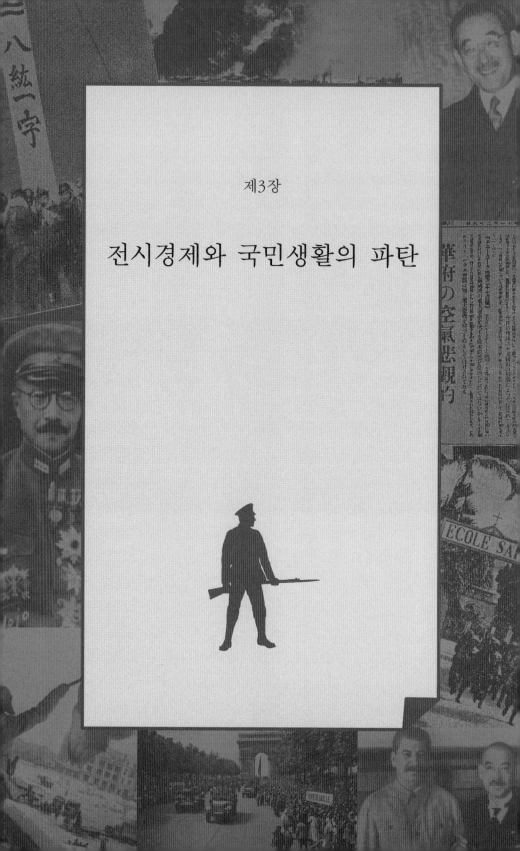

제3장

전시경제와 국민생활의 파탄

제1절 경제의 붕괴

군수생산으로 총동원

전선에서 패색이 짙어지자 항공기와 선박을 주로 하는 군수생산 증강이 지상과제가 되었다. 1942년 말부터 총생산력을 끌어올리고, 원료·자금·공장능력을 재배치하는 한편, 이미 부실한 민수생산을 다시 최저 수준으로 축소시켰다. 그렇게 해서 생겨난 여분을 군수생산에 총동원하였다.

이 때문에 기존 통제회 방식에 의한 국가통제가 충분하지 않은 가운데, 전세가 불리해질수록 육군과 해군 사이에 발주나 자재 확보를 둘러싼 대립이 극심해졌다. 그런 만큼 생산계획의 통일과 가장 중점적인 생산품을 결정하는 강력한 권한을 지닌 국가기관의 설치가 절실해졌다. 그 결과 1943년 9월 상공성과 기획원이 폐지되고 군수성이 새롭게 설치되었고, 도조 총리가 초대 군수대신을 겸임했다.

군수성은 육군성과 해군성이 직할하는 조선造船 및 병기 공장을 제외한 모든 군수산업을 총감독할 수 있는 권한을 지녔고, 생산설비·노동력·원료·자금을 지배하며, 회사의 해산·합병을 명령할 권한도 지녔다. 이는 군수 독점체제가 국가기관을 종속시킨 최고의 형태라고 할 수 있다.

그러나 사실상 군수성은 그 권한을 유효하게 행사하여 군수생산에 대한 일원적 통제를 제대로 할 수 없었다. 최대의 이윤을 목표로 독점체들 사이의 상호 대립과 경쟁이 점점 심해졌기 때문이었다. 특히 육군과 해군은 각각의 특권적 지위를 군수성에 쉽사리 양보하지 않으려고 하였으므로 자재가 부족해질수록 각자의 몫을 놓고 치열하게 경쟁했다.

군수성의 설치와 동시에 군수회사법이 나왔다. 그 규정에 따라 전시생산의 각 부분을 담당하는 회사는 '군수회사'로 지정되어 다음과 같이 특정한 의무와 특권을 부여받았다. 즉 군수회사는 정부가 임명하는 '생산책임자'의 명령에 따르고, 정부는 생산행정에 관한 '시기·계획·수량 및 기타 소요 사항'을 규정하고 자재·자금·노동 등에 관해 감독한다. 그 반면에 군수회사는 자재·자금·노동력 할당에 있어서 특별 우대를 받으며, 정부로부터 보조금, 손실보상에 의한 이윤을 보장받는다. 이렇게 해서 일단 5대 초집중산업, 그중에서도 항공기와 선박의 비약적인 증산을 목표로 한 체제가 갖추어졌다.

1944년 1월 항공기 관련 업체 등 150개 사에 대한 제1차 군수회사지정이 있었고, 4월에는 다시 금속광업·탄광·가스·전력 등 424개 사가 추가되었다. 10월에는 조선과 타이완에 있는 97개 사도 군수회사로 지정되어 모두 671개 사에 달했다. 아울러 빼놓을 수 없는 것이 군수공업의 '국영화'다. 즉 1945년에 들어서 B29 등의 전략폭격이 더욱 심해지자 독점자본은 군수공업에 대한 국가의 손해보전을 확립하기 위해 군수공장의 국가관리를 요구했다. 이에 따라 기업이윤(최저 5%)의 확보를 보장 받는 대신 전재戰災의 손해를 국가를 통해 국민 대중에게 전가시키려고 했던 것이다. 이렇게 해서 나카지마中島 비행기회사는 국영 제1군수공창으로 개조되었고(1945년 4월), 이어서 가와니시川西 항공기회사가 제2군수공창이 되었으나(7월), 미쓰비시 중공업 등 제1급 회사들은 '국영화'가 이루어지기 전에 패전·항복했다.

이러한 통제 아래 모든 경제력이 군수생산에 집중되었다. 1940~1944년 국민총생산액 가운데 중앙정부의 군사지출과 민간의 군수생산업 자본형성액 등을 합하면 그 실제 액수와 비율 모두 1943년부터 급증한 반면 소비자 지출과 비군수산업의 자본형성액은 격감했다.

비군수생산의 축소

연차	국민 총생산(I) 억 엔	중앙정부 군사지출 (II) 억 엔	민간총자본 형성 중 군수산업 (III) 억 엔	II+III ───── I	소비자지출 및 위의 비군수산업 (IV) 억 엔	IV ── I
1940	3,980	470	-	11.8%	2,670	67.1%
1941	4,030	660	280	23.3%	2,750	68.2%
1942	4,060	990	250	30.5%	2,470	60.8%
1943	4,510	1,450	450	42.1%	2,300	51.0%
1944	4,930	2,020	490	50.9%	1,920	38.9%

코헨 저, 大內兵衛 역, 『전시전후의 일본경제』, 상권 표6에 따라 작성.

모든 수단으로 끌어 모은 자본은 군수산업에 집중적으로 투입된다. 중일전쟁 개전 직후의 '임시자금조정법'으로부터 1942년 4월의 '금융통제단체령'에 이르는 자금통제는 은행자금의 집중과 그 산업에 대한 지배를 심화시키면서 점점 더 많은 자금을 군수산업에 쏟아 부었는데, 1944년 1월부터 '군수회사지정 융자 제도'가 시작되자 군수회사는 지정된 특정 은행으로부터 원하는 만큼의 융자를 거의 다 받을 수 있었다.

주요 항공기회사의 총자본 중 정부 선지불금이 차지하는 비율

	1942년 하반기		1943년 하반기	
	백만 엔	%	백만 엔	%
미쓰비시(三陵)중공업	1,232	63.5	1,279	59.1
나카지마(中島)비행기	406	39.1	527	37.2
가와사키(川崎)항공기	139	60.2	176	51.8
가와니시(川西)항공기	88	34.0	146	39.3
다치카와(立川)비행기	55	38.0	67	34.0
히타치(日立)항공기	39	34.2	38	27.8

井上晴丸・宇佐美誠次郎, 『위기에 선 일본 자본주의의 구조』, 128쪽 표54에서

또한 군수 발주에서 정부가 각 기업에 군수품을 발주하면 정부는 곧바로 그 대금의 절반 전후를 먼저 지불하는 선지불금제도가 실행되어, 항공기·조선·기계 등 세 개의 초중점산업에서 선지불금이 사용총자본의 50% 내지 70%를 차지했다. 각 기업은 생산능력을 훨씬 뛰어넘는 군수품을 수주했다. 미쓰비시중공업, 히타치日立제작소, 시바우라芝浦제작소, 미쓰비시전기, 이케가이池貝철공, 가스瓦斯전공, 이시카와지마石川島조선, 자동차공업 등의 중공업에서는 생산능력의 3배 내지 6배의 발주가 있었고, 그에 따른 선지불금이 지급되었다. 여기에다 보조금·조성금 등으로 군수산업을 보호하는 조치가 이행되었다.

거대자본이 군수 생산에 모든 생산을 집중시키다보니, 중소기업과 경공업의 정리가 점점 더 강력하게 추진되었다. 1942년에는 410건, 29억 엔의 자본금이, 1943년에는 570건, 78억 엔의 자본금의 기업이 합병되었다. 폐업정리만 해도 도료공장은 300개에서

60개로, 시멘트회사는 20개에서 6개로, 유리공장은 800개에서 90개로, 선박은 334개에서 10개로, 피혁공장은 700개에서 28개로 감소했다. 전쟁 이전의 면綿, 스테이플섬유의 방추紡錘 1,370만 개는 77% 삭감되고, 회사 수도 10개사로 감소되었다. 그 가운데 큰 회사는 군수생산 회사로 전환이 인정되었으나 작은 공장의 방추는 용광로의 쇳조각이 되어버렸다.

면포는 최고 생산고를 기록한 1937년에 48억 평방 야드(이하 '야드') 중에서 수출이 27억 야드였는데, 1941년에는 13억 야드 중에서 수출이 10억 야드였고, 1943년에는 10억 야드에서 1억5천 야드 수출로 감소하더니, 1945년에는 수출이 겨우 1억 야드로 줄어들었다. 생사生絲는 1936년에 72만 상자 중 수출이 50만 상자였는데, 1941년에 68만 상자 중 15만 상자로, 1943년에는 30만 상자(수출 없음)로, 그리고 1945년에는 11만 상자(수출 없음)로 줄어들었다. 이와 같이 일방적인 감소에다 감소폭은 점점 더 커졌던 것이다. 면산업에서 방직기가 1936년 42만대, 1941년 45만대, 1943년 31만대, 1945년 60만대였음을 볼 때 생산력의 감퇴가 눈에 띤다.

강제노동 사냥

자금과 원료, 자재뿐만 아니었다. 병사를 제외하고 일할 수 있는 국민은 마지막 한 사람까지, 전시 식량생산에 필수불가결한 인력마저 집어삼켜 군수생산에 동원되었다. 당연히 농촌 인구를 비롯해, 몰락할 수밖에 없었던 중소기업 노동자, 도시의 소부르주아 하층민들이 노동력 보충의 첫 번째 원천이었다. 이들 외에 군수산업에 징용된 사람들의 숫자는 다음 표와 같이 1942년부터 1943년에 정점에 달했다.

주요 산업의 징용공

	신규 징용	
	연 간	누 계
1939	850	850
1940	52,692	53,542
1941	258,192	311,734
1942	311,649	623,383
1943	699,728	1,323,111
1944	229,448	1,552,559
1945	47,771	1,600,330

여기에서 말하는 징용공이란 정부가 주요 산업에 강제로 종사시킨 공장의 남성 인력(男工)을 말한다(코헨, 앞의 책, 175쪽에서).

　또한 노동징용지로 출두하라는 흰 종이(영장)는 공포 그 자체여서 자발적으로 나서는 농민, 부녀자, 청소년도 증가했다. 징용된 자가 공장에 강제 배치된 것은 물론이고 징용자를 할당받은 공장에서는 당초 징용과 무관하게 일하던 노동자까지 모두 징용자로 전환되어 1944년에는 지정된 모든 군수회사의 종업원들이 공장법의 적용조차 배제된 채 노동을 강요받았다. 이렇게 국민들은 수많은 공장에 차출되어 강제노동에 시달려야 했으며 결국에는 헌병이 감시하는 군사감옥 체제가 되어 버렸다.

　그러나 위의 표에서 알 수 있듯이, 징용된 사람들의 수도 1944년에 이미 한계에 도달하고 있었다. 이에 학생과 여성들을 동원하기 시작했다. 1943년 문부성의 관할 아래 학생동원이 이루어지는데, 이듬해 관할이 후생성으로 바뀌자 1944년 4월에 아직 남아있던 모든 제한이 철폐됨으로써 방대한 규모의 학생들이 산업으로 흡수되었다. 1945년까지 300만 명 이상의 학생들이 전시 노동에 배치되었는데, 이들은 1944~1945년 사이 징병으로 소집된 자들을 대신해 노동력을 보충하는 최대 원천이 되었다. 학교공장도 계획되었지만 학교의 구조가 공장에 적합하지 않았으므로 실제로 이행된 곳은 많지 않았다. 보수는 작업량에 따르지 않고 학년 수준과 성별로 지급했지만, 이마저도 학교를 통해 지불되었고 졸업 후에 전달한다는 명목으로 강제저축을 당했다. 근로시간은 10시간에 달했으나 일반적으로 사용자는 무보수로 2시간의 잔업을 시킬 수 있었고, 오히려 학생들에게 '애국심'을 강요할 수 있는 권한이 주어졌다. 뼈가 부러질 만큼 봉사하였으나 정규직 노동자보다 임금이 낮았고 그마저도 직접 지불되지 않아서 학생들의 분노와 적개심이 컸는데, 특별 수사관은 학생들 사이에 '위험사상'을 경계하라는 명령을 받았다.

남성 노동력의 부족은 여성들이 보충했다. 1940~1944년 사이에 여성 근로자가 약 126만 명 증가한 것을 볼 수 있다. 여성 징용

학생동원으로 조병창에서 일하는 전문학교 학생들

은 '황국 고유의 가족제도에 악영향을 미친다'고 하여 주저했지만, 1943년 미혼 여성을 반년 간 단기노동에 참가시키기 위해 여자근로보국대를 결성, 6월에 노무조정령을 개정하여 17개 지정 직업에 대해 남성의 취업을 금지하고 그 자리를 여성으로 채웠고, 1944년에는 여자정신대로 재편하였다. 1944년 2월에는 12세부터 39세까지 미혼 여성을 도나리구미隣組를 통해 정신대에 모두 강제 편입시켰다. 정신대원은 1945년 3월까지 45만 명을 넘었다. 상류계급의 여자 아이들 대부분은 아버지나 친척 회사의 여자사무원 등으로 등록해 교묘하게 강제노동을 피한 데 반해, 일반 국민의 여자 아이들 대부분은 꼼짝없이 군수생산에 동원되었다. 여자·아동의 야간 취업 금지나 위험 직업 고용제한 등과 같은 보호법규들은 여기서 무시되었다. 홋카이도에서는 여자들이 탄광의 광부로까지 부림을 당하였다.

다수의 조선인들도 끌려왔다. 1945년 탄광노동자 총수 약 41만 2천명 가운데 13만 6천명이 조선인이었다. 중국인도 머나먼 일본까지 잡혀 와서 탄광·광산 등에서 문자 그대로 죽을 때까지 노예노동을 강요당했다.

그 결과 1945년 3월에 상근 노동자 중 여성이 11%, 학생이 14%를 차지하고 있었다. 조선업의 예를 들면, 1944년 10~11월의 8대 조선소의 노동력 평균 구성은 일본인 징용공 45%, 정규 직원 20%, 학생 10%, 수형자 9%, 조선인 8%, 부녀자 4%, 포로 3%, 중국인 1%였다. 또한 1945년 3월 20일자 마이니치신문에 따르면, 항공기 공업에서는 청각장애인이나 앞을 보지 못하는 사람들까지 동원되었다고 한다. 실로 무서우리만큼 몽땅 동원이 이루어졌던 것이다.

군수생산의 붕괴

다른 모든 것을 희생시켜 돈과 물자, 사람까지도 군수생산 특히 항공기와 선박분야에 쏟아 부은 결과, 1944년 가을 군수생산은 언뜻 보기에 절정에 달했다.

무기 생산고(1945년 가격)

1941년	1942년	1943년	1944년
51억 엔	67억 엔	108억 엔	156억 엔

앞의 책, 『일본 전시경제의 붕괴』, 57쪽

그러나 언뜻 순조로워 보이는 생산증가도 자세히 들여다보면, 얼마나 모순에 가득 차 있는지를 쉽게 알 수 있다. 석탄·철광·강괴·알루미늄 같은 기초물자의 생산이 1943년을 정점으로 1944년에 이미 줄어들고 있다. 소비물자 생산은 해가 갈수록 감소했는데 1943~1944년에는 이미 완전히 붕괴되고 말았다. 즉 군수생산이 정점에 달했을 때는 이미 기초자재의 공급이 심각하게 저하되고, 기초산업의 급속한 붕괴가 시작했으며, 노동력도 고갈되어 국민들은 동물적인 생존을 위한 소비조차 할 수 없게 되었다. 이것은 경제가 그 기저로부터 분해되기 시작했음을 뜻하며, 설사 남아있는 재고를 이용해 무기의 생산수준을 끌어올린다 하더라도 기껏해야 몇 달 정도 수명을 연장하는 정도밖에 될 수 없었던 것이다.

일본의 주요 경제지수(1937~1945년)

	단위	1937	1938	1939	1940	1941	1942	1943	1944	1945
생산 총지수	1937 =100	100	107	112	114	117	113	132	144	57
가공공업 생산지수	″	100	105	110	111	114	110	130	144	56
채취공업 생산지수	″	100	107	113	124	123	126	133	119	51
석탄 채취량	100 만톤	45.3	48.7	52.4	57.3	55.6	54.2	55.5	49.3	22.3
철광석 채취량	1000 톤	624	732	910	1,092	1,380	2,160	2,630	3,504	1,174
발전	10억 Kwh	27.2	29.3	29.9	31.5	33.9	33.6	33.9	32.2	20.1
선철	1000 톤	2,400	2,676	3,312	3,660	4,308	4,416	4,416	2,796	984
강괴	″	5,796	6,468	6,696	6,852	6,840	7,004	7,824	5,916	2,088
알루미늄 원소금속 덩이(地金)	″	14.0	20.7	29.6	40.9	71.7	103.1	141.4	110.4	8.7
구리	″	86.8	95.3	96.0	99.8	100.6	105.2	124.8	99.0	40.2
시멘트 생산	″	5,988	5,448	5,476	6,048	5,832	4,356	3,744	2,944	1,176
새로 건조한 배	1000 총톤	451	442	324	226	260	424	1,124	1,584	490
항공기 생산	대	2,700	-	-	-	2,664	9,206	16,264	28,392	11,000
공작기계 생산	″	1,823	5,607	5,570	4,842	3,838	4,236	5,011	4,487	609
면사 생산	1000 톤	720	553	505	415	308	162	96	564	24
인조견 생산	″	152	97	108	98	76	43	23	10	2.4
스테이플 섬유 생산	″	79	149	137	130	134	79	55	38	10

	단위	1937	1938	1939	1940	1941	1942	1943	1944	1945
면직물 생산	100 만m	4,032	2,760	2,472	2,196	1,116	924	900	149	48
개간지 총면적	1000 정보	6,098	6,078	6,079	6,007	6,056	6,028	5,982	5,843	5,346
쌀 수확량	100 만석	66.3	65.9	68.9	60.9	55.1	66.8	62.9	586	39.1

Monthly Bulletin of Statistics, UN, No.6, 1950 / Japanese Economic Statistics,
1948.3, GHQ·SCAP

이러한 생산붕괴의 원인은 어디에 있었을까? 정부나 자본가들은 원래 일본에 천연자원이 부족했던 점, 게다가 전세가 불리해지자 해상봉쇄가 심해져 남방의 식민지와 점령지로부터 자원입수가 격감하였고 마침내 끊어져 버린 것이 결정적인 원인이라고 선전하고 있다. 확실히 수송력과 원료수입이 격감한 것은 사실이다. 그리고 이것이 생산의 중대한 장애가 되었음도 사실이다.

일본 상선대의 추이

월 말	당시 보유량(천 톤)	경과 월 수
1942년 11월	5,946	-
1943년 12월	4,944	13
1944년 3월	3,966	3
1944년 10월	2,911	7
1945년 4월	1,961	5

미 전략폭격조사단, 『일본 전시경제의 붕괴』, 52쪽

하지만 이것이 결정적이었던 것은 아니다. 생산 붕괴의 기본적인 원인은 1931년 이래 끊임없이 확대해 온 침략전쟁 그 자체였다. 모든 자금·자재·노동력을 군수생산에 집중시켜 거대 군수독점자본에 최대이윤을 주고서 생산한 것들이 전장에서 소모되고 말았을 뿐, 재생산으로 이어지지 않았던 것이다. 따라서 전시경제가 계속되면 비군사적 생산부문이 희생될 뿐만 아니라 언젠가 기초생산도, 그리고 그 기반 위에 선 군수생산 자체도 반드시 축소되지 않을 수 없다. 이렇게 만주사변 이후 전시경제의 위기가 몇 차례씩이나 발생해 왔던 것이다.

기초 원료의 수입 감소

	석탄(만 톤)	철광석(만 톤)	원유 및 정제 석유(만 배럴)
1942년	875	488	927
1943년	603	367	1,456
1944년	314	167	704

미 전략폭격조사단, 『일본 전시경제의 붕괴』, 52쪽

그 위기를, 재생산 조건을 무시한 약탈생산과 조선·타이완·중국·남양군도 등 식민지와 반식민지, 그리고 점령지를 약탈해 일시적으로 완화해 왔다. 그러나 그로 인한 모순이 점차 안으로 스며들어 심각해지고 전세가 불리해짐에 따라 원료수입이 감소하고, 본토 민중과 식민지 및 점령지역 민족을 아무리 억압해도 저항이 끊이지 않았다. 필연적으로 이들의 노동생산성은 급격히 저하됐고, 독점자본 상호 간에, 육해군 상호 간에 상대방을 희생시켜서라도 자기의 이윤과 자기의 작전에 필요한 군수생산을 확보하려는 대립이 심해지는 등 여러 조건들이 상호 작용을 배가시켜 왔다. 그러다 마침내 억눌려있던 모순이 폭발하자 재생산의 축소에서 이윽고 전시경제의 전면적인 붕괴가 초래되었으며 그것이 전세를 절망적으로 만들고 그것이 다시 생산 붕괴를 촉진하는 악순환이 가속화되어 진행되었던 것이다.

노동생산성의 감퇴는 일본 전시경제에서 원재료 부족만큼이나 중대한 문제였다. 징용, 직장이탈 금지 제도, 근로봉사, 학생동원, 여자정신대, 조선인 및 중국인의 노예화와 강제노동이 강화되고 심각해짐에 따라 계획적인 또는 여러 자연발생적인 형태의 저항이 더욱 늘어나고 심각해져서 노동생산성은 떨어질 수밖에 없었다. 근대산업과 노예노동은 본질적으로 모순된다. 오래전 고대에도 노예노동이 발달해가는 생산력과 모순되었던 까닭에 노예제가 멸망했다. 하물며 근대 공업은 노동자의 업무에 대한 자발성, 애정, 열정, 주의력, 그리고 모든 노동자들의 적극적인 협동 없이 발달할 수 없다. 그럼에도 불구하고 일본의 전시노동은 권력으로 노예적인 노동을 강제했다. 그것은 저임금이라고도 부를 수 없을 정도의 노동력 착취였다. 게다가 국민 대다수는 전쟁의 목적을 의심하기 시작했다. 그렇기에 항공기와 같은 아주 정밀하고 매우 복잡한 생산이 잘 진행될 리 없었다. 끊임없는 징병으로 한창 일할 나이의 숙련노동자들은 거의 다 생산에서 빠져 있었다. 1944년경에는 군인군속 및 점령지로 이주한 민간인을 합쳐 약 900만 명이 일본의 노동시장에서 벗어나 있었다(당시 노동가능인구는 3,300만~3,500만 명). 이로써 그리고 새로운 수요 급증으로 발생한 숙련노동력 부족을 극복하기 위한 각종 법률이 공포되어 자본가에게 숙련공 양성 의무가 부여되었으나, 그 비용을 국가가 전액 부담하지 않는 한 자본가는 단 한 푼도 지불하려 하지 않았고, 또한 그들 기업에 값싼 노동력을 보장한다는 틀에서 조금이라도 벗어나려는 듯한 조치와 관련된 제안은 일체 받아들이지 않았다. 이렇게 전쟁 중 숙련노동력 양성은 사실상 방치되었고 심각한 숙련노동력 부족이 발생했다. 숙련노동력 부족은 징용공과 기타 모조리 동원된 노동력의 증대와 노동강화에 의해 메워졌다. 그러나 이는 오히려 부족한 자재의 낭비와 직장 내 규율문란만 키웠다. 작업효율 향상을 장려하는 '포상褒賞'이라는 술수도, 무시무시한 테러에 버금가는 노무감독도, 노동생산성을 향상시키지는 못했다. 노동자들은 임금이 싼 공장을 벗어나 일용직 인부로 고용되거나 또는 자기 집에서 가내공업을 했다. 이렇게 공장 결근이 증가했다. 1944년 나고야시에 있는 큰 항공기 공장의 평균 결근율은 26%에 달했고, 아이치현 전체 항공기 공장에서는 결근율이 평균 65%에 달해 조업을 중단하는 사태가 발생했다(『아사히신문』, 1944년 10월 19일). 이러한 노동생산성 저하야말로 침략전쟁과 그로 인한 군수생산이 지닌 내적 모순을 집중적으로 보여주고 있다.

더욱이 독점자본가 상호간에 그리고 육해군의 대립항쟁은 자금과 자재, 노동력이 부족할수록 격렬해지고 심각해져서 생산을 파괴시켰다. 군수성도 군수생산의 일원화된 합리적 운영에 도움이 되지 못했다. 도조 히데키가 군수대신을 그만둔 후 미쓰이 계열의 유능한 대기업가인 후지와라 긴지로藤原銀次郎가 후임이 되어 약간의 성과를 올리는 듯 했지만, 그 누구도 독점자본 상호 간에 특히 군수생산에서 육해군 간의 대립을 해결하지는 못했다.

후지와라는 1943년 여름 행정사찰계로서 항공기 생산의 실태를 조사한 결과, 당시 연간 생산 대수 8천 내지 1만 기를 5만 3,000기로 증대시킬 수 있음을 발견했다. 육군과 해군이 쓸데없는 경쟁을 중단하고, 자재를 효율적으로 사용하기만 해도 그것이 가능하다는 것이다. 수치에 과장된 부분도 있겠지만 이것만으로도 육해군이나 자본가들 사이의 대립이 얼마나 심각했는지 알 수 있다. 전쟁 말기 육군은 부대에 보급하기 위해 육군 잠수함을 만들려고 했지만 아무리 노력해도 잘 되지 않았다. 해군이 잠수함 건조방법을 가르쳐 주겠다고 했지만 육군은 거절하는 추태를 부렸다(코헨, 앞의 책). 여러 가지 행정적 조치가 취해졌지만 각 군수회사의 기술교류 역시 실제로는 전혀 이루어지지 않았다.

이렇게 해서 군수생산이 점점에 달했을 때, 급속하고 전면적인 붕괴의 모든 조건이 완전히 무르익었고, 또한 붕괴는 이미 시작되고 있었던 것이다.

농업의 파괴

전쟁은 농업에도 여러 가지 방법으로 파괴적인 영향을 미쳤다. 먼저 농업 분야는 생산 연령의 남자 노동력을 소집과 징용 등의 형식으로 대거 빼앗겼다. 농촌의 남자 노동력은 1940년 662만 명에서 1944년에 567만 명으로 100만 명 가깝게 감소했고, 이는 기계화가 뒤쳐져 육체노동에 의존해야 하는 일본 농업에 커다란 영향을 미쳤다. 이에 정부는 마침내 1944년 2월 농업요원을 징용에서 면제하고 나아가선 일단 공장에 동원되었던 농민들을 반대로 농촌으로 돌려보내는 조치를 취했다. 또한 1945년 1월에는 농업학교, 농촌 중학교, 여학교, 국민학교 상급생을 강제로 농업에 종사시켜야만 했다. 둘째로 생산 자재, 특히 비료 부족이 심해졌다. 이는 노동력 및 가축의 부족과 맞물려 단보 당 수확량의 감소와 경작면적의 축소로 이어졌고, 그 결과 쌀과 기타 주식의 생산은 감소했다. 또한 조선과 타이완에서의 생산 감소, 특히 타이완의 경우 수송력 부족으로 인한 유입량 감소와, 태국·버마 기타 남방 지역으로부터 수입이 전세 악화로 인해 격감하게 되자 식량위기는 파국적인 양상을 띠었다.

그 대처 방안으로서 농업요원 지정과 학도근로봉사 등 노동력
대책, 비료·사료·농기구 배급제가 이루어졌다. 하지만 식량 증산이
제대로 이루어졌다기보다는 아무것도 하지 않는 것보다 좀 낫다는
정도였다. 뿐만 아니라 이는 배급기구를 장악한 지주세력과 관료들
의 결탁을 강화하고 경작농민을 고통스럽게 만들었다. 학생동원도
식량 증산 자체보다는 농민의 경작 포기 방지와 지주제 옹호에 주
된 의미가 있었다.

쌀 생산 및 유입량

연도	경작면적 (町)	단보 당 수확량 (石)	총 수확량 (천 석)	수입량 (천 석)	조선으로 부터유입량 (천 석)	타이완으로 부터의 유입량 (천 석)	생산 및 유입량 총계 (천 석)
1941	3,182,020	1,731	55,088	8,744	5,235	1,702	70,769
1942	3,164,126	2,110	66,776	5,588	-	1,638	74,003
1943	3,110,232	2,022	62,887	-	3,500	1,300	67,687
1944	2,979,368	1,569	58,559	-	1,421	151	60,131
1945	2,892,660	1,353	39,149	110	-	-	39,259

『일본통계연감』, '생산 개요'로부터 작성

이보다 중요한 것은, 가격정책과 농지대책이다. 농산물 가격도
1939년 9월의 가격통제령으로 고정되었는데 이 때문에 생산조건
악화와 인플레이션의 진행으로 농가소득이 악화되면서 경작자는
쌀 생산에만 머물고 그 이상의 경작은 포기할 위험이 커져갔다. 이
에 정부는 1941년에 쌀값 인상을 단행하고 생산자의 공출미에 장려
금을 지급함으로써, 실질적으로 이중가격이 채택되기에 이르렀다.
한편, 1939년 12월에는 '소작료 통제령'에 따라 소작료 인상금지 명
령이 내려졌다. 이어서 1941년 7월 공출가격이 개정되고 지주로부터

의 소작미 공출가격과 생산자로부터의 공출가격이 이원화되어, 생산자가격은 지주가격을 웃돌았다. 그리고 이때까지 현물로 납부하던 소작료의 경우, 지주에게 납부하는 쌀 이외의 작물은 소작인이 지주를 대신해 공출하고 그 대금만 지주에게 지불하도록 했다.

이러한 정책은 마치 소작인을 옹호하고 지주에게 타격을 주는 것처럼 보이지만 그 목적은 소작·자작농에 대한 지주세력과 국가권력의 통제력을 강화하고 농민으로부터 쌀을 빼앗으려는 식량징수의 강화에 있었다. 지주는 팔짱을 낀 채 국가권력을 도와 소작인을 억압한 후 소작료의 도착만 기다리면 되었던 것이다. 소작료 인상은 농민의 보이지 않는 또는 공공연한 투쟁으로 인해 더 이상 뜯어먹을 수 없게 되어 멈춘 것이지, 관료와 지주에 의해 운용되는 소작료 통제령으로 인한 것이 아니었다. 지주는 공정가의 현물 소작료와 쌀 이외에 다양한 명목과 방법으로 현물 소작료를 받아냈다. 또한 이러한 쌀값 정책이 저임금에 기반한 낮은 쌀값을 유지하는 데 기여했다는 점도 강조되어야만 한다. 그리고 1944년부터 먹을 쌀마저 부족해진 빈농에 대해서까지 공출을 강행했다. 마을마다 공출 책임액이 정해졌다. 이는 마치 도쿠가와德川 막부 시대의 마을과 고닌구미五人組('인보조직-도나리구미'의 전신)의 연대책임에 따른 연공상납年貢上納, 경작확보와 같았다.

1938년 이래 농지조정법 등도 소작권 강화나 지주의 미未개간지를 강제로 해방시켜 자작농지로 하도록 했지만, 그것도 농민을 토지에 속박시키는 것이며, 이듬해의 농업생산통제법, 농지관리령 등과 더불어 농민을 노예처럼 착취하기 위한 것에 지나지 않았다. 이는 1943년의 '자작농 유지 창설 요령'에서 분명히 드러난다. 그에 따르면 토지의 강제양도는 모두 금지되며 오히려 재촌지주의 토지 회수가 보장되었다(『일본 자본주의 강좌』, 제1권 2의 II 참조).

이처럼 반半봉건적인 지주제에 손을 대지 못한 채 오히려 지주제를 전시 상황에서 적용하고 강화해 농민 수탈을 강화하는 한편, 농업생산을 통한 심각한 식량문제의 완화나 증산의 어느 것도 제대로 하지 못했다. 농업생산은 파멸했고, 국민생활은 파국에 빠지지 않을 수 없었다.

독점자본의 엄청난 축재

전쟁과 이를 위한 경제통제 총동원이 진행됨에 따라 4대 재벌을 선두로 하는 독점자본이 자본과 생산을 집중시키고 거대 독점자본이 점점 더 강해지자 국가기관을 종속시켰다. 독점자본주의에서 통제경제란 경제활동을 유기적이고 계획적으로 통제하고 그 능력을 최대한 발휘시키는 것이 아니라, 국가가 거대 독점자본과 함께 그들을 위해 그들의 경제 지배력을 높이고 독점자본이 최대의 이윤을 남기도록 하는 것에 다름없었다.

금융 부문에서는 1944년에 제국은행(미쓰이은행과 제일은행의 합병), 미쓰비시은행, 스미토모은행, 야스다安田은행, 산와三和은행의 5대 은행이 전국의 보통은행 예금 총액의 70%, 할인대부액의 78%, 증권투자 총액의 61%를 지배했다. 보통은행의 수는 전쟁 이전의 245개에서 88개로 격감했다. 보험계약 총액의 70% 내외를 재벌과 연결된 5대 보험회사가 차지했다. 그리고 흥업은행을 비롯한 특수은행과 농림중앙금고 등의 금고는 국가자본을 매개로 한 은행으로서 재벌은행과 독점적 지위를 나누어 가졌다. 이 가운데 일본은행은 특수은행·금고·재벌은행에 대한 대부의 증대를 통해 모든 금융업계를 지배했다. '군수지정 융자제도' 아래 흥업은행과 5대 은행은 200개에 달하는 군수회사들의 융자를 대부분 독점했다.

생산의 집중은 무기생산에서 가장 극단적으로 나타났다. 1941

년부터 1945년까지 조선에서는 2개의 해군조선소와 11개의 민간 조선소가 전체 건조의 45%를 차지했고, 상선은 12개 공장이 생산의 70%를, 항공기는 6개 공장이 33%를, 발동기는 4개 공장이 67%를, 프로펠러는 2개 공장이 75%를, 해군용 무기는 5개 조병창과 민간의 8개 회사가 75%를, 육군의 포砲는 육군 조병창과 4개의 민간 공장이 75%를, 자동차는 3개 회사가 생산의 95%를 차지했다. 기업의 집중을 자본의 측면에서 보자면, 총 자본액에서 자본 총액 1천만 엔 이상의 대기업이 차지하는 비율은 1937년에 57%에서 1945년에는 70%로 증가했다.

발전한 독점기업 가운데에서도 미쓰이, 미쓰비시, 스미토모, 야스다의 4대 재벌이 차지하는 비율은 특히 컸다. 전쟁 이전에도 4대 재벌은 일본 전체 주식자본의 60%를 지배했는데, 태평양전쟁을 통해 더욱 막대한 전시 이윤을 손에 넣어 그 지위를 강화했다. 예를 들면, 미쓰이, 미쓰비시, 스미토모의 3대 재벌은 구리와 석탄 생산량의 50% 이상, 상선 총 톤 수의 50%, 외국무역 총액의 33%를 지배했고, 미쓰이와 미쓰비시는 조선업의 50% 이상, 제지공업의 100%, 제분업의 70%, 제당업의 100%, 그리고 화학공업의 대부분을 지배했다. 미쓰비시는 항공기와 판유리 생산의 지배권을 쥐고 있었다. 게다가 이들 대재벌은 선철·강철 및 야금에 대해서도 정부와 지배권을 나눠가졌다. 자본 측면에서 4대 재벌은 패전 당시 120억 엔의 운전자본을 가지고 1,110억 엔에 달하는 은행예금과 은행자산, 320개의 산업회사를 직접 지배하고, 그밖에 무수히 많은 회사를 간접적으로 지배했다. 이렇게 해서 재벌은 그야말로 '전시 중 대규모로 확충된 일본경제 전반에 대한 "무적의 왕자" 자리를 강화했다(J.S.알렌).'

이들 독점자본은 군수생산을 위한 강제노동에 총동원된 이들을 국가권력의 지지 아래 노예적으로 착취하고, 각종 보조금과 조성금 등 재정자본을 국가의 사전지불제를 통해 받았으며, 인플레이션 정책에 따른 이득과 국가 보상에 따른 지정 융자금을 받았다. 그 외에도 독점자본은 무수한 방법을 통해 평시에는 도저히 얻을 수 없는 막대한 이윤을 올렸다.

4대 재벌 산하 회사들에 대한 지불자본 비율

	1937년(%)	1941년(%)	1945년(%)
금융업	22.5	25.2	49.8
중공업	14.6	18.0	32.4
경공업	7.0	7.5	10.7
기 타	6.1	5.7	12.9
합 계	10.4	12.0	24.5

특수회사 정리위원회, 『일본재벌과 그 해체』에서

앞에서 설명했듯이, 사전지불제만 보아도 독점자본이 얼마나 돈을 많이 벌었는지 알 수 있다. 심한 경우, 관동특수공업주식회사에 대한 군수성의 발주액 가운데 2/3 내지 8/10의 전도금이 지불되었고, 납품이 거의 이루어지지 않았음에도 여전히 새로운 발주와 전도금 지불이 전쟁이 끝날 때까지 이어졌다. 재벌의 지출 면에서 보면, 1932년에 재정지출 19억 5천만 엔 가운데 군사비는 6억 9천 6백만 엔, 1937년에는 47억 4천 2백만 엔 가운데 32억 7천 8백만 엔, 1941년에는 165억 4천 3백만 엔 가운데 125억 엔, 1944년에는 861억 6천만 엔 가운데 735억 1천 5백만 엔이었다. 패전에 가까워지자 재정자금의 거의 대부분이 군수생산에 투여되었다. 이는 설비자금이 아니라 운전자금으로 사용되어 생산수단 확대가 아니라 그저 노동자를 착취하고 자본가에게 거대 이윤을 남겨주는 데 쓰였다.

이 지출을 위한 세입은 공채 발행과 점령지 약탈과 증세로 충당되었다. 1937~1945년 간 전비 지출 2,219억 엔 가운데 53%는 국채이고, 27%는 '남방 국가들로부터의 차입금' 즉 점령지에서의 직접적인 약탈이었으며, 나머지 20%는 주로 증세였다. 국채는 1945년 7월에 1,130억4천만 엔에 달했다. 국채 소화율은 94.8%라고하지만, 이는 강제로 할당된 것이고 강제저축으로 끌어 모은 자금을 국채 소화로 돌린 것에 불과했다. 모든 노동자 사무원은 일급과월급에서 일정한 비율의 강제저축과 공채 할당량을 강제로 떠안아야 했고, 집에 돌아가면 도나리구미에서 다시 강제저축과 공채를강요받았다.

일본은행권은 국채를 보증으로 발행되었는데, 유통 총액은1939년 6월에 14억 엔에서 1941년 말 59억여 엔, 1945년 6월에262억 엔으로 증대되었는데, 이는 인플레이션을 심화시키고 실질임금을 낮추는 효과를 가져왔다. 이 점에 있어서도 자본가들은 돈을 번 셈이다.

기업 이익금·배당금의 증가

	1937년	1941년	1943년	1944년
이익금 (증가율)	21억 엔 (100%)	48억 엔 (229%)	63억 엔 (300%)	71억 엔 (338%)
배당금 (증가율)	12억 엔 (100%)	18억 엔 (150%)	21억 엔 (175%)	22억 엔 (183%)

이렇게 해서 재벌을 선두로 한 독점자본들이 남긴 이윤은 얼마나 되었는가. 공표된 숫자만 보더라도, 예를 들면 철강 부분에

서 1930~1934년 간 평균이윤율은 3.7%, 배당률 2.6%였는데, 1941~1944년 간 평균이윤율은 11.1%, 배당률은 7.3%로 모두 3배 가량이나 되었다. 모든 기업의 공표된 이익금과 배당금은 위의 표와 같이 1937년부터 1944년까지 3.4배와 1.8배로 늘었다. 이렇게 압도적인 이윤이 4대 재벌의 손으로 들어갔음은 말할 것도 없다.

제2절 국민생활의 파탄

군사감옥 일본

독점자본이 국가총동원 명목 아래 꿈에 그리던 엄청난 부를 축재하고, 대지주들은 팔짱만 낀 채 토지를 수탈하며, 천황의 신적인 권위와 권력을 부여받은 군인과 관료들은 국비를 낭비하면서 자기 주머니 속으로 쑤셔 넣기에 바쁠 때, 그들의 압제와 착취 아래 있는 국민 대중들은 한 가정의 기둥인 남편과 자식, 아버지를 군대에 빼앗기고, 찬바람이 몰아치는 산과 들에서 피를 흘렸고 태평양의 바닷물 속으로 가라앉았다. 후방의 국민들은 주거지와 전장, 논밭이나 학교에서, 길거리 위에조차 헌병과 경찰, 그들의 보조조직원들로부터 감시를 당해야 했고, 연대책임과 상호감시를 위한 도나리구미 제도에 묶여, 눈과 귀를 가리고 입을 막고 강제노동에 끌려가고, 노예처럼 농사를 짓고, 지금까지도 여전히 높은 세금과 강제 저축과 공채, 인플레이션으로 착취를 당하며, 배급제라는 죄수와 같은 옷과 음식으로 겨우겨우 연명하고 있다. 한 마디로 말해 일본제국이라는 하나의 커다란 군사감옥에 갇혀 있는 것과 마찬가지였다. 얼마 뒤 이들의 머리 바로 위로 지극히 비인도적인 미 공군의 무차별 폭격이 가해졌던 것이다.

원래 세계에서 찾아볼 수 없을 만치 치밀한 중앙집권적 관료·경찰이 지배하던 체제는 중앙과 지방, 마을마다 각급 기관에 대응하는 각급 익찬회, 익찬장년단—당시 사람들은 익찬장년을 '개똥'이라 부르며 싫어했다.—에 의해 보강되었다. 또한 도도부현, 시·정·촌마다 경방단警防團이 조직되었는데 청장년에서 강제로 단원을 뽑고, 해당 지역의 우두머리가 이들을 거느리면서 이를 경찰의 보조기관으로 삼았다. 이 기관들은 연대구連隊區사령부를 통해 군부와 연결되었다.

1940년 9월부터 내무성령에 의해 전국적으로 만들어진 '도나리구미隣組' 조직은 주도면밀하게 주민들을 통제하기 위한 세포 조직이라 할 수 있다. 모든 국민은 주거 지역마다 10호 내외로 구성된 도나리구미에 소속되는데, 매월 1회 내지 2회의 정기모임이 열렸다. 도나리구미의 상급기관으로 촌락에서는 부락회, 도시에서는 정내회町內會가 있고 모두 반상회를 여는데, 이것은 대정익찬회까지 이어졌다. 도나리구미의 조장과 정내회·부락회의 회장은 각 시구정촌市區町村 장長의 추천으로, 익찬회 지부장(도도부현 지사)이 익찬회 총재(총리대신)의 이름으로 임명하도록 되어 있다. 그러나 정내회·부락회 회장은 처음부터 사실상의 관선인데, 나중에는 도나리구미 조장과 부락회 및 정내회 회장 역시 제도적으로 공무원에 준해서 관선이 되었다. 마을과 촌락의 우두머리(보스)와 지주들이 이들 조직의 준 간부 역할을 했음은 말할 필요도 없을 것이다.

도나리구미 제도의 기본 목적은 (1) '만민익찬의 본뜻에 따라 지방 공동의 임무를 수행할 것' (2) '국민의 도덕적인 수양과 정신적 단결을 도모하는 기초조직이 되게 할 것' (3) '국책을 널리 국민들에게 침투시켜 원활한 국정 운용에 쓸모 있게 할 것' (4) '국민 경제생활의 지역적 통제단위로서 통제경제의 운용과 국민생활의 안정상 필요한 기능을 발휘'하는 것이었다. 결국은 도나리구미의 연대책임 아래 정신적으로나 정치적, 경제적으로도 국민들의 모든 생활을 전쟁에 동원하고 통제하는 최하층의 지역 기구라는 것이 그 본질이다. 법률 또는 칙령, 성령 등으로 강제하기 힘든 것, 예를 들면 여성들의 파마머리('번개 맞은 머리'電髮라고도 불렀다)를 금지하는 것도 도나리구미의 '자발적'인 합의 또는 상호 감시로 이루어졌다. 생활물자의 배급, 공채의 강제적인 소화, 금속이나 천 조각의 공출, 노무공출 할당, 농촌에서의 쌀과 기타 곡물 공출, 출정한 병사의 남은 가족들이 하는 경작의 지원, 신사참배, 병사 환송, 방공防空연

금속 공출

습, 그밖에 온갖 강압과 통제 지시가 도나리구미를 통해 국민 한 사람 한 사람에게 내려졌다.

　도나리구미를 통해 하달된 상부의 명령, 예를 들면 국채 할당이나 저금 등에 비협조적인 태도를 보인 자는 '비非국민'이라 불리는 것은 물론이고 나라를 어지럽히는 역적國賊으로까지 매도당했다. 그리고 도나리구미의 반상회에서 '태평양전쟁은 천황 폐하의 뜻을 저버린 군부의 독단이다'와 같은 발언은 물론이고 전황 발표의 진실성을 의미하는 것만으로도 밀고를 당하거나 헌병대의 취조나 가택수색을 당했고, 투옥된 사람들도 적지 않았다. 지역 조직으로서 도나리구미 외에도 '직역봉공'職域奉公이란 이름 아래 대일본산업보국회로부터 대일본언론보국회, 대일본미술보국회, 대일본음

악보국회 등에 이르기까지 온갖 종류의 보국회가 1940~1942년에 만들어졌다. 여성단체의 경우 애국부인회와 국방부인회는 대일본부인회로 통합되었다. 이렇게 국민들을 모든 생활 단위마다 조직에 묶어 두어서 조직을 떠나서는 살아갈 수도 없게 만들었다.

헌병정치, 경찰정치는 이루 말할 수 없이 가혹했다. 전쟁 말기, 오사카가 공습을 당했을 때 오사카역의 헌병은 어느 한 노파가 공습 중에 절도를 했다는 혐의로 그 노파를 역에 걸린 칠판 아래 묶어두고 칠판에는 노파가 절도를 했다는 내용을 적어 사람들이 보도록 했다. 그 헌병은 일요일에 영화관 앞에서 줄을 정리하는 사람을 붙잡아 강제노동을 시키고 강제노동하는 사람들이 먹을 점심이라면서 빵집에서 팔고 있는 빵을 강제로 싸게 구매한 사실도 있다(細川護貞, 『정보, 천황에게 닿지 않다』).

이런 압제 속에서 일할 수 있는 모든 국민은 남자든 여자든 군수생산에 동원되었다. 여기에 군인과 산업보국회의 준 간부들이 반장이나 조장이라는 직급을 이용해 폭력으로 노동을 강제했다. 직장에서는 거의 쥐꼬리만 한 수당과 현물을 가져가는 것이 묵인되었고, 일반노동자 특히 징용공에 대한 지배권을 휘둘렀다. 자금은 통제되었고 실질적으로 자금줄은 막혔다. 모든 공장노동자의 평균 명목임금은 1936년에 1엔 96전에서 1944년에 3엔 90전으로 올랐지만 물가가 더 상승했기 때문에 실질임금이 69%로 떨어졌다는 수치도 있지만(『일본자본주의 강좌』 제1권 177쪽), 거기에다 다시 강제로 할당된 공채비나 강제저축을 빼고 나면 그야말로 저임금이라는 말조차 꺼낼 수 없이 형편없는 수준이 된다. 12시간 노동은 기본이고 한 달에 450시간 즉 휴일 없이 하루에 15시간의 노동을 해야만 하는 경우도 드물지 않았다. 그것은 말 그대로 군사감옥의 죄수노동이었다.

일본인 노동자를 죄수노동에 묶어 놓기 위해 중국인이나 조선인 노동자에 대해서는 더 지독한, 고대의 노예제에서도 찾아보기 힘든 극도의 잔혹함이 발휘되었다. '사랑의 채찍과 눈물의 체벌'(조선인 노무관리 5계명 가운데 1, 『일본정치연보』 제1집)이라면서, 천황제 파시스트들은 밤낮으로 이들을 때리고 발로 차고, 이리저리 끌고 다녔다. 조선인 노동자가 이를 견디지 못해 도망치면 '조선반도에서 온 노동자에게 적합한 일은 광산과 같이 특수한 중노동이다'(『일본경제연보』 제50집)라고 해서 총칼로 탄광에서 최악의 '중노동'을 강요했다. 일본에서 포로로 잡힌 중국인과 재일조선인에게 일본의 독점자본가와 군인, 경찰관이 저지른 이루 말로 표현할 수 없는 엄청난 폭력에 대해서는 이들 중 간신히 살아남은 류지거劉智渠씨가 증언한 바 있다.(류지거劉智渠의 수기, 『하나오카 사건』, '중국인포로희생자 사건 조사 위원회' 발행)

1944~1945년, 9백여 명의 중국인이 포로가 중국에서 납치되어 아키타현秋田縣에 있는 하나오카花岡광산의 노예가 되었다. 그때 이미 이 광산에는 조선인들이 노예노동으로 신음하고 있었다. 이들은 모포 한 장도 받지 못한 채 하루 식량이라고 던져 주는 작은 만두 세 개로 인간이 견딜 수 없는 중노동을 강요당했다. 이들은 너무나 배가 고파서 산에 난 풀을 서로 뜯어먹었다. 하지만 이마저 들켜서 가고시마구미鹿島組의 지도원이 풀을 뜯어 먹은 중국인을 때려 죽였다. 하지만 이런 일이 몇 차례나 계속되자 뻘겋게 달군 쇠막대를 겨드랑이에 끼워 태워 죽였다는 것이다. 이렇게 아무 죄 없는 중국인 수백 명이 일본 천황제 파시스트들에 손에 학살되었다. 조선인과 중국인이 지나치다가 서로 인사를 했다는 이유만으로도 잔혹한 처벌을 받아야 했다. 피압박 민족들이 사이좋게 지내는 것이 일본제국주의자들에게는 가장 큰 공포였던 것이다.

하나오카 사건의 판화(일본중국우호협회 편, 『하나오카 이야기』, 1951년 5월
발행)

　　1945년 6월 30일 살아남은 중국인 수백 명이 영양실조의 몸
으로 반항하며 들고 일어났다. 이들은 아침부터 밤까지 쇠 채찍으
로 중국인을 계속 때렸던 악마 같은 지도원 8명 가운데 3명에게
수백 명의 동포들이 죽을 때까지 받아야 했던 무한한 고통의 원한
을 그대로 갚아 주었다. 그러나 봉기에 실패해서 더 많은 중국인들
이 죽음을 당했다. 하나오카의 영화관 앞 광장에 시신들이 산더미
처럼 쌓여 썩는 냄새가 코를 찌를 때까지 방치되었다. 이렇게 하나
오카에서만 900명의 중국인 포로들 가운데 416명이 학살당했다.
이런 일은 중국인과 조선인에게만 해당되는 것이 아니고, 동시에
일본인을 압제하는 수단이기도 했다. 다른 민족을 압제하는 것과
비슷하게 일본인에 대해서도 압제와 수탈을 한층 더 강화해 나갔
던 것이다.

언론·문화·오락의 말살

언론의 경우 진실된 구석은 하나도 없고 이에 대한 억압은 세세한 부분까지 이루어져서 거짓과 선전 외에는 신문과 잡지, 라디오에서 사실이 완전히 자취를 감추었다고 해도 과언이 아니다. 신문지법, 군사기밀보호법, 국가총동원법이라는 통제의 바탕 위에 신문지 게재 제한령(1941년 1월), 언론·출판·집회·결사 등 임시 단속법(1941년 12월) 등의 시행으로 '전시 하에서 민심을 동요시킬 수 있는 사회불안을 유발하거나 일부러 국책에 반대하거나 전쟁수행에 장애가 되는' 것은 엄중하게 단속되었다.

이처럼 법률상의 단속 외에 언론통제기관으로 1941년 5월 '정부의 동원 체제에 맞추어 언론계의 대동단결과 총력을 이끌어 내기' 위해 '일본신문연맹'이 만들어졌다. 이는 신문사 대표들의 협의체 형식인데, 사실은 이 단체의 참여參與나 이사理事로 정보국 차장, 정보국 2부장, 내무성 보안국장이 취임했기에 관료들의 명백한 하부기관이었다. 1942년 2월에는 때마침 전시경제 때문에 점차 궁핍해지고 있는 신문용지와 기타 자재의 배급조정권을 지렛대삼아 각 신문의 편집권을 더욱 강력하게 통제할 일본신문회가 만들어졌는데, 1945년 2월 전세가 드디어 불리해지자 이것마저도 해산시켜 버리고 신문회의 통제권을 정보국이 직접 장악하게 되었다.

이러한 통제와 이중삼중의 검열 아래에서 우산을 쓴 사진이나 기사 속의 '무더운 오후'와 같은 문구나 날씨 기사조차 적의 비행기가 이용할 수 있다고 해서 신문·잡지에 싣지 못하게 되었다. 그리고 처음부터 끝까지 전부 거짓말인 '대본영 발표'가 국민들을 계속 기만했다. 대본영 발표의 거짓말 사례를 하나 들자면, 태평양전쟁을 통해 일본이 미군의 함정에 안겨 준 피해는, (1) 전투함정 5.3배, 이중 항모 6.5배, 전함 10.3배, 순양함 10.3배, 구축함 1.5배, 잠수함

6.6배, (2) 보조함정 약 6배, (3) 비행기 약 7배, (4) 수송선(상선) 약 8배라고 과장되었던 반면, 일본 해군이 입은 피해는 (1) 전투함정 1/5, 이 중 항모 1/5.5, 전함 1/2.7, 순양함 1/4.5, 구축함 1/6.6, (2) 보조함정 약 1/5, (3) 비행기 약 1/7, (4) 수송선(상선) 약 1/16로 축소되었다(富永謙吾,『대본영 발표』).

게다가 이러한 군부의 지도와 통제 아래에서 쓰인 기사조차 육해군이 서로 상극이라 말소되는 경우도 벌어졌다. 1944년 2월 트럭 섬 공습에 관한 보도에서 마이니치신문은 '승리인가 멸망인가' '죽창으로는 안 된다. 비행기다. 해양비행기다'라는 기사를 실었다. 이는 해군이 육군의 죽창주의를 비판하고, 비행기 증산을 서둘러야 한다고 지시한 기사였다. 이에 화가 난 육군이 신문의 발매를 금지시켜버렸고 기자는 징역형을 받는 대신에 징병을 당해야 했다.

신문이 이렇게까지 거짓말투성이인 이상 국민 역시 '대본영 발표'나 신문에 쓰인 것 외에 무언가 감춰진 진실이 있지 않을까 의심하지 않을 수 없었고, 이에 유언비어가 무성해졌다. 이는 권력에 영합한 거짓말쟁이 저널리즘을 더 이상 민중들이 믿지 않는다는 극단적인 표현이기도 했다. 양심적인 기자들은 정부와 군부가 강요한 기사나 논설 속에도 한 줄의 진실을 넌지시 숨겨놓는다든지, 앞의 죽창사건 기자처럼 고심 끝에 육해군의 대립을 이용해 한 쪽을 비판하고자 시도하기도 했지만, 아무래도 객관적인 효과는 그다지 크지 않았다. 오히려 설탕(거짓)에 아주 작은 양의 소금(진실)을 뿌려 단맛을 더하는 경우도 있었다. 그리고 크든 작든 모든 신문들이 단한 번의 발행중지도 당한 적이 없이 시종일관 천황제 파시즘을 적극적으로 찬양했다.

신문에 비해 잡지는 그런대로 약간의 저항을 했지만, 이 경우 가차 없이 탄압을 받고 사라졌다. 1942년 8월, 9월 두 번에 걸쳐 잡지『개조』에 연재된 호소카와 가로쿠細川嘉六의 '세계사의 동향과 일본'이라는 글이 공산주의를 선전했다는 이유로, 호소카와가 검거되었다. 이를 계기로 가시와柏사건(1943년 5월), 쇼와주쿠昭和塾 사건(1943년 9월), 요코하마横浜사건(1944년 1월~1945년 4월)과 일련의 '공산당 재건' 사건이 날조되었고,『중앙공론中央公論』,『개조』등의 유능한 저널리스트와 지식인 30여 명이 검거되거나 투옥되었고, 이루 말로 다할 수 없는 고문을 당했다. 1944년 6월『중앙공론』,『개조』는 '자주적인 폐간' 처분을 받았다. 그 이유는 '전쟁수행에 방해되는 반전反戰, 염전厭戰의 거점이 되기 때문'이었다(내무상 安藤紀三郎 담화). 이렇게 해서 살아남은 종합잡지는 초국가주의자들의 수족인『현대』와『공론』의 두 개뿐이고 '적개심의 앙양昂揚,' '생산증강'과 같은 광적인 선동만이 난무했지만 국민들은 관심을 기울이지 않았다. 이제는 침묵할 자유도 없었다. 이미 침묵을 강요당했던 토사카 준戶坂潤, 하니 고로羽仁五郎 등도 반전주의자로 투옥되었다.

가시와(柏)사건의 발단이 된 사진 1942년 7월 호소카와 가로쿠(細川嘉六)가 요정에서 지인들을 초대해 연회를 가졌을 때의 사진, 뒷줄 중앙이 호소카와

『세계사의 철학』(高山岩男), 『전쟁의 철학』(高坂正顯) 등 '총력전 철학'으로 침략전쟁의 이론적 기초를 만든 교토학파조차 전쟁에 대한 방관적 태도라는 비난을 받았고 '국민의 사기를 저해한다'는 비판을 받아 논단에서 추방되어, '미영 격멸의 철학'이라는 소리를 듣는 일본주의 철학파(紀平正美, 佐藤通次 등)에게 그 자리를 내주었다. 또한 국민의 궁핍한 생활을 합리화하는 『민족의 내핍』(高田保馬)이나 전시경제를 찬미하는 『국가와 경제』, 『전력증강의 이론』(難波田春夫), 또는 황도사관의 히라이즈미 키요시平泉澄 등이 날뛰었으며, 전쟁의 수행과는 하등 관계가 없던 『나의 인생관』(天野貞祐), 『시대와 문화』(安倍能成), 『일본고대문화』(和辻哲郎)와 같은 책조차 절판을 당해야 했다.

물론 이런 상황에서는 진정한 문학작품이 태어날 수조차 없다. 문학인들은 일본문학보국회의 통제를 받아야 했고 문학 본래의 사명을 완전히 포기했다. 타니자키 준이치로谷崎潤一郎의 『세설細雪』이나 기시다 쿠니오岸田國士의 『카헤라지토』가 당국의 기피 대상이 될 정도이니 이미 창작의 자유나 표현의 자유도 없었다. 그저 침략전쟁을 찬미하는 초국가적인 황국문학 작품이나 시詩만이 폭을 넓혔다. 1943년 4월 기쿠치 간菊池寬은 예술보국대회에서 '오늘날과 같은 결전 하에서 모든 예술작품의 예술적 가치는 문제가 되지 않으며 잘 팔려서 한 푼이라도 헌납할 수 있어야 국가에 봉사하는 것'이라고 말함으로써 문학을 스스로 부정했다. 번역에서도 영미문학은 말할 것도 없고 도스토옙스키나 톨스토이의 번역도 금지되었고, 발자크의 번역도 '자발적'으로 보류되었고, 체호프의 작품만 겨우 규제를 피할 수 있었다.

영화나 연극도 모조리 전쟁의지 고취와 침략 찬미를 위해 동원되었다. 1942년 2월 일본영화배급사가 설립되고 감독·배우의 등록제가 실시됨으로써, 영화는 완전히 관료들의 지배를 받게 되었다. 전쟁에서 '필승한다는 신념'을 심어주고 방첩·생산 증대·적개심 고취를 위해 '국책 영화'가 날조되었다. 이런 영화들이 국민의 마음에 호소할 구석은 전혀 없었다. 미즈타니 야에코水谷八重子 극단의 연극은 시종일관 시국을 설교하는 내용으로 너무나 재미가 없어서 관객들이 조금도 차분히 앉아 있질 못하고 들락날락하거나 어수선했다. 그러자 연극이 진행 중인데도 불구하고 갑자기 마이크에서 '관객 여러분에게 알려 드립니다. 윗분의 지시가 있었는데, 관람 중에는 조용히 해주시기 바랍니다'라는 안내방송이 나오기까지 했다(細川, 앞의 책, 1944년 1월 26일). 또한 앞에서 설명했듯이, 영화를 보기 위해 영화관에 줄을 섰다가 헌병에게 끌려가는 일도 생겼다. 1944년 3월에는 '고급향락 추방'이라고 해서 동경의 가부키歌舞伎극장, 제국극장, 일본극장 등의 극장과 영화관 등이 폐쇄되고, 공회당과 대피소 등으로 전용되었다. 극장 폐쇄 후 일본극장에서 여자정신대가 풍선폭탄을 만들었던 사실을 보면 제국주의자의 본질을 잘 이해할 수 있을 것이다.

모든 스포츠는 즐기는 것에서 전쟁을 위한 체력단련으로 변질되었다. 다시 말해, '싸우는 병사들의 체력과 인내심을 기르고 훈련'시키는 데 중점을 두고, 총동원에 협력하는 데 이용되었다. 특히 스모相撲·무도·수영 등은 실용적이고 국수적이라는 의미에서 장려되었지만, 구기 종목 등은 용구와 장비 부족의 어려움도 있고 해서 점차 핍박을 받았다. 그중에서도 수백 만 명이 좋아하고 즐겼던 스포츠의 왕좌인 야구는 '미국과 영국'식 운동경기라는 이유로 탄압을 받았다. 1943년 4월에 도쿄 6개 대학 야구연맹이 해산되었다. 프로야구는 그 후에도 그럭저럭 운영되긴 했지만 선수들에게 군인처럼 전투모를 쓰고 각반을 두른 차림새로 경기를 하도록 했고, 경기용어에 영어를 사용하지 못하게 하여 '스트라이크strike'를 '좋은 공', '볼ball'을 '나쁜 공'이라는 식의 우스꽝스러운 장면이 연출되더니 그마저도 1944년을 마지막으로 중단되고 말았다.

굶주린 국민들

언론의 자유는 처음부터 침묵할 자유조차 없었고, 영화나 스포츠마저도 빼앗기고 강제노동과 방공훈련이라는 이름으로 밤낮없이 노예와 같은 훈련에 시달리는 국민들의 일상생활, 이것은 말 그대로 지옥이나 마찬가지였는데, 태평양전쟁 동안 국민들의 의식주는 평상시 감옥생활보다 더 감옥 같았다. 실제로 감옥을 체험한 사람들은 이렇게 말한다.

'형무소 시절의 음식에 관해 나의 추억을 말하자면, 나로서는 지금 일반 국민들의 영양상태가 평상 시 수형자들보다 더 나쁘다고 단정할 수 있다. 말할 것도 없이, 수형자의 식량은 생활하는 데 필요한 최소한의 기준인데, 이것보다 더 적다면 건강을 해칠 수 있는 절박한 지경에 있는 것이다. 따라서 일반 국민의 영양상태가 수형자보다 더 나쁘다고 한다면 한마디로 말해 국민들이 기아상태에 빠졌으며 성장과 생존에 필요한 식량을 얻지 못함을 의미한다. 굶어죽는 사람은 아직 없지만 영양불량 때문에 건강을 잃어버린 사람들이 적지 않을 것이다. 오늘 아침 신문을 보니 대장성 대신이 전 국민에게 농성을 각오하라고 하던데, 어찌 짐작이나 했겠는가, 국민들은 이제 농성생활을 할 수밖에 없는 지경에 내몰려 있지만, 어떤 의미에서는 이미 전 국민이 형무소 생활을 하고 있다고 할 수 있다. 아침부터 밤까지 먹을 것만 생각하고, 얘기를 꺼냈다 하면 먹는 이야기고, 1년 내내 특히 단 것이 먹고 싶다는 말을 하는 것이 수형자들의 특징인데, 나는 요즘 도시에 사는 시민들조차 이런 특징을 띠고 있다는 느낌이다. 당국자들은 장기전에 대비할 각오를 하라고 자주 떠들지만, 국민들은 지금의 기아상태로 오랫동안 버틸 수가 없다. 이것은 정신적인 문제가 아니라 생리적인 문제이다'(河上肇, 『자서전』, 1943년 1월).

6대 도시(도쿄, 요코하마, 나고야, 교토, 오사카, 고베)에서 주식의 배급이 실시된 것은 1941년 봄이다. 성인 한 사람 당 가정배급은 2홉 3작(330그램)이었는데, 이것도 백미에서부터 70% 정미쌀, 50% 정미쌀, 20% 정미쌀(1943년 1월)로 점점 색깔이 짙어지다가, 수입쌀, 고량, 옥수수, 납작보리 등의 잡곡이 섞이고 대용식을 장려하다가 1943년부터 고구마, 감자 증산이 장려되었으며, 심지어는 야산의 나무열매를 주식으로 삼기 시작했다.

전쟁 마지막 해인 7월의 주식 배급은 쌀로 환산하면 2홉 1작(300그램)으로 내려갔다. 이는 106칼로리 가량의 열량이라고 했지만 감자껍질의 칼로리까지 계산한 것으로, 실제 열량은 훨씬 적었다.

한 파시스트 의학자가 '일본인은 현미와 된장국, 약간의 채소만 있으면 식량에 관한 한 조금도 걱정할 필요가 없다'고 거짓말을 했지만(杉靖三郎 논문, 『현대』, 1944년 1월호) 현미조차 위에서 설명한 지경이었고, 된장국은 1개월에 183돈(1일 6돈), 야채는 1943년 217.5그램이 최고였다가 1945년에는 겨우 75그램으로 줄었는데

국민들에게 잡초를 먹으라는 신문기사(『朝日新聞』, 1945년 7월 16일)

이것은 표면적인 배급량이었고, 일반 국민들은 그것의 절반도 받지 못했다. 간부들과 우두머리들은 횡령을 했고, 배급소는 뒤로 빼돌렸다.

생선도 문제가 되지 않았다. 정부 통계상 1945년의 식용 어류 소비가 1939년의 65%로 떨어졌다고 하는데(코헨, 앞의 책) 65%의 대부분은 군인이나 간부들, 자본가나 공장, 광산 등에서 소비했고, 일반 국민에게는 거의 배급되지 않았다. 총체적으로 1942년 이후의 의식주에 대해 일반적인 통계를 내는 것은 국민 생활에 관한 진실이라기보다 거짓말을 하는 것밖에 되지 않는다. 버터 1파운드의 공정가격이 3엔 80전인데 암시장가격은 6엔 50전이고, 2엔 20전인 설탕 1관은 암시장에서 50엔에 거래된다. 그렇다면 6엔 50전이나 50엔만 내면 버터든 설탕이든 살 수 있을 것으로 착각하기 쉬우나, 일반인은 '별'(육군)이나 '닻'(해군)이나 '얼굴'(관료, 경제통제 관계자, 우두머리)과의 연고가 없이는 그것들을 구경조차 할 수 없었다. 정부통계(『시사연감』, 1947년 판)를 보더라도, 1931~1935년 국민 일인당 평균 영양섭취량에서 계산한 활동가능량을 100으로 했을 때, 1945년에는 42.8로 떨어졌다. 거기에 노동·방공 등 기타 활동은 더욱 늘어났으니 이제 결국 국민들은 생사의 기로에서 선 것이다. 카와가미河上 박사의 체험과 관찰은 모든 국민들의 실태이기도 했다.

의복재료도 마찬가지여서, 아래 표와 같이 1944년의 민수용 직물은 1937년의 7.4%에 지나지 않았다. 이는 각 가정에서 갓난아기를 살짝 덮어주기에도 모자란 정도인데, 공장·사업장, 농업용 작업복을 최소한으로 수선하기에도 부족한 것이었다.

민수용 직물 공급량(단위: 천 평방야드)

1937년	5,159,778
1938년	3,694,856
1939년	3,143,314
1940년	2,757,478
1941년	2,121,802
1942년	1,216,487
1943년	611,500
1944년	387,742

『전시경제의 붕괴』, 314쪽

누더기를 두르고 각반을 차고, 바닥이 닳고 터진 구두나 작업화를 신고, 천 조각에 이불솜 누더기를 집어넣은 방공 두건이라는 것을 뒤집어 쓴 영양실조에 걸린 사람들은 사소한 일에도 서로 짜증을 내고 가까운 이웃들끼리 시기하고 질투했다. 굶주리고 춥고 꾀죄죄질꼬질한 국민들은 노예와 같은 죄인들처럼 하루하루 불안 속에서 보내야 했다.

도시주택은 군수생산의 팽창과 더불어 극심하게 부족해졌다. 징용공은 땅을 파서 세운 작고 긴 판잣집 가건물에 겨우 몸을 누일 수 있을 정도였다.

이상의 결과, 건강상태도 급속하게 악화했다. 도쿄에 있는 소학교를 조사한 결과를 보면 1940년부터 1943년 동안 학생들의 평균 신장은 141㎝에서 137.3㎝로, 평균 체중은 33.4㎏에서 31.5㎏으로, 가슴둘레는 72.1㎝에서 70.8㎝로 줄어들었다.(『일본산업경제신문』, 1944년 1월 21일)

도쿄에서 1천 명 당 사망률은 1938년 13명에서 1943년 22.6명으로, 오사카에서는 같은 기간에 13.4명에서 25.7명으로 증가했다(『도쿄신문』, 1944년 5월 10일). 이러한 때에도 정부와 군부는 '낳고 번성하라'고 선전하며 여자는 20세 전에 결혼하면 아이를 가장 많이 낳을 수 있다는 둥 조혼을 장려하기도 했다. 그 간부나 어용학자들과 신문은 바로 어제까지만 해도 일본이 인구과잉이라서 대륙으로 진출해야 한다고 부르짖었던 장본인이다. 그리고는 바로 그자들과 신문들이 패전하고 몇 년 뒤 또다시 인구과잉이라고 부르짖고 있다.

제4장

일본의 항복

제1절 연합군의 총공세와 도조 정권의 붕괴

마리아나를 잃다

1944년 6월 이미 국내의 전쟁체제는 붕괴 직전에다 국민들의 사기는 급속하게 무너져 가고 있었고, 유럽전선에서는 연합군이 노르망디 상륙작전이 시작되었으며, 버마전선에서는 임팔에서 일본군의 총퇴각이 시작되고, 중국전선에서는 지나파견군의 운명을 건 대륙통타작전의 제2단계 상계湘桂작전이 시작되고, 태평양전선에서는 일본의 진주만이라는 트럭 섬 해군기지가 공습을 받아 궤멸되고 있었다. 바로 이때 일본이 전략상 어떻게든 확보해야만 하는 절대국방권의 핵심으로서 반드시 방어해야 하는 마리아나 군도가 미군의 공격을 받았다. 도쿄로부터 남쪽으로 3천㎞ 이내에 위치하고 있는 마리아나 군도는 그곳에서 출격한 신형 폭격기 B29가 일본 전역을 폭격할 수 있는 범위에 있기 때문에 미군에게나 일본군에게나 아주 중요한 전략적 요충지였던 것이다.

이 때문에 트럭 섬을 공습하여 일본군 기지를 무력화하는 데 성공한 미군은 섬 점령 계획을 변경해 마리아나 군도를 다음 공격 목표로 설정하고, 제5함대 사령관 스프루언스Raymond A. Spruance 해군대장이 지휘하는 8백 척 이상의 대 기동함대(항공모함 16척 포함), 육상 기지의 비행기 879기, 해병 3개 사단, 해병 1개 여단, 육군 2개 사단 등으로 공격을 준비했다.

일본군 역시 마리아나 군도의 전략상 의의를 잘 알고 있었다. 이 때문에 육군은 제31군의 2개 사단과 2개 독립여단을 배치했고 해군은 중부 태평양방면함대를 신설하고 그와 별도로 해군기지의 모든 항공전력이라 할 수 있는 제1항공대의 1,200기를 이 군도에 배치해 두었다. 일본군은 미군이 공격해 올 경우 이 병력과 필리핀, 그리고 본토에서 출격한 기동부대로 '아ァ호' 작전이라 부르는 결정적 항공전을 계획하고 있었다.

그러나 이 방어계획에도 준비 불충분과 수많은 결함이 있었다. 육군부대는 도착 후 1개월밖에 되지 않아 진지 구축과 설비가 충분하지 않았고, 기지항공대는 훈련이 부족한 본토의 부대를 전용해 온 것이어서 탑승원의 질이 떨어진데다 육해군 간 지휘 계통의 혼선 때문에 통일된 전투수행에 지장이 있을 정도였다. 게다가 일본군은 정세를 오판해, 미군의 상륙이 빨라도 7월 이후가 될 것이라 예상하고 항공부대의 절반 가까이를 비아크Biak 섬의 전투에 투입하는가 하면, 미군의 상륙작전이 시작됐을 때 일본군 사령관은 출장으로 부재했을 정도였다.

6월 11일 기동부대의 공습으로 미군의 공격이 시작되었다. 일본군 항공병력의 주력인 제1항공함대가 한순간에 전멸했다. 불충분한 초계, 훈련 미숙 등으로 대부분이 이륙도 못하고 지상에서 궤멸되었던 것이다. 제공권을 확보한 미군은 6월 15일 군도의 주 섬인 사이판 섬에 2개 사단 병력으로 상륙을 개시했다. 이 섬에 있던 일본군 1개 사단이 해안진지에서 끈질기게 저항하는 바람에 미군은 사망자 2,500명 이상의 피해를 입으면서도 공군과 함포사격의 도움으로 해안에 교두보를 확보했다.

미군 기동부대의 사이판 상륙작전 의도가 거의 확실해지자, 연합함대는 15일 이른 아침 '아ァ호' 작전 결전 발동을 명령함으로써

19일부터 20일에 걸쳐 마리아나 앞바다에서 해전이 벌어졌다. 토요다豊田 연합함대사령관은 이 작전이 일본 해군의 항공부대와 수상부대의 전력을 가지고 벌이는 마지막 결전이 될 것을 예상하고 작전 개시에 앞서 '황국의 흥망이 이 전투에 달려있다'는 훈령을 전군에 내렸다. 6월 19일 아침, 괌에 있는 일본군 기지의 항공부대가 발진함과 동시에 오자와小沢治三郎 중장이 지휘하는 9척 항공모함의 항공대도 일제히 출격해 미군 함대로 돌진했다. 그러나 미 공군의 전투기에 가로막혀 미군 함대의 상공에 도착한 일본군 전투기는 불과 몇 대에 불과했다. 그 사이에 미 공군과 잠수함의 공격으로 일본연합대(제1기동함대)는 심각한 손실을 입었다. 항공기 손실은 640대에 달하고, 3만 톤급의 항공모함인 다이호大鳳와 쇼카쿠翔鶴는 잠수함 공격으로 침몰했다. 게다가 다음날인 20일, 미국 항공대는 항공모함 히요飛鷹 등을 격침시켰다.

마리아나 해전이 한창인 가운데, 사이판 섬에서는 사투가 벌어졌다. 미군이 사이판에 상륙한 지 7일 내지 9일 만에 미군 전투기가 섬 안의 비행장에 착륙했고, 11일 째 되는 날에는 섬 가운데에 자리한 타포차우Tapochau 산을 점령했다. 이미 수비대의 패배는 필연이었다. 7월 2일경 일본군은 거의 모든 전력을 소모하고 4일에는 미군이 일본군의 마지막 진지 안까지 진입함으로써 전세는 마지막 단계로 접어들었다. 6일 밤 일본군 잔존병력 3천명은 바로 앞의 미군 진지로 총돌격을 감행한 뒤 대부분 전멸했다. 이렇게 해서 사이판 섬의 지상전투는 종료되었다. 이 전투에서도 옥쇄 전술이 강행되었으나, 그럼에도 불구하고 1,062명이 투항했다. 이는 일본군의 사기에 미묘한 변화가 생기고 있음을 보여주었다.

지상전투가 끝나갈 무렵, 사이판 섬의 최북단에서는 세상에서 가장 비참한 광경이 벌어졌다. 다수의 일본인 거류민들이 높은 해안 절벽에서 톱니모양의 바윗돌들이 난무한 바닷물 속으로 계속 몸을 던져 자살한 것이다. 그중에는 자기 자식들을 직접 바닷물 속으로 던져버리는 이들도 있었다. 또 일본군의 강요에 의해 수많은 사람들이 한꺼번에 투신자살한다든지 또는 수류탄을 폭파시켜 폭사하기도 했다. 이따금씩 자살을 거부하는 사람들은 일본군이 사살했다. 그 수는 무려 1천 명에 달했다. 이는 포로가 되어서 모욕을 당하느니 차라리 죽음을 선택하겠다는 적극적인 의지의 발현이라기보다는 절망과 인간성 상실의 비극이었다.

'아호' 작전의 실패로 말미암아, 필연적으로 일본군은 미군이 괌, 티니안을 공격할 때 해군과 공군의 지원을 할 수 없었다. 하지만 이렇게 고립된 섬에 대한 공격에서도 미군은 매우 신중했다. 사이판에서의 전투가 너무나 격렬해서 미군 4,442명이 전사하고, 12,724명이 부상을 당했기에 사이판과 괌을 동시에 공격할 수 없었다. 사이판 전투가 끝난 후 다른 증원 사단이 진주만에서 수송될 때까지 괌 공격은 일시 연기되었다.

사이판에서 옥쇄한 일본군

당시 괌 섬에는 약 1개 사단의 수비대가 있었다. 이에 반해 미군의 공격부대는 상륙 전 2주간에 걸쳐 일본군의 머리 위로 맹렬한 포격을 가한 후, 7월 21일 2개 사단 반의 병력으로 상륙을 개시해 교두보를 확보했다. 그 후 격렬한 전투가 이어지다가 8월 10일 섬 외부와의 연락이 두절된 18,500명의 일본군 태반이 전사함으로써 조직적인 저항은 끝났다. 그러나 패잔병들은 섬의 산악지대인 밀림으로 숨어 들어가 전쟁이 끝난 뒤에도 2년 이상 정글에 남아 있었다.

그 사이, 사이판 섬의 남쪽에 있는 티니안 섬에 7월 24일 미군이 상륙해 8일 간의 전투 끝에 이 섬의 수비대를 거의 전멸시켰다. 티니안 섬 전투에서 태평양전쟁 사상 처음으로 지상부대의 근접지원을 위해 공군이 네이팜 폭탄Napalm bomb을 투하했다. 그 결과 일본군은 전사자 약 1만 명, 포로 250명의 피해를 입었다.

이렇게 해서 마리아나 군도는 미군의 손에 함락되었다. 사이판, 티니안, 괌 섬에는 대규모 비행장들이 만들어졌다. 그리고 머지않아 11월 24일 이 비행장에서 이륙한 B29 폭격기 70대가 도쿄를 공습했다. 이후 공습은 매일매일 점점 더 격렬해졌다.

도조의 실각

전세가 급속히 악화되고 국민 생활도 파국의 구렁텅이로 전락하자 드디어 국민들이 전쟁의 의의에 의문을 품기 시작해 정부와 군부에 대한 불만이 용암처럼 끓어올랐다. 이러한 조짐은 우선 도조 정권에 대한 불만으로 나타났다. 국민적 불만을 배경으로 지배계급 내부에서 반反도조 파벌이 움직이기 시작했다. 고노에 후미마로 등 이른바 중신들 일부와, 패전의 책임을 도조에게 떠넘기려는 육해군의 일부, 헌병의 지시를 받는 것이 불만인 경찰고위간부 등이 도조를 험담하며 위안을 삼거나 궁정공작으로 내각을 무너뜨린다는 음모를 공상했다. 그러나 이들은 도조 정권을 타도하겠다는 단호한 결단을 내리지 못했다. 히가시쿠니노미야東久邇宮를 차기 지도자로 내세워 도조를 대신한다는 안이 이들 사이에서 한바탕 화제가 되기도 했다. 이때 고노에는 '이대로 도조가 책임을 지게 하는 게 낫다. 만약 혹시라도 전쟁이 잘되면 당연히 바꾸는 게 좋겠지만, 만의 하나라도 전세가 나빠진다면 때마침 도조가 히틀러와 함께 세계로부터 미움을 받게 되었으니 그가 모든 책임을 지는 게 좋을 것 같다'고 떠벌리는 형편이다 보니, 스스로 책임을 지겠다는 결단도 없고 국민의 고통은 안중에도 없으며 자기들 안전만 생각하는 태도에서 한 발짝도 더 나아가지 못했다(細川護貞, 『정보, 천황에게 닿지 않다』, 1944년 4월 12일).

이들 가운데 공공연하게 도조에 반대한 것은 나카노 세이고中野正剛, 이시하라 간지石原莞爾 등 우익뿐이었다. 이들 역시 도조와 같은 입장에서 전쟁을 추진해 왔기에 동료라는 안도감 때문에 그나마 얘기를 할 수 있었다. 이들은 전쟁의 책임을 패전의 책임으로 슬쩍 바꿔치기 하고, 국민의 전쟁과 지배계급에 대한 불만을 도조 한 사람에게 전가시키려고 했다. 그러나 나카노가 '천하에 한 사람을 모시고 흥하다'라는 연설회를 열어 도조 내각을 비판하고 1943년 10월 도조에 반대하는 중신들의 공작이 시작되자, 헌병대에 검거되었다. 의회가 개회되는 바람에 곧바로 자택으로 풀려 난 나카노는 치열한 싸움을 벌여보지도 못한 채 무의미하게 자살하고 말았다.

민심 이반과 지배계급 내부의 이 같은 반대에 직면한 도조는 마침내 초조해지기 시작했다. 1944년 3월 전세가 나빠지자 통수권과 국정을 통일시키기 위해 총리 겸 육군상인 도조는 참모총장을 겸직하고, 시모다嶋田繁太郎 해군상에게도 군령부총장을 겸직시켰다. 군정의 전권을 한 손에 움켜 쥔 도조는 명실상부한 독재자의 위상을 갖추었기에 국민들은 도조 막부라고 불렀다. 하지만 본질적으로 분리되어 있던 통수권과 국정의 통일은 전혀 성공하지 못했다. 시모다 해군상은 '도조의 부관'이라는 별명이 붙을 정도로 도조의 말대로 따랐기 때문에, 육군과의 대립의식이 강했던 해군 내부에서는 불만이 가득했다.

사이판을 잃어버리자 도조 정권에 대한 국민들의 불신은 더욱 커졌다. 정부에 대한 민심 악화는 누가 보더라도 명약관화했다. 고노에 등은 이 단계에서도 가급적 도조에게 그대로 맡겨야 한다고 생각했다. 이들은 국민들이 실제 전세를 전혀 모르고, 지금 도조 내각을 바꿔서 평화적인 방향으로 나가려고 해도 국민들의 지지를 받지 못할 것이기 때문에, '정말로 유감이지만, 한두 차례 폭격을 받고 미군이 본토에 상륙하면 국민들도 도조 내각을 바꿔야 한다고 생각하지 않겠는가' 그러니까 그때까지 내각은 그냥 내버려 둬도 된다고 했다(細川護貞, 『정보, 천황에게 닿지 않다』, 1944년 6월 26일).

이렇게 말하면서도 이들은 국민들이 전쟁을 비판하지 못하도록 하는 데에 있어서는 도조 정부 이상으로 민감했다. 고노에 그룹의 정보통인 호소카와 모리사다細川護貞는 정보부에 대해, 소련 장교는 빈곤층에서 나오기 때문에 강하다든가, 검사 모임에서 암시장의 근원이 상류계급에 있다는 지적이 있었다든가 또는 황실에서 경어를 남용해서 오히려 경의가 사라지고 있다는 등의 신문기사를 언급하며 '사람들의 주목을 끄는 기사들 속에 적화사상을 선전'하고 있으니 이런 기사를 단속하라고 지시했다(細川護貞, 『정보, 천황에게 닿지 않다』, 1944년 8월 14일).

고노에와 같이 선조 대대로 기생적인 계급은 이처럼 아무런 실행력도 없고 다른 사람을 희생시켜 그 성과를 자기가 가로채는 것밖에 생각하지 않았다. 그에 비해 오카다 게이스케岡田啓介 같은 중신들은 도조 내각을 타도함으로써 전 지배계급을 위기에서 구해내고자 조금 더 진지하게 행동했다. 이러한 움직임을 눈치 챈 도조는 내각을 개편함으로써 불평을 누그러뜨리고 정권을 존속시키기 위해 마지막 노력을 기울였다.

7월 13일 도조가 기도 고이치木戸幸一 내대신에게 개각의 의지를 밝히자, 기도는 '모두가 염려하는 것은 개각이 아니고, 통수권 확립이라는 것이 온전한지 여부'라면서 (1) 참모총장과 대신을 분리하고 (2) 해군대신을 경질하고 (3) 중신을 입각시켜 거국일치 내각을 만들어야 한다는 세 가지를 제안했다. 이것은 중신들의 의도가 담긴 것인데, 특히 오카다岡田啓介, 요나이米内光政 등이 중심이 되어 안을 만들어 기도에게 전달한 것이었다. 기도가 '이것은 윗분의 의향이기도 하다'면서 천황의 의지인 것처럼 꾸몄다. 도조도 여기에 따라야 할 만큼 궁지에 몰렸다.

제1안과 제2안에 대한 그의 개편안은 육군상에 도조 자신, 참모총장에 우시로쿠 준後宮淳 참모차장, 해군상에 사와모토 요리오沢本頼雄, 군령부총장에 시모다를 앉히는 것이었는데, 17일 참모총장에 우메즈 요시지로梅津美治郎 관동군총사령관이, 해군상에 노무라 나오쿠니野村直邦 사세보佐世保 진수부사령관이 갑자기 임명되었고, 시모다는 군령부총장 직에 머무르게 되었으며, 17일 저녁 노무라에 대한 임명식이 이루어졌다. 도조는 자기 지위에 대해서는 건드리지 않고, 중신들과의 거래에서 일단 성공했지만, 그의 구상은 내각의 강화를 위해 기시 노부스케岸信介를 물러나게 하고 요나이와 아베阿部信行의 두 중신을 입각시키려는 것이었다(矢部, 『近衛文麿』 하권 508쪽). 그러나 용퇴하라는 압박을 받은 기시는 중신들의 얘기를 듣고는 단독으로는 사임하지 않겠다고 버티면서 오히려 내각의 총사퇴를 주장했다. 그리고 요나이, 아베, 히로타広田弘

毅 세 사람은 각각 무임소대신으로 입각하라는 협상안을 받았지만, 모두 거절했다. 도조가 중신들의 입각을 조건으로 내걸면 입각을 거절한다는 치밀한 방법으로 도조를 궁지로 내 몬 중신들은 한번 더 일격을 가하기 위해 17일 저녁, 히라누마平沼騏一郎 저택에서 회합을 가졌다. 와카쓰키若槻禮次郎, 오카다, 히로다, 고노에, 아베, 요나이, 히라누마 등이 모였다.

이 자리의 분위기는 '처음부터 도조가 퇴진했어야 한다'는 결론이 나와 있었기 때문에 도조에 호의적인 아베가 '우선 경고부터 하자'는 의견을 제시했지만 이 의견은 무시되었고, 전체의 의견은 다음과 같은 도조 내각 퇴진 요구 합의로 정리되었다. '이제 내각개편은 다난한 시국의 앞날에 아무런 효과도 없다. 모든 국민들의 마음을 붙잡고 활로를 열어 나갈 강력한 거국일치 내각의 등장이 필요하다'(岡田啓介, 『회고록』). 이 의견은 그날 밤에 오카다를 통해 기도에게 전달되었는데, 중신들과 가까우면서도 동시에 도조를 두려워했던 기도는 '천황에 대한 의견'이라면 신중하게 검토하는 것이 좋겠다면서 주저했지만, 오카다로부터 정보부도 의견을 같이 한 것이라는 얘기를 듣고는 그제야 안심하고 받아들였다. 중신들의 회합을 전해들은 도조는 마침내 내각개편을 단념하고, 사면초가에 내몰려 18일 아침 내각총사직을 하게 되었다. 그가 1940년 7월 18일 제2차 고노에 내각의 육군대신으로 상경한 이래, 꼭 4년 만이었다.

도조 단독정권은 마침내 무너졌다. 중신들의 궁정음모로 마침내 물러난 것이다. 하지만 용기도 없는 이 노인네들이 움직일 수밖에 없도록 만든 힘은, 도조 정권에 대한 불만이 전 국민들 가운데 들끓었기 때문이다. 일본제국주의의 전쟁체제에 커다란 분열이 생긴 것이다.

필리핀 전투의 패배와 특공대

마리아나 군도를 빼앗긴 후 이곳을 기지로 한 미 공군의 본토 공습이 격화되는 가운데, 모든 전선에 걸쳐 일본군에 마지막 일격을 가해야 하는 연합군의 총공격이 시작되었다. 과달카날Guadalcanal 함락 이후 미군의 진격은 중부 태평양과 뉴기니의 두 방면에서 필리핀을 향했다. 마리아나 군도에서 뉴기니 서북단의 비아크 섬까지 서태평양에서 전개된 미군의 다음 작전목표는 두 방향에서 필리핀으로 진격하고, 상륙을 전후해 예상되는 일본 육군과 공군의 반격을 격파하고, 필리핀을 점령하는 것이었다. 작전 개시 시기는 9월의 퀘벡회의에서 토의되었고, 8월에서 9월에 걸쳐 이루어진 제3함대의 정찰 결과를 토대로 10월 20일로 결정되었다. 우선 필리핀이 목표가 된 것은 이 섬의 게릴라 활동이 커다란 효과를 거두고 있는 점, 이 섬을 해방시킨다는 공약을 성사시키겠다는 정치적 고려, 일본 본토와 남방을 완전히 차단할 수 있는 전략상 필요가 결합했기 때문이다.

일본의 대본영도 일단 다음 전장으로 필리핀을 예상했지만, 본토에 직접 상륙할 수도 있음을 고려하여 7월 24일 '첩捷호 작전' 1호부터 4호까지 계획을 세워 두 방면에 대한 대비에 착수했다. 이 때문에 필리핀에서 야마시타 토모유키山下奉文 대장이 지휘하는 제14방면군을 신설해 서둘러 작전준비에 나섰지만, 이 방면에 대한 준비부족은 숨길 수조차 없었고, 현지군의 루손 섬에서의 결사항전론과 대본영의 항공결전론이 서로 대립했고, 미군 상륙 시기도 이듬해인 1945년 1월에 민다나오 진출, 3월에 루손 섬에 상륙할 것이라고 잘못 예측하는 등, 실제 준비태세는 형편없는 모습이었다.

민다나오에 상륙할 것이라는 잘못된 판단이나 준비의 부족뿐만 아니라 이 무렵 일본군은 잇따른 패전으로 사기가 완전히 떨어져서 바람소리나 닭이 우는 소리에도 놀랄 지경이었다. 민다나오 섬 다바오의 해군지휘관은 8월 9일 '내일 적의 상륙이 있을지 모른다'고 명령했는데, 다음날 아침 관측병이 만灣 입구의 파도를 상륙단정으로 착각해 적이 상륙했다고 보고했다. 이 보고가 갈수록 과장되어서 제1항공함대는 '현란한 색을 가진 적의 수륙양용 전차'라고 보고했고 연합함대는 '첩호 작전' 1호의 작전경계를 발령하고 육군은 할마헤라Halmahera 방면의 항공부대를 복귀시키는 등 전군이 대혼란에 빠졌다(服部卓四郎, 『대동아전쟁전사』 제4권). 이에 대한 책임을 지고 다바오의 해군사령관은 면직되었다.

10월 9일부터 필리핀 공격군의 측면을 엄호하기 위해 미 기동부대가 오키나와를 공격했다. 12일에는 타이완이 맹렬한 공격을 받았다. 연합함대는 항공부대의 공격을 개시하고 12일부터 큐슈 남쪽에서 제2항공함대가 450대의 병력을 출동시켜 타이완 앞바다에서 항공전투가 벌어졌다. 15일까지 공격에서 일본군은 전투기 300대 이상의 손실을 입었지만 미군 기동부대의 주력은 조금도 손해를 입지 않았다. 미군 기동부대는 16일에 필리핀 동쪽으로 이동했다. 이때 미 함대가 거의 궤멸되었다고 보고되었는데, 대본영은 타이완 앞바다에서의 항공전에서 커다란 전과를 올렸다고 발표했다. 항상 국민을 속여 왔던 군부는 이제 스스로를 속여야만 했다. 대본영 특히 육군은 실제로 미군 기동부대가 궤멸되었다고 굳게 믿고, 레이테 섬에 대한 상륙이 시작되자 제공권이 없는데도 대병력을 레이테 섬으로 보내는 커다란 실수를 저질렀다.

이어서 17일 미군은 레이테 만 동쪽의 술루안Suluan 섬에 상륙했다. 그리고 20일에 호위항모 18척, 전함 6척, 수송선 53척, 화물선 54척 기타 크고 작은 함선 총 650척을 거느린 미 제7함대가 레이테 섬 상륙을 개시, 홀시 주니어William Halsey, Jr. 제독이 지휘하는 제3함대가 북쪽에서 엄호에 나섰다. 이에 대한 일본 함대의 작전은 전함 무사시武蔵와 야마토大和를 주력으로 편성하고, 쿠리다栗田健男 중장이 지휘하는 제2함대가 상륙지점을 향해 돌격하며, 제5함대가 상륙지점에 역상륙을 감행하고, 북쪽에서 기동부대(항모 4척)가 적을 견제한다는 것이었다. 일본 해군의 전력을 기울여 여기서 마지막 결전을 치루겠다는 것이 대본영의 계획이었던 것이다.

서남쪽에서 레이테로 향하던 제2함대는 23일 일찌감치 잠수함 공격을 받아 순양함 아타고愛宕와 중순양함 마야摩耶가 침몰하였고, 24일에는 항공공격을 받아 무사시가 침몰하고 야마토 등의 주력함도 어뢰공격을 받았다. 25일 오전 1시 '천우신조를 확신하고 전군 돌격하라'는 연합함대사령관의 명령에 따라, 일본군은 사마르 Samar 섬 앞바다를 남하해 6시 40분 미 함대와 전전을 벌였으나, 전함 야마토의 18인치 함포를 갖고서도 결정적인 타격을 입히지 못한 채 끊임없이 쏟아지는 공중으로부터의 공격과 적의 소재를 정확히 알 수 없는 어려움 속에 레이테로 돌진하지 못하고 결국 되돌아 퇴각했다. 더욱이 이날 오후 1시 북쪽에서 적을 견제할 목적이었던 기동부대의 본진이 레이테를 향해 진행하다가 3시까지 항공공격을 받고 항공모함 4척을 잃고 궤멸되었고, 유격부대로서 남쪽에서 레이테로 역상륙하기 위해 진행하던 제5함대는 24일 밤 수리가오 Surigao 해협으로 돌진했지만 집중 사격을 받고 궤멸에 가까운 타격을 입었다.

이렇게 해서 각 함대는 10월 27일까지 레이테 상륙공격 임무를 달성하지 못하고 각 근거지로 도주했는데, 이 해전에서 전함 3척, 항모 4척, 순양함 9척, 구축함 8척 침몰이라는 피해를 입었다. 이는 연합함대라는 것이 성립되지 못할 만큼 치명적인 손실이었다. 쿠리다 함대의 후퇴 등 지휘관이 겁을 집어먹은 것이 패전의 원인이라고 하지만, 무엇보다 제공권이 전혀 없는 가운데 해상에서 주력함대에게 무모하게 돌진하라는 계획 자체가 일본군 전술의 난맥상을 드러내는 것이었다. 이미 이 무렵 일본군의 정세판단이나 지휘관의 능력은 완전히 마비상태에 빠졌고, 앞서 소개된 다바오의 '잔물결 사건'에서도 알 수 있듯이 전군이 공황상태에 빠져 들었다. 쿠리다 함대의 퇴각도 그런 사례의 하나에 불과하다.

게다가 항공병력의 압도적인 열세 때문에 레이테를 공격할 기지항공대는 매일 20~25대를 잃어가는 반면 보급은 하루 10대 정도였다. 이런 상태는 갈수록 심각해졌다. 이러한 열세를 어떻게든 회복해 보고자 처음으로 특공대가 레이테를 공격했지만 커다란 효과를 거두지는 못했다. 미군은 처음 한 두 차례 놀라긴 했지만, 이내 이것을 '자살공격'이라고 비웃었다.

해군은 이러한 특공공격을 내부에서 자원自願을 받아 결정했다고 하지만, 이 무렵 이미 인간이 탑승한 로켓식 폭탄이 연구되고 있던 사실에서도 알 수 있듯이, 명령에 따라 개발된 전술이 틀림없다. 게다가 이 전술이 1944년 7월 마리아나 군도에서 패한 어느 사령관의 요청에 따라 이루어졌다는 점은 상당히 이전부터 이런 식의 공격방법이 연구되고 있었다는 점을 충분히 짐작케 한다 (James A. Field, Jr., 中野五郎 역, 『레이테 만의 일본 함대』). 일본은 하와이 공격 이래 '특공정신'을 선전해 왔고, 특히 천황은 특공대원들을

가미카제 특공대(1945년 2월 21일 이오지마 부근 미 함대공격 직전)

상찬하고 격려했다. 그리고 이후 이 야만적이고 지극히 비인도적 전술은 절망에 허덕이는 일본군부의 유일한 전술이 되었다. 젊은 특공대원에게 계속 공격명령을 내리던 필리핀의 제4항공군사령관 토미나가 쿄지富永恭次 중장(전쟁 중 육군차관)은 미군이 루손 섬에 상륙하자 부하를 버리고 남은 비행기를 타고 명령도 없이 타이완으로 도망쳤다.

한편 레이테 섬에 상륙한 미군에 대한 공격과 관련하여 루손 섬 결전을 주장하던 14방면군 사령부와 레이테 결전을 주장한 대본영과 남방총군사령부 사이에 의견이 대립해 방침이 서질 않고 동요하더니, 마침내 5개 사단과 1개 여단의 레이테 섬 집결 결정이 10월 25일에 내려졌다. 그러나 제공권 없이 해상에서 16차례에 걸쳐 수송이 이루어진 결과 집결하던 군대 대부분이 바다 속으로 침몰하였고, 겨우 도착한 제26사단의 경우는 무기를 전부 바다에 버리고 병력만 상륙할 정도였다. 처음부터 레이테를 수비했던 제16사단은 압도적으로 우세한 미군의 공격 앞에 금방 궤멸되었다. 레이테 섬의 대세는 결정되었고, 일본군은 해공군의 잔존 주력을 잃어버렸을 뿐만 아니라 필리핀 방어의 중심이었던 5개 사단의 육군을 헛되이 수중이나 레이테 섬으로 던져 넣은 형태가 되어 루손 섬의 수비가 완전히 허술해지고 말았다. 이렇게 해서 다음 전장은 점차 루손 섬으로 옮겨 갔다.

레이테로 주력을 보낸 제14방면군의 루손 섬 방어준비가 충분히 이루어지지 않은 가운데 1945년 1월 9일 미 제6군은 제7함대 850척의 호위를 받으며 루손 섬 링가옌Lingayen 만에 상륙을 개시했다. 이미 결전의 자신감을 잃어버린 14방면군은 약 9만의 병력으로 산악지대를 이용해 지구전을 벌이기로 결정했다. 그러나 주민들의 협조 없이는 육지에서의 지구전이 성공할 리 없고, 게릴라 부대의 공격은 일본군의 행동을 매우 어렵게 만들었다. 이렇게 해서 미군은 2월 6일 마닐라 근교로 진출해 2월 23일에 마닐라 시로 진입해 들어갔다. 이때 철수하는 일본군이 시민들에게 저지른 대학살은 일찍이 난징에서 벌어진 대학살과 더불어 일본군이 저지른 최대의 학살행위였다. 수천 명을 기관총으로 한꺼번에 사살하거나 탄약을 절약하기 위해 가솔린으로 불태워 죽이는 방법으로 수만 명의 시민을 집단학살했다. 이는 절망적인 상태에 빠진 제국주의 군대가 일말의 인간성조차 상실하고 피에 굶주린 짐승으로서 저지른 만행이었다.

이렇게 해서 3월부터 4월에 걸쳐 일본군은 산악지대로 쫓겨 들어가 6월 중순에는 거의 궤멸상태가 되었다. 산 속을 헤매던 패잔병들은 기아에 직면해 음식물을 서로 빼앗고 인육까지 먹어치우는 지옥 같은 생활을 계속했다. 이렇게 일본군을 궤멸상태로 내모는 데 커다란 역할을 한 것은 후크발라합Hukbalahap(필리핀항일인민군)이었다. 일본군이 침입한 이래 게릴라 활동을 계속한 후크발라합은 1943년에 부락통일 방위대를 만들어 군사적으로나 민주정치를 통해 부락 주민들을 이끌고 있었다. 그리고 중부 루손 지방은 '적에게 쌀을 주지 말라' '인민의 식량을 지켜라'라는 수확투쟁을 통해 일본군의 식량 확보를 어렵게 하는 등 일종의 해방구를 형성하고 있었다. 1944년 11월 미군이 상륙하기 전 일본군은 후방을 안전하게 하려고 대규모 게릴라 토벌작전을 펼쳤지만 효과가 없었다(林三郎, 『태평양육전개사』). 미군의 필리핀 재점령이 시작되자, 미군을 가리켜 '유럽의 파시즘 요새를 분쇄한 다른 진보적 세력의 동맹들과 마찬가지인 우리의 동맹자'로 간주한 후크단Huk團은(Luis Taruc, 安藤正美 역, 『필리핀민족해방투쟁사』) 도로와 교량, 터널을 파괴해서 일본군 병력의 이동을 저지하는 한편 미군의 포로를 해방하고 또 미6군의 전투를 유리하게 이끌기 위해 중부 루손 섬에서 커다란 활약을 펼쳤다.

이러한 활약에 대한 미군의 보답은 가차 없는 탄압이었다. 이에 후크단은 지금도 여전히 필리핀의 해방을 위해 어려운 조건 속에서도 전투를 계속하고 있다.

필리핀 상실을 전후해 버마에서의 일본군 전선도 완전히 무너졌다. 임팔작전의 대실패 후 버마 중부의 이라와디강을 따라 전선을 구축하려던 일본군은 서쪽으로부터 영국·인도군, 북쪽으로부터 미국·호주 연합군, 동북쪽으로부터 충칭군의 협공을 받아 1945년 2월 영국 기갑사단의 이라와디강 돌파로 시작된 메이크틸라Meiktila 전투에서 커다란 실패를 맛보고 모든 전선이 붕괴되기 시작했다. 이에 더해 3월 27일 버마 국군이 반파시스트 인민자유동맹의 지휘로 일제히 반란을 일으켜 퇴각하는 일본군의 배후를 공격해 혼란에 빠뜨렸다. 이렇게 해서 5월 초 랑군도 빼앗기게 되었다. 이로써 10개 사단 30만 병력을 자랑하던 버마방면군은 1/3로 감소하고 버마의 대부분을 잃고 해체되었다.

전쟁 말기의 중국

이 무렵 중국에서 대륙타통 작전에 따른 충칭重慶군 병단의 잇따른 와해와 퇴각으로 충칭 정부의 항전 정책에 대한 안팎의 비판이 표면화시켰다. 중국이 일본군과 전략적 대치 단계에 들어선 이래 일관되게 계속된 장제스의 반공정책은 점점 더 도를 더해 대일전을 소홀히 하는 한편 팔로군, 신4군에 대한 공격을 반복하고, 해방구에 대한 봉쇄 역시 점점 더 강화했다. 충칭지구 내에서 독재와 탄압정치는 더욱 강화되어 공산당에 대한 박해뿐만 아니라 모든 자유주의자마저 탄압을 받았고 언론과 사상의 자유는 전부 박탈되었다. 인민의 불만은 높아갔고 국민당 지배 아래의 충칭지구는 온갖 위기와 암초로 뒤덮였다. 이때 일본군의 공세가 시작되었다.

1944년 5월 4일 쿤밍昆明의 학생 3천 명이 5·4운동 기념대회를 열어 충칭 정부에 대한 민주화와 자유의 요구를 결의하고, 장제스의 암묵적 지배에 대한 인민들의 비판을 행동으로 드러냈다. 일본군의 공격에 노출된 전선에서도 부패한 충칭군과 관료들에 대해 7월 21일 허난성 남부의 민중 수만 명이 폭동을 일으켜 농민구국군을 조직해 항전을 추진했다.

이러한 정세에 놀란 것은 미국·영국·네덜란드·국민당 합동참모부의 참모장으로서 장제스의 작전지휘를 지원해야 할 지위에 있었던 미국의 스틸웰Joseph W. Stilwell 장군이었다. 그는 대일전쟁 수행으로 중국의 전투력이 약화되고 충칭 정부가 몰락할 경우 전후 미국의 대중국정책에 악영향이 있을 것으로 우려하여 장제스가 반공정책을 항일투쟁보다 우위에 두고 독재체제를 강화하는 데 대해 비판하고 이에 맞섰다. 1944년 7월 루즈벨트는 장제스에게 서한을 보내 중공군을 포함한 중국에서의 모든 연합국 군대에 대한 지휘권을 스틸웰에게 부여하고, 일본군의 공세저지에 필요한 작전을 전개하도록 제안했다. 그러나 장제스는 중공군의 전투력을 높이 평가한 스틸웰에게 작전수행에 필요한 모든 권한을 넘겨준다면 국민정부 내부에서 자신의 권력이 실추될 것으로 여겨 표면상 이 제안에 찬성을 표하면서도 답변을 하루하루 미뤘다. 장제스와 스틸웰의 관계는 악화될 뿐이었다. 9월 하순, 스틸웰은 마침내 다음과 같이 발표했다. '장제스는 더 이상 전쟁 수행을 위해 노력하려는 의사가 없다. … 그에게는 정말이지 민주적인 제도를 세운다든지, 공산주의자와 공동전선을 편다든가 할 의사가 전혀 없다. 중국의 통일과 항일전쟁을 향한 협력의 진짜 장애물은 실로 그 자신이다. … 현재 그

의 지위는 일당독재정부·반동정책이라는 기초 내지 자신의 비밀경
찰로부터 적극적인 원조를 받으며 민주 사상을 탄압하는 그 기초
위에 서 있는데, 그의 지연전술 목적은 다른 게 아니라, 자신의 이
러한 현재 위치를 유지하는 것이다.'(미 국무부, 『중국백서』).

　　미국 정부는 한때 스틸웰을 지지하고 그가 전 중국군을 지휘함
으로써 일본제국주의를 중국에서 축출한 후에 미국 자신이 일본
의 유산을 손쉽게 장악하고자 하였다. 하지만, 마침내 모든 전선에
서 일본군의 붕괴가 분명해지면서 충칭 진공작전의 가능성도 사라
지게 되자 중국의 항일전쟁 고취보다 중국공산당의 성장을 억제하
는 것으로 미국의 대중국정책은 그 중점이 바뀌었다. 미국은 중국
의 대일항전 주도권을 공산당이 장악할 경우 일본이 퇴각한 후에
미국이 중국을 장악할 가능성이 없어질까 우려했던 것이다.

　　미국의 중국정책이 변화 조짐이 처음 나타난 것은 1944년 8월
이었다. 대통령의 개인특사 자격으로 중국을 방문한 패트릭 헐리
Patrick Hurley가 8월 9일에 스틸웰을 파면한 것이다. 헐리의 새로
운 임무는 국민정부의 붕괴를 감추고 장제스를 중화민국의 주석과
대원수로 지지하고 일본타도를 위해 중공군을 그의 지휘 하에 두
고 이용하는 것이었다. 이를 위해 그는 처음에 중공에게도 어느 정
도 양보를 아끼지 않는 것처럼 하였다. 11월 연안에 가서 마오쩌둥
과 회담을 갖고 국민당의 일당독재를 폐지하고 민주연합정부를 만
들자는 중공의 제안에 찬성하며, 그러한 취지가 담긴 5개 항목 협
약을 국민정부 및 국민당과 공산당 간에 체결하기로 결정했던 것이
다. 그러나 다시 충칭으로 돌아온 헐리는 이 협약안에 따라 국공관
계를 조정할 의지가 조금도 없었다. 헐리와 장제스의 회담에서 5개
항목 협약안을 대체한 3개 항목 협약안은 외견상의 정치적 양보에
대한 대가로 전 중국 군대의 통일이라는 명목 아래 공산군의 무장

해제를 추진할 권력을 장제스의 손에 쥐어주는 것을 목적으로 한 것이었다. 이렇게 헐리와 장제스의 꼼수 때문에 국공관계는 오히려 악화되었고 장제스는 충칭정권의 수뇌부를 경질하고 독재체제를 강화했다.

국공협상의 경과는 9월 중순 개최된 국민참정회 자리에서 중공 측 대표인 린보취林伯渠에 의해 국민들에게 널리 알려졌고, 국민참정회의 주요 의제로 국민정부와 통수부의 개편 문제가 제출되었다. 이 제안은 충칭 청두成都지구의 모든 애국자들과 전 중국인민의 열렬한 지지를 받았다. 9월 24일 펑위샹馮玉祥, 샤오리즈邵力子, 황옌페이黃炎培, 선거우루沈鈞儒 등 각계 정당·정파 대표 500여 명이 국민정부의 개편과 연합정부의 수립을 요구했다. 10월 1일 먼저 상하이에서 병사한 쩌우타오펀鄒韜奮의 추도대회에 참가한 수천 명은 민주자유 요구와 반파시즘의 슬로건을 외쳤다.

그러나 장제스 일파는 중국 민중의 이러한 열망적인 요구를 귀를 기울이지 않았고, 국민참정회는 중공의 제안을 묻어 두었으며, 장제스의 봉건적 파시즘적 독재는 점점 더 흉포해졌다. 서남연합대학 교수 원이둬聞一多, 장시잉張奚英 같은 명사들마저 국민당을 비판했다는 이유로 자리에서 쫓겨나 특무경찰의 감시 아래 놓였다. 그러나 어떠한 폭력도 중국의 민주적인 애국자를 침묵시킬 수 없었다. 1945년 1월 중국민주동맹은 다시 선언을 발표해 국민당 일당전제의 즉시 폐지를 요구하고 전 인민에게 호소했다. 장제스는 탄압을 강화하는 한편 오는 11월 12일을 기해 입헌정치 실현을 위한 국민대회를 소집한다고 발표했지만, 이것으로 민중들의 요구에 부응할 수는 없었다. 헐리로 대표되는 미 제국주의는 4월 초 중국공산당과의 협력을 거부하고 그 지위를 말살하겠다고 발표함으로써 그 정체를 드러냈다. 미국은 다시 장제스 정권과 소련 정부 사이에서 중소우호동맹조약을 체결하고, 소련 정부가 장제스의 권력을 지지한다고 정식으로 표명하게 해서 중국공산당의 장제스 비판을 봉쇄하려고 했다. 5월 말 국민정부의 행정원장에 취임한 쑹쯔원宋子文은 6월에 모스크바로 날아가 스탈린과 회담을 갖고 중소우호동맹조약 체결 협상을 시작했다. 조약은 1945년 8월 14일 체결되었다. 그러나 이것은 소련이 장제스의 독재정치를 인정했음을 의미하는 것이 아니라 중국인민과의 우호관계를 밝힌 것이었다.

충칭지구에서 국민당 개편 문제가 무르익어갈 때 해방구의 전선은 날마다 더욱 확대되어서 국지적인 반격이 잇따라 성공하고 일본군에게 막대한 손해를 입혔다. 이미 해방구는 동북·화북·화중·화남·서북의 19개 성에 이르고 총 1억 명의 인구를 포함할 정도로 성장했다. 1945년 4월 하순 연안에서 열린 중국공산당 제7차 전국대표자대회는 총공격을 앞에 두고 독립·자유·민주·통일의 새로운 중국 건설을 위한 전 중국 인민의 단결을 호소했다. 대회 시작에서 마오쩌둥은 정치보고를 통해 '연합정부론'을 발표하고, 중국공산당의 신민주주의 건설 시기의 일반강령과 목전의 대일항전을 위한 구체적인 방침을 밝혔는데, 민주연합정부의 수립과 민주적 강령을 실현시키기 위해 중국공산당은 총력을 기울여 노력할 것을 다시 확인했다. 연합정부론에서 말한 주장은 글자 하나마다 민주자유와 국민당의 일당독재 폐지를 요구하는 전 인민의 주장이었다. 그리고 이제 더 이상 미 제국주의나 장제스 일파에게는 중국 인민과 중국공산당과의 광범위한 결합을 분열시킬 힘이 없었다. 연합정부론의 마지막은 다음과 같은 말로 끝맺고 있다.

동지 여러분! 재삼 혁명의 경험을 가진 중국공산당이 있기 때문에 우리의 위대한 정치적 임무를 완성할 수 있다는 것을 저는 굳게 믿습니다. 몇 천 몇 만의 선배 열사들은 인민의 이익을 위해 우리의 선두에 서서 영웅적으로 몸을 희생했던 것입니다. 우리는 그들의 깃발을 높이 치켜들고 그들의 핏자국을 밟으며 전진해 나가야 하지 않겠습니까! 신민주주의의 중국은 머지않아 탄생할 것입니다. 우리는 이 위대한 날을 맞이합시다.

정말로 그 날은 가까이 다가왔다. 4월부터 8월까지 해방구는 눈부신 속도로 발전했다. 팔로군의 공격으로 화베이華北의 일본군은 모든 거점과 진지에서 축출되었다. 소부대의 행동은 불가능해졌고 철도 연선의 도시들에서 대부대로 줄어들었다. 점령지구의 경제는 완전히 붕괴해 파국적인 인플레이션에 허덕였다. 중국전선에서 일본제국주의가 지배한 8년간은 8월 15일을 앞두고 파멸 직전에 놓였다.

이오지마硫黃島와 오키나와

1944년 12월 대본영은 이미 레이테 전투에서 손을 뗐다. '1945년 중반을 내다 본 전쟁지도 복안'이 결정되었다(服部卓四郎, 『대동아전쟁전사』). 여기에는 본토 공격에 대응하는 '본토결전' 구상이 담겨져 있었다. 이미 이 방침에서 '일본제국은 의연하게 결전의 노력을 계속해서 전세가 호전되기를 기다리고 빨리 일본·만주·중국을 기반으로 적극적인 방어태세를 확립해 끝까지 장기지구전을 완수한다'는 작전 방침에 이어서, 본토결전과 '국체 보호유지'를 위해 '① 정치력이 말단까지 미치도록 철저를 기함과 동시에 국토방위를 위해 국민조직을 재편성하고 총무장을 단행한다. ② 중요생산 및 교통수송의 국가관리를 단행하여 군대조직으로 개편한다. ③ 정치·

경제·문화·군사 각 분야에서 불요불급한 요소를 완전히 폐지하고 물심양면으로 상호 총 전력 창출에 철저를 기한다. ④ 군이 추진하는 방어작전에 지방행정이 긴밀하게 조응하도록 하기 위해 필요한 조치를 강구한다'는 방안을 담았다.(같은 책)

이렇게 '본토결전 방침'은 1945년 초에 이미 결정되어 있었다. 수뇌부는 그해 중반 연합군이 본토에 상륙할 것을 예상하고 이를 위한 체제를 갖추기로 한 것이다. 이를 최종적으로 결정한 것은 1월 25일 '결승비상조치요강'이었다. 즉 그날 최고전쟁지도회의가 채택한 안은 앞에서 설명한 복안을 더욱 구체화한 것인데, 항공기를 중심으로 한 무기·생산자재·액체연료·선박·차량의 생산, 방공태세의 확립, 식량생산 확보, 노동력 차출, 수송력 확보 등의 목적에 관해, 국가정책과 작전을 일체화하고, '일본·만주·중국'의 일체화 등에 관한 구체적인 방침이 결정되었다.

이렇게 무모한 '본토결전' 구상이 드디어 실행에 옮겨졌다. 그러나 공습이 격화될수록 생산시설은 파괴되고 국민생활이 압박을 받음에 따라 생산력이 격감하는 것은 당연했다. 게다가 전전부터 팽배한 통치기구의 모순이 육해군의 대립, 내각과 통수부의 의견 불일치 등으로 인하여 행정적으로 원활한 운영이 이루어지지 않아서 '암시장 단속, 배급제도 합리화 등으로 국민생활의 건전화를 도모한다'는 항목이 들어있다고 해도 전쟁 수행의 모순을 인식하게 된 국민들이 여기에 적극적으로 참여해 협조하기란 거의 불가능했다.

본토결전 구상 결정과 동시에 대본영은 미군의 공격방향을 필리핀에서 중국 남부로 상륙해 항공기지를 설치하고 나서 오키나와로 들어오는 것과, 직접 오가사와라小笠原 제도로 상륙한 후 오키나와·타이완으로 들어오는 것으로 상정했다고 한다(服部卓四郎, 『대동아전쟁전사』, 林三郎, 『태평양육전개사』). 그러나 미군은 오가사하라

468

제도 남쪽의 이오지마硫黃島에 발판을 마련하려고 했다. 이 섬에 미군이 상륙한 것은 1945년 2월 19일이었다. 도쿄와 사이판에서 각각 1200㎞ 지점에 위치한 이오지마는 그 중간 지점에 있다는 중요성 때문에 대본영이 본토방위선의 한 축으로 간주했으나, 항공기의 부족과 기지에서 멀리 떨어져 있다는 이유로 적극적인 작전 대신에 '땅굴진지를 이용한 지구전 출혈 전술'을 택할 수밖에 없는 비참한 상황이 되었다. 수비병력은 보병 9개 대대, 전차 23량, 각종 화포 600문, 육해군 모두 합쳐 2만 3천 명, 식량 2개월분이 전부였다.

2월 16일 이른 아침부터 미군의 기동부대는 도쿄 공습에 사용된 B29를 이용한 공습과 격렬한 함포사격을 이오지마에 가했고, 19일부터 상륙함 130척으로 오전 11경 병력 1만 명, 전차 200대 이상이 상륙했다. 2월 20일경 미군이 암호전문이 아닌 평문으로 '손해가 막심하다. 구원을 바란다' 등으로 통신을 했다고 전해질 정도로 일본군의 반격도 극렬했다. 그러나 해안에 있던 콘크리트 진지가 모두 파괴되고 21일에는 세 번째 미군의 상륙이 이루어져 22일에는 교두보가 내륙으로 2㎞에 달했다.

이날 이미 스리바치산摺鉢山의 진지를 빼앗겼고, 26일에는 중화기 대부분이 파괴되었으며 병력 손실도 50%에 달했다. 3월 2일에는 비행장과 중요 진지가 있는 모토야마元山를 전부 잃어버리게 되자 일본군의 조직적인 저항은 불가능해졌다. 일본군은 빼앗긴 스리바치산에 다시 일장기를 내걸겠다는 생각으로 격렬한 전투를 벌인 끝에 실패하고 땅굴진지로 숨어들었는데, 미군 전차가 화염방사기로 저항을 진압했다. 이렇게 해서 3월 17일의 전보를 끝으로 일본군은 전멸했다.

이오지마 전투에서 일본군의 항공전력은 미군 함정에 거의 아무런 손해를 입히지 못했고, 미군은 이 섬의 비행장을 확보함으로써 일본 본토를 P51 전투기의 작전반경 안에 포함하는 데 성공했다.

이오지마 전투가 끝나자 미군은 당연히 타이완·오키나와 방향으로 진출할 것으로 예상되었다. 이에 3월 17일 미 기동부대가 큐슈 남부·시코쿠에 대한 공격을 개시했다. 연합함대가 193대의 전투기로 반격했지만 161대를 잃어버린 것에 비해, 미 기동부대는 거의 아무 피해도 없이 23일 오키나와 군도로까지 공격을 확장했다. 미 기동부대가 상당한 피해를 입고 울리티Ulithi 기지로 돌아갔다는 대본영의 발표는 완전히 거짓말이었다.

3월 20일 대본영은 '당면 작전계획 대강'(대해령 513호)을 발표, 오키나와 작전에 중점을 두기로 결정했다. 그런데 3월 25일 준비도 제대로 갖춰지지 않은 가운데 갑자기 미군이 게라마慶良間 제도에 상륙하고, 4월 1일 오키나와의 가데나嘉手納 부근까지 대부대가 상륙해 그날 바로 북부와 중부의 두 개 비행장을 점령했다.

이에 대해 일본의 연합함대사령관은 '천天호 작전'을 발동시켰지만, 항공병력이 미 공군에 파괴되어 결정적인 공격을 가할 수 없었다. 그리고 18만 3천명에 달하는 미군 상륙부대(전후 미국 측 자료, 服部卓四郎, 『대동아전쟁전사』)에 대항해 4월 12일, 13일 양일간에 걸쳐 시도된 일본군의 반격은 모두 실패하고, 5월 4일의 총공격도 커다란 피해를 냈을 뿐이다. 그사이 미군은 강력한 화기를 동원해 일본군 진지를 돌파했다. 6월에 들어서자 일본군은 오키나와 섬 남쪽 끝 캰손喜屋武村 부근

오키나와 섬에 상륙하는 미군 부대(1945년 4월 1일)

으로 퇴각해야 했고, 6월 17일에 조직적인 전투조차 벌일 수 없게 되자 25일 대본영은 오키나와 작전의 종료를 발표했다(미군의 발표는 22일, 林三郎, 『태평양육전개사』).

이 작전에서 9만 명에 달하는 일본군의 피해뿐만 아니라, 섬 주민 15만 명도 전투에서 희생되었다. 17세에서 45세까지의 남자는 모두 징용되었고, 중학생·여학생까지 군대에 동원되어 산화했다. '히메유리姬百合 부대'(오키나와의 여학생들로 구성)의 참상은 그 뒤에 다가올 '본토결전'에서 민간인들의 운명을 예언해 주는 것이었다.

그리고 자살특공대가 격침·파괴시켰다는 2,393대에 달하는 미군 함선은 미국 측 자료에 따르면 404척에 달하지만, 항공모함·전함·순양함은 단 한 척도 침몰시키지 못했다. 이렇게 엄청난 피해를 당한 일본군은 이 외에 구축함 몇 척만 거느리고 편도 공격을 위해 출동한 전함 '야마토'호를 큐슈 앞 바다 수백 ㎞ 지점에서 미 공군의 격렬한 공격으로 잃고 말았다.

본토결전 체제

이오지마, 오키나와를 뺏긴 전쟁지도부는 마침내 본토에서 미군을 맞이해 반격할 준비를 서두르지 않을 수 없었다. 이것은 원래 사이판을 뺏겼을 때부터 떠들기 시작해서 필리핀을 뺏긴 직후 설명했듯이 1945년 1월 '결승비상조치요강'에서 분명해졌다. 그 구체적인 계획은 내지에서 5개 방면군과 제3차 동원으로 총 44개 사단을 편성하려는 것이었다. 그럼에도 불구하고 1944년 11월의 국민등록에서 취업자 중 군수산업에 종사하는 자가 39%, 민간산업이 21%, 농업이 40%인데, 각종 산업에 종사하는 남자 등 가운데 47%는 병역 관계자라서 더 이상 노력공출을 할 여력이 거의 없다고 할 수 있다(林三郎, 『태평양육전개사』). 이 책에 따르면, 물자나 구리 자재는 26

만 톤, 3월 말의 연료자급 상황은 항공연료 약 12만㎘, 자동차 연료와 중유는 2/4분기 이후 '제로'이며, 식량도 외국에서 쌀이 들어오지 못하고 1945년도의 쌀 수확은 6천만 석 이하로 예상되었다.

이러한 조건 속에서 1945년 1월 20일에 결정된 '제국 육해군 작전 대강'은 전 국민을 직접 총탄의 희생양으로 바칠 준비를 착착 실행에 옮기는 것이었다. 기본적인 프로그램은 6월 8일 어전회의에서 이루어진 가와베河辺虎四郎 참모차장의 다음과 같은 발언에서 분명해졌다. 그는 '미군은 장거리 해상 보급로에 의존하면서 대병력을 이끌고 일본 본토로 향하는 본질적인 약점을 갖고 있다'고 전제하고, 본토에서 이를 맞이하는 일본군은 유리하며 '게다가 본토의 특성은 황국을 수호하겠다는 충성과 불패의 야마토정신大和魂으로 똘똘 뭉친 1억 국민이 군에 협력하고 군과 함께 싸울 것이다. 그리고 지리적 이점도 절대적'이라면서 '황국의 만물만생을 전력화'하고, 불리한 쪽이 결국엔 승리를 거둘 수 있다는 정신으로 싸워나가자고 했다. 이에 앞서 4월 25일 대본영 육군부는 '국민항전에 대비한 필수지침'을 국민들에게 배포하여 '결전 참여에 대한 마음가짐'을 설파하고, '국민의용전투대'를 결성하여 군 작전에 협력할 것을 명령했다.

이에 호응하여 언론보국회는 미친 듯이 군부에 본토결전론을 진언하는 모습을 연출했다. 그리고 4월 13일 국민의용대 편성이 결정되고, 6월 22일에는 제87회 제국의회에서 의용병역법이 공포되어 15세부터 60세 미만의 남자, 17세부터 40세 미만의 여자는 반드시 소집할 수 있게 됨에 따라, 다음날 제정 시행된 '국민의용전투대 통솔령'으로 이들은 의용전투대에 편입되었다.

한편 6월 21일 공포된 '전시긴급조치법'은 비상사태 시 정부가 다른 법령에 구속되지 않고 각종 명령 또는 처분을 내릴 수 있다는

부녀자와 어린이들에게까지 죽창(竹槍)으로 결전(決戰)을 준비시키는 모습

전면적인 수권입법인데, 이로써 국민들의 권리는 지배계층에게 완전히 유린되었다고 할 수 있다.

본토결전 주장은 이처럼 국민들의 희생을 의미했다. 그럼에도 6월 8일 어전회의에서 추밀원 의장인 히라누마平沼騏一郎는 '국민사상 지도 대책'이 가장 중요한 문제라면서 '민심 완화를 완전히 막는 것은 불가능하겠지만 이를 억제할 수 있는 조치를 충분히 마련할 것, 즉 권력으로 대처하는 것이 중요하다. 갑자기 권력으로 제압하는 것은 불온사상의 표면화를 방지하는 데 그칠 뿐이다. 국민사상의 근본을 교정하는 데는 그와 병행해서 유연한 힘에 의존할 필요가 있다'고 했다. 국민에 대한 불신, 정부와 군부에 대한 국민들의 반항을 두려워하는 심리를 그대로 드러낸 것이다. 군부 이하 본토결전에 임하는 기본적인 프로그램은 이런 것이었다.

약 225만 병력과 7천 대밖에 남지 않은 비행기로 미군에 맞서야 하는 본토결전 계획은 이렇게 처음부터 태평양전쟁이 갖고 있던 모순을 물자나 정신적인 면으로 집중 표현하고 있었다. 그럼에도 불구하고 6월 6일 최고전쟁지도회의에서 결정된 '현재의 국력과 세계정세 판단에 관한 기본 대강'에서는, 모든 면에서 비관적인 상태에 빠져 있는 '현재의 국력'을 인정하면서도 한층 더 '황국의 전장태세를 강화'하고 '일곱 번 태어나도 충성을 다하겠다는 신념(칠생진충七生盡忠)을 바탕'으로 '끝까지 전쟁을 완수하여 국체를 보호 유지'할 것을 독촉했다. 본토결전이란 모든 국민의 생명을 희생양으로 하여 미군으로 하여금 많은 피를 흘리도록 함으로써 천황제를 보호하고 유지할 수 있는 활로를 뚫겠다는 일본제국주의의 절망의 몸부림이었다.

그러나 노약자와 여자들까지 전 국민을 한 명씩 총알받이로 내세우면서, 천황과 대본영은 해안에서 내륙 쪽으로 한참 들어간 나가노현長野県 마쓰시로松代의 지하에 대규모 지하요새를 만들어 이곳으로 도망칠 준비를 비밀리에 추진 중이었다. 그리고 육군의 일부에서는 본토를 빼앗기면 천황을 옹위해 대륙으로 도망가서 관동군 지나파견군 병력으로 계속 항전하자는 의견까지 제시했다.

이렇게 국민들의 막대한 피해는 아랑곳없이 본토결전 준비가 진행되고 있을 때, 미군의 본토상륙작전 준비는 아주 신중하게 추진되고 있었다. 이오지마, 오키나와에서 희생이 의외로 컸기 때문에, 본토 상륙 시 일본군의 저항이 더욱 완강할 것이라고 예상한 미군은 유럽에서 이송해 온 병력을 추가하고, 전에 없는 대규모 계획을 세우고 있었다. 여기에 참가하는 해군과 항공부대는 동서양 두 전장에서 집중시킬 수 있는 모든 전력을 합친 것인데, 1945년 11월에 우선 14개 사단으로 큐슈 남쪽에 상륙하고, 이듬해인 1946년 봄에 25개 사단 병력을 관동평야에 상륙시킨다는 계획이었다. 미국은 이처럼 본토상륙작전의 어려움과 대륙에 일본군 병력이 남아있음을 고려하여, 전술한 바와 같이 얄타회담에서 결정된 소련의 참전과 소련군이 일본군의 주요 병력을 분쇄해 주기를 간절히 기대하고 있었다.

공습

　마지막으로 공습이 다가왔다. 이 무렵 이미 본토는 B29의 무차별 폭격으로 하나의 불바다로 변해 있었다. 사이판이 미군의 손에 들어갔을 때부터 모두가 본토공습을 예상할 수 있었고, 정부나 군부도 본토결전을 선동했다. 그러나 그러는 동안 국민을 지키겠다는 생각은 아무도 하지 않았다. 오히려 이들은 어린이와 노인, 여자들이 작전에 방해가 될 수 있으니 없애버려야 한다는 생각까지 했다. 사이판 전투에서 패한 군대가 현지 거류민을 직접 죽이거나 집단자살하도록 강요했고, 오키나와에서는 수비대가 민가를 거점으로 삼아 부녀자들을 폭행하고 주민들이 만든 방공호를 빼앗고 주민들을 쫓아내 산속으로 내몰았다. 오키나와 수비대 제13군 참모장인 조 이사무長勇(1931년 10월사건의 주모자, 1938년의 장고봉張鼓峰사건에서 소비에트지역을 침략하려다가 실패한 천황제 파시스트의 대표적 인물 중 한 명)는 오키나와현 당국에 '주민들이 작전에 방해가 되니까 전부 산악지대로 퇴거시켜라. 군이 주민의 뒤치다꺼리를 할 수 없으니 각자도생하라'고 지껄이고, 이를 실행했다. 이는 조 이사무 한 사람만의 작태가 아니었다. 오사카의 육군사령관(중부군사령관)은 1945년 6월 '요즘 전국적으로 식량이 부족하고 본토는 전장이 되었으니, 노인과 어린이, 병환자는 전부 죽일 필요가 있다. 이자들 때문에 일본 전체가 자살할 수는 없다'면서, 차마 악마도 입 밖에 내지 못할 소리를 공개적으로 떠들어댔다고 당시 오사카부 경찰국장이 증언하고 있다(細川護貞, 『정보, 천황에게 닿지 않다』, 1944년 12월 16일, 1944년 6월 11일). 천황에 대한 충성과 만세일계의 천황제를 자랑하던 군사령관들이 국민들을 어떻게 생각했는지 보여주는 한 단면이다.

　그리고 군부에게 권력을 빼앗긴 것에 반감을 갖고 있던 고노에 등도 국민들의 작은 불평불만도 철저히 진압하라고 당국에 지시했고, 더욱 심한 것은 도조가 전 세계로부터 미움을 받기 위해서는 국민들이 좀 더 전쟁에서 고통을 받는 게 좋다는 얘기를 했다는 점이다. 결국 도조나 군부뿐만 아니라, 지배자 내부나 그 반대파 역시 자신들의 권세를 위해서라면 정말로 국민들을 전부 죽일 수 있다고 생각했고 또 실제로 그렇게 했다.

이러한 정부와 군부 하에서 국민을 위한 방공대책이 제대로 만들어졌을 리 없었다. 방공연습은 앞에 설명했듯이 방공훈련 때문이 아니라 국민노예화를 위한 것이었다. 방공에 필요한 장비는 국민들에게 하나도 주지 않았다. 철모는 비싸서 살 수 없었다. 방독면은 실제로 유용해서가 아니라 적이 비인도적인 독가스공격을 가한다는 점을 선전하고 적개심을 고취시키며 제조회사를 배불리게 하기 위한 것이었다. 정부는 국민들을 위한 방공호는 전혀 만들지 않았다. 방공호는 오직 천황과 군인, 간부들을 위한 것이었다. 방공이라는 명목으로 건물들을 일부러 파괴시켰다. 천장에 소이탄이 떨어지면 처치곤란하다면서 천장을 없애버렸다. 결국 국민들의 생활을 파괴하는 것이 군부와 정부의 방공 '대책'이었다. 이러한 파괴는 '소개'疏開에서 더욱 심각했다.

도시의 노인과 부녀자, 어린이는 방해물로 여겼다. 그들은 연고가 있는 곳으로 '소개' 당했다. 그 수는 약 1천만 명에 달했다. 이는 오키나와 주둔 일본군이 노약자와 여자들을 산악지대로 내쫓고 불모지에서 알아서 각자도생하라고 명령한 것과 본질적으로 전혀 다르지 않았다. 소개할 때 휴대하는 짐의 무게도 제한되었다. 소개당한 쪽이나 소개를 받아들이는 쪽이나 생활습관이나 정서가 서로 다른데다, 물자도 극도로 모자라자 일본 가족제도 특유의 가족·친족 간의 음습한 대립갈등이 배가되어 양쪽 모두 이루 말할 수 없는

고통을 당했다. 그나마 부모자식이 모두 모여 한 곳으로 소개될 경우 당시에는 그것마저 큰 행복이었다. 가난한 근로자 가족은 세대별로 움직일 수 없어서 아이들끼리만 집단적으로 소개되었다. 그것도 아이들끼리만 안전한 장소로 옮기고 가능한 한 아이들의 육체와 정신

열차로 소개(疏開)중인 아이들

의 발달을 도모하고 행복을 지킨다는 입장이 아니라, 아이들이 거치적거린다는 발상에서 나온 것이었다.

이렇게 해서 도쿄東京, 가나가와神奈川, 아이치愛知, 오사카大阪, 효고兵庫의 5개 도도부현에서 31만여 명의 아이들이 집단으로 소개를 당했다. 부모로부터 강제로 떨어진 소년소녀들은 사찰이나 신사에서 합숙하고, 하루 종일 굶으면서 근로봉사에 혹사를 당하며 밤마다 달을 바라보며 울었다. 만약 도조나 고노에에게 인간성이 조금만 있었다면 이런 일은 벌어질 수 없었을 것이다.

아무런 방비도 없는 국민들 머리 위로 미군의 B29 폭격기가 쇄도했다. 1944년에는 주로 군수공장이 목표였는데, 1945년 3월 9일 동경의 야간 대공습을 비롯해, 매일 밤 8시경부터 일본 전역의 도시들이 공습을 당했다. 이는 미국·영국군이 독일에 했던 것과 마찬가지로 완전히 무차별적 폭격이었다. 아니, 원래의 군사 목표를 일부러 피하고 일반 국민들을 태워 죽이려고 작정한 폭격이었다. 다시 말해, 일본군의 비행장이나 군수공장, 철도 등은 전혀 폭격하지 않고 주로 소이탄, 네이팜탄으로 민가와 병원, 학교 등을 폭격했다. 미군은 군사적으로 아무 의미도 없는 중소 도시들을 불태웠다.

이렇게 해서 900만 명이 집과 가재도구를 잃어버렸다. 전후 조사에서 전쟁피해 총액의 70%는 국민들의 집과 가재도구, 학교나 병원이었고, 공업시설·통신·철도의 공습 피해는 적었다.

이러한 공습에, 군대나 경찰, 소방대는 전부 천황이나 황족, 관공서, 고급 문무관료, 대부호들의 집을 지키는 데 전력을 기울였고, 민가는 타도록 내버려 두었다. 그리고 이재민에게는 아주 적은 양의 건빵만 주었을 뿐 나머지는 알아서 각자도생하라고 방치했다. 그 참극의 정점은 히로시마広島와 나가사키長崎의 원자폭탄 공격이었는데 이에 대해서는 나중에 설명하겠다.

이렇게 해서 일본국민은 자국 지배자들의 침략전쟁을 막지 못했기 때문에, 자국 지배자들과 미 제국주의에 의해 일본 역사상 한 번도 겪어보지 못한 지옥의 고통을 맛볼 수밖에 없었다.

동경대공습[긴자(銀座), 소화작업]

제2절 고이소小磯·스즈키鈴木 내각과 종전終戰 공작

국민의 전쟁혐오厭戰·반전反戰 의식

가족과 이별하고 강제노동에 끌려가고 집은 불타고 민생은 도탄에 빠져 고통을 당하는 가운데 하나의 커다란 군사감옥으로 변한 국내에서 자유를 모두 빼앗긴 채, 천황제 파시스트들이 절망 끝에 내세우는 본토결전에 마지막 피 한 방울까지 희생을 강요받은 국민들은 어떤 방식으로 저항했을까? 헌병과 경찰, 익찬회와 도나리구미에 꽁꽁 묶여서 저항할 만한 모든 조직이나 단체도 그 뿌리까지 철저하게 탄압받는 상황에서 국민은 단 한 가지 소극적인 저항 방법, 즉 전쟁에 협력하지 않고 최대한 사보타주하는 것으로 응수했다. 온갖 방법으로 국민을 전쟁에 내몬 천황제 파시스트들이라 해도 모든 국민들의 마음속까지 자발적인 전쟁협력 의지를 끝내 강제할 수는 없었다. 태평양전쟁이 시작되기 전부터 이미 나타나기 시작한 '비국가적 생활' 양상은 전쟁이 진행될수록 일상화했다. '각 사람은 국가의 질서와 다른 세계'에 살고 있었다(『일본경제연보』 40집).

노조 금지에 노동쟁의의 자유를 빼앗긴 노동자들은 결근과 태업으로 전쟁에 최대한 저항했다. 결근의 증가는 1944년에 이미 심각한 문제가 되어서 노동력 측면에서 일찌감치 전시경제의 파탄을 예고했다. 정부는 '결근방지대책'에 필사의 노력을 기울였지만, 전세가 악화되고 폭격이 시작된 1945년에는 더욱 큰 문제가 되었다. 아무리 강제를 하고 격려를 해도, 식량을 구해야 한다든가 가족을 소개시켜야 한다는 등의 이유를 들거나 질병이 있는 것처럼 꾸미는 식으로 장기결근이 급증했다. 1944년 6월 정부가 조사한 공장노동자 8,770,057명 가운데 289,105명이 3개월 이상 장기 결근자였다. 일반인의 결근율은 1943년 10월부터 1944년 9월까지 20%였는데, 그 후 1945년 7월까지 무려 49%로 증가했다(코헨, 『전시전후의 일본경제』). 개별 공장 사례에서도, 예를 들면 나카지마中島 비행기의 오오타太田공장에서 1940년과 1941년 9월 1일부터 10일 간 결근율이 12.29%, 12.94%였는데, 1942년 같은 기간에는 14.82%로 늘었으니 그 후에는 더욱 증가했을 것이다. 사가현佐賀県의 탄광 사례에서는 '보험병'이라고 해서 꾀병으로 보험금을 받고 결근하는 자의 숫자가 제법 많았다(村山重忠, 『일본노동쟁의사』). 결근뿐만 아니라 공장에 나가서도 가능한 한 업무를 사보타주했다. 단지 일을 안한 것뿐만 아니라 일부러 불량품을 만들기도 했다. 1940년 가나가와현神奈川県의 중요 무기공장에서 제국 군대에 하나밖에 없는 비밀무기를 불량품으로 만든 사건이 있었다(小林五郎, 『특고경찰비록』). 공장에서 감시자의 눈을 피해 일을 하지 않고 방공호에서 낮잠을 잔다든지 하는 것은 국민 대다수가 경험한 저항이었다.

한편 농민들은 패전할 때까지 끊임없이 소작쟁의를 벌였는데, 관청 통계만으로도 1년에 2천 건을 넘었고 주된 저항의 형태는 공출에 협조하지 않는 것이었다. 공출할 작물에 대해서는 가능한 한 신경을 쓰지 않고, 집에서 소비해야할 작물에 대해서만 공을 들였다. 또 공출용 가마니의 바닥에 모래를 넣어서 무게를 속이기도 했다.

도시 시민과 노동자들은 생활물자를 전부 암시장에서 구해야만 했다. 대자본이 거대 암시장에서 왕창 돈을 긁어모을 때 국민들은 약간의 식량을 살 돈조차 부족했다. 마음속으로는 암시장에서 물자를 구하는 게 당연하고 어쩔 수 없는 일이라고 생각되고, 공공연하게 관헌에게 주장할 수도 없었지만, 국민들은 한편으로 천황제 관리들의 끊을 수 없는 어떠한 속박에서 그것이 강해지면 강해질수록 한층 더 국가의 통제를 받는 생활에서 벗어나고자 했다. '지금 시국이 긴박함에 따라 각 분야에 대한 통제가 자칫하면 국민을 소극적이고 수동적인 심리에 빠지게 할 우려가 있는 상황' 때문에 지배자들은 고심했다(1943년 7월 전국경찰부장회의에서 安藤紀三郎 내무상의 훈시).

천황제 파시스트들은 국민을 최대한 전쟁에 동원하려고 했지만 국민들은 최소한만 움직였다. 그러나 국민들의 이러한 소극적인 저항은 생활의 불만이나 평화에 대한 희구를 지배자들에게 직접 주장하지 못하고 서로 수근거리는 정도로 만족했다는 점에서 명백히 한계가 있었다. 국민들이 하는 말은 때와 장소에 따라 이중적이었다. 소집통지서를 받으면 '이제 나라에 도움을 드리게 되었습니다'라고 인사를 하고, 듣는 사람도 '고생하시겠습니다'라고 대답하지만, 뒤로 돌아서면 '드디어 끌려가게 되었네요'라고 탄식하고, '정말 안됐군요'라고 동정했다(黒田秀俊, 『피로 얼룩진 언론』). '겉으로 하는 말'과 '뒤에서 하는 말'이 완전히 다른 표현방법은 당시 국민들의 고통에 가득 찬 이중생활을 잘 보여주는 것이다.

'뒤에서 하는 말'과 동시에 만들어진 여론은 소문과 유언비어가 되어서 전쟁이 지속될수록 계속 늘어났다. 유언비어도 처음에는 '지인'이나 '가까운 이웃' 끼리만 주고받았지만(池内一, 「태평양전쟁 중 전시 유언비어」, 『사회학평론』 1951년 6월), 전쟁과 박해의 참상이 심해지고 국민생활의 지역 차가 없어지자 아무 가족이나 인근의 도나리구미와도 증오와 불만, 공포와 불안, 희망을 서로 이야기하게 되었다. 게다가 지배자들의 거짓말로 가득 찬 획일적인 공식 발표는 완전히 민중들의 신뢰를 잃어버려서, 유언비어가 더욱 광범위하게 퍼져 나갔다. '군대에서는 말馬도 설탕을 먹는다'(1944년 10월), '경찰서장이 전임할 때 쌀이 다섯 섬이나 있었다'('헌병사령부의 보고', 池内一, 「태평양전쟁 중 전시 유언비언」)는 식으로 소문이 나는 것은 민중들이 증오하던 천황제 파시스트들에 대해 표현하는 유일한 저항이었다.

이로써 천황제 파시스트들의 폭력적인 언론탄압과 획일적인 선전을 무력화시키고 이들의 통제를 불식시킬 수 있었다. 그러나 그와 동시에 민중이 정치적으로 자각해 파시스트들과 단호하게 맞서 싸워야겠다는 생각을 스스로 저해시켰다. 평화에 대한 국민들의 염원은 거꾸로 나타나는 경우가 적지 않았다. '오키나와에서 미군이 무조건 항복했다'(1945년 4월, 5월)는 유언비어를 듣고 만세삼창을 하기도 했다. 지배자가 강요한 목표인 침략전쟁의 승리가 인민들의 본래 요구인 평화와는 모순되지만 어쨌든 전쟁반대가 아닌 '평화의 요구'로 이어져 환호한 것이다.

천황제 파시스트가 조직한 익찬장년단를 강화한 것은 이러한 국민들의 생활 형태에 대응해 어떻게든 인민들의 생활 저변에까지 압제를 구석구석 침투시키고자 촌락이나 마을의 중견층을 관료화시키고 '각계의 핵심적 정예분자'를 '국민의 의표'로서 결집시키려 했던 것이다(『일본정치연보』 제1집). 이는 말하자면 국민을 세대 간에 분열시켜 지배하려는 것이었는데, 이와 동시에 계층 간에 분열 지배하는 방법도 이루어졌다. 굶주린 시민들이 옷가지를 팔아서 농촌에 식량을 사러 갈 때, 헐값으로 공출을 당한 농민들은 지배자에 대한 반감을 같은 처지의 노동자인 도시민들에게 투사해 암시장의 가격을 끌어올려 분풀이하게 만들었다. 몇 십 년이나 농민들을 짓밟아 번창한 일본 자본주의는 농민들에게 도시에 대한 원망과 반감을 낳았던 것이다. 한 집안의 대들보인 장정들을 빼앗기고 난 뒤 여성들이 힘들게 생산한 농작물에서 자기들이 먹을 쌀도 내다팔아야만 옷가지나 비료나 농기구를 살 수 있었다. 이는 모두 파시스트, 독점 자본가들이 저지른 죄지만, 그들은 교활하게도 그 책임을 도시민과 농민들에게 전가시켰던 것이다.

이렇게 민중은 태평양전쟁 중 유감스럽게도 침략자들에 맞서 싸우고 그들에게 저항하고 평화를 지키기 위해 충분히 투쟁할 수 없었다. 그러한 투쟁은 일부 용기 있는 사람들에게만 한정되었다. 천황제 파시스트의 갖가지 죄상을 잘 알고 있던 지식인 대부분도 지배자들이 '횡포하다고 이제 와서 분개해보았자 어리석음의 극치일 뿐, 그냥 내버려 두는 것 외에 달리 방도가 없다. 우리들은 오로지 그 보복으로 국가에 대해 냉담하고 무관심한 태도를 취할 뿐'(永井荷風, 『이재罹災일보』, 1945년 5월 5일), 혼자만 속으로 분노를 삭이고 스스로 고립된 생활로 도피했다.

그러나 이렇게 해서 각계각층의 국민 모두가 전쟁을 혐오하고 전쟁에 반대하는 풍조와 '비국가적인 생활'이 천황제 파시즘의 전쟁체제를 내부에서 부식시켰고, '자괴'(鈴木貫太郎)작용을 일으켰다. 세계의 민주세력이 이를 타도하기 전에 이미 내부에서부터 무너져가고 있었던 것이다.

고이소小磯 내각

도조 내각을 무너뜨린 것은 궁정 중신들의 음모였다. 그러나 그것은 도조 정권에 대한 국민들의 불만이 흘러넘쳐 지배계급 전체에 대한 불만, 전쟁에 대한 반대로 굳어지자 이를 알아챈 중신들이 민심이 혁명을 일으킬 것을 우려하여 도조를 갈아치움으로써 그 불만을 돌리기 위함이었다. 따라서 도조 내각 전복에 성공한 중신들도 다음 내각에 대한 묘안을 갖고 있었던 것은 아니며, 전쟁의 책임을 진다든가 또는 전쟁을 그만두기 위한 노력을 기울일 만큼 성의를 가진 자는 없었다.

도조 내각이 총사직한 1944년 7월 18일 오후 후계내각 수반을 정하기 위한 중신회의가 열렸지만, 한결같이 자기들은 책임을 지지 않으려는 식의 발언만 늘어놓는 바람에 좀처럼 후보자를 정할 수 없었다. 서로 무책임한 떠밀기 끝에 무관이 하느냐 문관으로 하느냐하는 논쟁에 대해서는 전쟁 중이라는 이유로 무관으로 하기로 하고, 육군 출신인가 해군 출신인가에 대해서는 육군 출신으로 하기로 했다. 그러나 현역 중에서 적임자를 찾지 못했고, 결국 남방총사령관인 데라우치 히사이치寺内寿一 원수를 제1후보로 하고, 조선총독인 고이소 구니아키小磯國昭를 제2후보로 올렸지만, 최전선에 있는 데라우치를 경질하는 것은 불가능하다는 이유 때문에 그 자리에 없던 고이소에게 총리 자리가 돌아간 것이다.

하지만 어떤 인물인지 잘 알 수 없는 고이소에게 불안감을 품고 있던 고노에는 대국적 안목을 지닌 요나이米内光政의 입각을 히라누마平沼騏一郎, 기도木戸幸一에게 제의해 동의를 얻었고, 기도가 각 중신들의 의견을 모은 결과 아베阿部信行를 제외하고 나머지는 모두 고이소·요나이의 연립내각에 찬성을 표시했다. 이에 20일 다시 중신회의를 열어 전원 찬성을 얻어 고이소·요나이 두 사람에게 조각을 하도록 했다. 결국 중신들은 한 사람의 총리를 정하는 것조차 못해서 이 두 사람에게 억지로 떠넘기는 식으로 책임을 피하려 했던 것이다. 따라서 새로운 내각에게는 애당초 전쟁에 대한 새로운 방침이 있을 리가 없었다.

고이소·요나이 협력내각 성립을 보도하는 신문(『아사히신문』 1944년 7월 21일)

조각을 하면서 고이소 총리는 어떻게든 통수와 국무의 분열을 막아보고자 총리대신이 대본영에 참여할 수 있도록 육해군에 요청했으나 군부에 거절당했다. 처음부터 군부와 정부의 전쟁지도를 통일시키는 것조차 불가능했기 때문에 희망이 없었다. 마침내 성립된 고이소·요나이 협력내각의 면면은 다음과 같다.

내각총리대신	고이소 구니아키(小磯國昭)	후생대신	히로세 히사타다(広瀬久忠)
외무대신(유임) 겸 대동아대신	시게미쓰 마모루(重光葵)	농상대신	시마다 도시오(島田俊雄)
내무대신	오다치 시게오(大達茂雄)	군수대신	후지와라 긴지로(藤原銀次郎)
대장대신(유임)	이시와다 소타로 (石渡荘太郎)	운수통신대신	마에다 요네조(前田米蔵)
육군대신	스기야마 겐(杉山元)	국무대신	마치다 츄지(町田忠治)
해군대신	요나이 미츠마사(米内光政)	국무대신	고다마 히데오(児玉秀雄)
사법대신	마츠자카 히로마사 (松阪広政)	국무대신 겸 정보국총재	오가타 다케토라 (緒方竹虎)
문부대신	니노미야 하루시게 (二宮治重)	법제국장관 겸 내각총서기관장	미우라 쿠니오(三浦一雄)

이렇게 탄생한 새 내각은 도조 내각과 본질적으로 다르지 않았다. 또한 중신 측이 처음에 기대했던 거국일치의 강력한 내각도 아니었다. 수반을 정하는 중신회의에서도 '고이소가 특히 총리대신으로 적임이라고 발언한 사람은 아무도 없었던 것 같다'(若槻礼次郎, 『古風庵회고록』, 432쪽). 따라서 고노에도 고이소에게 요나이를 붙여놓았지만 불안해했다. 그는 '해군 쪽은 요나이 대장이 현역으로 복귀해서 할 수 있지만, 구태의연한 데다 로봇 같은 스기야마 겐 육군대신이 이끄는 육군 쪽은 도조의 색채와 다르지 않을 것'(細川護貞,

『정보, 천황에게 닿지 않다』, 280쪽)이라 말하고, 또한 육해군의 수뇌부에 변화가 전혀 없다는 점을 지적하고, 고이소를 내세운 의미가 전혀 없어졌다며 마치 방관자처럼 내뱉었다(細川護貞, 『정보, 천황에게 닿지 않다』, 286쪽).

'대동아전쟁의 목적을 완수하자'는 천황의 명령에 따라 조각을 완료하고, '대화大和일치'라는 슬로건을 내걸고 '국난의 돌파'를 호소한 고이소 내각은 본래 도조 내각과 다름없이 전쟁수행내각으로서 더욱 무력할 뿐이었다. 따라서 전쟁지도에 관해서도 이전과 같이 통일된 정책을 수립하지 못했다. 새 내각은 대본영과 정부의 연락회의를 8월 4일 최고전쟁지도회의로 개칭하고 이를 통해 사실상의 주도권을 장악하려고 했지만, 실제 주도권은 역시 군부에게 있었고 전쟁지도회의는 실질적으로 연락회의와 다를 바 없었다.

이에 앞서 사이판을 잃은 뒤 새로운 사태에 대처하기 위해 전년도 9월의 어전회의에서 결정한 전쟁지도대강을 개정하고 새로운 전쟁지도방침을 검토할 필요에 쫓기던 대본영 육군부는 우메즈梅津美治郎 참모총장과 스기야마 육군대신 지도 아래 협력한 결과 7월 25일에 이르러 육군 전력의 70%를 결전태세에 투입하고, 30%로 장기전에 대비하도록 하자는 데 의견이 모아졌다. 그리고 7월 27일에는 이 방침에 기초한 전쟁지도구상의 골자를 대본영의 의견으로 고이소 총리에게 비공식으로 제출했다. 여기에서, 전쟁지도방침의 확립 필요에 관해 '현재 사태는 우리의 전쟁 지도로 자칫 잘못하면 국체의 보호유지도 불가능해질 위험에 직면해 있음을 솔직하게 직시하고, 정전政戰일치로 사지에서 활로를 찾는 각오로 방도를 찾아야' 한다고 강조했다(服部卓四郎, 『대동아전쟁전사』 제3권, 269쪽).

여기서 결정한 세계정세 판단과 전쟁지도 대강은 지금까지의 방침과 아무런 근본적인 변화도 없었다. 세계정세에서 결정적으로 추축국 진영이 불리하다는 점을 인정하면서도 향후 방침으로 연말까지 국력을 철저히 결집시켜 마지막 노력으로 연합군의 공세를 저지하고 적의 의도를 분쇄한다는 것이었는데, 이는 결국 성공하지 못했다. 국제정세가 더욱 불리해졌어도 '1억 국민이 철과 바위같이 단결하면 필승할 수 있다는 확신으로 황국을 보호, 유지하고 끝까지 전쟁을 완수하자'는 공허한 희망을 표현할 뿐이었다. 다가오는 파국에 대해, 진정 한계에 다다른 국민의 고난에 대해, 새 내각은 전쟁완수를 절규하는 것 외에 아무런 묘책도 내놓지 못했던 것이다.

스즈키鈴木 내각

무능하고 대책 없는 고이소 내각 아래에서 전쟁체제의 붕괴는 한층 가속화되고 국민의 불만이 나날이 커져가자 지배계급 특히 중신들 중에 패전과 혁명으로부터 천황제를 지키기 위해 '평화내각'을 만들려는 시도가 이루어졌다. 그러나 '평화내각' 운동이 표면화되고 본격화하기까지 일정한 시기가 도래할 필요가 있었다. 그것은 1945년에 접어들면서 부터였다.

동유럽 국가들이 잇따라 히틀러 지지단체를 해산시키고 '소비에트식 정권'이나 '친소용공적 정권을 수립하려 하고 … 실제로 대부분 성공하고 있는 현상'을 일본의 지배계급은 알고 있었다(고노에 상주문). 게다가 그뿐만이 아니라 일본제국주의에 반드시 필요하고 중요한 식민지인 조선에서도 '조선독립동맹'과 '조선의용군'이 인민들의 지지를 받아 꾸준히 세력을 증대시켜 온 것도 그 배경이었다.

고노에, 오카다, 와카쓰키 등 중신들은 '곧 패전한다는 전제 하에' 전쟁을 계속하게 되면 '공산당의 손에 놀아나게 된다'고 생각하고, '국가체제를 보호하고 유지하는國體護持' 차원에서 전쟁을 종결할 필요가 있다고 천황에게 '개별 상주'하기에 이르렀다. 1945년

2월이었다. 다시 말해 '평화'(실제로는 패전)내각을 만들기 위해서는, 단지 전쟁의 패배만이 아니라 세계 인민세력의 증대·강화라는 계기가 더해질 경우 이러한 인민세력에 맞서 천황제를 지켜야 한다는 일본 지배자들의 일치된 조건이 필요했다.

1945년 4월 1일 미군이 오키나와에 상륙하자 일본제국주의의 패배는 이제 결정적이었다. 이러한 사정으로 인하여 4월 5일 어쩔 수 없이 고이소 내각이 좌초함으로써 일본제국주의의 마지막 내각이 등장하게 되었다. 이날 일·소중립조약을 파기한다는 소련 측의 통고가 전달되었다. 국내에서는 '식량 문제, 생산 강화 문제, 치안 문제'와 관련해 '어제 상당한 반군적 동향이 나타난 것에 주의를 기울여야만 했다.'(기도 고이치).

이런 상황에 대처할 차기 내각 수반은 그야말로 '국민들 입장에서 납득할 만한 사람'(히라누마) 즉 2·26사건 이래 정치무대에 모습을 나타낸 적이 없고 전쟁과 국민생활 파괴에 전혀 관여한 적이 없어 보이는 인물, 그리고 천황이 '신뢰할 수 있을 만한 사람이 중요'(히라누마)했다. 중신회는 '타의 추종을 불허하는 무조건적인 충성심'과 '무관武官 치고는 정치 경험이 없는'(스즈키) 것을 유일한 간판으로 내건 전 시종무관장, 스즈키 간타로鈴木貫太郎 해군대장이 최적임자라고 확인했다(4월 5일 중신회의 기록).

앞에 설명했듯이, 국민 대다수가 생활의 파탄을 저주하면서도 아직 일본 파시즘의 결정체인 천황제에 대한 증오에는 이르지 않았기 때문에 일본의 지배자들에게 이보다 더 좋은 총리대신감은 달리 없었다. 무조건적인 충성심과 정치경력이 전혀 없다는 특징은 원래 모순되지만, 스즈키 내각은 이 양자를 교묘하게 결합시켜 오히려 천황제 파시즘을 강화하는 지렛대로 삼으려 했다.

스즈키 내각의 근본적인 성격은 그 정책과 각료의 구성에서도 잘 나타나고 있다.

총리대신 겸 외무대신 겸 대동아대신	스즈키 간타로(鈴木貫太郎)	군수대신 겸 운수통신대신	토요다 테이지로 (豊田貞次郎)
내무대신	아베 겐키(安倍源基)	농상대신	이시구로 타다아츠(石黒忠篤)
대장대신	히로세 토요사쿠(広瀬豊作)	후생대신	오카다 타다히코(岡田忠彦)
육군대신	아나미 고레치카(阿南惟幾)	국무대신 정보국총재	시모무라 히로시(下村宏)
해군대신	요나이 미츠마사(米内光政)	국무대신	사콘지 세이조(左近司政三)
사법대신	마츠자카 히로마사 (松阪広政)	국무대신	사쿠라이 효고로 (桜井兵五郎)
문부대신	오타 코조(太田耕造)	국무대신	야스이 토지(安井藤治)

스즈키 간타로 내각

나중에 외무대신 겸 대동아대신에 도고 시게노리東郷茂徳, 운수통신대신에 고비야마 나오토小日山直登가 임명되었다.
'평화'라는 목적은 '전쟁 완수'라는 구호 속에서 추진되었다. 스스키는 '국민들의 원성이 땅속에서부터 들려온다'고 했지만 '갑자기 방향을 바꾸라고 해도 쉽지 않다. … 이를 추진하느라 무리하게 방향을 바꾸면 반드시 예상치 못한 혼란이 일어나 사고가 발생한다'면서 '직진으로 항해하라'고 명령했다(「스즈키 간타로 비록」, 『日本週報』 제217호).

　제국주의 일본의 지배자들은 '예측불능의 사고발발'을 막기 위해 모의 했다. 미쓰이 가문에 속하고 철강통제회장인 토요다 테이지로豊田貞次郎 군수대신을 비롯해, 생명보험통제회의 히로세 토요사쿠広瀬豊作 대장대신, 북사할린 석유회사 사장인 사콘지 세이조左近司政三 국무대신을 입각시킴으로써 스즈키 총리와 아나미 고레치카阿南惟幾 육군대신 등 천황제 친위세력이 서로 결합했다. '파벌이라 하든 계열이라 하든 아무래도 상관없다'(「스즈키 간타로 비록」)는 식이었다. '오월동주吳越同舟, 요리아이(마을협의체)세대寄合世帯'라 불릴 만큼 그들은 서로 유착했다. 그것은 실로 '여러 전제지배 세력이 정교하게 얽히고 설킨interweaving' 것이었다(Andrew Roth, *Dilemma in Japan*). 이렇게 스즈키 내각은 천황제와 독점자본이 전후에도 계속 지배력을 확보하기 위해 '이중전략dual strategy'(위의 책)이라는 이름의 협주곡을 연주하면서 패전을 준비했던 것이다.

종전 공작

　스즈키의 '평화'내각 성립에 앞서, 일부 중신층은 타협과 강화를 위한 공작을 시작하고 있었다. 이미 1944년 2월 고노에는 천황에게 상주문을 제출하고 이제 패전은 필연이라는 판단 아래 '패전이 우리 국체의 치욕이 되겠지만, 영미의 여론은 아직까지 국체를 변혁하라는 데까지는 이르지 않았습니다. … 따라서 패전할 경우 국체를 걱정할 필요는 없어 보입니다. 국체의 보호유지보다 가장 우려되는 것은 패전하면 반드시 일어날 수 있는 공산혁명입니다'라는 이유를 들면서, 이제 영미와 타협하고 평화를 도모해야 한다고 강조했다(矢部貞治,『고노에 후미마로』).

이들이 종전에 대비해야 한다고 한 것은, 지난 제1차 세계대전 이후 러시아의 차르 전제정치와 독일의 카이저 왕정이 붕괴했던 사실을 알고 우려했기 때문이다. 천황제에 기생하는 가장 큰 기득권층인 궁중의 원로와 중신들 사이에는 천황제 유지를 위해서라면 러시아, 독일의 선례를 교훈삼아 타협적 평화정책을 도모해야 한다는 열망이 강했다. 이들이 전후의 군사적 열세와 국내의 민심이반의 정도에 대해 관심을 보인 것은 러시아와 독일의 선례에 대해 거론하기 시작한 것과 같은 시기에 이루어졌다(細川護貞,『정보, 천황에게 닿지 않다』 등).

사이판을 잃어버리자 평화정책으로 방향을 전환하려는 이들의 생각은 더욱 강해졌다. 이는 군사적 실패에 따른 것이라기보다는 패전 사실을 더 이상 국민들에게 감출 수 없게 되었고 지배계급에 대한 국민들의 불신이 고조되는 것을 두려워했기 때문이다. 민심이반에 대한 공포는 곧바로 적화赤化에 대한 공포로 이어졌다. 고노에는 일찍이 1943년 2월 '더 이상 국내의 여러 분야에 무리가 발생한다면 적화운동이 격화될 것이 확실하기 때문에 하루라도 빨리 전쟁을 종결짓는 게 중요'하다고 주장했고, 기도 고이치는 '같은 우려를 하고 있다'면서 공감했다(『기도 고이치 진술서』). 이들에게 일본 제국주의의 앞날은 패전이냐 혁명이냐 양자택일 밖에 없었던 것이다. 그리고 이제 패전이 확실시되자, 어떻게 해서든 타협으로 나가서 최소한의 국체라도 지킬 수 있을 것인가가 관건이었던 것이다.

따라서 주화파主和派는 본질적으로 주전파主戰派와 다를 바가 없었다. 시게미쓰 마모루나 도고 시게노리나 화의를 위한 외교에 노력하면서도 다른 한편에서는 외교의 기반이 되는 전쟁의 독려를 중시하고 군부도 격려했다. 예를 들면 도고는 오키나와 전투 당시 군부의 분투를 촉구하며 이렇게 말했다. '만약 일본이 오키나와에서 적을 격퇴할 수 있다면, 소련 등이 일본의 전력에 상당한 여력이 남아있다고 판단해 참전을 주저할 것이고 또한 적 연합군도 우리를 공격하려면 약간의 시일을 두려고 할 것이므로 그 기세를 이용해 교착된 우리 외교 역시 활동기반을 구축할 수 있을 것이다'(東郷茂德, 『시대의 일면』). 그야말로 일본제국주의의 외교는 전쟁노력의 고취와 가능한 한 군사적 반격을 위한 수단이었던 것이다. 이들이 전쟁을 지속하기 위한 타협적·평화적 외교를 구사하며 쓸데없이 시간만 허비하는 동안 전세는 한층 더 불리해졌고 민심이반 역시 점점 더 심각해지는 악순환에 빠져들었다.

전후에 평화파라고 자칭하는 사람들은 당시의 정국을 주화파와 주전파와의 대립으로 유형화하고 종전이 늦어진 이유가 그 대립 때문이라고 주장하는데 이는 완전히 기만이다. 원래 주화파와 주전파 간의 이러저러한 대립은 알려져 있었다. 강화의 조건을 둘러싸고, 또 본토결전을 피하는 문제와 관련해 군부와 정부, 군부 내 육군과 해군 사이에 아주 격렬한 대립이 있었다. 그러나 그것 역시 필리핀·오키나와 전투, 그리고 마지막으로 본토결전까지 한 번 더 도박을 하느냐 마느냐에 관한 것이었고, 어떻게 해야 국체를 보존할 수 있을 것인가라는 전술적인 차이에 불과했다. 주화론과 주전론은 국체라는 동전의 앞면과 뒷면과 같다. 이 때문에 주화파는 평화를 간절히 바라는 국민들의 염원을 적대시했으면 했지, 절대로 이를 자신들이 주장하는 주화론에 대한 지지로 간주하지 않았다.

이와 같은 중신들의 평화·타협적 희망에 유일한 계기가 된 것은 영미와 소련 간의 대립, 중국에서의 국공國共 간 대립이었다. 중국

492   _ 태평양전쟁사 2

에서 국민당의 항일·비협조적 태도와 공산당에 대한 공격, 전 세계적으로는 영미와 소련 간의 분열이 확대됨에 따라 이를 이용하자는 것이 이른바 '종전 공작'의 시각이었다. 1943년 4월 11일 고노에의 메모에 따르면, 왕자오밍汪兆銘 정권의 천공보陳公博와 고노에 간에 회담이 있었는데, 장제스의 밀사가 천공보에게 와서 전한 바에 따르면 영미 모두 소련에 대한 방벽으로서 일본이 완전히 붕괴되는 것을 바라지 않기 때문에 장제스도 이제부터 일본과 암묵적인 양해를 할 수 있기를 바란다고 되어 있다(矢部貞治, 『고노에 후미마로』). 고이소 내각이 와해되는 계기가 된 무빈繆斌공작을 비롯해 왕자오밍 정권을 통한 여러 가지 경로로, 장제스 정부와 오고갔던 평화공작은 국공분열 기간을 이용한 것이었다.(역자 주: 1944년 9월 5일 최고전쟁지도회의에서 '대對충칭 정치공작 실시에 관한 건'을 결정하고, 중국에서의 영미 군대 철수를 조건으로 중국에서 일본군도 철수하고, 만주를 제외한 중국 전역의 통치권을 장제스 정권에게 일임한다는 내용으로 화의를 추진하려고 했다. 대중국 공작에 가장 열심이었던 고이소 총리는 1945년 3월 일본에 온 정체불명의 인물인 무빈繆斌을 통해 공작을 추진하는 데 열심이었다. 3월 21일 이 공작을 제언한 오가타 다케토라를 포함해 열린 최고전쟁지도회의에서, 고이소·다케토라가 추진하는 공작은 외무성을 경유하지 않은 것이라며 이를 공격한 시게미쓰 외상의 반대로 부결되었다. 관료들의 밥그릇 싸움과 분열은 자기들의 체제가 위기에 빠지면 빠질수록 점점 더 격렬해져서 서로 상대방을 방해하는 데 몰두했다. 이 사건 때문에 고이소 내각은 붕괴되었다.)

정부가 평화공작을 구체적으로 검토하기 시작한 것은 스즈키 내각이 들어서면서부터이다. 이미 1944년 8월 19일 어전회의에서 결정된 전쟁지도대강은 '만일 독일이 무너지거나 단독강화를 할 때는 기회를 놓치지 말고 소련을 이용한 전세 호전에 노력한다'는 결정을 해 놓았다. 이를 준비하기 위해 소련에 파견할 특사로 히로타 고키広田弘毅 전 외상의 인선까지 검토했다. 비록 특사파견 시도가 소련의 거부로 무산되고 그해 11월 스탈린의 10월 혁명 기념연설에서 일본이 침략자로 규정되었음에도 소련과의 화의에 대한 기대감은 변함이 없었다. 평화공작에 소련을 이용하겠다는 지배층의 의도는, 노몬한사건을 시작으로 소련에 대한 공격을 반복하고 독·소 간 개전 이후에는 공공연하게 일·소중립조약을 무시하고 대소 전쟁을 준비하는 등 수많은 배신행위를 잊어버린 후안무치한 태도였다. 1945년 4월 5일 소련은 일본에 대해 일·소중립조약을 연장하지 않겠다고 통고했다. 그러나 중신들은 여전히 소련의 중재로 영미와 화의한다는 바람을 버리지 않았고, 오키나와 전투에서 반격에 성공한다면 이를 더욱 더 촉진할 수 있으리라 생각해 군부를 독려했다(『종전사록終戰史錄』).

오키나와 전투의 귀추가 결정된 5월 8일, 일본은 독일의 무조건 항복 소식을 접했다. 이제 정부로서는 대소 공작에 마지막 희망을 걸 수밖에 없었다. 5월 11일, 12일, 14일, 3일 간 최고전쟁지도회의 구성원 회의가 열려 '소련 중재에 따른 정세 호전'을 '소련 중재, 대對영미 화의'로 바꾸고, 1) 소련의 대일참전을 방지한다, 2) 적극적으로 소련의 대일 호의를 획득한다, 그리고 3) 소련의 중재에 따른 영미와의 화의가 실현되도록 외교적 조치를 취하기로 결정했다. 이에 히로타 전 외상을 통해 주일 소련대사 말리크와 공식협상을 진행하고, 일·소 국교개선을 위한 회의를 제안했다. 그러나 이 협상에 진전이 없자, 사토 나오타케佐藤尚武 주소련 일본대사에게 몰로토프 외무장관과 협상을 추진하도록 했다. 정세가 급박해진 7월, 포츠담회의에 앞서 어떻게든 긍정적인 답변을 받아내기 위해 천황의 친서를 휴대한 고노에 특사의 파견을 준비했다. 뼛속까지 소련을 증오했던 고노에를 특사로 선정한 것 자체가 소련에 대한 일본 지배층의 무성의함을 보여주는 것이다. 그리고 고노에 자신도 진지하게 화의를 성사시키기 위해 소련에 가겠다는 마음을 갖고 있지 않았다. 사토 대사는 7월 13일 특사 파견을 로즈프스키 외무차관에게 제안했지만 목적이 구체적이지 않다는 이유로 거절당하자 목적을 명시해 다시 제안했으나 포츠담회의가 끝난 뒤에 회신하겠다는 답변만 돌아왔다. 그에 대한 회신은 포츠담선언이었다. 이는 곧 침략전쟁의 실행자들이 여전히 그 자리에 앉아서 평화를 추진한다는 것을 신뢰할 수 없다는 세계 민주세력의 답변이었다.

제3절 포츠담선언

미국의 대일방침과 포츠담선언

제2차 세계대전에서 추축국에 대한 연합국의 전쟁 종결방식은 무조건항복 원칙을 관철하는 것이었다. 이는 당연히 이번 전쟁이 다른 여러 요소들을 담고 있지만 기본적으로 반파시즘 전쟁의 성격을 갖기 때문이다. 세계 민주세력의 전쟁 방침은 '전쟁에 승리하는 것뿐만 아니라 새로운 침략과 전쟁의 발발을 영구히 없애고, 최소한 장기적으로 불가능하게 하자'는 것이었다(스탈린, 1944년 혁명기념일 연설에서). 이러한 방침은 1943년 10월 모스크바에서 채택된 미·영·중·소 4개국 선언에서 처음으로 제시되었고, 카이로선언, 얄타회담에서도 계승되어 명시되었다.

그러나 한편으로 전쟁은 제국주의들끼리의 전쟁이기도 했다. 미 제국주의의 대일전쟁 목적은 일본제국주의를 타도하고 아시아 특히 중국에서의 유산을 계승하는 것이었다. 이는 전쟁 종결을 통해 특히 중국에 대한 정책에서 잘 드러나는데, 일본제국주의의 패배가 확실시되자 이러한 목적은 전쟁 종결과 전후 대일처리 문제를 통해 노골적으로 추진되었다.

전후 대일처리 문제는 일찍이 미국에서 관심을 끌었다. 국무부가 이 문제를 본격적으로 끄집어내 국무부 내부와 전쟁부Department of War 사이에 논의가 교환되기 시작한 것은 1943년과 특히 1944년으로, 1944년 5월에 국무부는 기본적인 전후 대일방침을 수립해 전쟁부에 송부했다. 이 방침의 요점은 대략 1) 일본 전체를 분할하지 않고 하나로 다룬다. 단, 일본이 침략으로 얻은 영토는 반환시킨다. 2) 군사점령 시기 동안 일본 정부는 정지되고 그 정책수립 기능도 중지된다. 추밀원·내각·의회·육해군성·대동아성 등은 폐지되고, 내무성·대장성 등 각 행정부서는 연합국 군정관의 지도 아래 활동을 계속한다. 3) 대일전에 참전한 연합국들은 일본의 점령·관리에 참가한다. 일본의 침략을 한 국가만 증오하는 게 아니라 전 세계가 비난하고 있음을 일본인들에게 주지시킨다. 특히 중국, 인도, 필리핀 등 아시아 군대를 일본 점령에 참가시켜 일본이 백인들하고만 전쟁을 한 것이 아니라는 인상을 준다는 것이었다(Cordell Hull, 『회고록』). 천황제 문제에 관해 헐은 '우리 생각이 대부분 반영'되었지만 어려운 문제였고, 천황제의 존폐 여부에 대해서는 가능한 한 탄력적인 태도를 취하며 결정적인 태도를 유보했다고 밝혔다. 국무부나 다른 부서에서도 천황제 문제에 대해서는 의견 차가 매우 컸는데, 거칠게 표현하자면 천황·중신·대자본가 등을 '온건파'로 간주하여 천황제 존치를 주장하는 '일본파'와, 천황이든 온건파든 침략전쟁에서 제2바이올린과 같은 존재라면서 천황제 폐지가 일본의 민주화와 비군사화의 핵심이라고 간주하는 '중국파' 간의 대립이 형성되었다. 1944년 5월 전 주일대사이자 일본파의 선두인 그루Joseph C.

Grew가 국무부 극동국장에 취임하고, 같은 해 말 국무장관을 사임한 헐의 후임으로 스테티니어스Edward Stettinius가 취임하자마자 그루를 국무차관으로 승진시킴으로써 국무부 내에 일본파의 세력이 강화되었다.

1945년 전세의 귀추가 점점 분명해지는 가운데 미국의 지배층은 일본의 항전이 1947년까지 이어질 것으로 판단하고 이에 따른 미 국민의 희생을 우려해 소련의 조기 참전을 바랐다. 그러나 루즈벨트 대통령이 사망한 뒤인 4월 17일 일본에 스즈키 내각이 들어서자, 그루 등은 이를 항복내각으로 간주해 무조건항복을 명시하고, 일본에 항복을 권고할 필요가 있다고 인정하기 시작했다. 이렇게 해서 5월 8일 나치 독일이 항복한 날, 트루먼 신임 대통령은 대일성명을 발표하고 '군대'에 무조건항복을 권고함으로써 그 내용을 약간 제한했다. 그러나 이 시기에 이미 미국의 조기항복 권고는 단순히 미국의 출혈을 피하겠다는 의미만 띤 것이 아니었다. 나치 독일의 붕괴과정에서 폴란드 정권 문제를 둘러싸고 영미와 소련 간에 대립이 생겼고, 샌프란시스코에서 국제연합 창립총회(1945년 4~6월) 과정에서 3개국 간의 마찰이 드러났으며, 미국 내에서도 루즈벨트의 죽음은 반소反蘇세력이 대두하는 계기가 되었다. 이렇게 해서 연합국의 반파시즘 통일전선은 점차 붕괴되어갔고, 미국은 소련과 유럽, 아시아에서 성장하는 반제국주의 세력을 위협하는 존재가 되었다.

전후 미국의 이익을 위해 소련의 대일참전 이전에 전쟁을 종결시켜서 극동에서 소련의 발언권을 봉쇄하고, 아시아의 민족운동과 소련의 참전이 결합되는 것을 막는 것이 미국 지배층의 커다란 과제가 되었다. 트루먼의 성명에 따라 시작된 자카리어스Ellis M. Zacharias, Sr. 대령의 대일 항복권고 방송은 중신·외교관 등 '온건파'

로 간주되는 일본 지배층을 향한 것으로 8월 4일까지 14차례나 반복해 방송되었다. 그 내용은 트루먼 성명과 마찬가지로 '명예로운 강화'를 강조하고 암암리에 소련이 참전하기 전에 미국에게만 항복하는 것이 일본의 지배층에게 유리하다는 점을 시사하는 것이었다.

1945년 5월 하순 국무차관 그루는 항복 후 미국의 대일정책을 명시하고 '일본파'의 중심인물이자 부하인 유진 두먼Eugene H. Dooman에게 일본의 조기 항복을 권고하는 문서의 작성을 지시했다. 이렇게 해서 두먼이 제출한 문서가 포츠담선언의 원안이 된 것이다. 이 원안은 13개 조항으로 되어 있는데, 몇 군데 다른 문장이 있지만 큰 틀에서는 다음 몇 가지 사항을 제외하고 포츠담선언과 거의 같다. 즉, 포츠담선언 12조의 내용에 이어서, 원안에서는 이런 문구가 있었다.(약간 문장이 다르지만)

> 앞으로 일본에서 침략적 군국주의가 발붙이지 못하도록 일본 정부가 평화정책을 추구할 것을 진심으로 결의하고 여러 평화애호 국민들에게 확신시킨다면, 현재의 황통皇統 하에 입헌군주제가 가능하도록 한다.

> This may include a constitutional monarchy under the present dynasty, if the peace-loving nations can be convinced of the genuine determination of such a government to follow policies of peace which will render impossible the future development of aggressive militarism in Japan

그루 원안에서 가장 중요한 점이 제12조 천황제의 존치인 것은 두말 할 나위가 없다.

원안은 그루에 따르면 5월 28일 트루먼 대통령에게 제출되었다. 그루는 이 원안에 대해 '일본인은 광신도들 같기 때문에 마지막까지 싸울 것이다. 그럴 경우 미군 사망자의 수는 예측하기 힘들 정도로 크다. 일본인이 무조건 항복하는 데 가장 큰 걸림돌은 천황제 문제이다. 따라서 일본이 완전히 항복하고 전력을 완전히 해체시킬 경우 일본의 미래 정부는 일본인의 선택에 맡기겠다는 어떤 제시가 이루어진다면 일본은 항복할 것'이라면서 미국의 대일정책으로서 최적의 정치체제는 입헌군주제라고 역설했다. 트루먼은 동감의 뜻을 표시했지만 군부와 상의할 필요가 있다고 해서 이튿날인 29일 펜타곤의 빌 스팀슨 육군장관의 방에서 스팀슨Henry L. Stimson 장관, 그루, 포레스털James V. Forrestal 해군장관, 마샬George C. Marshall 참모총장, 그리고 데이비스Elmer Davis 전시정보국장 등과 토론이 이루어졌다. 원래 군 수뇌부의 생각은 그루의 의견과 가까웠는데, 대다수가 이 원안에 찬성이었지만 군사상의 이유로 이 원안을 곧바로 발표하는 것은 바람직하지 않다고 해서 결국 연기되었다. 군사상의 이유라는 것은 나중에 밝혀지지만, 당시 오키나와 전투가 진행 중이어서 이런 공표가 미국의 유약함을 의미하는 것으로 비쳐서는 곤란하다는 판단이었다(J. Grew, *Turbulent Era*).

마침내 7월 2일 스팀슨 장관은 트루먼 대통령에게 항복권고 각서를 제출하는데, 이것은 그루, 포레스털 등이 협의해 만든 것이다. 그 내용은 앞의 원안과 같은 취지였다. 여기에도 천황제 유지 견해가 들어있는데, '나는, … 우리가 현재 천황가로 유지되는 입헌군주제를 배제하지 않는다는 점을 첨언한다면, 항복권고의 수락가능성이 훨씬 높아질 것이라 생각한다'고 되어 있다(H. L, Stimson & Bundy, *On Active Service in Peace and War*). 곧이어 국무장관이 번즈James F.

Byrnes로 바뀌자 그루는 번즈에게 대일항복 권고 성명이 필요하다고 역설했지만, 결국 새로운 안은 작성되지 않았고 기존의 원안이 포츠담선언에 반영되었다. 이 선언은 포츠담에서 처칠과 몰로토프, 또 전문으로 장제스의 승인을 받아 7월 26일 공표되었는데, 앞에서 설명한 천황제 부분이 언제 삭제됐는지는 분명하지 않다. 이 부분에 대해 헐은 포츠담에 가기 직전 번즈가 상의를 하러 왔는데 '이 성명은 너무 유화적인 것 같다. 특히 천황제 유지만이 아니라 천황제 하의 봉건적 지배계층까지 지지하는 것처럼 비쳐지면 곤란하다'는 취지로 답변했다고 하는데, 나중에 번즈로부터 천황에 관한 부분은 삭제하겠다는 얘기를 들었다고 했다.(Hull, 『회고록』) 스팀슨 장관도, 트루먼이나 번즈는 이제 와서 갑자기 유화적인 태도를 보여서는 안 된다고 생각했다고 적고 있다.(Stimson, 앞의 책) 아마 포츠담회담이 있기까지 미국 측 원안에는 입헌군주제 존치 항목이 그대로 남아있었지만 소련 측에 제시하기 전에 미국 측이 자발적으로 삭제했을 것이다. 결국 발표된 포츠담선언의 제12조에서 입헌군주제 관련 내용은 삭제되었다.

1945년 7월 17일 베를린 교외의 포츠담에서 연합국 수뇌들의 마지막 전쟁지도회의가 열렸다. 미국에서 트루먼 대통령, 번즈 국무장관, 스팀슨 육군장관, 마샬 참모총장, 아이젠하워 유럽군최고사령관, 영국에서 처칠 수상(나중에 애틀리Clement Attlee로 교체), 이든 외상과 군 수뇌부, 소련에서 스탈린 수상, 몰로토프 외무장관, 븨

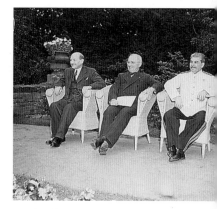

포츠담회담(왼쪽부터 애틀리, 트루먼, 스탈린)

신스키Andrey Vyshinsky 외무차관, 육군수뇌부가 참가했다. 포츠담 회담의 원래 의제는 독일 항복 후의 유럽 처리 문제였는데, 회담은 구 추축국에 대한 강화조약 작성 방식, 기구, 독일점령 원칙 등을 문제로 다루었다. 이 회담은 8월 1일까지 이어졌는데, 2일에는 독일 처리, 유럽 전후질서 회복 구상이 발표되었다.

대일 포츠담선언은 이 회담이 진행되던 도중 7월 26일 미국·영국·중국 3국 공동선언으로 발표되었다. 이때 소련은 대일참전국이 아니었기 때문에 8월 8일 대일참전과 동시에 이 선언에 참가했고, 또 포츠담회담 도중 영국에서 총선거가 이루어져 노동당이 승리함으로써 처칠 수상은 애틀리 수상으로 교체되어 포츠담선언 서명은 애틀리 수상이 하게 되었다.

13개 조항으로 이루어진 포츠담선언은 전체적으로는 항복권고이면서, 동시에 전 세계적으로 연합국의 대일처리 방침을 명시한 것이었다. 처음의 다섯 조항은 이른바 선언의 전문과 같은 성격인데, 거기에서 '일본국 본토의 완전한 파괴'가 강조되어 있고 '조건 없이' '우리는 지체 없이' 이 선언의 조속하고도 전면적인 수락을 요구한다고 했다. 제6조는 군국주의의 축출을 주장하고, 제7조는 일본 영토의 보장점령을 서술하고, 제8조는 일본 영토를 한정하고, 제9조는 일본 군대의 무장해제를 언급하고, 제10조는 일본 국민에 대해 '일본인을 민족으로 노예화하거나 국민으로서 멸망시키지 않는다'면서, 전쟁범죄인의 처벌, 일본에서 민주주의적 경향의 부활 강화, 언론·종교·사상의 자유와 기본적인 인권의 존중을 확립할 것을 지시하고, 제11조에서는 평화산업의 허가, 군수산업의 금지를 언급하고, '공정한 실물 배상'에 대해서도 언급하고, 제12조에서는 민주주의적인 정부가 수립되면 점령군이 철수할 것이라는 취지를 밝혔다. 천황제 문제는 앞에 설명했듯이 삭제했다. 제13조에서는 일본 군대의 무조건 항복을 요구하고 있다.

일본의 비군사화·민주화를 요구하는 포츠담선언은 제2차 세계대전의 민주주의적 성격을 드러낸 것이었다. 이는 항복한 일본이 이행해야 할 조건이자 동시에 승리한 연합국이 준수해야 할 조건이기도 했다. 물론 처음부터 이 선언을 기초한 미국 측은 앞에서 살펴보았듯이 정치적인 의도를 갖고 있었던 것은 아니었다. 그러나 반파시즘 전쟁으로서 제2차 세계대전의 의의는 미국으로 하여금 패전국인 일본에 제국주의적 정복자로 군림하는 것을 제약하는 규범을 스스로 부과했던 것이다.

포츠담선언 외에 '일본이 선택할 수 있는 것은 신속하고도 완전한 파괴를 당하는 것 뿐'이었다. 사실상 일본 국민은 아무것도 몰랐다고 하더라도, 이미 얄타협정에 따라 소련이 참전할 날은 시시각각 다가왔다. 미국은 원자폭탄의 발파시험을 끝낸 뒤였다.

일본의 포츠담선언 묵살

이상과 같이 포츠담선언이 발표되는 과정은 일본의 지배자들에게 곧바로 전해졌다. 이들은 이미 해외정보와 라디오를 통해 미소 간의 대립이나 미국에서의 천황제 평가에 대한 정보를 입수했다. 미소 간의 간극을 이용해서 천황제를 존치시키려던 이들은 미국에서 일본에 대한 유화적 분위기를 '연합국 측의 전쟁 목적에 관한 확신이 없거나 소련에 대해 공포와 불신감을 품은 미국인들이 많아졌다'(외무성, 「포츠담선언 직후 연합국 측의 대일 여론」, 『종전사록』)는 사실과 연결해 주목했다. 포츠담선언에 대해서도 그 속에 숨겨진 미 제국주의의 '진짜 의도'에 한 줄기 빛을 기대하지 않을 수 없었던 것이다. 도고 외상도 포츠담선언을 한 번 읽어 본 뒤, 선언 내용에서 기존에 연합국들이 요구했던 것과는 다른 어떤 유화적인 함의를 직관했다. 그렇다면 포츠담선언에 무조건적으로 응하거나 굴복해서도 안 된다. 도고는 7월 27일 오전 천황을 배알하고 '이 선언에 대해 우리는 내외 모두 아주 신중할 필요가 있고, 특히 이것을 거부하는 듯한 의사표시를 할 경우 중대한 결과를 야기할 수도 있다'(東鄉茂德, 『시대의 일면』)고 진언하고, 이어서 스즈키 수상, 기도 내부대신에게도 그 취지를 설명하고 서로 확인했다. 그 결과 당일 열린 최고전쟁지도회의 구성원 회의에서 토요다 군령부총장이 사기 진작을 위해 포츠담선언이 터무니없다는 반박성명을 낼 필요가 있다고 반대했지만, 결국 소련이 어떻게 나올지 살펴본 후에 처리하기로 결정했다.

그러나 이들이 포츠담선언에 대한 반응을 주저한 것은 어디까지나 미국 측이 겉으로 드러나지 않게 포츠담선언 속에 숨겨 둔 '진의'에 대한 내부적인 양해가 있었기 때문이고, 포츠담선언의 핵심이라 할 반파시즘 민주주의 기조 정신에 대해서는 처음부터 거부한다는 태도를 분명히 했기 때문이었다. 이날 오후 각의에서는 오로지 포츠담선언의 국내 발표에 따라 포츠담선언의 기본정신에 국민들이 전염되지 않도록 방지하고, 이를 발표하지 않음으로써 발생할 수 있는 주로 지배계급 내부의 의혹과 동요(화의공작에 관여한 지배계급은 상층부의 극소수에 한정되었기 때문에, 소외된 나머지 지배계급 대다수는 이러한 복잡한 사정을 이해할 수조차 없었다)를 막기 위한 조치들이 검토되었다. 그 결과 내각정보국은 각 신문사에 대해 포츠담선언을 발췌하는 형태로 작게 발표할 것, 포츠담선언 중 일본국민에게 강력하게 요구한 부분, 즉 '일본 군대는 완전히 무장을 해제한 후 각자 가정으로 복귀해 평화적이고 생산적인 생활을 영위할 기회를 얻을 수 있어야 한다'는 부분과 '우리는 일본인을 민족으로 노예화하거나 국민으로서 멸망시킬 의도를 갖지 않는다' 등의 문구를 삭제하도록 지시하고, 정부가 아무런 의견도 발표하지 않음으로써 정부가 동요하고 있다는 인상을 주지 않도록 하기 위해 마찬가지로 출처를 밝히지 않은 채 여전히 정부가 포츠담선언을 무시하고 있는 것 같은 취지의 해설을 덧붙이라고 신문사에 지시했다.

이로써 일본 지배층의 포츠담선언 처리 작업 제1단계는 완료되었고, 이제 소련의 반응을 기다리는 일만 남았다. 적어도 도고는 그렇게 생각했다. 28일에 개최된 정부·통수부 간의 정례 정보교환 회의에 도고는 다른 일이 겹쳐 결석했는데, 그는 이것이 포츠담선언 처리에 관한 그때까지의 고심을 한꺼번에 물거품으로 만드는 자리가 되리라고는 전혀 예상하지 못했다. 그런데 도고는 그렇다 쳐도 군 수뇌부의 경우에는 문제가 그리 간단하지 않았다. 전쟁을 추진했던 군부로서는 체면이 있는데, 미 제국주의의 '진의'에 의존한다 하더라도 군부만은 천황제 전체를 구원하기 위한 희생양이 되어야한다는 인식이 점차 일본 지배자들 사이에 퍼져나갔다. 이 때문에 희생양이 되어야 할 군부 내 주전론자들은 점점 더 절망에 가득차 더욱 신경질적인 반응을 보였다. 그러자 이제 주화파와 주전론의 대립은 이전보다 더욱 심각해졌고, '국체'라는 이름 아래 본토결전체제와 화의공작은 동전의 양면과 같은 관계였지만, 이제 각자의 운동법칙에 따라 움직이며 서로 상대방을 배척하고 '국체'라는 명분을 뺏기 위해 투쟁하는 단계로 들어섰다.('천황의 결단聖斷' 외에는 이 혼란을 수습할 방법이 없다.) 아나미 육군대신 등은 전날 각의에서 포츠담선언에 대해 단호하게 대항해야 한다는 의지를 국민들에게 보여줘야 한다고 주장하다가 결과적으로 타협안에 따랐는데, 28일 조간신문에 실린 포츠담선언에 대한 '어정쩡한 발표'가 군부 내 주전론자들을 다시금 강하게 자극하면서 이를 그대로 방치해 둘 수도 없게 되었다. 육해군 군부대신과 양 통수부 총장들은 28일 황궁에서 열린 정보교환회의 때 스즈키 총리를 별실로 불러들여 포츠담선언에 대해 아무런 발표도 하지 않는 것은 군부의 사기에 관한 중대한 사항이라고 강력히 주장하여 이에 대한 스즈키의 동의를 얻는 데 성공했다. 이렇게 해서 그날 오후 기자회견에 나선 스즈키 총리는 포츠담선언에 대한 정부의 입장에 관해 '그냥 묵살하겠다. 우리는 전쟁 완수에 끝까지 매진할 뿐이다'라고 말했던 것이다.

스즈키의 담화는 커다란 반향을 불러일으켰다. 다음날 신문은 이를 대대적으로 보도하고 다시 대외방송을 통해 포츠담선언을 묵살한다는 뉴스가 전 세계로 퍼져나갔다. 이는 도고 등의 입장에서 보면 그때까지의 고생이 수포로 돌아갈 만한 낭패였다. 그러나 이는 당연한 결과였다. 왜냐하면 이들은 처음부터 포츠담선언의 기본 정신을 묵살했기 때문이다. 소련의 반응을 기다리겠다는 태도는 이러한 사실을 무시하고 세계의 민주세력에 대한 무지를 보여주는 것이다. 이들은 국민의 불행에는 눈을 감고 천황제 문제에만 몰두해 시간을 낭비하느라, 항복할 수 있는 마지막 기회도 놓치는 바람에 백만 명이 넘는 사람들이 추가로 목숨을 잃어버려야만 했다.

제4절 소련의 참전과 항복

원폭 투하

세계 민주세력의 전쟁 종결 요구가 담긴 포츠담선언을 무시하고, 천황제 존치 책략에만 급급해 국민의 희생이나 불행도 돌보지 않았던 일본 지배층은 국민에게 또 다시 말로 다할 수 없는 희생을 강요하는 결과를 초래했다.

8월 6일 8시경 B29 폭격기 두 대가 히로시마広島 상공에 나타났다. 경계경보는 발령되었지만, 대수가 적었기 때문에 대규모 공습이 아닌 정찰비행으로 생각했다. 사람들은 방공호 안으로 들어가지 않고 일을 계속하거나 적기를 쳐다보기도 했다. 시내 중심부 상공에 이르렀을 때 그 중 한 대가 소형 낙하산을 투하하고 날아가 버렸다. 그 직후 8시 15분, 한순간에 천지를 찢는 듯한 대폭발이 일었다.

격렬한 섬광과 폭음, 그리고 거대한 폭연이 도시를 집어삼켰다. 폭연과 낙진, 파편에 목조건물들이 불에 탔고, 도시는 하루 종일 연기와 화염에 휩싸였다. 그리고 마침내 화염이 잦아들자 도시 전체는 온통 폐허로 변해 있었다. 그곳에는 역사상 유례없는 참혹한 광경이 펼쳐졌다. 겹겹이 쌓인 시체들은 대개 방금 전까지 움직이고 있었던 그 모습 그대로 불에 타 있었다. 잔해가 되어버린 노면전차 안에는 손잡이에 매달린 시체들이 가득했다. 살아남은 사람들의 대부분은 전신에 화상을 입었다. 마치 지옥도를 보는 듯한 광경이 여기저기 펼쳐졌다.

단 한 발의 폭탄으로 히로시마 시의 60%가 한 순간에 파괴되었다. 시민 30만 6,545명 가운데 이재민은 17만 6,987명, 사망자 및 행방불명자는 9만 2,133명, 중상자 9,428명, 경상자 2만 7,997명에 달했다. 이 숫자는 1946년 2월 일본을 점령한 미군 총사령부의 발표에 따른 것인데, 미군의 책임을 가급적 적게 하려고 육해군인의 사상자를 포함하지 않았고 또 중경상자 대부분은 다음 날, 수개월 후, 또는 몇 년 뒤에 원자병으로 사망했기 때문에 실제 사망자는 15만 명 이상으로 추정된다. 폭심지로부터 2㎞ 이내의 모든 건물은 모두 파괴되었고, 12㎞ 이내의 건물은 크고 작은 피해를 입었다. 6~8㎞ 이내에 있던 사람들은 사망 또는 큰 화상을 입었고, 4㎞ 이내의 초목은 타버렸다. 폭발과 그 직후의 화재로 시내 9만 5천여

『원폭 그림』 제5부 '소년소녀'(丸木位里, 赤松俊子 합작, 1949년 발표)

가옥 가운데 90%가 잿더미로 변했다. 피해 규모로 보나 그 잔혹함을 봐도 지금까지 인류가 상상할 수 있는 범위를 뛰어넘는 엄청난 것이었다.

　그것은 원자폭탄이었다. 원자핵을 인공적으로 파괴시켜 그 에너지를 무기에 응용하자는 구상은 일찍이 각 국가 군사과학자들의 연구 대상이었다. 따라서 원자폭탄의 출현 가능성은 예상되었던 것이고, 다만 연구에 필요한 시간과 경비 측면에서 제2차 세계대전 중에 완성될 수 있을지가 문제였다. 일본에서도 태평양전쟁 시작 후, 육해군 양쪽에서 비밀리에 검토가 이루어졌지만, 막대한 비용과 시일이 필요해서 아무래도 이번 전쟁 중에 완성될 수 없다는 결론에 도달해 연구를 중지했던 것이다. 가장 일찍 그리고 앞서서 연구를 진행한 것은 독일인데 그 연구 진척에 관한 정보는 연합국 측에도 커다란 위협이 되고 있었다. 이 때문에 1941년 10월 11일 미국의 루즈벨트 대통령의 공동연구 제안에 따라 미국과 영국의 양국 기술자들 간에 연락이 이루어져 완성을 향한 노력이 시작되었다. 미국의 참전 후인 1942년 6월 17일 루즈벨트는 연구위원회 권고를 받아들여 20억 달러라는 거액을 원자폭탄 연구비로 지출할 것을 명령했다. 그 결과 12만 5천 명의 직원과 방대한 자재와 시설을 갖춘 거대한 공장이 비밀리에 건설되었고, 1945년 7월 15일 마침내 원폭 제1호의 실험에 성공했다. 히로시마에 투하된 것은 그야말로 두 번째 폭탄이었다(첫 번째 폭탄은 실험에 사용되었다).

　다음 날인 8월 7일 아침(일본 시각, 미국은 6일) 트루먼 대통령은 라디오로 성명을 발표했다. 히로시마에 투하된 것은 원자폭탄이고, 일본이 항복하지 않는다면 다시 원자탄 공격을 가하겠다고 강조했다. 그러나 이러한 위협에도 불구하고 이때 미국은 오직 두 발의 폭탄만 갖고 있었다. 이제 막 실험에 성공했기 때문에 원폭 사용 준비는 기술적으로 완전하지 않았다. 게다가 전략상 이 무렵에 원자탄을 사용할 필요성은 없어 보였다. 일본의 군사적 괴멸은 이제 분명했고, 주요 전략목표들은 거의 다 파괴되어서 원폭을 투하할 만큼 가치가 있는 전략목표는 존재하지 않았다. 미 육군의 본토상륙작전이 10월에 큐슈 지역, 이듬해인 1946년 봄에 간토 지역으로 계획되어 있었고, 상륙작전 준비 차원에서 원폭의 전술적인 필요성도 거의 없었다. 기술적으로나 전략전술상으로나 필요가 없음에도 불구하고 미국이 완성된 원폭을 급히 사용한 이유는 미국 측의 발표에 따르면 일본의 항복을 촉진시키고 본토 상륙작전에서 불필요한 희생을 피하기 위한 것이라고 한다. 그러나 상륙작전까지 3개월이나 여유가 있었던 이 시기에 특히 서둘러 선택한 것은, 얄타회담과 포츠담선언에 근거해 소련이 참전할 시기가 임박했기 때문일 것이다. 이미 일본의 괴멸이 확실해진 이 시기에 미국은 전후 소련에 대한 전략적 우위를 확립하기 위해 일본을 단독으로 점령하고 싶어 했다. 따라서 소련이 참전하기에 앞서 일본의 전의를 꺾고 일본을 단독점령하기 위해 원자탄을 사용할 필요가 있었던 것이다. 이른바 원자탄 투하는 미국에게 '제2차 세계대전의 마지막 군사행동이었다기보다 오히려 현재 진행되고 있는 러시아와의 냉전에 대비한 첫 번째 주요 작전 중 하나'라고 할 수 있다.(Patrick Maynard Stuart Blackett, 田中愼次郎訳, 『공포·전쟁·폭탄』, 211쪽)

그러나 원자폭탄의 경이적인 위력이나 이로 인한 무고한 민중 수십 만 명의 희생도 일본 정부와 대본영의 전쟁의지에 미친 영향은 미국의 기대만큼 크지 않았다. 히로시마시의 교통·통신 기능이 마비됨에 따라 상세한 피해 내용은 다음 날인 7일에서야 겨우 도쿄에 전해졌다. 거의 동시에 트루먼 대통령의 발표 방송이 있었고, 이 폭탄이 원자폭탄인 것은 이미 대본영도 원자폭탄 실험 정보를 통해 확인하고 있었다. 그러나 대본영은 원자폭탄의 실험 성공을 묵살하고, 히로시마에 투하된 것은 신형 폭탄이며 피해가 상당했다고 발표하는 데 머물렀고, 국민들의 눈과 귀를 가렸다. 방공당국은 신형폭탄에 대비하라면서 흰 옷을 입으면 피해를 막을 수 있다든가, 방공호로 대피하면 안전하다든가, 적은 수의 적기에 의한 공습이라도 방심하지 말라는 정도의 안심시키기 발표를 했다. 정부의 반응에 대해 말하자면 각의도 열리지 않았고 최고전쟁지도회의도 무산되었다. 정부 수뇌부의 관심은 원폭이 아니라 다음 날인 8일 저녁 모스크바에서 예정된 사토 대사와 소련의 몰로토프 외무장관 간의 회담 결과에 집중되어 있었다.

9일, 두 번째 원자폭탄이 나가사키長崎시에 투하되어 또 다시 7만 명이 넘는 사람들이 희생되었다.

소련의 참전

앞에서 설명했듯이, 얄타협정에 따라 독일 항복 후 2개월째에 소련은 일본전에 참전하기로 정해져 있었다. 포츠담회담에서 이 결정이 더욱 구체화되어 8월 8일 저녁 소련 정부는 다음과 같이 대일 선전포고를 발표했다.

히틀러 독일의 패배와 항복 후에는 일본만이 전쟁을 계속하는 유일한 대국이 된다. 3개국, 즉 미합중국, 영국 및 중국이 금년 7월 26일 일본 군대에 무조건 항복을 요구한 것은 일본에 의해 거부되었다. 따라서 극동전쟁에 관해 일본 정부가 소련에 제안한 중재요청은 그 기반을 잃어버렸다. 일본의 항복 거부에 즈음하여 연합국은 소련 정부가 일본에 대해 참전함으로써 전쟁의 종결을 앞당겨 희생자 수를 줄이고 속히 일반적인 평화를 회복하자고 제의했다. 소련 정부는 연합국에 대한 의무를 준수하고 연합국의 제안을 수락하여 7월 26일 연합국 선언에 참가한 소련 정부는 이러한 우리 정부의 정책이 평화를 촉진하고 각국 국민을 불필요한 희생과 고통에서 구제하며, 독일이 무조건 항복을 거부한 뒤 맛보아야 했던 위험을 일본인들이 피할 수 있는 유일한 수단이라고 생각한다. 이상과 같은 견지에서 소련 정부는 내일 즉 8월 9일부터 일본 정부와 전쟁상태에 들어감을 선언한다.

동시에 이 선언은 몰로토프 외무장관을 통해 모스크바 주재 사토 대사에게 수교되었다.

9월 오전 0시 소련 극동군은 만주·조선·사할린의 일본군에 대해 행동을 개시했다. 소련군 공격의 중점은 당연히 만주에 있는 관동군에 맞춰졌다. 이 무렵 관동군의 병력은 남방으로 전용되거나 본토결전에 준비하기 위해 차출되어서 상당히 감소하기는 했지만, 만주에 있는 일본인 거의 전부를 소집한 '몽땅' 동원으로 상당수의 신설부대를 편성했고, 7월 말에는 거의 편성이 끝난 상태였다. 다시 말해, 2개 방면군, 6개 군단, 24개 사단, 9개 독립여단을 기반으로 하는 75만 병력이었다. 그밖에 소련에 대한 작전이 시작됨과 동

510

시에 지나파견군으로부터 몇 개 사단 병력의 전용이 예정되어 있었다. 다만 이 방대한 병력도 훈련과 장비 면에서는 예전 정예를 자랑했던 관동군의 모습은 없고, 전쟁 이전의 정예부대는 모두 다른 곳으로 차출되어 훈련이 미숙한 징집병과 제대로 갖추지 못한 장비들만 남아있었다.

소련 극동군은 동쪽, 북쪽, 서쪽의 3면에서 관동군을 공격했다. 견고한 토치카 때문에 국경 진지는 9, 10일 이틀에 걸쳐 거의 파괴되었고 12일에는 각 방면에서 돌파구가 열렸다. 관동군의 작전계획은 국경과 그 배후의 진지에서 지구전을 펼치고 마지막에는 통화通化 부근 조선·만주 국경지대의 복곽復郭(여러 겹으로 둘러싼)진지에서 장기간의 항전을 펼치는 것이었다. 그러나 제1선의 파괴가 너무나 빨라서 복곽진지에 부대를 소집할 겨를이 없었기 때문에 복곽지대 담당인 제3방면군의 사령관인 우시로쿠 준後宮淳 대장은 중앙의 평야에서 결전을 감행, 옥쇄하겠다고 하며 기존 계획을 변경해 부대를 이동시켰다. 그러나 서쪽의 외몽골 방면에서 침입한 소련군 기계화 부대는 하루에 100㎞의 속도로 신징新京 방면으로 돌진해 왔기 때문에 관동군 총사령관 야마다 오토조山田乙三 대장은 12일 서둘러 사령부를 통화로 이동해 중앙 평야의 모든 부대를 복곽 지대로 후퇴시키려고 했다. 이러한 지휘 혼선 때문에 관동군의 주력 부대는 대혼란에 빠졌고, 국경을 돌파해 전진해 오는 소련군 앞에 모두 제각각 전투를 치루며 괴멸되었다. 이렇게 해서 전투가 시작된 지 1주일 만에 대병력을 자랑하던 관동군 주력부대는 궤멸되어 버렸다.

소련의 선전포고는 8월 9일 4시 라디오방송을 통해 도쿄에 전달되었다. 그날 저녁 모스크바에서 사토와 몰로토프 간 회담에 마지막 희망을 걸었던 일본 정부 수뇌부에게 이 소식은 커다란 충격이었다. 원자폭탄이 떨어졌을 때만 해도 최고전쟁지도부의 방침—7월 27일 최고전쟁지도회의에서 결정한 소련의 반응을 기다렸다가 포츠담선언에 대한 태도를 정한다—에 아무런 변화가 없었지만, 소련의 참전은 전쟁을 수행하는 데 필요한 모든 희망의 끈을 잘라버렸다. 천황을 비롯해 기도 고이치 내대신, 스즈키 총리, 도고 외상, 요나이 해군대신, 그밖에 중신들이나 정부 요인들의 전쟁 종료 의향은 이때 비로소 굳어졌다.

앞에서 살펴보았듯 일본의 지배계급이 가장 두려워했던 것은 패전이 아니라 패전에 따른 국내의 혼란과 혁명이었다. 그들에게는 전쟁에 따른 국민들의 궁핍이 문제가 아니라 국민을 지배하는 체제인 천황제의 위기가 무엇보다 큰 문제였던 것이다. 그들에게 소련의 참전은 이 위기가 현실로 다가온 것을 의미했다. 소련군이 도착하기 전에 미국과 영국 측에 먼저 항복하고, 미국의 일본 단독점령에 협력하고, 공산혁명의 위협에 대항하고, 천황제를 유지·온존시키는 것이야말로 그들에게는 유일한 활로였던 것이다. 그들의 이러한 결의를 무엇보다 확실히 뒷받침한 것은 독일 붕괴 후 곧바로 나타난 미소 간의 대립과 미국 내에서의 천황제 지지 여론 동향이었다. 미국과 영국에 항복할 결심은 소련의 참전으로 굳어진 것이다.

이렇게 해서 주화파의 결의에 유일한 장애물은 강고한 주전파 군부만 남았다. 그러나 육해군 군사력의 괴멸은 이미 국가권력 내부에서 군부의 상대적 발언권을 약화시켰다. 특히 해공군 전력을 잃어버린 뒤 군부가 전쟁을 계속하자고 주장한 근거는 본토결전과 더불어 대륙에 건재한 육군 주력으로 장기 지구전이 가능하다는 것이었는데, 그 근거는 소련의 참전으로 하루아침에 사라져 버렸다. 대본영은 대소련 작전의 개시를 곧바로 하달했지만, 이는 자포자기식의 마지막 발버둥에 불과했고 관동군에 부여한 임무나 지나파견군에 명령한 관동군으로의 병력 전용은 책상 위의 계획으로만 끝났고, 대소련 작전의 지휘는 완전히 대본영의 예상을 뛰어 넘어 관동군의 괴멸을 수수방관할 수밖에 없는 상황이었다. 미국과 영국에 대한 일본의 항복은 소련의 항복으로 결정되었다.

포츠담선언 수락 결정

소련의 참전이 확실해진 8월 9일 아침, 일본은 항복에 관한 마지막 구체적인 행동을 서둘렀다. 도고 외상은 아침 일찍 스즈키 총리와 이어서 요나이 해군대신을 방문해 포츠담선언을 수락해야 한다고 설명했다. 기도 내대신이 천황에게 종전의 필요성을 설명하고 그 직후 총리와 구체적인 협의를 진행했다. 이날 10시 반, 최고전쟁지도회의가 열렸다. 포츠담선언의 수락, 즉 무조건 항복이 처음으로 공개적인 의제에 올랐다. 소련의 참전이라는 사태는 전쟁 수뇌부의 태도를 결정적으로 변화시켰다. 전쟁 계속이냐 평화 협상이냐는 이미 문제가 아니었고, 포츠담선언을 수락하는 대신 조건을 붙이느냐 붙이지 않느냐, 붙인다면 어떤 조건이냐가 문제였다. 아나미 육군대신, 우메즈 참모총장, 토요다 군령부총장은 국체 보호유지의 보장, 전쟁범죄인의 처벌은 일본이 한다는 점, 무장해제는 자주적으로 하겠다는 점, 연합군의 일본 본토점령을 피하되 어쩔 수 없이 점령할 경우라도 도쿄를 제외하고, 단기간에 소규모 병력으로 점령한다는 4가지 조건을 붙여야 한다고 주장했다. 도고 외상은 첫 번째 조건 즉 국체 보호유지만 내세워야 한다고 주장했다. 회의는 오후로 이어졌고 결국 결론을 내리지 못하고 산회했다.

이어서 오후 2시 제1회 임시각의가 열렸다. 각의에서도 마찬가지로 첫 번째 조건만이냐 4가지 조건이냐를 놓고 7시간이나 대립했는데 여전히 결론을 내리지 못했다. 도고 외상의 주장은 국체의 보호유지야말로 절대조건인데, 이를 위해서는 국민이나 군부도 모든 고통을 감내해야만 한다는 것이다. 그밖에 다른 조건을 붙이는 것은 조속한 평화를 불가능하게 만들고 나아가 첫 번째 조건도 보장받기 힘들 수 있다는 논리였다. 아나미 육군대신, 우메즈 참모총장, 토요다 군령부총장은 이에 반대하면서, 4가지 조건을 붙이지 못하면 일본은 완전히 무저항 상태에 빠져 국체의 보호유지도 보장할 수 없게 된다는 논리였다. 요약하면 양쪽의 의견대립은 천황제 보호유지를 위해 어떤 방법을 선택할 것이냐를 놓고 대립하는 것인데, 군부는 여기에 직접적인 이해관계가 걸려있기 때문에 특히 강경했던 것이다. 총리와 외상 등은 육군대신의 반대가 심해서 다수결로 밀어붙일 승산이 없다고 판단해 결론 없이 산회를 선언했다.

이렇게 해서 9일 최고전쟁지도회의와 각의에서 결론을 내리지 못하자, 중신들과 궁정 요인들은 크게 동요했다. 소련이 참전한 이래 시간이 지날수록 전후 대일처리에 관한 소련의 발언권이 강해질 텐데, 이는 곧 천황제 유지에 불리하다는 것이 분명했기 때문에, 군부의 주장을 억눌러 4개 조건부 수락 안을 철회시킬 필요가 강력히 대두되었다. 이에 최종 결정에 천황의 절대주의적 권위를 이용하자는 공작이 추진되었다. 고노에 전 총리는 다카마쓰노미야高松宮宣仁 친왕親王(쇼와천황의 동생)과 시게미쓰 전 외상과 각각 협의해, 고노에와 시게미쓰가 직접 기도 내대신을 만나서, 다카마쓰노미야는 전화로 각각 4개 조건부 수락 안의 반대 취지를 설득했다. 기도 내대신은 오후에 두 차례에 걸쳐 천황에게 이런 취지의 의견을 상신했다. 스즈키 총리, 요나이 해군대신을 포함한 궁정중신들의 사전공작에 있은 뒤, 이날 밤 11시 반부터 최고전쟁지도회의가 천황 참석 하에 이루어졌다. 회의 시작부터 총리가 '7월 26일자 3국 공동선언에서 제시된 조건 중에 천황의 국법상 지위를 변경해야 한다는 요구가 포함되어 있지 않은 점을 양해한 상태에서 일본 정부는 이를 수락한다'는 내용의 미리 준비된 원고를 제출했다. 회의 구성원 가운데 총리, 외상, 해군대신은 원고에 찬성하고, 육군대신, 육해군총장은 반대하고, 히라누마 추밀원의장은 모호한 태도를 취했다. 의견이 둘로 양분된 채 회의가 이튿날 새벽 2시까지 이어지자 총리는 사전 계획대로 성단을 받들어 합의로 결정하자는 취지의 발언을 했다. 천황은 이미 내대신과 다른 이들의 진언이 있었기 때문에 원안에 찬성한다는 취지로 발언했고, 이 발언을 결론으로 해서 2시 30분에 회의가 끝났다. 이어서 임시각의는 필요한 사무적 조치를 끝마치고, 10일 7시 포츠담선언 수락에 관한 정부의 통고를 스위스와 스웨덴 정부에 전문으로 발송했다. 이렇게 해서 일본의 항복은 일차적으로 결정되었지만, 국내에서의 의견대립은 해소되지 않았다.

8월 12일 0시가 넘어서, 앞의 통고에 대한 미국 정부의 회신이 라디오 방송을 통해 확인되었다. 일본이 양해사항으로 조건을 붙인 천황의 국법상 지위 유지에 대해서는 '항복하는 순간부터 천황과 정부의 통치권한은 연합국 최고사령관에게 종속된다. 일본국의 최종적인 통치형태는 국민이 자유롭게 표명하는 의사에 따라 결정한다'는 아주 애매모호한 표현이 사용되었다. 이 때문에 회신문의 해석을 둘러싸고 다시 조회를 해 봐야 하느냐 마느냐를 놓고 똑같은 의견대립이 다시 벌어졌다. 외무성은 군부와 국민을 자극할 것을 우려해 'subject to'(종속된다)를 '제한 하에 두기로 한다'로, 그리고 'ultimate form of government of Japan'(일본국의 최종적인 통치형태)는 '최종적인 일본국의 정부 형태'로 번역했는데, 육해군부는 직접 해외방송을 청취하고 있어서 효과가 없었다. 대본영의 육해군부는 곧바로 이 회신에 승복할 수 없기 때문에 수락에 반대한다는 태도를 밝히고, 12일 8시가 넘어 참모총장과 군령부총장은 함께 천황에게 이런 취지를 상신했다. 이날 오후에 열린 각의에서도 육군대신이 강경한 태도로 회신에 대한 불만을 드러내며 다시 조회해야한다고 주장하자 각의의 대세는 재조회로 기울었다. 즉시 수락을주장하던 외상은 형세가 불리해지자 정식회답이 도착한 후에 재심의하자고 제안하고 산회를 시켰다.

천황의 재가로 결정한 포츠담선언 수락이라는 방침에 대해 회답문의 해석을 둘러싸고 다시 논란이 벌어진 것이다. 앞서 제1차 수락통고를 타전한 뒤 정부는 국민들에게 갑작스런 발표를 피하기 위해 서서히 종전의 분위기를 조성하려고 8월 10일 오후 '국체를 올바르게 보호유지하고, 민족의 명예를 보존할 마지막 일선을 위해정부는 처음부터 최선의 노력을 기울이고 있는데, 1억 국민들도 국체 보호유지를 위해 모든 고난을 극복해 나가기를 기대한다'는 정보국 총재 담화를 발표했다. 이와 동시에 육군은 '전군의 장병들에게 고함'이라는 육군대신 고시를 발표하고, 성전 완수를 강조했다. 11일 아침 각 신문들은 아주 애매한 정보국 총재 담화와 전쟁계속을 강조하는 육군대신의 고시를 나란히 게재함으로써, 진의를 파악하기 힘든 정부의 발표를 통해 국민들은 어렴풋이나마 종전의분위기와 의견대립을 감지했다.

미국의 회신 내용을 접한 다음 육군의 태도는 한층 더 강경해졌다. 항복협상이 진행 중이라는 것을 알게 된 외지의 각 군은 속속 중앙정부에 절대 반대의 입장을 보내왔다. 그리고 12일 육군대신과 참모총장은 연명으로 예하 각 군에게 다음과 같은 전문을 내려 보냈다. '대동아전쟁에 관해 제국정부가 적측에 보낸 제안에 대해 12일 이른 아침 미국의 방송을 들어보니, 육군은 이 방송이 국체 보호유지의 본의에 반하는 것으로 판단하여 단호하게 일축한다. 육군은 오직 전쟁을 계속할 뿐이라는 태도를 견지하고 국책을 추진하는 데 각 군 역시 단호하게 작전임무에 만전을 기하도록 하라.' 그리고 12일 이후 육군성은 쿠데타를 일으켜 주화파 요인들을 소탕하고 전쟁을 계속하려고 계획했다. 중신들과 요인들에 대한 주전파의 설득운동도 활발하게 전개되었다. 한편, 주화파의 공작도 활발해졌다. 연합국의 정식 회답이 미국 정부를 통해 12일 저녁에 도착했는데, 외무성은 시간을 벌기 위해 이것이 13일 아침에 도착했다고 했다. 그동안 내대신, 총리, 외상 간의 협의가 빈번히 이루어졌다. 13일 오전 회답을 심의하기 위한 제2회 각의가 열렸다. 의견은 여전히 대립했고, 오후에 일단 휴식에 들어갔다. 그 사이 외상은 천황을 만나서 마지막 공작을 벌였다. 16시에 재개된 각의 역시 여전히 의견이 대립하자 총리는 다시 천황의 성단으로 결정하자고 하고 산회시켰다.

그때까지 천황제 유지에 관한 주화파의 마지막 타진과 주전파 설득 노력이 이루어졌다. 13일부터 미군기가 항복협상의 경과를 삐라로 국내에 살포하고, 해외방송은 일본의 회답 지연을 공격했다. 국민들은 그제야 평화협상의 기운을 감지하고 동요하기 시작했다. 군부의 쿠데타 계획도 주화파의 정보망에 의해 파악되었다. 결정 지연은 국내의 혼란을 초래할 뿐만 아니라 연합국의 태도를 강경하게 만들어 심지어 천황제 유지에도 악영향을 미칠까 염려되었다. 그러나 이때 스웨덴의 오카모토 스에마사岡本季正 공사로부터 주화파의 입장을 보다 유리하게 하는 전문이 도착했다. 그것은 미국의 대일회답에 대한 신문기사 보고였는데, 기사는 천황제 문제에 대한 미국·영국·소련 3국 간 협의 경위를 설명하면서, 이번 회답문은 소련의 반대를 물리친 미국 외교의 승리이며 실질적으로는 일본 측의 조건을 받아들인 것이라는 내용이었다(服部卓四郞, 『대동아전쟁전사』 제4권).

주화파와 주전파의 대립은 현상적으로는 아주 격렬했지만, 실제로는 패전의 방법을 둘러싼 전술적인 차이에 불과했고, 주전파역시 천황제 유지에 열심이었고 국체 보호유지를 주장하고 있었다. 이런 가운데 날아든 천황제 존치에 관한 희망적인 정세보고는 주화파의 입장을 결정적으로 우세하게 만들었다.

아직 남아있는 강경한 주전론자, 즉 육군의 일부를 억누르고 즉시 항복을 실현시키기 위해 또 다시 천황의 절대주의적 권위를 꺼내 들었다. 14일 아침, 내대신은 천황에게 의견을 개진하고, 총리와 내대신의 협의를 거쳐 주전파 설득 준비를 마쳤다. 14일 10시, 천황의 소집으로 최고전쟁지도회의와 각의의 합동회의가 열렸다. 1941년 12월 1일 개전을 결정했던 어전회의 이래 처음으로 이례적인 합동회의가 열린 것이다. 총리는 포츠담선언 수락 원안을 설명했고, 육군대신과 참모총장, 군령부총장은 조건부 항복이 받아들여지지 않는 한 전쟁을 계속해야 한다며 반대 입장을 밝혔다. 천황은 주화파의 공작에 따라 즉시 수락이라는 의견을 표명했다. 이때 천황이 '짐은 어찌 되어도 좋다. 국민들을 더 이상 고통스럽게 하는 것은 참을 수 없다'고 했다고 전해진다. 그러나 포츠담선언 수락을 위해 천황과 일본 정부가 고집한 유일한 조건은 천황의 지위 보장이었지, 국민생활의 보장이 아니었다. 9일 이래 6일 동안에 걸친 대본영과 정부 간의 싸움은 오직 천황의 지위에 관한 것이었다. 육군대신 등 주전파도 군사력이 궤멸되어 결전을 자신할 수 없었기 때문에 결국 천황의 재가라는 형식에 굴복했다. 이어진 각의에서 종전조서 등 기술적인 협의가 이루어져, 14일 23시 일본의 4개국에 대한 포츠담선언 수락에 관한 통고가 긴급전문으로 스위스로 타전되었다.

무조건 항복

포츠담선언 수락 결정으로 만주사변 이래 14년간의 일본제국주의의 침략전쟁은 참혹한 패전의 막을 내리게 되었다. 그러나 국내나 해외에서 결전을 향해 돌진하던 군대는 무조건 항복을 쉽게 받아들일 수 없었다. 이미 내부붕괴 조짐이 나타나고 있던 군대질서를 유지할 수 없었기 때문이기도 했다.

군부 특히 육군성의 주전파들은 주화파에 대한 쿠데타 계획을 세우고 있었다. 8월 14일 정부의 포츠담선언 수락이 최종적으로 결정되고 아나미 육군대신도 천황의 의사에 따라 정부방침에 따르는 태도를 취했기 때문에, 주전파는 무력으로 항복의 실현을 저지하려고 했다. 육군성 군무국의 막료들은 황궁을 경비하던 근위 제1사단 참모와 공모해 14일 저녁 근위 제1사단장을 살해하고 거짓 사단명령을 발동해 병력을 움직여 궁성을 점령했다. 이들의 목적은 궁성 안팎의 교통을 차단하고 주화파 요인들의 진입을 저지하며, 천황의 방송녹음 음반을 확보해 항복발표를 막고 전군의 전쟁 계속을 추진하는 것이었다. 그러나 일시적으로 궁성을 점령하는 데는 성공했지만, 거짓 명령인 것을 알게 된 사단의 각 부대는 움직이지 않았고 주전파의 궐기에 호응해 나서는 자도 없었기 때문에 쿠데타의 명분이 서지 않게 되자, 군 수뇌부의 설득으로 주모자는 자살하고 다음날인 15일 아침 반란은 진압되었다.

이 반란을 대표로 전국 각지에서 주전파들이 크고 작은 소요를 일으켰는데, 모두 다 일부 광신적인 군인이나 우익들의 단발적인 행동으로 끝나고 말았다. 겉으로는 허세를 부리던 군부조차 전쟁을 계속할 수 없다는 점을 분명히 알고 있었고, 전쟁의 고통 속에 하루라도 빨리 평화가 오기를 염원하던 국민들로부터 아무런 공감이나 지지를 받지 못했기 때문이다.

8월 15일, 정부는 비로소 국민들에게 천황의 조서 낭독 방송으로 항복 사실을 알렸다. 국민들과 동아시아의 모든 민족들에게 유례가 없는 엄청난 피해를 안겨 준 정의롭지 못한 침략전쟁을 마치면서, 천황이 국민들에게 한 말은 '참기 힘든 것을 참고' 항복하여 '국체를 보호유지' 할 수 있는 것을 기뻐하며, 앞으로 국민들에게 '맹세코 국체의 정화精華를 발양發揚'하기를 바란

종전 방송을 듣는 국민

다는 것이었다. 국민의 희생이나 고통, 주변 국가와 민족들에게 안겨 준 고통에 대해서는 관심이 없었다. 전쟁의 본질이나 항복의 내용을 이 조서는 잘 보여주고 있다.

8월 13일의 4개국 회답에는 군사행동 즉시 중단을 포함한 항복의 구체적인 조건이 부가되어 있었다. 항복 결정 후 정식 조인 준비를 위해 8월 19일 가와베 토라시로河辺虎四郎 중장을 전권위원으로 하는 사절단이 마닐라로 파견되었고, 연합군 진주와 항복문서 조인에 관한 협의가 이루어졌다. 이에 따라 8월 28일 미군 선발대가, 30일에는 연합군최고사령관 맥아더 원수가 각각 가나가와현 아쓰기厚着 비행장에 도착했고, 9월 2일 도쿄만灣 해상의 미군 함정 미주리호USS Missouri(BB-63) 선상에서 정식 항복문서 조인식이 이루어졌다. 일본 측에서 정부 대표로 시게미쓰, 대본영 대표로 우메즈, 연합국 측 대표로 맥아더 이하 미국·영국·소련·중국·프랑스·네덜란드·호주·캐나다·뉴질랜드 9개국 대표가 참석했다. 일본 군대의 무조건 항복, 포츠담선언 이행과 정식 항복에 관한 연합군지령 제1호가 선포되어 일본의 무조건 항복이 결정되었다.

항복문서에 조인하기 위해 미주리 호 함상에 오른 일본 항복
사절단

항복문서에 서명하는 시게미쓰 외상

　항복에 따라 해외 군대의 정전은 약간의 동요가 있었지만 군부
는 남방과 중국에 황족을 파견해 천황의 항복조서를 따르라고 종
용하고, 미국·영국 및 장제스 군대와 순조롭게 협의했다. 그러나 만
주와 화베이의 상황은 전혀 달랐다. 관동군의 각 지휘관은 사령부
가 궤멸돼 지휘계통이 혼란에 빠진 뒤 소련군에 대한 강렬한 적의
때문에 절망적인 항전을 계속했고 항복이 결정된 지 40일 동안이
나 혼란을 거듭했다. 이로 인해 일본군 병력은 큰 손실을 입었고 이
때 전사한 사람들은 내지에서 상황파악이 안 돼서 행방불명자로
처리되었는데, 전후에도 이들의 귀환문제와 관련해 소련을 공격하
는 재료로 활용되었다.

　화베이에서도 일본군은 중공군에 대한 전투를 계속했다. 장제
스 정부는 일본군을 무장해제 시킨 후 이들을 그대로 공산당에 대
한 공격에 활용했다. 이렇게 해서 1946년까지 군단, 사단 단위의
일본군이 화베이 각 성에서 공산당에 맞서는 용병으로 전투를 계
속했고 수많은 병사들이 전사했다.

패전의 필연성

전쟁을 일으킨 필연성이 일본의 봉건적, 군사적 자본주의와 천황제 권력에 있다면, 패전을 초래한 필연성도 또한 거기에서 나왔다고 할 수 있다.

작전과 전시정치 수행에 장애물이었던 통수권과 국무권의 불일치, 군정권과 군령권의 대립에 따른 육군과 해군의 대립, 군부와 정치권의 끊임없는 파벌투쟁. 이 모든 것이 천황제 기구의 불가피한 산물이었다. 모든 권력이 명목상 현인신이라는 천황에게 귀속된다는 것은 실제로는 지배계급 내 여러 파벌과 지배체제 내 집단들이 천황의 신권적 권위를 빙자해 서로 분파주의를 강화하고 대립하는 필연적 현상으로 이어졌다. 전쟁이 지배체제의 모순을 증폭시킴에 따라 동요하는 지배계급 간의 대립이 천황제 기구를 바탕으로 '합법적'으로 격화됨으로써, 천황제의 힘은 수습할 수 없는 지경에 이른 것이다.

육해군의 모든 작전이 처음부터 끝까지 계획성이나 합리성을 결여했던 것은 일본 군국주의의 뿌리 깊은 봉건적 성격 때문이었다. 천황제적 신분제도와 관료적 계층제도가 결합되어, 군부는 서열과 자격이 모든 것을 결정하는 가장 경직된 관료적 집단이었다. 군부에서는 자유 임용이 절대 허용되지 않았다. 군무 처리는 아주 형식적이고 직권에 수반되는 아주 부분적인 책임만 진다. 게다가 직무상 특권으로서 비밀주의를 유지하는 한, 작전의 계획성도 일관성도 유지할 수 없었다. 따라서 항상 매사가 그때그때의 임시적인 조치일 뿐이고, 자기 집단의 이익만을 주장하는 모든 부서들끼리 거래를 하듯 타협하는 방식으로 일을 추진해 나갔다. 더구나 국민들의 비판을 전혀 허용하지 않고, 통수권 독립이라는 미명 하에 독선주의에 취해 있었기 때문에 군부의 능력은 처음부터 형편없을 수밖에 없었던 것이다. 서열에 따라 진급이 되어서 여러 곳을 두루 돌면서 '큰 실수 없이' 지내다가 군정과 군령의 최고 수뇌부에 오른 사람들이 전부 다 군사적 능력을 지니고 행정적 책임을 이해했다고 하더라도, 그 이상의 정치가적 자질과 정치적 책임을 결여했기 때문에 전쟁지도가 형편없고 나몰라라 식이었던 것이다. 클라우제비츠가 '전쟁이란 정치의 다른 수단'이라고 지적했듯이, 군사지도도 정치력 없이 수행할 수 없는 것이다.

일본군의 작전이 기습을 근간으로 한 것은 군비가 약하기 때문이기도 하지만 보다 근본적인 이유는 천황제 군대가 본질적으로 봉건적인 '정신精神주의'에 기반을 두기 때문이다. 상대가 예상치 못한 순간에 결사대를 들여보낸다는 전술은 일단 합리적인 작전계획 없이 항상 '천우신조'에 기댄 도박 같은 의도에서 나오며, 반인륜적인 인명人命경시와 무모함에서 출발한다. 가미카제 특공대 작전이나 죽창 전술이 전형적인 사례이다. 기습에서 출발해 기습으로 이어지는 작전이 전체적으로 계획성과 합리성을 결여한 것은 당연한 결과였다. 또한 야마토 정신大和魂을 강조하는 정신주의는 '물량'에 대한 경시를 불러왔다. 생산력 저하를 정확하게 평가한 상태에서 작전을 세우지 않고, 이를 의도적으로 경시하고 간과했다. 군사과학을 장려한다고 했지만 이는 극도로 미진했고, 무기생산과 직접적으로 결부된 기술의 보호에만 그쳤으며, 이와 관련된 또는 기초가 되는 과학 전체의 발달을 도모하지 않았고, 오히려 정신주의가 과학성과 합리성을 부정했기 때문에 전쟁이 지속될수록 다른 연합국들의 군사과학이 급속도로 발전한 것과 달리 우리나라는 순식간에 뒤쳐지고 말았다.

자기와 상대방의 전력을 오판한 것, 이는 언론과 사상의 자유를 빼앗은 필연적인 대가였다. 국민들의 전투의지를 선동하기 위해 만든 '미국은 물량에 의존할 뿐 전투의지가 약하다'는 식의 선전이 거꾸로 군부를 지배함으로써 미국의 합리적인 작전이 지닌 강력함을 경시하는 과오에 빠져버렸다. 오로지 국민들에게 패전을 숨기고 전과를 과장하기 위한 발표만 하고, 이를 위해 육해군이 서로 진실을 은폐하고, 현지 군대는 중앙에 허위보고를 하는 식이어서, 말 그대로 사람들을 속이기 위해 스스로가 속임을 당하는 수렁에 빠져들었다. 그리고 병사들에게 사지로 뛰어들라는 정신교육을 강조하는 것은 자승자박이 되어서, 적당한 순간 퇴각해서 전열을 정비하는 유연한 전술을 취할 수 없게 되었고, 광범위한 전선에 걸쳐 각개격파 당함으로써 무의미한 '옥쇄'만 되풀이한 것도 반半봉건적인 군부가 현대전을 감당할 수 없는 일례라 할 수 있다.

전시경제는 봉건적 기반 때문에 생산력은 떨어지고 정체가 가속화되었다. 게다가 군이 이러한 실태를 방임하고 과도한 부담만 강조하며, 육해군이 공장관리와 자재 조달을 놓고 서로 대립함으로써 점점 더 혼란을 초래하고 파탄을 키웠다. 군사적 후퇴에 앞서 이미 전시경제가 붕괴되었는데, 이는 패전의 필연성이 얼마나 뿌리 깊은 곳에서 나오고 있었는지를 보여주고 있다.

이러한 결과는 일본 사회구조의 특질에서 유래하는 것인데, 앞서 설명했듯이 군사과학의 지연, 작전의 비합리성도 여기에 뿌리를 두고 있다. 군 수뇌부 개개인의 자질 문제도 있을 것이다. 각각의 작전에서 우연성도 작용했을 것이다. 그러나 이런 것들을 포함해 패전의 필연성은 일본 자본주의 또는 천황제의 성격에 기인한다고 해야 한다. 바꿔 말하자면, 패전의 책임은 천황제와 일본 자본주의에 있으며, 지배계급 전체가 책임을 져야하는 것이다.

군부는 중국과 소련, 미국의 전쟁능력을 오판했고, 이것이 전략의 결정적인 오류였다. 이는 중국 민중, 소련과 미국 국민들의 반파시즘에 대한 강력한 투쟁의지를 이해하지 못했다는 것을 의미한다. 이것을 이해하지 못했기 때문에 세계 여론을 적으로 돌려가며 무모한 전쟁에 뛰어들 수 있었던 것이다. 밖으로 세계 여러 민족의 독립과 민주주의를 위협하고 안으로는 국민들의 자유를 빼앗은 '정의롭지 못한 전쟁' 즉, 침략전쟁이었기 때문에 패할 수밖에 없는 전쟁이었던 것이다. 1942년 2월 독일과 한창 고전 중이던 스탈린은 다음과 같이 선포했다. '독일군 병사들에게는 고무시키고 자랑할 만한 숭고하고 고귀한 전쟁의 목적이 없다. 반대로 모든 소비에트군 병사들에게는 자기가 정의로운 해방전쟁을 하고 있다는, 자유와 독립을 위해 전쟁을 하고 있다는 자긍심이 있다. … 여기에 소비에트군의 힘이 있다. 여기에 독일 파시스트군의 약점이 있다'(『소련의 위대한 조국방어전쟁』). 독일 파시스트 전쟁에 관한 이 말은 그대로 일본의 파시스트 전쟁에도 적용된다. 1938년 마오쩌둥이 '일본의 사회경제가 지닌 제국주의적인 성질 때문에 일본이 수행하는 전쟁의 제국주의적인 성질이 드러난다. 이 전쟁은 퇴행적이고 야만적이다. … 일본의 퇴행성과 야만성은 일본이 전쟁에서 반드시 패배하게 될 중요한 근거가 될 것'(『지구전론持久戰論』)이라고 지적한 것도 전쟁이 일본제국주의를 무너뜨릴 것이라는 역사적 필연성을 강조한 것이나 다름없다.

제5장

전쟁의 의의와 결과

제1절 국제정세의 변화와 일본의 역할

제2차 세계대전의 성격

　제2차 세계대전은 세계 자본주의의 전반적인 위기가 만든 여러 모순들에 기인한다. 따라서 이는 1939년 독일의 폴란드 침공을 계기로 영국, 프랑스 대 독일이라는 전형적인 제국주의 국가들 간의 전쟁으로 시작되었다. 그러나 이 전쟁이 세계 전역으로 퍼져나가는 불씨가 된 것은 이보다 8년 전인 1931년 9월 18일의 만주침략(만주사변)이 그 계기였다. 1929년 세계공황을 기반으로 1933년 독일 나치정권이 취한 공공연한 침략정책의 시작과, 1935년 파쇼 이탈리아가 에티오피아 정복에 나선 것은 일본의 만주점령과 뒤이은 국제연맹 탈퇴가 분명히 그 도화선이었다. 따라서 도쿄재판(극동군사재판)에서 연합국 측이 제시한 견해는 1931년이 제2차 세계대전의 발단에 해당한다는 것이었다. 소련 측 검찰 골린스키는 '만약 제2차 세계대전으로 통칭해야 할 만큼 유혈사태가 시작된 기간으로서 일정한 날짜를 제시해야 한다면, 1931년 9월 18일이야말로 가장 근거가 확실한 날짜가 될 것'이라고 했다(아사히신문 기자단 편, 『도쿄재판』).

　일본의 지배자는 제2차 세계대전에 불을 붙이는 역할을 했다. 일본은 독일과 이탈리아와 나란히 세계 모든 국민의 민주주의와 자유·평화를 위협하고 짓밟은, 파시즘의 중심 세력이었다. 이 세 나라의 지배자는 모두 다 호시탐탐 소련을 침략할 생각이었고 제국주의 국가들의 반소 통일전선에 선봉이 되고자 했는데 소련의 강력한 방위력과 제국주의 국가 내부의 민중들의 반파시즘 투쟁에 가로막히자, 오히려 영국, 프랑스, 미국을 적으로 돌려 제국주의 전쟁의 장본인이 되어버렸다. 일본이 만주와 중국 전역을 일부러 침략한 것도 동아시아에서 소련의 공격을 먼저 받음으로써 영국과 미국 등 제국주의 국가의 '유화책'을 기대했기 때문인데, 장고봉 사건, 노몬한 사건에서 보듯이 일본은 언제든지 '북진'을 계획하고 있었다. 그리고 일본의 지배자들은 1927년의 산둥성 출병 이래 시종일관 중국 통일을 가장 노골적으로 방해했으며 중국 민중의 반제국주의 투쟁을 가장 반동적으로 탄압하는 세력이었다. 이들은 중국에 대한 제국주의 열강의 식민지배 옹호자로 자임했지만 중국의 끈질긴 저항으로 인해 식민지배가 실패로 끝나자, 이제는 아시아의 식민지를 놓고 영국, 미국과 대결하는 태평양전쟁을 일으키게 되었다. 이로써 일본은 아시아 전체 민중들의 민족해방운동이 당면한 가장 큰 적대 세력이 된 것이다.

제2차 세계대전은 주지하는 바와 같이 다음 세 가지 성격을 지닌다. (1) 일본·독일·이탈리아 추축국과, 미국·영국·프랑스 등 반추축국 간의 제국주의전쟁, (2) 파시즘국가의 침략에 대항해 소련과 손을 잡은 영국·프랑스·미국 등 자본주의국가들이 연합한 반파시즘전쟁, (3) 일본의 침략에 대한 중국 민중들의 전쟁, 그리고 독일·이탈리아 점령 하에 놓인 여러 국가 민중들의 민족해방전쟁.

물론 이러한 세 가지 성격이 1931년부터 한결같은 모습으로 분명했던 것은 아니었다. 다시 말해, 일본·독일·이탈리아 파시즘 침략은 상대국 민중들의 민족해방전쟁을 촉발시켰다. 중국이나 에티오피아, 스페인, 체코슬로바키아가 그렇다. 그러나 영국·미국·프랑스의 지배자들은 일본·독일·이탈리아 파시즘의 선봉을 소련으로 향하게 하는 데 열중하는 바람에 이들 지역의 민족해방전쟁을 고립시키고 못 본 체했다. 이러한 서구와 미국 정부의 정책을 깨부순 것은 1939년부터 고양된 각국 노동자들의 반파시즘 인민전선인데, 이로써 침략을 당한 나라들의 민족해방투쟁, 제국주의 국가 내 민중들의 반파시즘투쟁, 소련의 전쟁방지를 위한 외교정책, 이 세 가지가 평화와 민주주의를 지키자는 목표 아래 서로 연계되었다. 이때까지 격화되기는 했지만 미봉에 그쳤던 제국주의 대립은 1939년 독일의 폴란드 침공으로 인해 일시에 전쟁으로 폭발했다. 이것은 틀림없는 제국주의 전쟁이었다. 동시에 그때까지 계속 싸우고 있었던 중국과 여타 민족들의 해방투쟁에 더해, 서방의 여러 민족들이 새로이 독일 파시즘의 폭압에 대항하는 해방투쟁을 불러일으켰다. 인민전선 운동으로 결집된 민족들의 혁명적 열기가 세계적 규모로 민족해방·반파시즘투쟁의 고양을 실현시킨 것이다. 이어서 1941년 독일이 소련을 침공함으로써 소련 인민들의 조국방어전쟁이 시작되었다. 이것은 사회주의체제를 지키려는 목적이었는데 그것이 성공함으로써 사회주의체제의 우월성을 실증했다는 점에서 제2차 세계대전의 새로운 의미가 있다. 그리고 영국·미국·프랑스 정부가 세계 민중들의 파시즘타도 열의에 압도되어 기존에 일본·독일·이탈리아에 대한 유화책을 버리고 소련과 동맹을 맺어 철저하게 항전하겠다는 방침을 정했을 때 비로소 파시즘 국가 대 민주주의 국가 간의 전쟁이라는 성격이 분명해진 것이다. 그리고 이때부터 전쟁은 제1차 세계대전과 달리 위의 세 가지 성격을 다 갖고 있지만 그중에서도 특히 민주주의 옹호를 위한 해방전쟁의 성격이 강하게 전면에 드러나게 된 것이다.

태평양전쟁의 의의

이상에서 언급한 내용은 만주사변에서부터 태평양전쟁에 이르는 일본의 침략전쟁에서도 나타난다. 특히 가장 큰 특징은 제1차 세계대전 이래 중국을 선두로 여러 민족들의 반제국주의투쟁이 비약적으로 발전했다는 데 있다. 제1차 세계대전 직후의 민족운동은 대개 민족적 부르주아가 주도했다. 그러나 민족운동의 범위와 깊이가 확대됨에 따라 제국주의자들은 민족적 부르주아들과 타협해서 '독립'이라는 명분만 주고 실질적으로는 식민지 지배를 유지시키는 방침을 취했고, 민족적 부르주아 진영은 광범위한 민중들을 끌어들임으로써 혁명적 성격이 짙어지자 곧바로 봉건세력(귀족, 군벌, 지주, 고리대금업자)과 손을 잡고 민족혁명을 억압하는 입장으로 변모했다. 중국에서는 지주와 부르주아의 이익을 대변하는 장제스 정권이 내부적으로는 반혁명의 입장을 취하면서 외부적으로는 일본에 대한 항전을 포기하고 끊임없이 타협하려고만 했다. 따라서 이러한 국민당을 움직여 1938년의 항일통일전선을 만들어 낸 원동력은 제국주의에 대한 반대와 봉건주의에 대한 반대를 결합시킨 중국 민중들의 노력에 있으며, 이를 지도한 것은 중국공산당이었다. 기타 지역에서 부르주아와 지주세력은 일본제국주의 침략에 협력해 괴뢰정권을 만드는가 하면, 침략을 저지하려는 노력을 사보타주했다. 따라서 민족해방투쟁은 이러한 국내외의 반동세력들과 싸워야만 했다. 제2차 세계대전 시 민족혁명은 이러한 시련 속에서 단련되었다. 그것은 노동자·농민을 중심으로 한 근로자들의 손으로 이루어졌는데 이 점에서 공산당은 지도력을 발휘했다. 1940년에 마오쩌둥이 발표한 '신민주주의론'은 이러한 새로운 민족혁명의 기본적인 방향을 밝힌 것으로, 이로 인해 전후 소련과 동유럽의 사회주의·인민민주주의 국가들, 또한 제국주의 국가들 내의 혁명세력인 노동자·농민들과의 국제적인 연대가 기존과는 질적으로 다른 견고한 것이 되었다.

전후 국제정세의 변화

제2차 세계대전에서 일본·독일·이탈리아의 추축국 진영이 패배한 것의 국제적인 의의는 무엇인가? 전후 국제정세는 어떻게 변화했는가?

세계 자본주의의 체제의 전반적인 위기에서 제국주의전쟁이 시작되었기 때문에 전쟁이 끝남으로써 그 위기가 해소되기는커녕 한층 더 심각해졌고 전반적인 위기의 두 번째 단계가 시작되었다. 승리를 거둔 제국주의 국가들 중에서도 전쟁으로 막대한 이득을 챙긴 미국은 경제·외교 면에서 압도적으로 우월한 지위를 차지했다. 전후 미국은 그 지도력을 강화하고 자본주의 국가들의 결속을 도모했다. 그러나 그 지도력을 강화하면 할수록 미국에 종속된 자본주의 국가들 간에 또한 이들 국가들과 미국 간에 대립이 격렬해지는 현상이 발생했다. 이는 자본주의 발전의 불균등성이 과도해졌고, 자본주의 세계시장이 현저하게 좁아졌기 때문이다.

동유럽에서 독일·이탈리아의 침략에 맞서 싸운 민족해방전쟁은 인민민주주의 국가를 만들었고, 아시아에서 일본의 침략에 맞서 싸운 민족해방투쟁은 중국, 그리고 북한과 베트남의 대부분 지역에서 민족혁명을 성공시켰다. 이들 인민민주주의 국가들이 소련과 더불어 사회주의 진영을 결성함으로써 단일했던 세계시장은 붕괴되고 자본주의 경제가 살아남을 수 있는 길은 한층 더 좁아졌다.

반파시즘전쟁이 승리한 결과 세계에서 민주주의 세력은 증대되었다. 특히 반파시즘 투쟁의 선두에 섰던 공산당이 프랑스·이탈리아 등 서구 국가들에서도 세력을 확대했다. 그중에서도 특히 독일과 일본과의 전쟁에서 결정적인 역할을 수행한 소련의 발언권이 전후 국제사회에서 비약적으로 높아졌다.

이렇게 해서 전쟁 중 시작된 민주주의 세력 간 분열 조짐은 제2차 세계대전 말기부터 나타나기 시작해서 전후에는 급속하게 표면화되었고, 미·소 간의 대립으로 상징되는 사회주의 체제와 자본주의 체제라는 두 진영 간의 대립구도가 만들어졌다. 제1차 세계대전 이후 1923년부터 1929년까지는 상대적으로 안정된 시기였는데, 제2차 세계대전 이후 세계경제와 국제정치는 미국의 반소련 정책 때문에 안정되지 못하고 곧바로 새로운 전쟁의 위기가 발생했다.

일본의 패전은 일본제국주의 지배만 붕괴된 것이 아니라, 이에 대항하는 아시아 국가들의 민족혁명 열기가 성장함에 따라 아시아에 식민지를 경영하는 모든 제국주의국가들이 위기감을 갖게 만들었다. 그러자 제국주의 지배자들의 관심은 자본주의의 파탄을 막기 위해 아시아에서의 민족혁명을 억누르는 데 맞추어졌다. 이렇게 해서 아시아에서 두 체제 간의 대립, 제국주의와 식민지·반식민지 민족과의 대립, 또한 제국주의 국가들끼리의 대립이 격화되었다. 이러한 국제정세 속에서 패전으로 엄청난 타격을 입은 일본의 지배계급은 미국이 추진하는 세계정책의 하수인이 됨으로써 자신들의 지배를 보장받고자 했다.

제2절 국내 각 계급의 동향

독점자본

14년 간 전쟁을 지속해 온 일본의 지배자들은 참담한 패배를 맛보았다. 패전으로 독점자본의 약점을 지탱해 온 군사력과 식민지를 한꺼번에 잃어버렸다. 국민을 억압하고 전쟁터로 끌고 갔던 천황제의 권위도 완전히 떨어져서 '신神의 나라인 일본 불패'라는 가공의 이야기는 기만이었음이 여지없이 드러났다. 패전은 천황제에 있어서도, 일본 자본주의에 있어서도 치명적인 타격이었다. 그럼에도 지배계급은 그때까지 전쟁을 도발하고 확대함으로써 이익을 마음껏 챙겨왔다.

자본가들은 1927년 금융공황에서부터 1929년의 세계대공황으로 이어지는 공황의 피해를 만주사변을 일으켜 '군수軍需 특수'로 만회할 수 있었다. 준전시체제로부터 전시체제로 이행하는 것은 전쟁을 최대한의 이윤을 빨아들이는 수단으로 간주하고, 기업의 이익을 위해 국가권력을 전면적으로 이용해 경제를 군사화하는 것이었다. 독점자본들은 막대한 군수품 제조를 하청받고 이를 전쟁터에서 아낌없이 소비시킴으로써 군수품 생산을 확대시키고 이 과정에서 선지급금제도를 통한 선금과 마구 살포되는 풍부한 보조금과 지원금을 받아 챙기는 한편 각종 통제경제를 통해 급속도로 이윤을 증대시키고 산업지배력을 강화해 나갔다. 군수품 생산의 통제력을 한 손에 움켜 쥔 독점자본들은 그야말로 국가권력이 법외의 전쟁이익을 보장해 줌으로써 아무런 손해나 위험 없이 충분히 이윤을 불릴 수 있었다.

종종 재벌에게는 전쟁책임이 없다고 하는데, 이는 완전히 사실과 다르다. 도쿄재판에서 이들을 단죄하지 않은 것은 일본의 독점자본을 온존시켜서 이를 이용하려던 미국의 '정치적 배려'에서 나온 것에 불과하다. 산둥출병이나 만주사변 때 최전선 군부의 전쟁도발에 대해 거대 자본들이 적잖은 의구심을 나타낸 것은 사실이다. 미쓰이나 미쓰비시처럼 이미 산업계를 제패하고 확고한 지위를 차지하고 있던 독점자본가들은 경제에 커다란 변동이 생기는 것을 처음에는 반가워하지 않았고 이른바 현상유지에 안주했으며, 나아가 그때까지의 무역과 직결된 상업부문에 중점을 두어 왔던 재벌들은—특권적인 정상政商자본에 기원을 둔 초기 상업 고리대금의 성격이 강하다—무역·금융을 통해 영국·미국 독점자본에 대한 종속성이 강했다. 따라서 이들이 일본의 침략전쟁으로 영미 제국주의와의 대립이 격화되면 무역거래에 지장이 생길 것을 우려한 것은 당연했다. 이 시기에 군부의 전쟁정책을 적극적으로 지지했던 것은 전쟁을 기회로 이른바 구 재벌과 맞서려던 2류 독점자본, 즉 오직 군수생산에 의존하는 닛산日産이라든지 일본질소비료日窒와 같은 신흥재벌들이었다. 그러나 전시경제를 본격화하고 만주지배를 현실화하기 위해서는 역시 자본력이 탁월한 구 재벌들이 나서야만 했고, 또 그렇게 하는 것이 자신들에게도 막대한 이윤이 될 것이라는 점을 인지하면서 이를 손아귀에 넣는 데 인정사정이 없었다. 뒤이은 중일전쟁 때는 군부가 전쟁을 도발하고 확대하자마자 재벌들은 발 빠르게 이를 지지하고 뒤쫓았다. 군부가 중국에 대한 전면적 침략이라는 모험정책을 취한 기저에는, 만주사변 이후 더욱 격화된 일본 자본주의의 내재적 모순에서 비롯된 위기를 피하기 위해 대규모의 새로운 군사적 행동을 기대하는 독점자본의 필연적인 욕구가 있었기 때문인데 군부는 이를 가장 노골적인 형태로—독점자본의 기대를 뛰어넘어—대행했던 것이다.

이때 이미 구 재벌들은 신흥재벌을 종속시키고 미쓰이, 미쓰비시, 스미토모를 필두로 군부가 점령지를 확대함에 따라 붙어 다니며 식민지 수탈의 그물망을 확대해 나갔다. 일본 자본주의의 성격에서 유래한 식민지에서의 수탈은 제국주의적 지배가 봉건적 약탈로 배가되는 극도로 잔혹한 것이었다. 자본의 진출은 경공업이 중심이었기 때문에 그 경쟁상대인 현지의 민족자본—주로 경공업—

을 무참히 짓밟았고 또, 점령기관의 손을 통해 그 기업들을 재벌끼리 공공연하게 분할하고 빼앗았다. 그리고 국가자본을 이용한 '국책회사'나 반관반민의 회사를 설립하고 이를 방패로 군부와 관료의 보호를 전유함으로써 식민지 경제를 독점했다. 그리고 군부와 결탁해 군수자원을 대규모로 횡령하거나 아편 강매, 밀수 등의 불법행위를 저지르는 것도 서슴지 않았다. 이러한 수법은 태평양전쟁 동안 점령한 지역에서 군사지배가 불안정함에 따라 불난 집의 도둑질하듯이 횡령과 약탈이 점점 더 노골화되었다.

독점자본은 전시경제를 통해 반半봉건적 지주제와의 결합을 강화하고 자신들의 지주支柱라고 주장하는 천황제와의 결합은 더욱 공고해졌다. 권력체제 내부에서 거대 부르주아의 비중은 커져갔다. 제1차 고노에 내각 이래 이케다 시게아키池田成彬(미쓰이), 오구라 마사츠네小倉正恒(스미토모), 무라타 쇼조村田省蔵(미쓰비시), 후지와라 긴지로藤原銀次郎(미쓰이) 등 재벌 대표자들은 직접 내각에 들어가 경제각료나 내각고문 자리를 차지하고 또 대기업의 경제담당자들은 통제회, 국책회사의 중역 자리에 앉았다.

전쟁 말기에는 추밀원 고문관에 가네코 겐타로金子堅太郎(미쓰이), 하라 요시미치原嘉道(미쓰이), 이케다 시게아키(미쓰이), 히라오 하치사부로平生釟三郎(가와사키), 후카이 에이고深井英五(일본제철) 등 재벌들이 직접 가담했다. 이처럼 태평양전쟁을 개전할 때 자신들의 대표자들을 권력의 중심부로 들여보냈고, 또한 중신과 육해군 수뇌부 특히 해군, 또는 경제 관료를 통해서도 개전 결정에 대한 유력한 발언력을 가졌다는 것만으로도 전쟁책임이 크다고 할 수 있다.

패전으로 인해 독점자본은 중요한 기반인 식민지를 전부 다 잃어버렸기 때문에 기초가 약해져서 자립에 곤란을 겪었다. 전세가

악화됨에 따라 전시경제는 완전히 파탄상태였음에도 그것이 독점
자본의 파탄을 의미하는 것은 아니었다. 공습으로 생산설비가 제
법 파괴되었지만 독점자본에 치명적일 만큼 커다란 피해는 아니었
으며, 오히려 전쟁기간을 통해 확장된 설비는 이를 보상하고도 남
을 정도였다. 전후 경제안정본부의 조사에 따르면 공습피해액은
주택·공장·상점 등 건축물과 보유 자재가 불에 탄 액수가 총액의
70%에 가깝고, 선박이 13%, 공업용 기계기구는 9%에 지나지 않
는다(『전쟁피해자료집』). 게다가 이를 업종별로 보자면, 증기기관차·
시멘트·공작기계·객차전차·알루미늄·베어링·자동차 등은 20~30%
정도의 피해이고, 수력전기·철강 등 기초생산 부문 시설의 피해는
아주 경미한 정도에 그쳤다(『자본주의강좌』 제1권 참조). 전쟁 직후 생
산이 극도로 저하된 것은 전쟁피해 때문이라기보다 오히려 자본가
들이 생산을 사보타주하고, 자재를 암시장에 내다 팔면서 가만히
앉아서 떼돈을 벌려고 한 데에 더 큰 원인이 있었다.

지주

　　반半봉건적인 지주제는 원래 천황제의 고유한 계급적 기반이었
다. 지주는 소작료를 지방은행이나 지방 산업에 투자함으로써 자
본가와 이해를 같이하는 측면이 강했는데, 군수공업의 하청공장들
이 지방에 늘어남에 따라 자본가로서 지주가 전시경제의 이윤 배
당에 관여하는 비중이 커졌다. 게다가 독점자본은 지주적 토지소
유가 기반을 둔 반봉건적인 사회관계, 이것이 집중적으로 나타나는
가족제도, 주인-하인과 같은 관계, 합숙제도, 노동자들이 타지에
나가 돈을 벌어야하는 구조 등을 강화하고, 전시상황을 적극 활용
함으로써 노동자들에 대한 가혹한 수탈이 가능해졌다. 독점자본에
게 고수익을 보장하는 낮은 곡물가와 저임금 원칙이 전쟁기간 동안

유지되었다. 이를 위한 농업생산 통제령, 전시 농업요원 제도 및 '기아飢餓 공출' 제도가 지주제와 결탁한 권력의 강제로 이루어졌고, 그런 가운데 지역 관청과 농업회를 장악한 지주들의 이익은 확실히 보장되었다. 천황제는 전쟁을 수행함에 있어 지배력을 강화하고자 이데올로기의 물질적 기초이자 수족과 같은 '강한 병사強兵'를 모집할 수 있는 반봉건적 관계를 자본주의의 공격으로부터 지켜내고자 했다. 이는 곧 농촌에서 지주의 부락지배를 보강하는 것이었다. 파쇼화한 천황제의 기수인 재향군인회와 익찬장년단은 주로 이렇게 해서 보강된 지주들 가운데 선발된 자들로 구성되었다. 절대주의를 가장하기 위한 장식에 지나지 않은 의회가 공론의 장에서 전쟁을 예찬하는 역할을 했다면, 기성 정당들의 지지 기반이었던 지방 유지(지주와 부르주아)들은 파쇼정치의 일익을 담당하는 익찬정치회의 지지 기반으로 바뀌었을 뿐이다.

처음부터 독점자본가와 지주 사이에 이해관계가 없었던 것은 아니었다. 전시경제 모순의 증대, 특히 일본 자본주의의 반봉건적 성격으로부터 기인하는 모순이 확대됨에 따라 중하층의 경작농민들은 철저하게 쥐어짜였고 다음으로 기생지주에 비교적 많은 착취를 당했다. 1939년에 소작료 통제령이 있었지만 대지주들은 이를 무력화시켰다. 그럼에도 불구하고 전시 기간 중 소작투쟁이 격증해 높은 소작료의 유지가 위협을 받았고, 경작농민들의 공출 비협조, 사보타주, 군대와 군수공장을 위한 대량 징발에 따른 농업노동력 감소, 군사 인플레이션 격화, 이러한 여러 조건들이 서로 상호작용해서 1945년 봄부터 공출미의 생산자 가격과 지주가격의 간극이 나타나기 시작했다. 이에 부재지주에게 부분적인 희생을 강요했지만 전체적으로 지주 제도는 강력하게 유지되었고 전혀 약해지지 않았다.

천황제

천황제는 일본 자본주의의 성립 당초부터 침략적 특질을 구현하는 역할을 드러내었으며, 침략전쟁의 수행을 필요불가결한 수단으로 삼아 파쇼적 지배를 밀고 나갔다. 천황제는 전쟁을 일으키고 이를 확대함으로써 자본주의의 위기를 돌파하고, 군대와 경찰력을 이용해 노동자·농민의 혁명운동을 가차 없이 탄압함으로써 자본가와 지주의 이익을 방어하는, 다시 말해 '착취계급 독재의 강력한 근간'(Otto V. Kuusinen)이 되었다.

도쿄재판에서 기도 고이치 전 내대신이 증언했듯 '일본의 제도에서는, 내각과 통수부가 결정한 것에 대해서는 폐하가 이를 거부할 수 없었다. 정부가 존립과 자위를 위해 전쟁을 할 수밖에 없다고 진언을 하면 폐하는 개전을 거부할 수 없었다'(아사히신문 법정기자단 편, 『도쿄재판』). 천황은 그야말로 '도장 찍어 주는 기계'(戒能通孝, 『극동재판』)였음에도 불구하고, 천황 한 사람에게만 통치권이 있다는 천황제는 그 신권적 권위에 기대어, 어떠한 국민의 비판도 허락하지 않았고 파쇼적 폭력을 마구 휘둘렀다. 군부는 통수권 독립을 방패삼아 자유롭게 전쟁을 일으킬 수 있었다. 문관 관료들은 관제 대권을 내세워 국민에 대한 책임을 전혀 지지 않았고, 전시통제를 마음대로 집행했다. 사법 관료들은 천황의 이름을 내세운 재판을 통해, 전쟁에 적극적으로 협력하지 않으면 공산주의자를 비롯해 사회민주주의자, 자유주의자들까지 가차 없이 처벌하고 투옥시켰다. 그리고 중신들은 궁정 내부에서 자기들끼리 세력다툼을 벌이고, 개전에서부터 패전에 이르기까지 모든 정치과정에 참여했으면서도 모두 다 책임을 전가하고 호도하는 데 급급했다. 그들은 기도 고이치, 도조 히데키를 포함해 동경재판 법정에서 입을 맞춘 듯, 자신들은 '평화주의자'인데 어쩔 수 없이 전쟁을 하게 되었다고 변명했다. 그러나 역사에 남겨진 이들의 행동을 보면, 전쟁을 저지하기 위해 성의를 보인 적은 단 한 번도 없었다. 오히려 필연적으로 전쟁을 할 수밖에 없는 행보를 보였음에도 자신들은 '어쩔 수 없었다'는 식으로 무책임한 태도를 드러냈다.

전쟁 수행을 위해 정치·외교·경제를 종속시키는 전시체제를 준비하고 확립함으로써 군부는 정치적 패권을 움켜쥐었다. 그러나 여기에서도 '독재'를 휘두른 것은 이른바 군이라는 관료조직으로, 통수부는 군정부와 대립하고, 중앙의 군 수뇌부는 전선의 중간급 장교들의 전횡을 통제하지 못하고, 각자 자기 부서마다 권한의 범위를 놓고 세력다툼을 벌이다가 타협했다. 이렇게 해서 결정된 자기 몫을 고수하고 뺏기지 않으려는 분파주의와 '직무집행' 주의가 국가를 파멸에 빠뜨릴 모험전쟁을 시작하게 하는 결과로 이어진 것이다.

따라서 군인들은 천황의 명령을 받아서 직분에 충실할 뿐이라는 '안도감'에 빠져서 난폭하게 권력을 휘둘렀고 직분을 이용해 착복하는 데에서도 아무런 부끄러움을 느끼지 못했으며, 지위가 바뀌면 전임자로서의 책임을 지지 않을 수 있었다. 이렇게 군부독재는 천황제 관료제도에서만 성립할 수 있는 것이었기 때문에 독일이나 이탈리아처럼 기존의 부르주아 지배체제를 추가로 변화시킴으로써 파시즘을 수립할 필요가 없이 천황제가 그대로 천천히 파시즘 권력으로 바뀔 수 있었던 것이다.

전세가 악화되고 전시통제가 파탄 남에 따라 천황제의 권위는 실추했다. 국민들의 불만은 하늘을 닿을 만큼 높아서, 군, 경찰, 관료들 가운데 천황제의 강압을 피해서 소극적으로 저항하는 태도가 번져나갔다. 앞서 살펴본 바와 같이 이러한 사태가 계속 진전되자 지배자들이 심각하게 우려했고, 중신들이 '종전 공작'을 결심하게 되었던 것이다. 국민들의 반항이 적극적으로 변화하자 마침내 단속과 통제를 강화한다는 명목으로 관료기구는 계속 팽창해 나갔다. 그리고 패전에 즈음해서는 전쟁책임을 육군 내부의 파벌 중 하나인 통제파에게 뒤집어씌우고 이들을 잘라내 버림으로써 패전의 여파가 천황제 전체에 미치는 것을 제한하려고 했다. 그러나 패전으로 인해 천황제는 가장 중요한 지지 기반인 군대를 잃어버렸고 유례없는 위기에 휩싸였다. 또한 독점자본과 지주제, 그 위에 성립한 천황제의 권력구조는 전쟁과정에서 내부의 양적인 변화(부르주아 비중의 증대, 지주계급 내 여러 계층의 자리바꿈, 관료와 독점자본의 결합 강화)가 있었다고는 하지만, 질적으로는 변하지 않았고 전후까지 유지되었다. 그와 함께 오랜 전쟁기간 동안 가혹하고 무리하게 국민을 탄압한 것이 쌓여서 마침내 터지고야 말 대중들의 투쟁에 대비해야 하는데, 군대와 식민지라는 수족을 빼앗긴 지배계급은 자신감을 잃어버렸다. 이렇게 해서 이들은 자신들의 지배를 유지하기 위해 새로운 주인을 찾아 매판화해 나갔던 것이다.

노동자·농민·시민

민중이야말로 전쟁에서 한 조각의 이익도 받지 못한 채 모든 전쟁의 피해를 떠안아야만 했다. 패전 당시 군대에 소집된 사람은 약 720만 명, 평균 2세대世帶 중 한 명꼴이었다. 그리고 실제보다 훨씬 적게 추산된 정부 발표만 보더라도 태평양전쟁에서만 사망한 사람이 156만 명을 넘고, 여기에 행방불명자(실제는 전사자), '불구자', '중증질환자'(그중에는 패전 후 사망한 자들이 많다)를 더하면 200만 명이 손해를 입었다. 1940년의 국세國勢조사에서 15~49세 남성의 수가 모두 1,750만 명이었던 것과 비교하면 얼마나 피해가 컸는지 알 수 있다.

또한 태평양전쟁의 특징은 비전투원의 사상자가 많았다는 것인데, 그 총수는 66만 명이고 그 가운데 절반이 사망했다. 원폭을 포함해 무차별 폭격의 피해, 오키나와와 기타 지역에서 벌어진 군의 옥쇄명령에 의한 희생, 만주에서 군대가 시민들을 버리고 가는 바람에 전쟁에 휘말려 사망한 경우 등 이러저러한 이유로 일반 시민들의 피해가 막대했다.

그리고 일본 본토에서 공습 등으로 직접 입은 피해는 항공기·무기·광산 등을 빼고도 486억 5,000만 엔(패전 당시 가격으로 환산)에 달하는데, 그 가운데 주택·공장·상점 등 건축물과 보유재산의 피해가 총액의 70%에 가깝다는 것도 전쟁 피해가 얼마나 민중들에게 집중되었는지를 암시하고 있다. 공습으로 파괴된 도시가 119개, 공습과 방공으로 인해 파괴된 가옥이 310만 호로 거의 전 주택의 1/4이 파괴되었고, 이재민 수는 총 880만 명으로 전 인구의 12%가 피해를 입었다.

또한 전쟁 중 열악한 생활 때문에 국민들이 건강을 잃어버려 질병사망자가 증가한 것은 짐작하기 어렵지 않지만 그 실체를 파악하기는 어렵다. 그러나 매년 10만 내지 11만 명의 사망자를 보이던 것이 1945년 7월에 18만 명이나 급증한 것은 하나의 단서가 될 것이다.

국민들은 이러한 물질적 손해뿐만 아니라 심대한 정신적 피해도 입었다. 즉 자유와 자발적인 결사의 자유를 모조리 빼앗겼다. 340만 명의 학생들이 군수산업이나 식량증산에 동원되어 교육을 받을 기회를 잃어버렸다. 자유와 문화로부터 완전히 차단된 국민들의 정신 상태는 가늠하기 힘들 만큼 고통을 받아 황폐해졌다. 전후 '허탈상태'라는 것은 이러한 황폐함을 반영한 것이었다.

물론 국민들은 다양한 형태로 저항을 계속했다. 그리고 그 성과로 인해 전쟁체제는 내부로부터 허물어지고 파괴되어 지배자들은 패전으로 내몰렸다. 그러나 탄압 때문에 조직화되지 못한 국민들의 저항은 당연히 분산적이고 자연발생적이어서 일부 소수를 제외하고 대다수는 소극적인 저항에 머물렀다. 그 결과 파시즘을 타도한 민주주의 승리라는 제2차 세계대전의 역사적 의의를 일본 국민이 스스로 우리의 것이라고 알고 체득하기에는 어려움이 있었다.

그렇지만 패전은 일본제국주의의 붕괴를 의미하므로 이 역시 근로대중의 해방이었다. 전시경제는 경공업 중심의 일본자본주의에 중공업의 비중을 늘리지 않을 수 없도록 함으로써, 현대 프롤레타리아의 핵심인 중공업 노동자를 본격 형성시켰다. 전쟁피해자와 귀환자들도 노동자의 진영에 가담했고, 전쟁과 전후 생활에서 노동자와 다름없는 수준으로 추락한 인텔리, 샐러리맨 계층은 대다수가 노동자와 같은 의식을 갖게 되었다. 전후 노동조합운동이 양적으로 활발해진 것은 이렇게 전쟁 중에 증대되고 축적된 에너지로부터 분출된 것이다. 그리고 농촌에서 징집된 200만 명의 병사들과 160만 명의 징용공들 대부분이 집단생활과 조직노동의 체험을 거친 후 전후에 농촌으로 복귀했는데, 바로 이들이 농민운동의 원천이 되었던 것이다.

소수의 거대이윤과 대중의 궁핍을 초래한 전시경제의 모순이 수탈체제에 대한 국민들의 눈을 뜨게 했다. 지배계급의 부패와 무능이 국민들의 비판과 증오를 불러일으켰다. 국민 한 사람 한 사람 모두가 자신들의 고통스런 생활을 통해 독점자본과 국가권력의 유착, 독점자본과 지주와의 이윤 나눠먹기, 노동자에 대한 자본가의 수탈, 소작농에 대한 지주들의 수탈을 천황제가 어떻게 유지시키고 보증하는지를 확실히 깨닫게 되었다. '군사감옥'에 갇혀 있었지만 결국 노동쟁의, 소작투쟁이 끊이지 않았다. 관공서의 통계만 보더라도 1941~1944년 간 1,303건의 노동쟁의에 5만 3천명이 참가했고, 소작투쟁도 꾸준히 늘어나 1944년에 2,160건이었던 것이 1945년 전반에만 4,427건으로 격증한 것은 계급투쟁이 얼마나 격렬했는지를 보여주고 있다. 그리고 거의 모든 노동자와 경작농민들은 공장에서의 파업, 농촌에서의 공출비협조 같은 소극적인 저항을 벌였는데, 이러한 소극적이고 끈질긴 투쟁이 전시체제의 계급적 본질을 폭로하고, 전후 대중조직의 비약적 발전의 기반이 되었다고 할 수 있다.

마치며

　제3편은 1940년 중반부터 1943년 초반까지, 즉 제2차 고노에 내각에서 도조 내각에 걸친 시기를 다루었다. 이 시기는 태평양전쟁의 개전, 그리고 서전의 승리가 미국에 의해 역전되는 파란만장한 역사를 대상으로 한다. 따라서 이 책은 도쿄재판 당시에도, 그리고 지금도 개전과 패전의 책임을 둘러싸고 여러모로 논란의 표적이 되고 있는 굵직한 문제들을 두루 담고 있다. 그러한 만큼 사료 부족 등으로 인해 사실의 확정은 매우 곤란한 상황이지만 당시의 국제사회, 정치, 경제 등을 다방면에 걸쳐 고찰함으로써 적어도 어느 정도는 공정한 견지에 올라섰다고 생각한다. 도조나 군부가 전쟁을 이끌었으므로 그 이외의 지배자들은 과연 '평화주의자'라고 말할 수 있을까. 이 전쟁이 과연 미국의 압박으로 인해 어쩔 수 없이 일본이 벌인 자위전쟁이었는가. 미드웨이 해전에서 2~3분 사이에 발생한 우연한 차질이 곧 패전의 원인일까. 이러한 잘못된 이야기나 단면적인 인식이 과연 오늘날 어떠한 힘을 발휘하고 있는지를 생각할 때 조금이나마 이 책의 연구성과가 현재의 정세 속에서 어떠한 형태로든 사회에 발전적으로 기여할 수 있을 것으로 생각한다.

　제3편의 집필자는 다음과 같다.

　정 치 - 遠山茂樹, 今井淸一, 荒井信一, 川村善二郎, 藤井松一,
　　　　　松本貞雄
　경 제 - 宇佐美誠次郎, 秋山穰, 山本弘文

문 화 - 松島栄一, 島田福子, 伊豆利彦, 紅野敏郎

중 국 - 野原四郎, 小島晉治

국제관계 - 江口朴郎, 荒井信一, 岡部広治

제4편은 1943년 초부터 1945년 8월까지, 즉 과달카날 후퇴에서부터 무조건 항복에 이르는 시기를 다루었다. 전선에 끌려가 부모님들의 안부를 걱정하며 말로 다할 수 없는 의식주의 고통을 참아야 했고, 무차별로 떨어지는 소이탄 밑에서 소개疏開와 식량조달, 징용, 강제동원, 죽창훈련에 몸부림치던 모든 일본인들에게 이시기는 잊을 수 없는 고통의 시대였다. 2백만 명의 젊은 동포가 대륙의 산하에서 남해의 고도孤島에서 무도한 제국주의전쟁에 희생되었고 죽음에 직면해야만 했던 시기였다. 누가 어째서 우리들에게 이러한 고난과 희생을 강요했던 것일까? 제3편에서 질문했던 이 문제는 전쟁 그 자체를 다룬 이 4편에서 특히 사실에 입각해서 밝히고자 했다. 동시에 전투에 대한 서술이 많았던 이 권에서는 패전의 원인은 결코 물량의 차이나 우연이 겹쳐서가 아니라, 부정不正하고 불의不義한 침략전쟁의 필연적인 결과임을 군사적 정세 분석을 통해 입증하려고 노력했다. 사료가 불충분하고 사실史實이 확정되지 않은 것 때문에 고민했지만, 이러한 의도는 본 편에서 상당 부분 잘 전달되었다고 생각한다. 그리고 이러한 입장에서 쓰인 올바른 전쟁사만이 또 다시 전쟁의 역사를 우리에게 강제하려는 현재의 정세에 많은 시사가 될 수 있다고 믿는다.

제4편의 집필자는 다음과 같다.

정 치 - 遠山茂樹, 井上清, 松島栄一, 藤原彰, 川村善二郎, 長谷川慶太郎, 原田勝正, 藤井松一, 藤田省三, 松本貞雄

경 제 – 宇佐美誠次郎, 衛藤綾子, 金子はるお, 川手恒忠

문 화 – 松島栄一, 日野道夫

중 국 – 野原四郎, 古島和雄

국제관계 – 江口朴郎, 相田重夫, 斎藤孝, 吉田輝夫

전쟁과 평화 학술총서 I-2

태평양전쟁사 2
광기와 망상의 폭주

1판 1쇄 펴낸날 2019년 12월 10일

지은이 일본역사학연구회
편역자 아르고(ARGO)인문사회연구소(오일환, 이연식, 방일권)

펴낸이 서채윤 펴낸곳 채륜
책만듦이 김미정 책꾸밈이 이민현

등록 2007년 6월 25일(제2009-11호)
주소 서울시 광진구 자양로 214, 2층(구의동)
대표전화 1811.1488 팩스 02.6442.9442
E-mail book@chaeryun.com Homepage www.chaeryun.com

ⓒ 일본역사학연구회·오일환·이연식·방일권. 2019
ⓒ 채륜. 2019. published in Korea

책값은 뒤표지에 있습니다.
ISBN 979-11-90131-01-8 93900

이 도서의 국립중앙도서관 출판예정도서목록(CIP)은 서지정보유통지원시스템 홈페이지(http://seoji.nl.go.
kr)와 국가자료공동목록시스템(http://www.nl.go.kr/kolisnet)에서 이용하실 수 있습니다. (CIP제어번호 :
2019041983)

채륜, 채륜서, 앤길, 띠움은 한 울타리에서 성장합니다.
물과 햇빛이 되어주시면 편하게 쉴 수 있는 그늘을 만들어 드리겠습니다.